THREE
YEARS
2009-
2012

谨以此书纪念

国家林业局信息化管理办公室成立三周年

（2009 年 1 月至 2012 年 1 月）

中国林业信息化丛书

DEVELOPMENT STRATEGY OF CHINA FORESTRY INFORMATIZATION

中国林业信息化发展战略

李世东　等 编著

中国林业出版社

图书在版编目(CIP)数据

中国林业信息化发展战略/李世东等编著. —北京:中国林业出版社,2012.2

(中国林业信息化丛书/贾治邦主编)

ISBN 978-7-5038-6553-4

Ⅰ.①中… Ⅱ.①李… Ⅲ.①林业-信息化-发展战略-研究-中国 Ⅳ.①F326.2-39

中国版本图书馆 CIP 数据核字(2012)第 079355 号

中国林业出版社·自然保护图书出版中心

策划编辑:刘家玲

责任编辑:周军见

出 版:中国林业出版社(100009 北京西城刘海胡同 7 号)

E-mail: wildlife_ cfph@163.com 电话:83225836

发 行:新华书店北京发行所

印 刷:北京中科印刷有限公司

版 次:2012 年 2 月第 1 版

印 次:2012 年 2 月第 1 次

开 本:787mm×1092mm 1/16

字 数:426 千字

印 张:20.75

定 价:66.00 元

《中国林业信息化》丛书编辑委员会

林业信息化
Forestry Informatization

《中国林业信息化发展战略》编辑委员会

序

Proface

“十一五”以来，特别是2009年首届全国林业信息化工作会议以来，各地各单位认真落实“加快林业信息化，带动林业现代化”的重要部署，掀起了全面加快林业信息化的新高潮，呈现出持续快速发展、全面健康推进的良好态势，为全面推进现代林业建设做出了重大贡献。

一、首抓顶层设计，科学谋划了林业信息化发展蓝图。适应当今信息时代新变化和现代林业发展新要求，顺应广大林农更多更快更好信息服务新期待，我们首先组织开展了全国林业信息化顶层设计：制定了《全国林业信息化建设纲要》及《全国林业信息化建设技术指南》，形成了全国林业信息化的纲领性文献；组织召开了两届全国林业信息化工作会议，确立了“加快林业信息化，带动林业现代化”的发展思路；精心编制了《全国林业信息化发展“十二五”规划》，绘就了今后5年的发展蓝图；超前开展了中国林业信息化发展战略研究，提出了中长期发展的科学方略。

二、加强基础建设，建成了全国林业信息高速公路。全国林业专网联通了全国各省级林业主管部门和国家林业局京内外直属单位，建成了传输各类信息数据的高标准信息高速公路。各级林业主管部门加快办公内网建设，国家林业局建成了集工作、信息、学习、生活和交流五大平台于一体的内网大平台。各地各单位加大了机房标准化建设力度，明显改善了运行环境和发展条件。

三、强化政务应用，林业开始迈入无纸化办公时代。2010年6月1日，国家林业局正式启用综合办公系统，实现了办文、办会、办事等政府机关主要工作的在线办理。2011年初，国家林业局移动办公系统正式上线运行，彻底打破了传统办公方式的时空界限，实现了随时随地办公新模式，获得“电子政务管理效能提升奖”等。各级林业主管部门加快推进办公自动化进程，显著提高了工作效率，降低了行政成本。

四、狠抓网站整合，打造了中国林业统一服务窗口。国家林业局对原有各司局各单位、各省级林业主管部门网站进行了有机整合，新建了森林公园等网站群，形成了以中国林业网主站为龙头，以数百个子站为主体的大规模网站群，打造了中国林业“网上航空母舰”，科学构建了信息发布、在线办事、互动交流、林业展示四大版块，增建了繁体版和英文版，开办了中国林业网络电视台，建设了中国林业网络博物馆、中国林业网络博览会，全面提升了信息服务功能。2011年国家林业局信息公开在中央部委中名列第二，国家林业局政府网进入中央部委前10名，荣获“中国政府网站领先奖”。

五、优化资源配置，基本建成共建共享统一平台。实施了国家自然资源和地理空间数据库、国家林业局内外网整合改造等重点项目，新建了科技成果、林业专家、电子图书馆等一批重点数据库，整合改造了100多个重点数据库，初步实现了省级以上林业专业数据集中管理和跨部门数据共享。启动实施林业资源监管体系建设项目，新建了森林、湿地、荒漠、生物多样性资源监管等重点应用系统。建设了国家林业局内外网统一平台。

六、积极争取支持，取得了“金林工程”立项等重大突破。认真谋划推进“金林工程”这一林业信息化的龙头工程、全局工程，必将有力带动现代林业大踏步向前迈进。我们紧紧抓住信息化从“互联时代”到“物联时代”的良好契机，成为“国家物联网应用示范工程”首批6个试点部委之一。确定了辽宁、福建、湖南和吉林森工等为全国林业信息化示范省。

七、完善保障体系，形成了林业信息化良好运行机制。组织机构取得突破，经中央机构编制委员会办公室批准成立了国家林业局信息中心，负责组织、协调、指导、监督、管理全国林业信息化建设和电子政务工作，与信息化管理办公室两块牌子一套人马；2/3的省级林业主管部门设立了独立信息化机构。资金投入得到加强，各级林业主管部门5年共投入林业信息化建设资金12.6亿元。制度标准不断健全，制定了《全国林业信息化工作管理办法》等10多项制度，成立了全国林业信息化标准委员会，认真梳理了300多个现行标准，研究制定了20多个急需的基础性标准。信息安全保障不断完善。合作交流进一步加强。管理方法不断创新，发布了首部《中国林业信息化发展报告》，开展了全国林业信息化发展水平评测和网站绩效评估，组织了年度10件大事评选，征集评选了林业信息化标识。

总的来看，林业信息化建设实现了大步跨越，发生了翻天覆地的变化，已成为现代林业建设的一大亮点，成为展现林业部门良好形象的一张名片，有力提升了林业的地位和社会影响力，大大改变了过去林业落后保守的形象。当前，林业已逐渐成为一个信息林业，信息技术正在成为促进现代林业发展最强劲的驱动力量。

“十二五”时期林业信息化建设的总体要求是：围绕“发展现代林业、建设生态文明、推动科学发展”这个中心，按照“加快林业信息化，带动林业现代化”的总体思路，坚持工程带动，强化应用服务，推进资源整合，拓展工作领域，完善体制机制，努力形成“五个统一”的建设格局，大力提升林业信息化水平，为加快转变林业发展方式、全面推动现代林业发展做出新贡献。

林业信息化是推进林业科学发展的重要手段，是关系林业工作全局的战略举措和当务之急。我们一定要高度重视，认真对待，积极行动，狠抓落实，确保林业信息化建设各项任务全面完成。

贾治邦

2012年2月26日

我们有一个梦想
（代前言）

在新年钟声刚刚敲响、新春佳节即将到来的特殊时刻，我们欢聚一堂，举行林业信息化工作座谈会暨国家林业局信息化管理办公室成立三周年总结会，共同回顾过去，展望未来，感到十分高兴和无比激动。

三年前，一群有志于林业信息化事业的同仁，顺应全球信息化浪潮，响应国家林业局党组的英明决策，怀揣着一个美好梦想从四面八方走到一起。我们有一个梦想，就像一棵棵幼苗梦想着长成参天大树！我们有一个梦想，犹如一片片砖瓦梦想着变成摩天大厦！我们有一个梦想，即是通过加快林业信息化早日实现林业现代化！

三年来，我们克服重重困难，冲破重重阻力，启动了中国林业信息化的腾飞之旅，铸就了中国林业信息化的“航空母舰”，取得了几十项第一，获得了几十项突破，创造了林业信息化发展最快、收获最丰、成效最好的光荣历史，书写了一段精彩纷呈、灿烂辉煌的华美篇章！

三年来，林业信息化顶层设计首先推出，发布了《全国林业信息化建设纲要》及《全国林业信息化建设技术指南》，制定了首个全国林业信息化发展五年规划，首次将林业信息化在全国林业发展五年规划中单独列章，科学谋划了林业信息化全面加快发展的新蓝图。

三年来，林业信息化全面加快发展的冲锋号角响彻全国，召开了第一届和第二届全国林业信息化工作会议，确立了“加快林业信息化，带动林业现代化”的发展思路和“五个统一”的基本原则，把林业信息化建设推向新的阶段。

三年来，我们狠抓工程建设，打造了首个中国林业网站群、首个集五大平台于一体的国家林业局办公网，建设了覆盖各地各单位的国家林业专网，建成了高标准的国家林业中心机房，实现了无纸化办公和移动办公，开启了打破时空界限的电子办公新时代。

三年来，国家林业局信息化管理办公室和国家林业局信息中心正式成立，24个省区市成立了独立的林业信息化管理机构，确立了两批全国林业信息化建设示范省，出台了一系列制度标准，连续发布了林业信息化年度发展报告，为林业信息化又好又快发展打下了坚实基础。

三年来，各地各单位信息化建设取得了重要进展。湖南实施了“测土配方”工程，辽宁实现了省、市、县三级网上协同办公，福建开发了综合营造林管理系统，吉林森工研发了经济运行系统，江西开发了林权交易系统，广东建设了林权管理系统，北京建设了网格化管理系统，河南建设了森林资源数据库，内蒙古开展了盟市信息化示范建设，浙江、山西建设了林权一卡通管理系统，山东启动了市县林政资源管理系统，陕西实现了无纸化办公，沈阳市建设了林农服务平台……各地各单位的积极举措，如繁星一般点亮神州大地，形成了全国林业信息化蓬勃发展的绚丽景象。

短短三年，全国林业信息化建设实现了大步跨越，发生了翻天覆地的变化。林业信息化已成为现代林业建设的一大突出亮点，成为展现林业部门良好形象的一张亮丽名片。

回首三年，我们走过了一条充满荆棘、异常艰辛、极其曲折的发展之路。大家付出了太多的汗水，承受了太大的压力，饱尝了酸甜苦辣，体会了人间冷暖。困难面前见真情，坎坷面前显英雄。我们没有退缩，没有言败，我们成功地顶了过来，站了起来，冲了上去！

三年来，林业信息化得到了中央有关部门和国家林业局党组的充分肯定。在2011年中国政府透明度报告中，国家林业局信息公开在中央部委中名列第二。国家林业局政府网在中央部委排名中，由2006年的第23名跃升至2011年的第10名，荣获中央部委“优秀政府网站奖”、“中国政府网站领先奖”、“品牌栏目奖”、“精品栏目奖”等十几项奖励。各地各单位先后获得“全国林业信息化十佳单位”、“全国林业十佳网站”、“国家林业局十佳网站”等数十项荣誉。

三年来所取得的每一个成绩，每一点进步，归功于国家林业局党组的亲切关怀，归功于各部门的大力支持，归功于各地各单位的高度重视，归功于有关高等院校、科研单位、IT企业的积极参与，归功于社会各界朋友的关心鼓励，更归功于全体林业信息化同行的艰辛付出！在这里，请允许我代表国家林业局信息化管理办公室，真诚地向大家道一声谢谢：衷心感谢在座各位的辛勤汗水和共同努力，衷心感谢所有同行的同舟共济和真情奉献！

各位同仁，朋友们：

回顾过去，路途艰辛；放眼未来，任重道远！虽然林业信息化建设硕果累累，但这只是万里长征的第一步，我们美好梦想的实现之旅才刚刚开始。我们清醒地认识到，林业信息化的发展，与国家林业局党组的要求还有很大差距，与林业改革发展的需求还有很大距离，一些制约林业信息化发展的关键问题还没有得到根本解决，一些积极因素还没有全部调动起来。我们不能有丝毫的松懈，不能有任何的犹豫，必须奋起直追、不懈努力。当前，实现林业信息化的美好梦想，我们既面临着宝贵的机遇，也面临着严峻的挑战。

就机遇而言：一是历史时代之机遇。当今时代是信息时代，信息化发展潮流浩浩荡荡一路奔流，信息技术发展日新月异一日千里，信息化战略已成为全球共识，时代给我们提供了实现梦想的最佳舞台。二是林业发展之机遇。绿色增长成为时代强音，绿色新政成为世界共鸣，林业正处于大有作为的战略机遇期和黄金发展期，形势给我们提供了实现梦想的良好平台。三是领导重视之机遇。以两届全国林业信息化工作会议的成功召开为标志，“加快林业信息化，带动林业现代化”已成为整个林业行业的共同意志，内因给我们提供了实现梦想的决胜擂台。

就挑战而言：一是资源整合之挑战。由于种种原因，导致林业信息资源分散，思想认识保守滞后，资源整合阻力很大，有些地方甚至举步维艰。二是基础薄弱之挑战。基实才能筑厦，根深才能茂冠。林业信息化起步早，但不少地方体制机制运行不畅，复合人才十分短缺，基础设施非常薄弱，难以支撑林业信息化持续快速发展。三是深化应用之挑战。信息化应用的领域越来越广，要求越来越高，数量越来越大，时间越来越迫切。恰如逆水行舟，不进则退。

机遇稍纵即逝，时光千载难逢。我们要牢牢把握机遇，积极应对挑战。一张白纸能画最新最美的图画，我们要把挑战转化为机遇，把压力转化为动力，把劣势转化为优势，发挥自身特点，努力赶超跨越，实现美好梦想，不辜负大家的期待，不辜负领导的重托，不辜负时代的使命。

各位同仁，朋友们：

今后三年，是我国林业信息化大有作为充满希望的三年。林业信息化“十二五”规划已经印发，未来几年林业信息化发展的美好蓝图已经绘就。我们要紧紧围绕“发展现代林业，建设生态文明，推动科学发展”这个中心，突出建设、应用、运维三个重点，坚持强化基础、提升水平、拓展领域、深化合作、规范管理，推动林业信息化发展阶段由互联网向物联网推进，建设领域由电子政务向电子商务拓展，技术手段由现代信息技术向下一代信息技术提升，应用服务由局部向整体延伸，努力使林业信息化实现新的突破。再用一个三年，力争到2014年，提前实现“十二五”目标，在新一轮信息化浪潮中冲向各行业前列，引领林业加快实现现代化。

下一个三年，发展阶段要由互联网向物联网推进。紧紧抓住信息化从“互联时代”向“物联时代”发展的良好契机，组织实施好智能林业物联网应用示范项目，科学制定林业物联网发展规划，积极推进物联网建设，从“数字林业”到“智慧林业”，使林业尽快实现物联世界。

下一个三年，建设领域要由电子政务向电子商务拓展。在强化林业电子政务建设的同时，积极向林业电子商务、电子社区等领域拓展，建设中国林业电子商务大平台、大基地、大产业，促进信息化与林业生产服务全面深度融合，充分发挥信息化的引领、带动和支撑保障作用。

下一个三年，技术手段要由现代信息技术向下一代信息技术提升。积极建设中国林业云、中国林业物联网，大力推动发射中国林业星，努力做好北斗卫星应用示范等工程建设，促进物联网、云计算、IPv6、新一代移动通信等信息技术在林业行业的普及应用，大幅提升林业信息化的建设和应用水平。

下一个三年，应用服务要由局部向整体延伸。以提高服务保障能力为目标，加快林业信息化八大行动计划进程，在广度上推动信息化应用从点向面延伸，在深度上推动信息化应用由公共办公向核心业务推进。

各位同仁，朋友们：

我们是时代弄潮儿，我们是时尚领跑者。我们共同选择了这一最具时代特征、最具开创精神的事业，尽管前进的道路上布满荆棘、曲折艰难，尽管奋斗的历程会异常艰辛、充满挑战，但我们满怀信心，胸有成竹，一定能战胜各种挑战，这正是我们信息化事业所有同仁的价值所在。

三年来，走过的是岁月，留下的是足迹，带来的是希望，送到的是祝福，我们相信，在国家林业局党组的正确领导下，在大家的共同努力下，我们一定会再创新的辉煌，续写新的篇章！我们的梦想一定要实现！我们的梦想一定能够实现！

李世东

2012 年 1 月 9 日

目　　录

CONTENTS

第1章 概 论

1.1 研究背景

“战略”一词最早是军事方面的概念，特指军事将领筹划和指导战争全局的方略。在现代，“战略”一词被引申至政治、经济、科技、教育、人口等领域，其含义演变为泛指统领性的、全局性的、左右胜败的谋略、方案和对策。常言说，“人无远虑，必有近忧”，由于战略具有全局性、方向性、谋略性、预见性等特性，因而受到了社会各行各业的高度重视，开展战略研究已经成为推动一项事业全面协调可持续发展的先导性工作和重要手段。

林业信息化发展战略是基于对全球经济社会以及信息化发展形势的认识和把握，以信息化与林业现代化的融合共进为主要内容，确定的当前和今后一段时期内林业信息化的发展方略，主要包括总体思路、发展目标、战略内容、战略重点、战略部署、保障措施等。林业工作涉及千山万水、千家万户，点多、面广、事杂，基础差、条件苦、见效慢，这就决定了林业信息化工作的复杂性、艰巨性和长期性。只有全面准确地把握世界林业的发展规律和信息化发展的时代脉搏，科学制定林业信息化发展战略，才能支撑和保障林业事业科学发展，才能为人类的文明进步做出应有的贡献。开展中国林业信息化发展战略研究，既有深刻的历史背景，又有鲜明的时代特征。

1.1.1 经济社会发展对林业提出了更高要求，林业信息化必须明确发展方略

从国际看，近年来经济全球化和信息化加快推进，各国间经济相互依存度不断提高，围绕市场、资源、人才、技术、标准等的竞争日趋激烈，科技创新孕育新突破，全球经济

治理出现新变革。气候变化、生态恶化、能源资源安全、粮食安全、重大自然灾害等全球性挑战日益突出，有效应对全球发展面临的挑战、实现绿色增长和共同发展已成为国际社会普遍关注的重大课题。从国内看，工业化、信息化、城镇化、市场化、国际化深入发展，人均国民收入稳步增加，经济结构转型加快，市场需求潜力巨大，基础设施日益完善，政府宏观调控能力明显提高。同时，能源资源紧缺、环境污染、生态恶化、产业结构不合理、城乡差距扩大等发展中不平衡、不协调、不可持续问题依然突出。以科学发展为主题，以加快转变经济发展方式为主线，深化改革开放，保障和改善民生，促进经济长期平稳较快发展和社会和谐稳定，全面建设小康社会已成为时代要求。

林业拥有丰富的森林、湿地、荒漠和野生动植物等资源，在经济社会发展中发挥着多种功能和效益。林业是生态建设主体和生态产品的最大提供者，直接关乎人民群众的生态需求和福祉；是重要的基础产业和最大的绿色经济体，直接关乎人民群众的物质需求和福祉；是精神家园建设者和精神服务提供者，直接关乎人民群众的精神需求和福祉；是文化的记载传承者和发展繁荣的推动者，直接关乎人民群众的文化需求和福祉。加强林业建设是应对全球挑战、推动绿色增长、构建和谐社会、实现科学发展的必然选择。

党中央、国务院高度重视新时期林业工作，并做出了科学判断和部署，主要体现在：一是中央提出的"两大战略"指明了新世纪新阶段我国林业发展的方向和道路。2003年，中央提出了实施以生态建设为主的林业发展战略，实现了林业工作由以木材生产为主向以生态建设为主的转变。2007年，党的十七大正式提出了建设生态文明战略，并且明确发展林业是建设生态文明的首要任务，林业成为了生态文明建设的主体。二是中央颁布的"两个文件"完善了新世纪新阶段我国林业发展的政策和措施。2003年和2008年，党中央、国务院先后颁布了《关于加快林业发展的决定》、《关于全面推进集体林权制度改革的意见》。这"两个文件"对林业改革发展和生态建设做出了全面部署，理顺了林业体制机制，完善了林业政策措施，为推进现代林业又好又快发展提供了有力保障。三是中央召开的"两次会议"提升了新世纪新阶段我国林业的地位和作用。国务院在2003年召开了全国林业工作会议，党中央在2009年召开了首次中央林业工作会议。这"两个会议"的召开，对进一步动员全党全国人民发展林业事业起了重要作用，体现了我们党和政府对发展林业的最新认识，是对我国林业实践的最新理论总结，对进一步指导我国林业科学发展具有重大的现实意义和深远影响。四是中央确定的"双增目标"明确了新世纪新阶段我国林业发展的目标和任务。中央在2003年提出了全国森林覆盖率的目标，到2020年、2050年分别达到23%以上和26%以上，实现国家生态良好、山川秀美。为积极应对全球气候变化，胡锦涛主席在2009年联合国气候变化峰会上庄严承诺，我国争取到2020年森林面积比2005年增加4000万公顷、森林蓄积量比2005年增加13亿立方米。这些目标和任务描绘了我国林业发展的美好蓝图和广阔前景，既是林业的重大责任，也是林业发展的良好机遇。

当前，全国正在按照中央的决策部署，大力推进现代林业建设，着力构建完善的林业生态体系、发达的林业产业体系和繁荣的生态文化体系。林业信息化作为支撑和保障现代林业科学发展的重要力量，只有理清发展思路，明确工作重点，立足当前，放眼未来，全面加快发展，才能满足新形势新任务的要求。

1.1.2 国家对中长期信息化工作做出了全面部署，林业信息化必须明确发展方略

进入21世纪以来，面对信息化与全球化加速推进的趋势，国家对信息化工作日益重视，先后做出了一系列重要决策和部署。2000年，党的十五届五中全会指出，“大力推进国民经济和社会信息化，是覆盖现代化建设全局的战略举措。以信息化带动工业化，发挥后发优势，实现社会生产力的跨越式发展”。2002年，党的十六大提出，“信息化是我国加快实现工业化和现代化的必然选择。坚持以信息化带动工业化，以工业化促进信息化，走出一条科技含量高、经济效益好、资源消耗低、环境污染少、人力资源优势得到充分发挥的新型工业化路子”。2006年，《2006～2020年国家信息化发展战略》正式印发，这是我国信息化发展进程中的重要里程碑。《战略》揭示了全球信息化发展的基本趋势，分析了我国信息化发展的基本形势，提出了我国信息化发展的指导思想和战略目标，部署了我国信息化发展的主要任务和战略重点，确定了保障我国信息化发展的关键政策和措施，是指导我国信息化中长期发展的纲领性文件。2007年，党的十七大提出要“全面认识工业化、信息化、城镇化、市场化、国际化深入发展的新形势新任务”，“发展现代产业体系，大力推进信息化与工业化融合，促进工业由大变强，振兴装备制造业，淘汰落后生产能力”。2010年，国务院印发《关于加快培育和发展战略性新兴产业的决定》，指出“根据战略性新兴产业的特征，立足我国国情和科技、产业基础，现阶段重点培育和发展节能环保、新一代信息技术、生物、高端装备制造、新能源、新材料、新能源汽车等产业”。2011年，十一届全国人大四次会议通过《国民经济和社会发展第十二个五年规划纲要》。《纲要》以第十三章全章的篇幅，对全面提高信息化水平进行了战略部署，这在我国60余年发展史上尚属首次。同时在“第十章 培育发展战略性新兴产业”中，再次强调了新一代信息技术产业发展的重点。为了落实好《纲要》要求，有关部委先后编制出台了多个发展规划或指导意见，例如国家发展和改革委员会组织编制了《“十二五”国家政务信息化工程建设规划》、《战略性新兴产业发展“十二五”规划》、《信息产业发展规划(2011～2015年)》等，印发了《关于下一代互联网“十二五”发展建设的意见》；科学技术部发布了《国家“十二五”科学和

技术发展规划》；工业和信息化部出台了《国家电子政务“十二五”规划》、《电子商务“十二五”发展规划》、《物联网“十二五”发展规划》、《电子信息制造业“十二五”发展规划》等；商务部出台了《“十二五”电子商务发展指导意见》等。

林业信息化是国家信息化的有机组成部分，国家信息化的决策和部署为林业信息化发展指明了方向，明确了目标，营造了环境，提供了动力。为贯彻落实国家的有关要求，2009 年年初，国家林业局印发了《全国林业信息化建设纲要(2008 ~ 2020 年)》和《全国林业信息化建设技术指南(2008 ~ 2020 年)》，2011 年 3 月又印发了《全国林业信息化发展“十二五”规划(2011 ~ 2015 年)》，这些文件对指导和规范全国林业信息化建设无疑将发挥重要作用。然而，由于思想认识等各方面的原因，这些文件涉及的领域主要集中在林业电子政务方面，对林业电子商务、电子林区建设等涉及较少；对新一代移动通信、下一代互联网、三网融合、物联网、云计算等新一代信息技术应用以及建设宽带、泛在、融合、安全的信息网络基础设施等涉及较少。因此，根据国家信息化的总体要求和林业行业的发展形势，研究提出全国林业信息化发展方略是十分必要的。

1.1.3 现代信息技术及其应用日新月异，林业信息化必须与时俱进

20 世纪 40 年代电子数字计算机问世及其基本格局确定以后，现代信息技术就走上了一个飞速发展的道路。从技术发展角度看，在经历了主机阶段、微机加局域网阶段、互联网阶段之后，目前正在阔步进入物联网阶段。从处理内容角度看，在经历了数据管理、信息管理阶段之后，目前已经进入知识管理阶段。从应用指导思想看，在经历了计算机化、业务流程再造阶段之后，目前正在进入机构改造阶段。近年来，宽带和移动宽带、云计算、传感网、物联网、智慧地球、泛在计算、智能物理系统等新概念、新思想、新技术层出不穷，在世界各地广为传播，充分反映了信息与通信技术及其应用在经过了几十年的发展之后，正在向泛在化、可视化、智能化等高端发展。这种变迁不仅给信息化建设者和管理者带来了新的机遇与挑战，也迅速改变着人们的生产方式、生活方式和思想观念。例如，以“Web 2.0”为代表的社会性网络应用的发展，深层次地改变了人们的社会交往行为和协作式知识创造的形式，进而被引入企业经营活动中，创造出内部 Wiki(Internal Wiki)、预测市场(Prediction market)等被称为“Enterprise 2.0”的新型应用，为企业知识管理和决策分析提供了更为丰富而强大的手段；以“云计算”为代表的软件和平台服务技术，将 IT 外包潮流推向了一个新的阶段，像电力资源一样便捷易用的 IT 基础设施和计算能力已成为可能；以数据挖掘为代表的商务智能技术使得信息资源的开发与利用在战略决策、运作管理、精准营销、个性化服务等各个领域发挥出难以想象的巨大威力。当前，信息技术领域

大规模的研发投入，推动了当代高科技前沿的无尽拓展，在集成电路、超级计算机、新一代通信领域取得了一个接一个、一代又一代的新突破：微电子技术向纳米级、集成系统方向加快发展；计算技术向超高性能、网络化方向演进，信息获取、处理、存储和传输能力持续跃升；网络通信技术的宽带化、移动化、IP 化、融合化和智能化变革不断深化，并开始向泛在化方向发展；模拟信息技术正全面向数字信息技术转变。信息技术与生物、空间、纳米等技术深度融合、相互促进，新一轮技术变革蓄势待发。以物联网、云计算、下一代互联网、新一代移动通信等为代表的现代信息技术，必将以日益迅猛的速度席卷全球，渗透到经济、政治、文化、社会和军事等各个领域，对经济社会发展产生重大而深远的影响。在这迅速变革的年代，林业信息化只有加强发展战略研究，才能做到与时俱进、开拓创新，才能不断提高决策的前瞻性、科学性和可行性，从而为现代林业建设提供强大支撑和保障。

1.1.4　林业信息化发展面临诸多问题和挑战，亟待明确发展方略

20 世纪 80 年代初，林业信息化在探索中开始起步。经过 30 多年的发展，林业信息化已经取得了比较明显的成效，主要表现在：一是信息化基础设施得到较大改善，支撑林业业务应用的能力不断提高；二是业务应用领域得到较大拓展，林业核心业务的信息化水平明显提升；三是内外网网站建设得到明显加强，已成为信息发布和资源整合的第一平台；四是机构队伍建设日益受到重视，信息化保障体系不断完善；五是示范点建设稳步推进，信息化发展亮点频现；六是总体发展思路日趋明确，建设管理开始步入科学化、规范化的管道。这其中，有很多成功的经验和发展模式需要通过研究加以总结、提升和推广。

同时，林业信息化发展也面临着诸多问题和挑战，主要表现在：一是信息化意识和整体素质不高，内在发展动力不足；二是体制机制不完善，信息化发展活力不够；三是信息资源整合进展较慢，信息共享和业务协同程度不高；四是信息化发展不平衡、不协调，影响了整体效益的发挥；五是信息技术与林业业务融合度不高，流程再造和模式创新等任务艰巨；六是新技术、新业务不断带来新需求，信息化变数越来越大。这些问题有些是由于历史欠账造成的，有些是长期积累的深层次矛盾和问题，有些是随着信息技术的快速发展和业务应用的不断深化而产生的新问题，需要通过深入细致的调研分析，找到妥善解决的办法，明确努力方向和工作重点。

2009 年 3 月召开的首届全国林业信息化工作会议，科学总结了改革开放以来林业信息化取得的成绩和存在的问题，创造性地提出了“加快林业信息化，带动林业现代化”的总体发展思路。2011 年 5 月召开的第二届全国林业信息化工作会议，在全面总结“十一五”时

期林业信息化成绩与问题的基础上，提出了林业信息化建设“五个统一”的基本原则和“十二五”时期全国林业信息化建设的总体要求。在近几年召开的全国林业厅局长会议上，国家林业局也都对全国林业信息化建设进行了明确部署。如何落实好这些思路、要求和部署，不断化解前进中的矛盾、问题和挑战，切实做到发展方向不乱、具体事务不蛮干、细枝末节少出错，迫切需要我们对涉及全局的战略性问题进行深入研究。

1.2 研究目的及意义

开展中国林业信息化发展战略研究是林业系统主动适应全球信息化发展潮流，贯彻落实国家信息化发展要求，推动现代林业科学发展而采取的重要举措，研究成果对提升林业信息化地位、团结更广大的力量、提高决策的科学水平、完善林业信息化理论体系、促进林业信息化又好又快发展将产生积极影响。

1.2.1 总结发展规律

林业信息化是现代信息技术在林业业务中的融合应用，它涉及林业资源调查、监测、监督管理、灾害防控、开发利用等方方面面。20 世纪 80 年代以来，林业信息化从无到有、从小到大、从弱到强，走过了一条不平凡的发展历程。这其中既有成功的经验，也有失败的教训；既有振奋人心的时刻，也有平淡失落的孤寂。古人云：以史为鉴，可以知兴替。当前，林业信息化的发展基础仍然比较薄弱，人们对林业信息化的认识，特别是对发展规律的认识还比较肤浅，这影响到工作决策和推进的方法力度，亟待加以引导和规范。科学剖析和深刻总结中国林业信息化发展的历史功绩与经验教训，同时积极借鉴国内外信息化发展的先进理念、成功实践，有助于正确认识和全面把握林业信息化的发展规律，有助于提高我国林业信息化发展决策的前瞻性、科学性和可行性，减少未来走弯路、犯错误的几率。

1.2.2 探索发展方向

立足当前、面向未来是本研究的基本要求。从战略的高度和全局的角度探索我国林业信息化未来的发展方向，是本研究的出发点和落脚点。本研究将根据全球信息化的发展现状和趋势以及国家信息化的战略导向，吸收国内外最新研究成果，结合现代林业建设实际，提出到 2030 年的林业信息化发展指导思想、基本原则、目标任务、战略路线图、政策措施保障等，为全面加快全国林业信息化建设提供重要参考。同时，希望以此吸引更多的人一起来参与林业信息化研究，共同探索我国林业信息化科学发展之道。本项研究的成果也有助于扩大对外交流与合作，促进社会各界全面深入地了解我国林业和林业信息化，持续关注和积极支持林业信息化建设。

1.2.3 填补研究空白

从学术角度看，林业信息化涉及计算机、网络、通信、软件、管理、林业、生物、传播等多个学科专业，它随着各学科的发展而发展，同时也为各学科的发展持续提供理论和实践层面的鲜活素材。纵观我国林业信息化几十年的发展历史，虽然不乏各种研究论述，但这些研究主要集中在信息技术应用层面，特别是“3S”(GPS、GIS、RS)技术在林业行业的具体应用方面，而对顶层设计、政策法规、标准规范、前沿技术、方法论、路线图等战略层面的问题研究得不够。换句话说，对林业信息化微观层面研究得较多，对宏观和中观层面研究得较少。本研究将努力填补这方面的空白，丰富林业信息化的理论体系、方法体系和实证案例，同时本研究成果对同类研究以及其他学科的研究和发展也具有一定的学术参考价值。

1.3 国内外研究概况

1.3.1 信息化发展战略研究

20世纪90年代以来，信息技术不断创新，信息产业持续发展，信息网络广泛普及，信息化成为全球经济社会发展的显著特征，并逐步向一场全方位的社会变革演进。在此过程中，几乎所有国家，无论是发达国家、新兴工业化国家，还是发展中国家，都十分重视信息化发展战略研究，都在国家层面制定了信息化和走向信息社会的战略及规划，以抢占未来经济科技发展的制高点，增强产业竞争力和综合国力。

(1)国外研究

美国是世界上最早进行信息化建设的国家，美国十分重视信息化战略的统领、导向作用，早在20世纪90年代就开始有计划、有步骤地实施信息化发展战略，并把其作为国家总体发展战略的重要组成部分，进行统一规划和设计，从而取得了良好的效果。与我国不同，迄今为止，美国还没有制定国家信息化总体战略，而是在不同时间段研究制定了分领域的发展战略，主要包括：1992～1996年间实施的《高性能计算与通信计划》；为“国家信息基础设施行动计划”(NII)制定的《国家信息基础设施：行动纲领》(1993年)；为“全球信息基础设施行动计划”(GII)制定的《全球信息基础设施：合作纲领》(1994年)；《全球电子商务框架》(1996年)；《计算、信息与通信计划》(1997年)；《21世纪信息技术计划》(1999年)；《2002年电子政务战略》(2002年)；《2003年电子政务战略》(2003年)等，建设重点逐渐从基础设施转变为服务开发和对新技术的应用。2010年3月16日，美国联邦通信委员会向国会提交了国家宽带计划，这一计划被视为奥巴马政府2009年提出的经济振兴计划中有关宽带部分的行动纲领。2011年，美国政府发布了《联邦云计算战略》白皮书，成为全球第一个专门出台云计算战略的国家；发布了《网络空间国际战略》，强调要促进网络空间的国际合作；发布了《美国网络安全教育计划战略规划：构建数字美国》，这是美国网络安全教育计划的首个战略规划，旨在通过创新的网络行为教育、培训和提高相关意识，促进美国经济繁荣，保障国家安全；发布了《网络可信身份国家战略》，旨在保护消费者免受欺诈和身份盗窃，加强个人隐私保护；农业部和联邦通信委员会共同发布了《普及美国农村地区宽带：对农村宽带战略报告的更新》的报告，支持农村宽带的发展。

欧盟的信息化发展水平位居世界前列。其信息化建设可以追溯到20世纪80年代中期欧共体的加强信息技术研究行动，但较为全面的信息社会政策直到90年代才被提出。1993年12月，欧盟委员会发表了《增长、竞争力和就业：21世纪的挑战和道路》白皮书，把能否建立信息社会看作21世纪欧洲存亡的生死攸关问题。该白皮书是欧盟建设信息社会的基础。此后，欧盟根据实际建设情况推出了一系列信息化发展战略和实施计划，包括《通往信息社会的欧洲之路》(1994年)、《里斯本战略》(2000年)、《电子欧洲2002行动计划》(2000年)、《电子欧洲2003行动计划》(2001年)、《电子欧洲2005行动计划》(2002年)、《电子欧洲2005行动计划(修订版)》(2004年)等。2010年5月，欧盟公布了为期5年的《数字化议程》计划，将在欧盟27个成员国部署超高速宽带，并将促进电信领域增长定为首要任务。为加强互联网治理，2011年欧盟发布了《关键信息基础设施保护——成果及下一步行动计划》。

欧盟成员国结合本国实际，也制定了各自的信息化发展战略。英国1994年出台和实施了《政府信息服务计划》，1996年出台和实施了《直接政府计划》，1997年启动政府安全内部网络项目，1998年提出“信息时代政府”的目标，1999年发布了《现代化政府》白皮书，2000年发布了《电子政务：信息时代公共服务战略框架》。此后，相继实施了首相在线战略、政府部门电子事务战略和英国在线运动等一系列电子政务建设计划。2005年11月，英国政府发布了《以技术推动政府变革》战略，2006年4月颁布了《〈以技术推动政府变革〉实施计划》。2009 年 6 月，英国政府公布了《数字英国》白皮书，宣布将在 2012 年建成覆盖所有人口的宽带网络。2009 年 12 月，时任首相布朗发表了题为“智慧政府”的演讲，正式开启了英国“智慧政府战略”。2010 年发布了《政府信息通信技术战略》，2011 年发布了《开放公共服务白皮书》。这一系列战略规划、计划和配套政策措施，引导着英国迅速进入世界信息化最先进国家行列。德国是欧洲头号经济强国，也是世界第四经济强国。为了实现信息化持续健康发展，发挥信息化对经济社会发展的重要作用，德国高度重视制定和实施信息化发展战略，而且根据国内外形势变化不断对信息化战略进行调整和更新。1999 年，德国政府提出了“21 世纪信息社会创新和就业行动计划”，简称“D21”，这是德国第一个走向信息社会的战略计划。2000 年，制定了“2005 年联邦政府在线计划”，旨在通过推行电子政务提高行政效率，开拓新的工作领域，促进政府服务现代化。2003 年 6 月，整合电子政务的共同战略——“德国在线”计划获得批准。2006 年，“2006 年德国信息社会行动纲领”出台，这是德国走向信息社会的主体计划。2011 年，《德国网络安全战略》发布；德国经济和技术部与经济界、科学界合作伙伴共同发起了“云计算行动方案”，计划在未来 3 年内在不同领域进行云计算创新方案的发展试验。继德国“D21”计划之后，奥地利、瑞士都推出了类似的促进信息技术应用的 21 世纪计划。荷兰 2011 年发布了《荷兰数字化议程》和《国家网络安全战略》。

在大洋洲，澳大利亚的信息化水平一直位居世界前列。1993 年，澳大利亚启动了“国家信息基础架构工程”(NII)，旨在建设网络化的服务型政府。1997 年，时任总理霍华德在《投资以促进增长》政策声明中提出，“到 2001 年底联邦部门要将所有适于上网的服务全部搬上网”。2000 年 4 月，“政府在线”战略出台并实施。2002 年 11 月，联邦政府提出“更优的服务，更好的政府”电子政务发展战略。2004 年 7 月，联邦政府提出“面向目标、面向顾客、面向问题”的电子政务发展思路。2006 年 3 月，联邦政府发布了 2006～2010 年电子政务战略——《响应的政府：新的服务议程》。2009 年 4 月，联邦政府宣布启动“光纤进家庭”建设计划，目标是组建一个全国性高速光纤宽带网络。2011 年，澳大利亚发布了《国家数字经济战略》和《澳大利亚国家电子医疗战略》。新西兰目前正在执行专门的《农村宽带计划》，以完善对农村地区的宽带部署，同时发布了《2011 年国家基础设施规划》。

在亚洲，日本、韩国、新加坡高度重视信息化发展战略研究与实施，有效地带动了信息化整体水平的提高。《2012 年联合国电子政务调查报告》显示，在最新全球电子政务排名中，韩国位居第一，新加坡排第十位，日本排第十八位。到目前为止，日本政府发布的国家信息化战略主要有：“e-Japan”(2001～2005)、“u-Japan”(2006～2010)、“i-Japan”(2009～2015)，从 e 到 u 再到 i，日本信息化建设实现了三级跳。总的来看，日本的信息化战略可以分为三个阶段：第一阶段(2001～2002 年)侧重于信息基础设施建设，出台的战略文件包括《电子日本战略》(即 e-Japan)(2001 年 1 月)、《电子日本重点计划》(2001 年 3 月)、《电子日本重点计划 2002》(2002 年 6 月)；第二阶段(2003～2005 年)侧重于 IT 的有效利用，战略文件包括《电子日本战略 II》(2003 年 5 月)、《电子日本重点计划 2003》(2003 年 8 月)、《电子日本重点计划 2004》(即 u-Japan)(2004 年 6 月)；第三阶段(2006 年以后)侧重于社会结构变革，战略文件包括《IT 新改革战略》(2006 年)、《电子日本战略 2015》(即 i-Japan)(2009 年 7 月)、《2012 年行动计划》(2012 年)等。韩国从 20 世纪 80 年代末期开始进行信息化建设，80 年代先后制定了《尖端产业发展五年计划(1990～1994 年)》和《信息通信技术开发计划(1990～2000 年)》；1993 年制定了《信息产业育成计划》；1996 年制定了"促进信息化基本计划"，1999 年修改后发布了"网络韩国 21 世纪"计划，计划的核心是在 2005 年完成超高速通信网建设；2002 年 4 月提出 e-Korea(电子韩国)战略，其关注的重点是如何加紧建设 IT 基础设施，使得韩国社会的各方面在尖端科技的带动下跨上一个新的发展台阶；2004 年提出为期十年的 U-Korea 战略，目标是"在全球领先的泛在基础设施上，将韩国建设成全球第一个泛在社会"；2008 年 7 月发表"新 IT 战略"，宣布将在 2012 年年底前投入 3.5 万亿韩元(约合 35 亿美元)发展信息技术产业；2009 年提出了《云计算全面振兴计划》，为韩国未来电子政务的发展作了新的战略规划；2011 年发布了《面向未来的互联网发展计划》、《政府发展云计算综合规划》、"RFID 推广战略"及《国家网络安全综合规划》。新加坡的信息化建设始于 20 世纪 80 年代初期，到目前为止，其出台的国家信息化发展战略主要有：1981 年提出了"国家计算机计划"；1986 年制定了"全国资讯科技(IT)蓝图"；1992 年提出了"IT2000 计划"，即"智能岛"计划；2000 年制定了"21 世纪资讯通信技术蓝图"；2003 年制定了"Connected City(连城)"计划；2006 年启动了为期 10 年的"智慧国 2015 计划"；2011 年发布了下一阶段电子政府总体规划——《电子政府 2015》。印度作为"金砖五国"之一，近年来信息化发展很快，2011 年政府先后发布了《国家网络安全策略》(草案)和《政府机构利用社交媒体的框架及指南》战略草案。

(2)国内研究

为有序推进各项工作，国家十分重视在战略层面上进行总体谋划，从"五五"、"六五"、"七五"、"八五"，直到今天的"十二五"规划，对信息化的部署可谓越来越多、越来越明确。这其中凝聚着广大科技工作者和管理人员的心血与汗水。

20 世纪 90 年代初，"金卡工程"、"金关工程"、"金桥工程"的启动，揭开了我国大规模建设政府信息系统的序幕，信息化和电子政务建设日益成为国民经济和社会发展中的重要议题，相关调查研究工作也日益深入和广泛。2001 年 8 月，中共中央、国务院批准成立国家信息化领导小组国家信息化专家咨询委员会(以下简称专家委)。专家委聘请有关专家组成，负责就我国信息化发展中的重大问题向国家信息化领导小组提出建议。专家委的宗旨是增进国家信息化战略决策的科学性和民主性，积极有效地推动国家信息化发展进程。10年来，专家委围绕我国信息化发展的热点难点问题、发展战略、规划制定、政策措施等开展了大量研究咨询工作。在专家委的带动和影响下，我国信息化研究和咨询事业迅速发展壮大，为各级政府提高信息化发展决策水平发挥了重要作用。

2001年8月，国家重新组建了信息化领导小组，加强了对全国信息化工作的领导，先后审议通过了《国民经济和社会发展第十个五年计划信息化重点专项规划》、《我国电子政务建设指导意见》、《关于加强信息资源开发利用工作的若干意见》、《关于加快电子商务发展的若干意见》、《国家电子政务总体框架》等一系列指导性文件，为未来信息化发展提供了明确指导。

2006年5月，中共中央办公厅、国务院办公厅印发了《2006～2020年国家信息化发展战略》(以下简称《战略》)，这是我国第一次对国民经济和社会信息化这一覆盖我国现代化建设全局的战略举措做出全面部署，在我国信息化发展进程中具有里程碑的意义。《战略》分析了全球信息化发展的基本趋势和我国信息化发展的基本形势，提出了我国信息化发展的指导思想和战略目标，确定了我国信息化发展的战略重点和战略行动，部署了我国信息化发展的保障措施(专栏1－1)。

专栏1－1　2006～2020年国家信息化发展战略(摘编)

战略目标。到2020年，我国信息化发展的战略目标是：综合信息基础设施基本普及，信息技术自主创新能力显著增强，信息产业结构全面优化，国家信息安全保障水平大幅提高，国民经济和社会信息化取得明显成效，新型工业化发展模式初步确立，国家信息化发展的制度环境和政策体系基本完善，国民信息技术应用能力显著提高，为迈向信息社会奠定坚实基础。

战略重点。一是推进国民经济信息化；二是推行电子政务；三是建设先进网络文化；四是推进社会信息化；五是完善综合信息基础设施；六是加强信息资源的开发利用；七是提高信息产业竞争力；八是建设国家信息安全保障体系；九是提高国民信息技术应用能力，造就信息化人才队伍。

战略行动。一是国民信息技能教育培训计划；二是电子商务行动计划；三是电子政务行动计划；四是网络媒体信息资源开发利用计划；五是缩小数字鸿沟计划；六是关键信息技术自主创新计划。

进入"十二五"时期，国家先后出台了《国民经济和社会发展第十二个五年规划纲要》、《国家电子政务"十二五"规划》、《国家物联网"十二五"规划》等多个重要规划，对全国信息化建设做出了总体部署。

2011 年 3 月通过的《国民经济和社会发展第十二个五年规划纲要》，在第十章和第十三章都谈到了信息化工作，以专章和如此大的篇幅部署信息化建设，这在我国历史上还是第一次(专栏 1－2)。

专栏 1－2　国民经济和社会发展第十二个五年规划纲要(摘编)

第十章　培育发展战略性新兴产业

以重大技术突破和重大发展需求为基础，促进新兴科技与新兴产业深度融合，在继续做强做大高技术产业基础上，把战略性新兴产业培育发展成为先导性、支柱性产业。

第一节　推动重点领域跨越发展

大力发展节能环保、新一代信息技术、生物、高端装备制造、新能源、新材料、新能源汽车等战略性新兴产业。节能环保产业重点发展高效节能、先进环保、资源循环利用关键技术装备、产品和服务。新一代信息技术产业重点发展新一代移动通信、下一代互联网、三网融合、物联网、云计算、集成电路、新型显示、高端软件、高端服务器和信息服务。生物产业重点发展生物医药、生物医学工程产品、生物农业、生物制造。高端装备制造产业重点发展航空装备、卫星及应用、轨道交通装备、智能制造装备。新能源产业重点发展新一代核能、太阳能热利用和光伏光热发电、风电技术装备、智能电网、生物质能。新材料产业重点发展新型功能材料、先进结构材料、高性能纤维及其复合材料、共性基础材料。新能源汽车产业重点发展插电式混合动力汽车、纯电动汽车和燃料电池汽车技术。战略性新兴产业增加值占国内生产总值比重达到 8% 左右。

第十三章　全面提高信息化水平

加强建设宽带、融合、安全、泛在的下一代国家信息基础设施，推动信息化和工业化深度融合，推进经济社会各领域信息化。

第一节　构建下一代信息基础设施

统筹布局新一代移动通信网、下一代互联网、数字广播电视网、卫星通信等设施建设，形成超高速、大容量、高智能国家干线传输网络。引导建设宽带无线城市，推进城市光纤入户，加快农村地区宽带网络建设，全面提高宽带普及率和接入带宽。推动物联网关键技术研发和在重点领域的应用示范。加强云计算服务平台建设。以广电和电信业务双向进入为重点，建立健全法律法规和标准，实现电信网、广电网、互联网三网融合，促进网络互联互通和业务融合。

第二节 加快经济社会信息化

推动经济社会各领域信息化。积极发展电子商务，完善面向中小企业的电子商务服务，推动面向全社会的信用服务、网上支付、物流配送等支撑体系建设。大力推进国家电子政务建设，推动重要政务信息系统互联互通、信息共享和业务协同，建设和完善网络行政审批、信息公开、网上信访、电子监察和审计体系。加强市场监管、社会保障、医疗卫生等重要信息系统建设，完善地理、人口、法人、金融、税收、统计等基础信息资源体系，强化信息资源的整合，规范采集和发布，加强社会化综合开发利用。

第三节 加强网络与信息安全保障

健全网络与信息安全法律法规，完善信息安全标准体系和认证认可体系，实施信息安全等级保护、风险评估等制度。加快推进安全可控关键软硬件应用试点示范和推广，加强信息网络监测、管控能力建设，确保基础信息网络和重点信息系统安全。推进信息安全保密基础设施建设，构建信息安全保密防护体系。加强互联网管理，确保国家网络与信息安全。

电子政务是我国信息化建设的重点，是落实科学发展观、深化改革开放、加快转变经济发展方式的必然要求，对全面提高我国信息化水平具有重大示范带动作用。根据《2006～2020年国家信息化发展战略》、《国民经济和社会发展第十二个五年规划纲要》等文件，工业和信息化部研究制定了《国家电子政务“十二五”规划》，于2011年12月正式发布。《国家电子政务“十二五”规划》总结了“十一五”期间我国电子政务的发展成绩，分析了“十二五”时期面临的发展形势，提出了“十二五”时期的指导思想、发展方针和发展目标，确定了发展方向和应用重点，明确了保障措施(专栏1－3)。

专栏1-3　国家电子政务“十二五”规划(摘编)

发展目标。“十二五”期间，电子政务全面支撑政务部门履行职责，满足公共服务、社会管理、市场监管和宏观调控各项政务目标的需要，促进行政体制改革和服务型政府建设的作用更加显著。一是电子政务统筹协调发展不断深化；二是应用发展取得重大进展；三是政府公共服务和管理应用成效明显；四是电子政务信息共享和业务协同取得重大突破；五是电子政务技术服务能力明显加强；六是电子政务信息安全保障能力持续提升。

发展方向和应用重点。一是加快推动重要政务应用发展，包括推进业务应用协同发展，推进部门业务应用发展，强化政府网站应用服务；二是加强保障和改善民生应用，包括深化保障和改善民生应用，加强县级政府和基层政务服务应用；三是加强创新社会管理应用，包括深化社会管理应用，促进城镇社会管理创新；四是强化政务信息资源开发利用，包括建设高质量政务信息资源，加强政务信息资源管理，大力推动信息共享和政务信息资源社会化利用；五是建设完善电子政务公共平台，包括完成以云计算为基础的电子政务公共平台顶层设计，全面提升电子政务技术服务能力，制定电子政务云计算标准规范，鼓励向云计算模式迁移；六是提高政府信息系统的信息安全保障能力，包括建设完善信息安全保障体系，制定电子政务安全可靠的标准规范，进一步加强政府信息系统安全管理。

物联网是战略性新兴产业的重要组成部分，对加快转变经济发展方式、促进经济发展和社会进步具有重要推动作用。为加快物联网发展，培育和壮大新一代信息技术产业，根据《国民经济和社会发展第十二个五年规划纲要》和《国务院关于加快培育和发展战略性新兴产业的决定》，工业和信息化部研究制定了《国家物联网“十二五”发展规划》，于2011年11月正式发布。《国家物联网“十二五”发展规划》分析了我国物联网的发展现状及形势，提出了“十二五”时期的指导思想、发展原则和发展目标，确定了主要任务和重点工程，明确了保障措施(专栏1-4)。

专栏1-4 国家物联网"十二五"发展规划(摘编)

发展目标。到2015年，我国要在核心技术研发与产业化、关键标准研究与制定、产业链条建立与完善、重大应用示范与推广等方面取得显著成效，初步形成创新驱动、应用牵引、协同发展、安全可控的物联网发展格局。

技术创新能力显著增强。攻克一批物联网核心关键技术，在感知、传输、处理、应用等技术领域取得500项以上重要研究成果；研究制定200项以上国家和行业标准；推动建设一批示范企业、重点实验室、工程中心等创新载体，为形成持续创新能力奠定基础。

初步完成产业体系构建。形成较为完善的物联网产业链，培育和发展10个产业聚集区，100家以上骨干企业，一批"专、精、特、新"的中小企业，建设一批覆盖面广、支撑力强的公共服务平台，初步形成门类齐全、布局合理、结构优化的物联网产业体系。

应用规模与水平显著提升。在经济和社会发展领域广泛应用，在重点行业和重点领域应用水平明显提高，形成较为成熟的、可持续发展的运营模式，在9个重点领域完成一批应用示范工程，力争实现规模化应用。

主要任务。一是大力攻克核心技术，包括提升感知技术水平，推进传输技术突破，加强处理技术研究，巩固共性技术基础；二是加快构建标准体系，包括加速完成标准体系框架的建设，积极推进共性和关键技术标准的研制，大力开展重点行业应用标准的研制；三是协调推进产业发展，包括重点发展物联网感知制造业，积极支持物联网通信业，着力培育物联网服务业；四是着力培育骨干企业，包括重点培育一批影响力大、带动性强的大企业，做好一批"专、精、特、新"中小企业的孵化和扶持工作，逐步形成门类齐全、协同发展、影响力强的产业体系；五是积极开展应用示范，包括开展经济运行中重点行业应用示范，开展面向基础设施和安全保障领域的应用示范，开展面向社会管理和民生服务领域的应用示范；六是合理规划区域布局，包括加快推进无锡国家传感网创新示范区建设，高起点培育一批物联网综合产业聚集区，打造一批具有物联网特色的产业聚集区；七是加强信息安全保障，包括加强物联网安全技术研发，建立并完善物联网安全保障体系，加强网络基础设施安全防护建设；八是提升公共服务能力，包括加强专业化公共服务平台建设，加快公共支撑机构建设，整合公共服务资源。

重点工程。一是关键技术创新工程；二是标准化推进工程；三是“十区百企”产业发展工程；四是重点领域应用示范工程；五是公共服务平台建设工程。

电子商务是降低成本、提高效率、拓展市场和创新经营模式的有效手段，是满足和提升消费需求、提高产业和资源的组织化程度、转变经济发展方式的重要途径，对于优化产业结构、支撑战略性新兴产业发展和形成新的经济增长点具有重要作用。为全面贯彻《2006～2020年国家信息化发展战略》、《国民经济和社会发展第十二个五年规划纲要》和《国务院办公厅关于加快电子商务发展的若干意见》，工业和信息化部研究制定了《国家电子商务“十二五”发展规划》，于2012年初正式发布。《国家电子商务“十二五”发展规划》分析了我国电子商务的发展现状与面临的形势，提出了“十二五”时期的指导思想、基本原则与发展目标，确定了重点任务，明确了政策保障措施(专栏1－5)。

专栏1－5　国家电子商务“十二五”发展规划(摘编)

发展目标。总体目标是：到2015年，电子商务进一步普及深化，对国民经济和社会发展的贡献显著提高。电子商务在现代服务业中的比重明显上升。电子商务制度体系基本健全，初步形成安全可信、规范有序的网络商务环境。

具体目标是：电子商务交易额翻两番，突破18万亿元。其中，企业间电子商务交易规模超过15万亿元。企业网上采购和网上销售占采购和销售总额的比重分别超过50%和20%。大型企业的网络化供应链协同能力基本建立，部分行业龙头企业的全球化商务协同能力初步形成。经常性应用电子商务的中小企业达到中小企业总数的60%以上。网络零售交易额突破3万亿元，占社会消费品零售总额的比例超过9%。移动电子商务交易额和用户数达到全球领先水平。电子商务的服务水平显著提升，涌现出一批具有国际影响力的电子商务企业和服务品牌。

重点任务。一是提高大型企业电子商务水平；二是推动中小企业普及电子商务；三是促进重点行业电子商务发展；四是推动网络零售规模化发展；五是提高政府采购电子商务水平；六是促进跨境电子商务协同发展；七是持续推进移动电子商务发展；八是促进电子商务支撑体系协调发展；九是提高电子商务的安全保障和技术支撑能力。

1.3.2 林业信息化发展战略研究

(1)国外研究

与金融、教育、农业、交通等其他行业的信息化一样，林业信息化是在全球信息化的大背景下，通过信息技术与林业业务的相互融合，逐步发展壮大起来的。近年来，世界各国在林业信息技术应用方面开展了不少研究工作，但在整体发展战略方面却未见有专题报道。

(2)国内研究

虽然我国林业信息化建设起步较早，并且开展了很多研究工作，但这些研究主要集中在信息技术应用层面，从战略的高度和全局的角度研究林业信息化发展思路的工作并不很多。这可能与林业信息化建设长期缺少一个强有力的牵头部门来组织推动有关。

从20世纪80年代初到90年代中后期，林业信息化研究主要集中在计算机、航空航天遥感、地理信息系统、全球定位系统、数据库技术应用方面。例如，李斌等(1988)、关百钧(1990)分析了计算机在林业中的应用现状及前景；郎奎健等(1989)著书介绍了IBM-PC系列程序集；李希菲(1990)介绍了1982～1988年开展的多元统计分析方法在林业中应用及IBM-PC系列程序集编制的研究情况；李留瑜(1991)从应用研究、技术装备和专业技术队伍三个方面回顾了我国林业遥感10多年来的发展状况，并以此为基础，提出了20世纪90年代应紧紧围绕解决工农业生产中的问题组织遥感科技攻关并提供技术保证；加强应用研究，大面积推广遥感技术科研成果以及积极跟踪世界新技术革命进程，促进遥感技术成果商品化和产业化的建议；林根石(1991)介绍了全球定位系统并分析了其在林区的应用前景；肖胜(1998)阐述了林业地理信息系统的建设、管理及分析方法；刘子良(1998)分析了当时林业统计信息化建设存在的主要问题，论述了林业统计信息化建设的目标、任务及重点；岳彩荣(1999)分析了我国“3S”集成技术研究现状及其在林业上的应用情况，并对未来进行了展望。

进入21世纪后，人们对林业信息化全局性的思考明显增多。2001年6月，全国林业科技大会指出，要高度重视高新技术在林业建设中的发展和应用，大力推进“数字林业”建设，加快林业现代化进程。国家林业局科学技术司和中国林业科学研究院资源信息研究所(2001)提出了我国“数字林业”建设的初步思路。

围绕“数字林业”和林业信息化建设，国内专家学者及林业科技工作者开展了大量研究与实践。方陆明等(2002)根据数字地球的基本思想，分析了我国林业信息化建设的基础与存在问题，提出了数字林业的概念、基本模型、体系结构、建设内容与阶段目标。李增元等(2003)介绍了数字林业概念的由来和数字林业建设的体系结构，针对体系结构提出了建设数字林业的主要内容和不同阶段。石军南等(2003)根据湖南省林业管理实际，提出了省级"数字林业"系统建设的目标、原则和内容的初步设想。曹善寿(2003)详细论述了云南林业信息化建设的必要性、重要性，结合建设云南省绿色经济强省战略，提出了以信息化带动林业产业化的思路和林业信息化建设的目标及方法。钟凯文等(2004)根据数字林业的基本思想，分析了我国林业信息化建设的基础与存在问题，探讨了省级"数字林业"建设的原则；从软硬件的选择、系统的架构、系统的主要功能入手，提出了一个典型的省级"数字林业"系统模型及其建设内容与目标。肖化顺等(2004)分析了广州市林业信息化的建设现状，提出了推进全市林业信息化建设的指导思想、基本原则、建设依据、建设目标和建设重点。吴发云等(2005)从首都林业信息化建设的现状出发，通过分析首都林业信息化建设存在的问题，提出建设"数字首都林业"的基本框架及其保障措施。吴艺辉等(2006)分析了浙江省林业信息网络建设的现状，提出了浙江省林业信息网络建设的目标和基本原则；根据网络三层结构的设计思想，给出了浙江省林业信息传输网络建设的具体思路、网络功能建设的方向和网络安全防护体系的设计，以及保障信息网络建设成功的保障措施。王庆杰等(2006)分析了我国林业政务信息化的架构和存在的问题，提出了"十一五"林业政务信息化工作的核心内容。陈星等(2007)开展了福建省"数字林业"工程建设模式及应用研究。谭运德(2007)分析了"十五"以来河南省林业信息化建设进展和存在的主要问题，提出了"十一五"期间的发展思路、工作目标、建设重点和保障措施。冯琰(2008)、高彦(2010)先后对辽宁省林业信息化建设进行了探讨。韦维等(2008)分析了影响和制约农村林业科技信息化传播的因素，提出了加强农村林业科技信息化建设的建议。王颖等(2010)在介绍物联网起源、概念、原理的基础上，阐述并展望了物联网在林业领域的应用前景及存在的问题。尚敬敏等(2011)分析了吉林省林业信息化建设的现状、面临的任务与机遇，对全省林业信息化建设提出了设想和展望，认为吉林省林业信息化建设应主要包括一个中心、两个体系、一个平台、四个层次、六大数据库、十大系统。

为理清全国林业信息化建设的总体思路，指导全国林业信息化规范有序发展，国家林业局于2008年开展了为期一年的调查研究，起草了《全国林业信息化建设纲要(2008～2020年)》和《全国林业信息化建设技术指南(2008～2020年)》(以下分别简称《纲要》、《技术指南》)。经过广泛征求意见和专家论证，2009年1月，国家林业局正式印发《纲要》和《技术指南》。这是我国林业发展史上第一个指导中长期林业信息化发展的纲领性文件，具有标志性的意义。《纲要》从建设现状与形势分析、基本思路与建设目标、总体框架与建设内容、行动计划、保障措施等5个方面阐述了全国林业信息化建设的总体思路，其中最核心的内容是“四横两纵”总体框架和八大行动计划（专栏1-6）。

专栏1-6 全国林业信息化建设总体框架和八大行动计划

总体框架。根据《国家电子政务总体框架》，结合现代林业建设实际，全国林业信息化建设采用“四横两纵”的总体框架结构。“四横”为基础设施、数据库、应用支撑和应用系统。“两纵”为支撑“四横”的标准规范体系、安全与综合管理体系。

行动计划。一是林业资源监管系统建设行动计划；二是营造林管理系统建设行动计划；三是林业灾害监控与应急系统建设行动计划；四是林业综合办公系统建设行动计划；五是林业信息化基础平台建设行动计划；六是林业产业发展与经济运行系统建设行动计划；七是生态文化与教育培训系统建设行动计划；八是林业信息技术自主创新行动计划。

2009年3月，国家林业局组织召开了首届全国林业信息化工作会议，对贯彻落实《纲要》进行了动员和部署。2009年7月，国家林业局办公室印发《关于组织编制林业信息化建设规划的通知》（办信字〔2009〕116号），启动了林业信息化“十二五”规划的编制工作。2011年3月，国家林业局印发《全国林业信息化发展“十二五”规划（2011～2015年）》，明确了指导思想、建设目标、总体框架、建设任务、建设重点等（专栏1-7）。

专栏1-7 全国林业信息化发展“十二五”规划（摘编）

建设目标。完善信息技术在林业核心业务等各个环节的应用，核心业务信息化覆盖率达到80%，80%的省级以上单位实现无纸化办公，80%以上的行政许可项目实现在线处理；完善国家级林业信息化建设基础平台，完成80%的省级林业信息化建设基础平台，80%的省级单位建成国家、省、市、县四级上下互联互通的全国林业电子政务传输网络；完成我国林业信息资源目录体系与交换体系和安全管理体系，建立健全林业信息化标准规范体系，并在全国林业信息化工作中得到应用，奠定全面实现林业信息化的坚实基础。

建设任务。一是内外网门户建设；二是数据库建设；三是应用支撑建设；四是应用系统建设；五是基础设施建设；六是标准规范体系建设；七是安全与综合管理系统建设。

建设重点。一是业务系统建设，包括林业资源监管系统建设，综合营造林管理系统建设，林业灾害监控与应急系统建设，林业产业发展与林业经济运行系统建设；二是支撑系统建设，包括应用支撑平台建设，运维系统建设；三是基础建设，包括标准规范建设，信息资源规划和数据库建设，国家卫星林业遥感系统建设，网络及运行环境建设，安全系统建设。

同时，国家林业局在开展林业“十二五”发展规划编制时，也把林业信息化建设作为重要内容。2011 年 10 月，国家林业局印发了《林业发展“十二五”规划》，其中第十三章专门对加快推进林业信息化做出了总体部署(专栏 1－8)。

专栏 1－8　林业发展“十二五”规划(摘编)

第十三章　加快推进林业信息化

以《全国林业信息化建设纲要》为引领，深化信息技术在林业资源、评价、规划、管理、保护与合理利用各环节的应用，形成布局科学、高效便捷、先进实用、稳定安全的全国林业信息化格局，为现代林业发展提供强大支撑。

第一节　加快推进生态建设信息化

一、加强林业资源监管和综合营造林管理信息化建设

加快森林、湿地、荒漠化和生物多样性等资源数据库系统建设，提高林业资源基础信息服务能力，为制定国家政策和重大工程规划等工作提供翔实可靠的林业资源信息。加快建设森林、荒漠化和沙化土地、湿地、种质资源、生物多样性等资源监管系统，支撑林业资源监测、管理和林业碳汇计量、监测工作。加强综合营造林管理信息化建设，建立国家和地方营造林管理系统，实现对营造林建设现状和发展动态的信息化管理。

二、加强林业灾害监测体系和应急信息化建设

加快建设森林防火监控和应急指挥系统、林业有害生物监测预警和防控管理系统、野生动物疫源疫病监测管理系统，沙尘暴防治等林业灾害管理系

统，提高林业防灾减灾和应急处置的信息保障能力。

三、建设国家卫星林业遥感应用平台

研发包含遥感数据接入、业务运行管理、数据管理、林业数据标准化处理、林业遥感应用处理、林业产品共享、林业产品服务、数据产品质量评价等分系统及北斗卫星导航林业应用系统的国家卫星林业遥感数据应用平台，提高林业遥感应用水平和监测、服务能力。积极推动发射林业卫星，提升现代林业管理水平。

第二节 加快推进产业发展信息化

一、建立林业经济运行信息系统

建立公平、透明、开放的林业产业信息系统，提供丰富的网站交互功能，全面提高林业产业发展预测、预警、重点林产品监测分析、林业行业重点企业、市场动态监控和林产品市场产销存预警预报能力。建立全国林业产业基础数据库，制定数据采集规程和标准，规范产业基础信息的采集和应用，全面掌握林业产业发展情况。

二、建设林业电子商务平台

建立统一的林权交易网，实现林地、林木、股权、债权、项目工程和林业技术等项目统一挂牌，交易会员、经纪会员和中介会员统一在线服务，形成林权交易信息统一发布和聚集平台；开发统一的网上交易系统，实现林权等的网上拍卖、招标、议价和网络报价等交易方式，提供一个公开、公正、全程监管的林权交易平台；建立林产品网上商城，为广大林农和中小林业企业提供一个网上市场，实现林产品交易的电子商务化。

第三节 加快推进生态文化信息化和信息化基础建设

一、加强生态文化信息化建设

建设林业数字图书馆、中国林业网络博物馆、中国网络博览会，完善中国林业网络电视，整合林业系统门户网站，形成中国林业网站群；开展多层次的林业信息化技能培训，建设覆盖全国的现代化远程教育系统，加强生态文化传播与宣传，不断推动生态文化体系发展和完善。

二、加强林业信息化统一基础平台建设

构建包括基础设施、数据库、应用支撑、应用系统等多个层次的林业信息化基础平台，为林业内网、外网建设提供统一、稳定、先进、高效的运行环境。加快推进物联网、云计算、IPV6 等新一代信息技术应用。加强网络安全与综合管理体系建设，修订现有标准，优先制定林业信息化建设急需、共性、基础性和关键性标准。积极做好林业信息化网络及运行维护体系建设工作。“十二五”期间，确保80%的省级以上单位实现无纸化办公，80%以上的行政许可项目实现在线处理；完成80%的省级林业信息化建设基础平台，80%的省级单位建成国家、省、市、县4级互联互通的全国林业电子政务传输网络。加强林业信息化标准建设和安全等级保护工作，提高信息安全保障能力和水平。

各省级林业主管部门也积极行动起来，结合本地实际，编制了本地林业信息化“十二五”规划。据统计，截至目前，30个省级部门出台了林业信息化“十二五”规划。

综上所述，可以看出，国内外关于信息化发展战略的研究及相关成果不少，但林业信息化发展战略研究开展得不多。从本质上说，我国林业信息化发展战略已有的研究工作主要集中在电子政务建设方面，有些是区域性的、短期的，尚缺乏全局性、全面性、长期性的战略研究。

1.4 研究内容及方法

1.4.1 研究内容

根据战略研究的一般要求，结合林业信息化发展实际，中国林业信息化发展战略研究主要包括以下8个方面的内容：

(1)中国林业信息化发展道路剖析

基于大量的基础资料，回顾了全球信息化的发展历程，重点剖析了美国、英国等几个信息化发达国家的信息化建设历程和成功经验；回顾了我国信息化的发展历程，重点剖析了北京、上海以及商务部、国土资源部等信息化先进地区和部委的信息化建设历程及成功经验；梳理了我国林业信息化的发展历程和发展现状，对发展趋势进行了大胆预测。

(2)中国林业信息化的战略地位与作用

从理论和实践两个层面，论述了信息化与现代化、中国林业现代化与国家现代化、中国林业信息化与林业现代化、中国林业信息化与国家信息化的辩证关系，进而得出中国林业信息化在现代林业建设和国民经济发展全局中的战略地位与重大使命。

(3)中国林业信息化的战略需求和机遇挑战

按照中央提出的“两个战略”、颁布的“两个文件”、召开的“两次会议”、确定的“双增目标”对新世纪新阶段林业工作的总体要求，以发展现代林业、促进绿色增长为主线，从构建完善的林业生态体系、发达的林业产业体系、繁荣的生态文化体系、健全的公共服务体系4个方面着手，客观分析了2030年之前我国林业信息化建设的战略需求、发展潜力、发展机遇和主要挑战，为进行战略设计等奠定了基础。

(4)中国林业信息化的战略设计

借鉴国内外信息化战略设计的先进理念和成功实践，立足于我国林业信息化的特点和发展实际，研究提出了当前和今后一个时期我国林业信息化建设的总体思路、基本原则、目标任务、总体框架、战略布局、战略步骤等。

(5)中国林业信息化的战略内容

根据中国林业信息化发展的总体框架和现代林业建设的核心要素，从电子政务与生态领域信息化、电子商务与产业领域信息化、网络文化与生态文化领域信息化、电子社区与新林区建设信息化、信息安全与能力建设信息化等5个方面，研究阐述了未来我国林业信息化建设的主要内容。

(6)中国林业信息化的战略重点

在前述研究的基础上，按照围绕中心、服务大局的总要求和统筹规划、分步实施，内外兼顾、协调发展等原则，提出2030年之前我国林业信息化建设的重点，确保林业信息化在深化融合、支撑发展、引领未来的征程中发挥建设性的作用。

(7)中国林业信息化的战略保障

基于战略保障的一般原理、国内外信息化建设的成功经验和我国林业信息化的阶段性特点，从政策法规、体制机制、资金保障、标准规范、科技支撑、交流合作6个方面，研究提出了保障林业信息化又好又快发展的政策措施。

(8)中国林业信息化发展测评

在回顾国内外信息化发展水平测评历程和剖析典型测评实践的基础上，结合我国林业信息化的阶段性特点，研究提出了我国林业信息化发展测评的总体思路、测评方法、测评流程以及核心指标体系，为构建以评促建、以评促管、以评促用的林业信息化发展机制提供了有益参考。

1.4.2 研究方法

方法决定结果，方法决定价值。在本研究中，课题组综合应用了文献分析法、座谈讨论法、问卷调查法等研究方法。

(1)文献分析法

占有文献资料是开展好研究工作的基础和前提。课题组查阅了大量与信息化和林业信息化发展战略有关的文献，包括发展规划、发展战略、发展纲要、发展报告、研究报告、法律法规、官方文件、标准规范、技术前沿、论文专著、案例选编等，并对这些文献进行了认真分析。

(2)座谈讨论法

面对面座谈讨论是获取一手研究数据的重要途径。在研究过程中，课题组人员开展了多次集中座谈交流，座谈对象包括国家林业局有关司局和直属单位、地方林业主管部门、国家有关部委、教学科研单位、有关领域的专家以及 IT 公司的管理和技术人员等。

利用到国外学习培训的机会，还先后与美国、英国、澳大利亚等国的信息化同行进行了交流讨论。通过该方法，收集了大量第一手资料，在很多方面达成了共识。

(3)问卷调查法

为系统收集与林业信息化有关的专题信息，课题组设计了简明扼要的调查表，在国家林业局各司局、各直属单位，各省级林业主管部门，各计划单列市林业主管部门，开展了林业信息化建设现状、未来发展思路、工作意见与建议等方面的调查。

(4)态势分析法

态势分析法又叫 SWOT 分析法，最早由 Learned 等人于 1965 年提出，在战略管理领域

图1-1 组织相关专家学者召开中国林业信息化发展战略座谈会

被广泛运用。SWOT四个英文字母分别代表优势(Strength)、劣势(Weakness)、机会(Opportunity)、威胁(Threat)，其中S、W是内部因素，O、T是外部因素。本研究利用该方法客观分析了中国林业信息化发展存在的优势、劣势和面临的机遇与挑战，为提出发展战略提供了重要依据。

(5)案例研究法

案例分析是一种重要的研究方法。透过不同国家、地区和行业的典型信息化案例，可以从中寻找规律性的东西或产生问题的根源，进而找出解决问题和改进工作的方法。课题组先后收集了多个国家、地区和行业的信息化典型案例，为研究提出中国林业信息化的发展方略提供了重要参考。

(6)价值工程法

价值工程法(Value Engineering)由美国人麦尔斯(L. D. Miles)于1940年提出，指通过集体智慧和有组织的活动，对产品或服务进行功能分析，使目标以最低的成本，可靠地实现产品或服务的必要功能。其理论基础是价值理论公式：价值 = 功能/费用。价值工程活动实质上就是提出问题和解决问题的过程。本课题应用该研究方法进行最优方案的比选。

第2章　中国林业信息化发展道路剖析

2.1　信息化与林业信息化

2.1.1　信息化的概念

(1)信息化概念的产生与演变

“信息化(Informatization)”这一概念的起源，可以追溯到20世纪60年代。1959年，美国社会学家贝尔在他的《后工业化社会：推测1985年及以后的美国》著作中，提出了“后工业化社会”的概念，实质上就是信息社会。1962年，美国普林斯顿大学教授F. 马克鲁普在他撰写的《美国的知识生产和分配》一书中，提出了“知识产业”，实质上也是信息产业。

1963年1月，日本学者梅卓忠夫在日本HosoAsahi杂志上发表了题为“论信息产业”的论文，首次从信息产业的角度研究了日本未来社会的发展方向。1967年，日本科学、技术与经济研究小组创造并开始应用了“Johoka”一词，用它来反映由可触摸的物质产品起主导作用向难以触摸的信息产品起主导作用的根本性转变。1970年，日本学者把使用的“JohoShakai”译成英文“Information Society”。1977年美国斯坦福大学博士U. 波拉特在他的《信息经济》博士论文中提出了“信息经济”的概念。1977年法国的西蒙·诺拉和阿兰·敏克在为法国政府撰写的经济发展报告《社会的信息化》中，使用了法文单词Informatisation，这一单词的英译“Informatization”就是“信息化”。随后便被世界各国普遍接受并使用至今。

1983年3月，苏联科学院成立计算技术和自动化学部，科学院院士们在讨论信息学一词的含义时持不同意见，从而引发由更多学科的学者和专家参加的什么是инФорматика

的第二次学术大辩论。1995 年俄罗斯国家杜马给国家信息化作了这样的定义：信息化是指在组建和使用信息资源的基础上，为满足公民、国家政权机关、地方自治机关、机构、社会团体的信息需求和其实现权益而创造最佳条件的组织筹备、社会经济和科学技术的过程。

我国情报界老前辈杨沛霆同志 1980 年在《情报资料》第 1 期创刊号上介绍了国外“情报社会(讯息社会)”的提法，“情报社会”实质上就是现在所说的“信息社会”。1986 年 12 月，原国家科委发展研究中心在北京召开了“首届中国信息化问题学术讨论会”，会议正式提出了“信息化”这一词汇。

(2)信息化概念的分析与比较

经过多年的发展，当前针对信息化的概念也有很多种观点。目前主要的信息化概念可以归纳为以下几个方面：

信息技术(产业)发展论。代表性的观点包括，北京邮电大学钟义信先生在《信息时代的发展战略》中定义：信息化就是指用现代信息技术装备国民经济各部门和各领域，极大地提高社会劳动生产率；李晓东先生在《信息化和经济发展》中定义：信息化是指在工业化的过程中，要逐步提高信息经济在国民生产总值中的比重，同时通过信息高速公路的建设，把信息产业发展起来，把信息技术的应用普及开，把信息技术的自主开发能力提高上去。这类定义强调了发展信息技术和信息产业的重要性。

信息资源(内容)发展论。代表性的观点有，原信息产业部吴基传部长在《领导干部信息网络化知识读本》中定义：信息化就是指社会经济结构从以物质与能量为重心，向以信息与知识为重心转变的过程；李富强先生在《知识经济与信息化》中定义：信息化是指社会经济的发展，从以物质与能量为经济结构的重心，向以信息为经济结构的重心转变的过程。这类定义强调了信息资源和内容的重要性。

经济发展论。代表的观点如，李晓东先生在《信息化和经济发展》中定义：信息化就是要加快国民经济各部门之间、部门内部以及企业间的信息沟通和交流，促进企业技术改造，使企业的发展更适应新技术的发展和不断变化的市场需求，从而加快经济的运行节奏，促进经济发展；李京文先生在《信息与经济发展》中定义：信息化是指在经济和社会活动中，通过普遍地采用信息技术和电子信息设备，更有效地开发和利用信息资源，推动经济发展和社会进步，使信息经济增加值在国民生产总值中的比重逐步上升直至占主导地位的过程。这类定义强调了信息化对经济的促进作用。

社会革命论。代表的观点有：汪向东在《信息化：中国 21 世纪的选择》中定义：信息化是采用现代化信息技术等手段，通过提高人类开发和利用信息资源的智能，推动经济发展、社会进步，甚至人们生活方式变革的过程；赵萍在《步入21世纪的农业信息化》中定义：信息化是指人们对现代信息技术的应用达到较高的程度，在全社会范围内实现信息资源的高度共享，推动人的智能潜力和社会物质资源潜力充分发挥，使社会经济向高效、优质方向发展的历史进程；宋玲在《信息化水平测度的理论与方法》中定义：信息化是指由信息技术推广和应用、信息资源开发利用及产业化所组成的整个信息革命的发展过程。1998年，联合国教科文组织在代表联合国出版的《知识社会》一书中指出："信息化既是一个技术的进程，也是一个社会的进程。它要求在产品或服务的生产过程中实现管理流程、组织机构、生产技能以及生产工具的变革。"

这类定义强调了信息化的转变过程。信息化不是单纯的技术进程，而是以计算机革命为基础的社会—技术进程。它是与工业化具有同样意义且不可避免的历史发展阶段。对比于工业化而言的一种新的经济与社会格局，在这个新格局中，人类社会成为更加紧密、相互联系的、不可分割的整体，相应的体制、思想、观念、习惯也将产生许多新的、与以往不同的内容和特点。

由此可见，仅从某一个方面来定义信息化都是不全面的。从世界信息化概念的提出和发展来看，信息化的概念应全面理解为整个信息过程，包括信息技术的推广应用、信息资源的开发利用、信息产业的发展壮大等几个层次的内容，最终要归结到社会的、经济的变化，即经济的发展由工业经济向信息经济演进，社会由工业社会向信息社会演进。

(3)信息化的内涵

信息化是一个内涵非常丰富的概念，可以从4个方面予以理解。

从哲学角度看，信息化的本质是生产力的进步和生产形态的变革。在信息化过程中，生产力的三要素(劳动工具、劳动对象和劳动者)都发生了革命性的变化。首先劳动工具发生了变化。在工业社会里，劳动工具主要是使用动力的机器设备，可以看作是人的体力的延伸；在信息社会里，劳动工具主要是电子计算机、现代通信设施等智能化工具，可以看做是人脑的延伸。其次，劳动对象发生了变化。信息作为一种新的要素独立于生产力的系统中，成为一种无形的资源和力量。在工业社会里，劳动对象主要是原材料、能源等物质产品；而在信息社会里，信息不仅作为一种资源发挥着重要作用，而且它本身也成为劳动对象，信息的采集、加工、传播和利用等都是以信息直接作为劳动对象。最后，劳动者发生了变化。信息社会里，劳动者成为知识工人，劳动方式发生根本性变化，并获得空前的解放。由于信息的作用被极大地发挥出来，资本作用被弱化，劳动者只要拥有信息和知识就可以广泛地参与社会经济活动。

从社会发展角度看，信息化是社会形态向信息社会转变的动态的渐进的过程。可以从4个方面理解其含义：首先，信息化是一个相对的概念。它所对应的是社会整体及各个领域的信息获取、处理、传递、存储、利用的能力和水平。其次，信息化是一个动态的、发展中的概念。信息化是向信息社会前进的动态过程，它所描述的是可触摸的有形物质产品起主导作用向难以触摸的信息产品起主导作用转变的过程。第三，信息化是一个渐进的、不断演进的动态过程，每一个新的进展都是前一段的结束，同时又是下一个发展阶段的新起点。第四，信息化是技术革命和产业革命的产物，是一种新兴的最具有活力和高渗透性的科学技术。

从技术发展的角度看，信息技术是信息化的主要推动力。信息化虽然涉及很多方面的内容，但其核心问题无非是信息技术的快速进步及其在各产业和社会领域中的扩散、渗透和运用。信息技术成为推动信息化的主要技术力量和技术基础。是主要依靠技术进行社会改造的持久性运动。

从资源利用的角度来看，信息化是信息资源得以大规模开发利用，并取代物质、能源成为社会发展最重要的战略资源的过程。信息革命与以往历史上出现的其他技术革命的根本区别就在于：以往的技术革命作用于工具、材料和能源等物质资源，主要体现为人类体力的延伸；而信息革命主要作用于知识和信息资源，体现为人类脑力和智力的进步。在信息化社会里，信息的价值得到确认和重视，成为经济增长的战略性资源。成为信息资源来调配、优化物质和能源配置的重要力量。

(4)信息化的外延

信息化的外延可从以下几个方面进行理解。

信息化与工业化的关系。从工业化与信息化的发展历史和作用内容上看，二者存在着密切的互补关系。从产生历史上看，工业化是信息化的源泉，信息化是工业化的派生物，没有工业化，信息化就成了无源之水，无本之木；而没有信息化，工业化也不能得到快速的推进。从作用形式上看，工业化是信息化的前提和基础，信息化是工业化的发展和延伸；工业化是信息化的重要载体，信息化是工业化发展的更高形态。工业化直接导致信息化的出现，信息化必须借助于工业化的手段获得发展。同时，信息化又是工业化的引擎和动力，引导和推动着工业化的发展方向和速度。从产业发展阶段看，工业化是工业社会的集中体现，而信息化是后工业社会的主要特征，信息化是继工业化发展到一定阶段才出现的一种新的产业形式。工业化为信息化提供了广阔的市场，信息化为工业化的再发展创造了丰富的需求空间。工业化追求的是经济迅猛发展以及物质资料不断积累的过程，而信息化是运用先进技术手段提高产业生产效率、改善生产工艺、优化产业结构的动态过程，也是工业化发展到高级阶段的产物。缺少信息化，工业化社会便会停滞不前；缺少工业化，信息化社会必将失去基石。同时，党的十六大制定了“坚持信息化带动工业化，工业化促进信息化，走出一条科技含量高、经济效益好、资源消耗低、环境污染少、人力资源优势得到充分发挥的新型工业化道路”的指导思想；党的十七大报告中提出要“发展现代产业体系，大力推进信息化与工业化融合，促进工业由大变强，振兴装备制造业，淘汰落后生产能力”，要“全面认识工业化、信息化、城镇化、市场化、国际化，深入发展新形势新任务”。这些论断对于深刻理解、正确处理信息化与工业化的关系有着重要的指导意义。

信息化对经济发展的影响。人类社会已经进入了信息时代，世界经济正在从以物质和能源为基础的传统经济向以信息、知识为基础的知识经济转变，信息技术已成为拉动世界经济增长的重要因素，而且发展潜力巨大。20 世纪 90 年代以来，信息技术成为引发重大经济社会变革的核心技术，信息产业成为全球经济发展中增长速度最快的先导产业，2000 年对世界经济增长的实际贡献率已超过 30%，在美国等发达国家，信息产业已成为经济发展的支柱产业，广义信息产业在 GDP 中占的比重已在 50% 以上，我国 2004 年全国信息产业完成增加值占 GDP 的比重为 7%，对经济增长的贡献度为 15%；2005 年比重为 7.2%，对经济增长的贡献度为 16.6%；2008 年比重约为 5%，对经济增长的贡献度为 8%。可见，信息产业持续快速发展，信息技术改造传统产业，带动产业结构战略性调整的作用显著增强，已成为提高经济增长的质量保障，也使得我国的国际竞争力不断增强。信息技术拥有改革原有经济结构的力量，并已经渗透融合到各个产业，正在改变着这些产业的存在方式和生产经营方式，极大地提高了劳动生产率和经济效益，引起劳动力结构、产品结构、技术结构的变化，使传统产业实现了脱胎换骨的改造。信息技术已成为全球最大和最具生机的产业群，它的高渗透性、高增值性、高关联性，使信息技术和信息产业的先行带动作用空前增强，可以有效地转化和改造传统产业，优化经济结构，提高结构性效率。过去 40 年，传统产业的成长壮大，在很大程度上是得益于知识和信息的带动。发达国家的经验表明，虽然利用信息技术要增加 30% 的投资，但可以通过提高产品的档次和质量改善生产环境，降低能源和原材料消耗等而增加 85% 的经济效益，工业发达国家提高劳动生产率的 60%~80% 是靠信息技术获得的，信息化和科技创新已成为全球经济结构调整的根本性动力，也是结构性动力的重要源泉。

信息化对社会文化的影响。在全球化与信息化双重影响的背景下，全人类处于文明转型的时期，旧有的文化传统、生活方式、生产方式受到了前所未有的挑战，全新的事物正在孕育之中。信息化使得知识、文化的传播空前便捷，人类的学习、生活、工作方式正在发生革命性进步，互联网上大量的信息资源，开拓人的视野、提高人的素质、促进人的发展。各种观点、思想前所未有地在网络上碰撞、交流、升华，新思想、新知识、新事物的诞生、传播日益加速。以信息技术为代表的当代科学技术，提供了信息生产、传播、处理、存储、感测、检索、获取、利用等方面的技术条件和装备的支持，数据库技术、多媒体技术、数据压缩存储技术等与经济社会的信息化，对文化产业产生了巨大的渗透与影响。同时，文化产业与信息化的互动，不仅为信息化增添了实体“内容”，而且对它的“虚拟”技术提出更多、更高的需求，促进了信息化的加速发展。首先，信息化打破了传统文化产业各个门类之间的界限，极大地促进了文化内容的流通，推动了文化生产力的解放和增长。其次，信息化与文化产业的结合，催生了新的业态，形成了新的生产力、生产关系和组织形态，出现了新媒体、新产业和新服务。

信息化对政治的影响。信息化深刻影响了政府的组织结构和运作方式，推动政府向服务型和创新型政府转变。电子政务在提高行政效率、改善政府效能、扩大民主参与等方面的作用日益显著。发达国家利用电子政务加大政府信息公开力度，扩大与公众的交流互动，互联网成为公众了解、参与、影响政府决策的重要途径。在推进电子政务的过程中，政府顺应新形势下经济社会发展的需要，通过应用信息网络技术推动组织结构的变革、业务流程的优化和工作内容的创新，显著提升了决策水平，提高了执行效率，强化了监督力度，并且以最低的成本向公众提供最方便高效的个性化服务，加快了政府职能转变，提高了整个经济社会的运行效率和效益。

信息化对军事的影响。信息技术的应用深刻改变了现代战争形态，信息化成为新军事变革的核心内容。信息社会的战争形态主要体现在信息战上，它是一场对垒的军事(也包括政治、经济、文化、科技及社会一切领域)集团抢占信息空间和争夺信息资源的战争。信息社会的战争呈现出新的特点：一是在信息社会，战争将最终表现为对信息的采集、传输、控制和使用上，获得信息优势是参战各方的主要目标；二是武器装备呈现出信息化、智能化、一体化的趋势，打击精度空前提高、杀伤威力大大增强；三是战场空间正发展为陆、海、空、天、电五维一体，全纵深作战、非线式作战正成为高技术条件下战争的基本交战方式；四是为适应战争形态的变化，作战部队高度合成，趋于小型化、轻型化和多样化，指挥体制纵向层次减少，更加灵便、高效。第一次海湾战争后提出了“以数字化网络为中心的战争”的概念。其目标是将传感器、通信装置和武器紧密地连接成一个数字化的网络，从而增加军队的有效战斗力；而到了科索沃战争，其战争形态开始发生本质性变化，信息化战争形态首次出现，夺取信息优势、信息作战、控制机动、精确打击成为战争的主导。

2.1.2 信息化的特征

(1)信息化的基本特征

从信息技术的开发与应用的角度看，信息化具有以下几个明显的特点：

明显的信息外溢性。信息网络具有“外部性”，而“信息的外溢效应”是其外部性的主要表现。信息的外溢效应主要表现在三个方面：首先是信息本身的外溢效应，它可以对外部产生影响；其次是新信息创造的新市场的外溢效应，新市场能产生连锁反应；最后是新信息创造的新利益的外溢效应。

极强的技术创新性。20 世纪以来信息技术领域实现了几次大的重大突破，包括半导体、集成电路、计算机、光纤通信、互联网等，它的意义已经远远超出技术领域，它推动产业结构的加速重组与调整和世界经济的持续增长。技术的强劲创新产生了产业的不断突破，这个过程本身就是一个极强的创新过程。当代世界科技发展的主体是信息技术，产业结构高级化的主要动力之一是信息化，通过信息化的发展来实现结构的升级。即当技术变革引起产业结构转换时，通过引入信息技术促进产业结构的变革，为经济增长提供动力。同时，信息技术还是产业升级的重要推动力。在产业结构优化、经济增长方式转变的同时，信息技术可为国民经济带来巨大经济效益。

广泛的技术渗透性。信息技术产业在国民经济的各个领域具有广泛的适用性和渗透性。信息技术的发展，使信息化无处不在，不仅带动了一批新的交叉科技和新兴产业，还创造了新的经济和社会需求。

较高的经济效益性。信息技术的应用可以显著提高资源利用率、劳动生产率与管理效率，从而极大地降低社会总成本，取得巨大经济效益。特别是以信息技术为主导技术的企业信息网络的发展，增强了管理者与被管理者以及不同管理对象之间的交叉性、有序性，提高了生产效率、经济效益，促进了生产组织与经营模式的变革，推动了经济的持续增长。

强劲的产业带动性。大量的研究计算显示，信息产业是一个产业链很长、产业感应度与带动度都很高的产业。据分析，电子信息产业部门的感应度在我国 37 个国民经济部门中列第九位，说明信息技术业在整个国民经济发展中具有重要的基础作用；电子信息产业带动度在 37 个国民经济部门中居第四位，说明信息技术业对整个国民经济发展的带动和推动作用巨大。因此，以信息技术为支撑的经济信息化，极大地推动了信息产业的调整发展。

(2)我国信息化发展的特征

根据我国信息化发展的历史进程及其规律，可将我国信息化发展的特征归纳为以下几个方面。

从信息化的发展进程上看，一般呈现出如下特点：起点低但起步早，个别信息网络技术已处于世界领先地位；信息技术从无到有，并从工业技术脱颖而出，衍生为一门新兴的技术；信息产业由低到高，逐渐从第一、二、三产业分化出来，演变成一种新兴的产业——第四产业；信息产业由弱到强，成为国民经济发展的支柱产业；信息经济发展的市场化程度不高，计划经济的痕迹仍然存在，阻碍了信息化的加速发展。

从信息化的发展战略上看，呈现出以下特点：20 世纪 80 年代的信息化发展战略具有摸索性、探讨性，意见分歧较大，未形成明确的发展战略；90 年代前后，信息化发展战略具有实践性、经验性，虽有意见分歧，但发展战略逐渐浮出；最近两三年来，信息化发展战略具有规范性、条理性，总体认识趋向一致，发挥后发优势、实现跨越式发展的中国式战略日益明朗化，成为未来信息化发展的行动指南。

从信息化发展方针上看，呈现出以下特点：20 世纪 80 年代，信息化发展附属于农业、工业及第三产业，因此，信息化发展的方针没有引起世人的关注，尚处于理论探讨的层面；进入 90 年代以来，信息化的重要地位与作用使其发展方针成为实践的必要条件，1997 年召开的全国第一次信息化工作会议形成了信息化发展的 24 字方针，即“统筹规划、国家主导、统一标准、联合建设、互联互通、资源共享”；21 世纪提出了“统筹规划、资源共享、应用主导、面向市场、安全可靠、务求实效”的方针，信息化发展方针比 1997 年更完善，更趋合理，有助于加快推进信息化发展的进程。

从信息化发展目标上看，呈现出如下特点：20 世纪 80 年代信息化发展目标比较模糊、粗糙，信息化发展目标理想化成分偏重；进入 90 年代以后，开始向具体的内容靠近，信息化发展目标实践性加强；“九五”时期信息化发展的目标是国民经济信息化的程度显著提高，范围只包含经济部分，强调的是程度，希望在一定程度上实现经济信息化；“十五”时期信息化发展的目标是国民经济和社会信息化水平显著提高，范围不仅包含经济内容，还包括社会内容，强调的是水平，要求的是具有一定水平的经济信息化和社会信息化。“十一五”时期信息化发展目标是以信息化带动工业化；以信息技术应用为主导，面向市场；网络共建，资源共享；技术创新，竞争开放；发挥后发优势，实现跨越式发展。到 2020 年，我国信息化发展的战略目标是：综合信息基础设施基本普及，信息技术自主创新能力显著增强，信息产业结构全面优化，国家信息安全保障水平大幅提高，国民经济和社会信息化取得明显成效，新型工业化发展模式初步确立，国家信息化发展的制度环境和政策体系基本完善，国民信息技术应用能力显著提高，为迈向信息社会奠定坚实基础。

从发展速度上看，呈现出如下的特点：受工业化发展中速度思维定势的影响，多年来比较重视信息化发展速度，而不太重视发展效益；20 世纪 90 年代的发展速度快于 80 年代，“十五”期间的发展速度明显快于“九五”时期；东部沿海及大城市信息化发展程度较高，而西部及农村信息化发展程度严重不足；个别尖端信息技术发展较快，而一些大众化、普及性且又急需解决、急需国产化的信息技术相对滞后；中小企业信息化发展前景良好，但一些歧视性、偏好性政策抑制了这些中小企业尤其是民营企业信息化增长速度。

2.1.3 林业信息化的内涵

参照国内外对信息化的定义，可将林业信息化定义为：林业信息化是指在林业各个领域应用信息技术，采集、开发和利用信息资源，促进生态建设、林业产业、生态文化和林业管理的科学发展，带动林业实现现代化的过程。它是国家信息化的重要组成部分，是现代林业建设的基本内容，也是衡量林业生产力发展水平的重要标志。

林业信息化是现代林业建设的重要组成部分，是促进林业科学发展的重要手段，是关系林业工作全局的战略举措和当务之急，是提高林业科技含量，提升林业管理水平，增加林业建设内涵，促进林业可持续发展的重要支撑和保障。

林业信息化是一个内涵丰富的概念，主要体现在：从范围上看，林业信息化涉及林业的各个领域；从手段上看，林业信息化是利用现代信息技术；从内容上看，林业信息化是采集、开发和利用信息资源；从目的上看，林业信息化是促进生态建设、林业产业、生态文化和林业管理的科学发展；从本质上看，林业信息化是带动林业实现现代化的过程。具体分析如下：

(1) 林业信息化的目的是加快林业现代化，发挥林业的多功能和多效益，促进林业又好又快发展

它的目标是在生态建设、林业产业、生态文化、行政管理等领域的各个环节不断应用信息技术，开发和利用信息资源，生产、分配、使用知识，支持林业生产和管理活动；它的出发点和基础是林业的行业特点与需要，关键在于信息技术与林业业务结合产生的新理念、新方法和新建设。

(2) 林业信息化主要应用在生态建设、林业产业、生态文化和林业管理四个领域

生态建设是指充分利用现代科学技术，尊重生态系统的自然规律，对受人为活动干扰和破坏的生态系统进行生态恢复和重建，以实现环境、经济、社会效益的统一；林业产业是指以经营林产品为主体的生态经济系统产业，以保护、培育、开发和利用森林为主要任务，达到提高林地生产力、林农增加收入的目的；生态文化是指以生态价值观为指导的社会意识形式，主要包括生态哲学、生态伦理、生态科技、生态教育、生态传媒、生态文艺、生态美学、生态宗教文化等要素，这些要素互相依存、互相促进，共同构成生态文化建设体系；林业管理是指对林业事务的一种管理活动，随着社会的发展，管理的对象日益广泛。

运用信息技术可以监测林业资源动态，为生态建设提供保障。例如各级林业主管部门通过遥感技术、无人机、地面近景摄影、三维激光扫描、GPS 定位等技术可以获取精确数据，制作完成森林资源的档案管理和林业专题图，通过对各类图形的分析能实现林业资源数据以及档案的一体化查询，并在地图上转化查询结果。还可通过对原始资料数据和各类动态数据的分析，建立森林防火预警体系、林业有害生物监控体系等，使得森林火灾救助、林业病虫火害防治、林地荒漠化预防以及濒危动植物保护等问题逐渐得到有效的解决。

林业涉及千家万户，关系着亿万林农群众和广大涉林企业的切身利益，加强林业信息化建设，可以为林业产业的健康有序发展提供动力。通过电子商务平台，可以使林产品从生产、运输、交易、物流、服务等各环节实现数字化和智能化，帮助林企实现生产经营自动化和决策的科学化，也有助于林企的对外合作与交流。对林农而言，通过电话、电视、互联网等手段可以获取林产品的市场信息、相关政策、法律法规、种植指导等信息，有助于提高林业生产效率和林农收入水平。

生态文化体系建设是一个新课题、一项新任务，繁荣的生态文化，对社会意识有引领作用，对生产生活方式转变有促进作用，对政府部门决策有影响作用，对国家形象有维护作用，对科学技术有推广作用，对林业事业有凝聚作用。通过运用信息技术，可以扩展生态文化的创作手段，丰富生态文化的宣传平台，使网络成为生态文化传播的第一渠道，不断推进人与自然的和谐发展。

(3) 林业信息化是一个过程，它的核心思想是“化”

它是和现代化同时进步和发展的一个过程。空间上它是在林业生产、管理和服务的各个领域的各个环节，普遍采用新的信息技术，以知识和技术为基本动力，推动林业发展的过程；时间上它是不断利用信息技术与林业业务结合，不断产生新的理念、方法和技术，支持林业发展，不断将知识转化为技术，技术转化为生产力的过程。

(4)林业信息化与林业现代化、国家信息化的关系密不可分

林业信息化是国家信息化的构成要素，是国家信息化的重要体现，同时，国家信息化也是林业信息化的重要支撑，为林业信息化的发展提供良好的背景环境和智力支持。此外，现代林业是坚持以人为本，全面、协调、可持续发展的林业，科学化、机械化和信息化是支撑现代林业大厦的三大支柱。信息化作为林业现代化的重要组成部分，是实现林业科学发展的推动力量，是关系林业工作全局的战略举措和当务之急，林业信息化水平的高低，是衡量现代林业发展程度的一个重要标志。

2.1.4 林业信息化的外延

开发和利用信息资源服务于林业建设，涉及林业各个部门、领域的各个环节，需要有一个全面的信息化建设思路。因此，有必要从多个角度考察林业信息化的构成。

(1)按部门或单位划分

应该包括行政、业务、生产、科技、教育等部门，每个部门下属若干单位，图 2-1 表示了它们的结构。

林业行政管理部门政务信息化建设。指国家、省(自治区、直辖市)以及地(市)、县(市)直到乡镇等政府林业主管部门的信息化。

林业业务管理部门业务信息化建设。主要指承担林业业务管理的单位，国家、省(自治区、直辖市)、地(市)、县(市)的林业工作站、森林病虫害防治站、森林资源监测中心、防火办等部门的信息化。

林业生产单位信息化建设。主要指国有、集体、个人所有或者经营的林产品生产单位，以及国有、集体、个人所有或者经营的生产事业单位。包括国有、集体、个体林场、森林公园、自然保护区等单位的信息化。

林业科技部门科技信息化建设。主要指国家、省、地(市)、县林业研究所等部门的信息化。

林业教育部门教育信息化建设。主要指高、中、初等林业学校等信息化。

农村林区信息化建设。主要指广大有林业生产和经营活动的农村林区等生产、生活信息化。

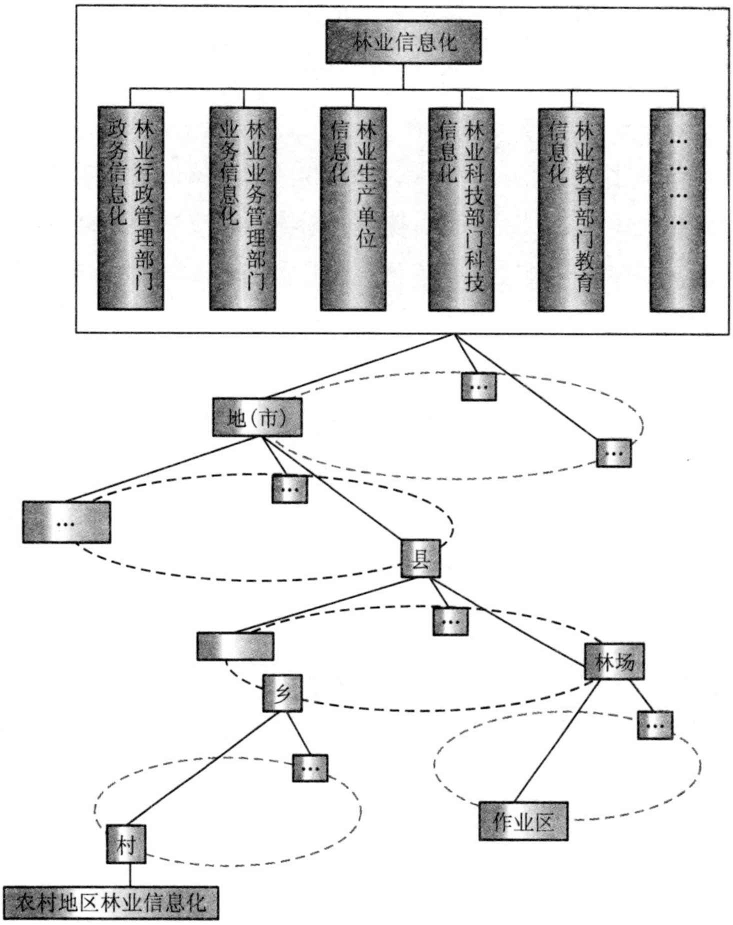

图 2-1　林业单位信息化结构图

(2)按建设领域划分

主要有政务管理、业务管理、项目管理、经营管理等领域的信息化。

林业政务管理信息化。主要指各级政府林业主管部门，为了完成政府管理职责而实施的信息化建设，主要有办公自动化、网络化的事务管理以及社会服务网络等建设。

林业业务管理信息化。主要指为了完成森林培育、森林资源管理、保护、技术推广等林业业务活动，进行的信息化建设，它是行政管理部门的参谋和具体实施者，所以与行政事务管理有比较多的交错。

林业项目管理信息化。历史和现实中的林业系统在很多时候往往以项目启动，实行按项目管理，林业项目管理信息化主要指为了项目服务的应用系统。

林业经营管理信息化。主要指各生产部门的林产品加工企业、林场、苗圃、自然保护区、森林公园等单位，内部的经营管理活动和外部的电子商务相结合的信息化建设。

林业生产过程信息化。主要指各生产部门的各个生产单位，在完成生产活动中，根据生产工艺流程进行的包括生产工具、生产方式、方法、模式的重新组合，实现自动化、智能化的过程。

林业科学技术信息化。主要指各科研、管理和应用单位，在科学技术创新和推广应用上的信息化建设，在建设知识创新体系、技术创新体系和应用推广体系等方面，建立各种基础数据、方法、知识库，开展应用技术研究，以及技术服务方面实现网络化、智能化、模型化和虚拟化方式。

林业市场流通信息化。根据林业生产分散、规模小、信息不畅等特点，有组织地建立人—机市场流通网络，创造信息交换环境，搞活市场。

林业职工与林农生活、消费信息化。主要指在提高广大公众信息意识，增强公众使用信息技术能力基础上，建立的信息和信息技术服务体系的各应用系统的建设。

(3)从理论上划分

可以分为核心层、支撑层、应用层(图2-2)。

信息化的核心层。信息化建设的核心内容，主要包括信息网络(路)、信息装备(车)和信息资源(货)。

信息化的支撑层。主要指信息化建设所需的人才队伍、信息技术、信息产业和信息化所需的各种规制环境。

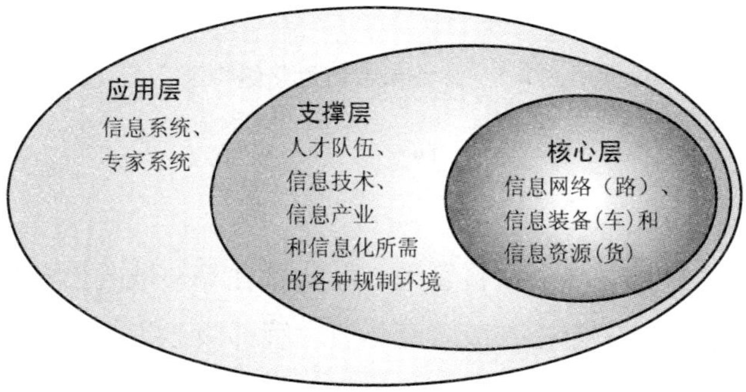

图2-2　林业信息化建设层次关系示意图

信息化的应用层。是指信息化建设提供服务的环境。

所有部门与领域信息化内容都非常丰富，具体结构和功能也不同，但是对其归纳和抽象，一般包含三方面的基本内容：基础设施信息化、生产过程信息化、管理信息化(图2-3)。

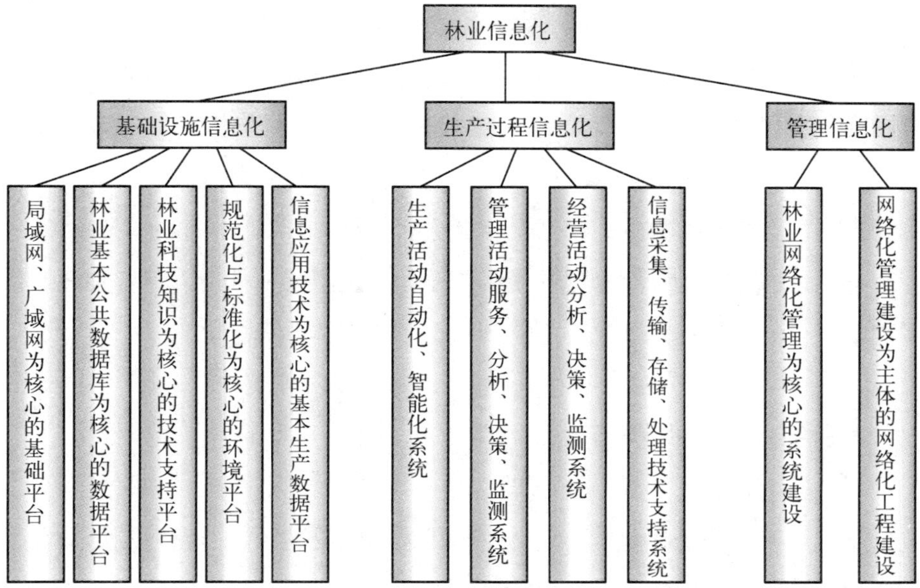

图 2-3　林业信息化建设层次图

基础设施信息化。主要包括以局域网和广域网为核心的硬件平台建设，以林业基本公共数据库、知识、方法、模型为核心的平台建设，以规范化与标准化为核心的环境平台建设，以及林业生产中常用的数字化工具。信息化的一个重要目标是开发信息资源，实现信息共享，支持它们的是既保证安全又便于内外交换的网络和数据环境。对外林业系统利用互联网，内部局部网络已有成熟技术，关键在于有效的选择和内外部的接口问题。数据是信息化的基础，将资源、环境、社会、经济、科技、教育等可供共享基础数据，建立相应的数据库系统迫在眉睫。基础设施的保证是相关的标准化和政策，它们也是基础设施建设的重要内容。

生产过程信息化。指管理、生产和教育、科技各个部门，在经营、生产、科研、教学中的业务流程的信息化，它是以智能化为核心的自动化控制系统的开发。农业生产全过程，在各种信息技术支持下，自动获取、处理数据，辅助管理者决策，科学有效地控制系统；我国农业系统也研建了各种控制农作物、养殖等生产的专家系统，它们直接应用于基层生产，服务于广大农民，实现科学、集约经营和管理。我国林业系统在这方面是一个空白，甚至可以认为是一个被遗忘的领域，林业系统应该部署从育苗、森林培育、林产品加工等生产过程出发，利用专家系统和自动控制等技术，研建和使用生产全过程的自动化管理系统，将信息技术与业务紧密结合，改造旧工艺，为基层生产单位和生产者建立采用新工艺、方法、技术和手段的环境。

管理信息化。指以林业网络化管理为核心的系统建设，这是我国正在逐步启动的领域，它一方面以电子政务推动，另一方面以森林资源网络化管理为主体，实施管理网络化工程。网络化管理是信息技术在管理领域信息化的重要内容，也是管理领域巨大变革的标志。林业网络化管理将对传统管理思想和模式进行变革，突破传统管理时间、空间的限制，信息充分共享，不仅可以在系统内实现全时空、广信息、多媒体、快速度、零距离和交互虚拟管理，而且能够使林业走向社会，社会参与林业。

林业信息化是涉及全局、综合性的变革，根据我国国情和林情有条件地逐步推进，才能真正实现信息化。其关键是要通过不断创新，来推进林业信息化。

2.1.5 林业信息化的特征

林业信息化是改造传统林业，实现林业现代化的必要途径，是新时期解放和发展林业生产力的必然选择。它是一个不断发展与演变的过程，是一项涉及面广、复杂性大、集成度高的系统工程。它对林业生产、经营、流通、管理、服务等环节进行数字化设计、可视化表达和智能化控制管理。林业信息化的特征可以归纳为以下几点。

(1)林业信息化的差异性

差异性表现在社会、经济、人文等环境，认识、素质、组织、技术等条件。第一是区域差异性，它是任何地区和行业存在的一个特点，林业事业分布在广大地区，特别是边远林区的存在，差异性特点更为明显。第二是林业信息化各单位、领域、环节信息化发展基础和水平的差异。以上两方面，造成了数字鸿沟的存在，在实施、协调信息化过程中，一方面需要注意区别等待，防止一刀切；另一方面，需要注意缩小数字鸿沟，促进均衡发展。

(2)林业信息化的多样性

林业的多效益、多功能、多经济结构、多学科、多层次，决定了林业信息化在需求、数据、形式、信息处理方式、方法和发展道路等方面的多元化，是选择信息技术和设计实施信息化工程的基础。另一方面，林业业务涉及森林、湿地、荒漠、野生动植物保护管理，经济林种植、木材加工、花卉种植、野生动物养殖、生态旅游等林业产业，森林文化、湿地文化、野生动植物文化等生态文化建设，以及林业科技、教育等社会化服务，业务面广、业务类型多、影响大，可以说是涉及千山万水、千家万户、千秋万代，加上空间及基础地理信息等其他方面的信息，决定了林业信息资源的多样化特征。

(3) 林业信息化的复杂性

林业信息化的差异性，造成了林业信息化的多样性，也就决定了林业信息化的复杂性，它的实施是复杂的系统工程，多因子、非线性、随机是建设中必须注意的问题。另一方面，林业信息资源复杂多样，信息量巨大，如果没有有效的集成，是难以发挥出应有的作用的。只有科学适度地将各种林业信息集成在统一的数字平台上，进行综合分析和有效共享，才能形成强大的力量。因此，集成化是林业信息化应有的特点。

(4) 林业信息化的动态性

林业主要经营对象是再生资源，并在一定社会、经济、自然环境之中，两者随着时间的变化而变化，资源随着环境变化而变化，林业信息化必须不断采取动对动的策略，一方面建设动态模型、方式，适应动态变化，另一方面不断完善和发展，进行建设。

(5) 林业信息化的离散性

林业事业分布在广大地区，几乎所有的国土都与林业经营、管理和服务对象有关，多种网络技术的应用，和多种媒体网络化系统的开发，是林业信息化中需要解决的技术课题，只有这样才能发挥林业信息化的整体效果。

(6) 林业信息资源的数字化

在信息社会里，信息的数字化是首要特征。林业信息化最基础的工作，就是把各种林业信息资源数字化，只有这样，才能使林业信息实时采集、快速传输、海量存储、智能分析、共建共享、优质服务等成为可能。

(7) 林业信息交互的网络化

网络化、便捷化、共享化是林业信息化的根本要求。只有实现了林业信息传输、交互、共享等的方便、快捷、安全，才能谈得上林业信息化。

(8) 林业信息处理的智能化

信息获取的实时化、信息处理的智能化是信息社会的显著特征。面对海量的林业信息、日益增长的林业多样化需求以及日益繁重复杂的林业管理任务，没有信息的智能化处理是不可想象的。

(9)林业信息应用的社会化

随着经济全球化的不断发展，世界各国及人民之间的联系日益密切，林业的影响也超出了一个地区、一个行业、一个国家的范畴。大力改善生态环境，积极应对气候变化，切实保障生态安全，为人类提供更多更好的物质产品、生态产品和文化产品，推动经济社会可持续发展，已成为新时期林业的重要任务，因此，林业信息应用的社会化成为历史必然。

根据以上特点，林业信息化需要精心的规划和设计、适应性的管理以及在统一基础上的灵活协调。

2.2 全球信息化发展道路剖析

2.2.1 发展历程

回顾和总结全球信息化发展历程，根据信息技术发展水平、信息资源开发利用程度、信息化普及应用和融合程度等各因素的不同，划分阶段和阶段属性都有着不同的表述方式。近年，世界银行开展了一项针对 40 个国家信息化战略的研究，他们认为世界各国推动信息化建设的路径基本相似，全球信息化建设进展可以划分为三个阶段：第一个阶段，主要集中在基础设施建设和技术研发方面，这一阶段信息技术在经济、政府和社会领域的应用比较分散；第二阶段，制定统一的政策目标，将信息技术与整个经济和社会发展紧密联系起来，为协调三个不同政策领域的行动计划奠定基础；第三阶段，信息化项目在各个政策领域内互相协调，并以互相促进的方式实施，从而促进产业、经济和社会结构的调整。总体上来说，信息化是一个动态发展的过程，世界银行这一划分方式相对笼统，没有清晰的划分边界。

从人类社会发展的角度来看，可以将人类社会划分为原始社会、农业社会、工业社会和信息社会几个重要阶段。信息社会是“自然信息智力化、原始社会、农业社会、工业社会、知识社会信息化”的产物，通过数字化、编码化、文字化、图表化、音像化、标准化等信息化技术处理，将不是信息的元素，全部转化成智力信息，再创建“信息化管理系统”（包括信息化工程系统，信息化库网系统、信息化服务系统、开展信息收集、处理、加工、储存、建库、联网、检索、研究、编译、咨询、交流、智能系统应用等信息化系统创建活动），对智力信息、信息资源、信息系统、信息用户、实施和强化“信息化管理”、促进信息社会的快速发展和进步。因此，信息社会的基本特征就是“万事万物皆成智力信息”，简单来说，可以理解为信息社会是信息化在机械化、电气化、自动化等的基础上实现了数字化、智能化和网络化。上述所有均是以计算机和信息技术为核心组成要素。从这一角度，我们根据计算机技术发展的阶段性特征，可将全球信息化发展历程划分为以下三个阶段：

(1)单机阶段

1946 年，美国研制成功了世界上第一台电子数字计算机，开创了人类文明发展的新时代——信息时代。1951 年，第一台商用计算机系统在美国问世并被美国普查局买去用于人口普查，标志着计算机应用走出科学计算的范畴，进入了一个新的为各种业务应用服务的时代。20 世纪 60 年代中期，计算机开始采用“时分”系统，通过接入主机的多个电传终端，使得多个不同的用户可以同时利用计算机执行计算任务。此后，计算机技术不断发展，性能不断提高，应用日益深入。然而，数字计算基本上还是采用集中处理的模式，即由一台主机或小型机带上若干个终端设备(包括非智能终端和智能终端)，构成一个计算机系统，这种状况一直持续到微机和局域网的发明和广泛应用。因此，20 世纪 50 年代至 70 年代末被称为主机与小型机时代，简称主机时代。

本阶段的主要特征为：计算机的操作者大多是计算机专业人员，计算机使用复杂，对用户不太“友好”；计算机的生产是纵向的、集中的模式，一个公司不仅研究计算机的总体设计和制造，而且包揽了从硬件(元件、零部件)到软件、从主机到外部设备、从应用到维护的全部的生产和使用过程。

1971 年，美国英特尔公司发明了微处理器芯片，这一划时代的技术突破完全改变了现代信息技术发展的历史轨迹。在该技术的推动下，1975 年以后全球很快形成了个人计算机(PC)发展的高潮。1979 年 7 月，英特尔公司开发出 8088 微处理器，IBM 公司随之在 1981 年 8 月推出了以 8088 为 CPU 的个人计算机。这台计算机在微软公司的磁盘操作系统 MS-DOS 上运行，成为现代个人计算机的原型，由此个人计算机真正走进了人们的工作和生活之中。1982 年，英特尔公司推出了最新产品 80286 微处理器，1985 年推出了 80386 微处理器，1989 年推出了 80486 微处理器，此后又研发出了一系列的“奔腾”芯片，使计算机的性能不断提高，而生产成本却不断下降，这极大地推动了个人计算机的普及应用。

1977 年，Datapoint 公司推出了 ARC 系统，这是全球第一个商用局域网。1973 年，以太网概念被提出。1979 年，以太网被确定为局域网的标准。在随后的二十几年中，以太网一直是使用最为广泛的局域网标准，对分布计算、资源共享和现代信息技术的快速发展做出了巨大贡献。局域网的发展使得“微机 + 局域网”的计算格局开始形成，并一直持续到 20 世纪 90 年代初中期互联网的日渐普及和广泛应用。因此，20 世纪 80 年代初中期到 90 年代初中期被确定为“微机 + 局域网”阶段。

本阶段的主要特征为：个人计算机得到普及应用，计算机性能得到显著提高，操作使用更加简便；局域网得到广泛应用，推动了分布计算、资源共享和现代信息技术的快速发展；计算机生产由纵向的、集中的模式转向横向的、分工的模式，软件生产走向了专业化和产业化。

(2)互联网阶段

1969 年，美国国防部研究计划署(ARPA)出于研究工作的需要，搭建了 ARPA 网，也就是现在的互联网的雏形。20 世纪 70 年代，为适应计算技术网络化发展的需要，美国对 ARPA 网进行了许多技术改进，使得多种网络都能够接入 ARPA 网，这为互联网发展铺平了道路。1983 年，ARPA 网开始向公众开放，并于 1984 年分为两部分，包括面向研究活动的 ARPA 网(交由美国国家科学基金管理)和用于军事活动的国防数据网(DDN)。1990 年，ARPA 网更名为美国国家科学基金网(NSFNET)并成为互联网的骨干网。由于互联网的开放性，导致了互联网应用在全球范围的急剧扩展，人类社会由此进入了互联网时代。

这一阶段的主要特征是：互联网得到迅速普及和广泛应用，并显现出巨大的生命力；互联网使信息处理的方式进一步走向分散化、分布式，有效促进了信息交流和资源共享，将信息技术应用推入到了一个新的纪元，为人类进入信息社会奠定了坚实基础。

(3)物联网阶段

物联网是新一代信息技术的重要组成部分。顾名思义，“物联网就是物物相连的互联网”，其英文名称是“The Internet of things”。物联网是通过射频识别(RFID)、红外感应器、全球定位系统、激光扫描器等信息传感设备，按约定的协议，把任何物品与互联网相连接，进行信息交换和通信，以实现对物品的智能化识别、定位、跟踪、监控和管理的一种网络。

全世界的物联网目前只是刚刚开始。1999 年在美国召开的移动计算和网络国际会议首先提出物联网这个概念，认为传感网是下一个世纪人类面临的又一个发展机遇”。中国科学院 1999 年就启动了传感网研究，与其他国家相比具有同发优势。该院组成了 2000 多人的团队，先后投入数亿元，在无线智能传感器网络通信技术、微型传感器、传感器终端机、移动基站等方面取得重大进展，目前已拥有从材料、技术、器件、系统到网络的完整产业链。在世界传感网领域，中国与德国、美国、韩国一起，成为国际标准制定的主导国之一。2003 年美国《技术评论》提出传感网络技术将是未来改变人们生活的十大技术之首。

2005 年 11 月 17 日，在突尼斯举行的信息社会世界峰会(WSIS)上，国际电信联盟(ITU)发布《ITU 互联网报告 2005：物联网》，引用了“物联网”的概念。物联网的定义和范围已经发生了变化，覆盖范围有了较大的拓展，不再只是指基于 RFID 技术的物联网。报告指出，无所不在的“物联网”通信时代即将来临，世界上所有的物体从轮胎到牙刷、从房屋到纸巾都可以通过因特网主动进行交换。从物联网本质上看，物联网是现代信息技术发展到一定阶段后出现的一种聚合性应用与技术提升，将各种感知技术、现代网络技术和人工智能与自动化技术聚合与集成应用，使人与物智慧对话，创造一个智慧的世界。物联网技术被称为是信息产业的第三次革命性创新。

2009 年 1 月 28 日，奥巴马就任美国总统后，与美国工商业领袖举行了一次“圆桌会议”，作为仅有的两名代表之一，IBM 首席执行官彭明盛首次提出“智慧地球”这一概念，建议新政府投资新一代的智慧型基础设施。当年，美国将新能源和物联网列为振兴经济的两大重点。

2009 年 8 月，温家宝总理在视察中国科学院无锡物联网产业研究所时提出“感知中国”以来，物联网被正式列为国家新兴战略性产业之一，写入“政府工作报告”，物联网在中国受到了全社会极大的关注，其受关注程度是在美国、欧盟以及其他各国不可比拟的。

美国权威咨询机构 FORRESTER 预测，到 2020 年，世界上物物互联的业务，跟人与人通信的业务相比，将达到 30 比 1，因此，“物联网”被称为是下一个万亿级的通信业务。

2.2.2　发展现状

从世界各国信息化发展情况来看，信息技术本身有了突飞猛进的发展，政府在推动信息化发展过程中也纷纷制定了重要的战略规划，抢占信息化战略制高点。信息化应用和普及水平均有了很大的提高，总结归纳为以下几个方面：

(1)以物联网、云计算等为代表的新兴信息技术全面迅猛发展

近年来，全世界范围内信息网络、应用系统和信息安全等方面的新技术层出不穷：融合数据、语音、视频的三网合一逐步成为现实；物联网技术取得突破性进展，能够把各类物品与互联网相连接，实现智能化识别、定位、监控和管理；云计算技术提供了安全可靠的计算资源和数据资源，实现不同设备间的硬件、软件、数据资源共享；地理信息系统得到全面发展，成为信息产业重要组成部分；知识库系统伴随计算机科学技术和人工智能技术的迅速发展，在国民经济的许多领域得到广泛应用；数字证书和电子签名技术进一步发展，为统一身份管理和安全认证提供了有效保证；宽带和无线技术不断发展完善和更加普及，获取信息更加方便快捷。在这样的背景下，政府信息化也面临着更大的挑战，以适应进一步发展的新形势。

(2)向互联整合，提升公共服务能力成为新趋势

信息化建设目前正面临着阶段性转变，越来越显示出跨组织的业务协同和信息共享的重要性：很多国家积极搭建顶层设计框架，不断地完善相关的技术和服务标准，指导和保障跨部门服务的统一、无缝链接，并引申出一系列后台服务项目的整合。建设统一的政府应用系统和业务协同平台，在统一的基础设施、组织架构和标准、政策指导下，将政府各部门处于运行状态的业务系统进行协同和整合，成为今后"无缝链接"的关键。建立数据资源管理平台，对信息源进行整合，依据统一的数据采集、交换、发布标准，将需要共享和交换的数据集中到数据资源管理中心，实现数据的整合、内容的整合，以及后续应用的整合。对信息和服务传递渠道进行整合，根据用户需求将各部门的功能和服务集成起来，通过多种渠道提供给用户，是未来几年公共服务整合方面的热点和难点。

(3)政府高度重视，各类战略规划不断推陈出新

很多国家推出了新的信息化和电子政务规划，如 2009 年 7 月，日本在原有的 e-Japan 计划、u-Japan 计划、新 IT 改革战略基础上，推出了新一代的 i-Japan2015 计划。同时，有些国家提出了一些新的战略理念，如英国的"变革型政府"、新加坡的"整合型政府"、澳大利亚的"响应型政府"、韩国的"开放型政府"等。随着低碳经济在全球兴起，使环境文化构成了国际政治关系中新的因素，打造"绿色政府"成为一大重点。加拿大、美国、英国、澳大利亚等纷纷推出绿色政府计划。韩国政府于 2009 年投入巨资通过十大绿色 IT 项目，开展"绿色 IT 战略"。打造"绿色电子政务"将是今后全球电子政府建设的重点方向。

(4)信息化发展存在不均衡等问题

2007 年国际电信联盟(ITU)发布信息化机遇指数(ICT-OI)测算报告结果表明，从 21 世纪初以来，全球几乎所有的国家和地区以及所有领域的信息化发展都取得了重大进展。但同时全球信息化发展也存在多种问题。

第一，信息化发展水平不均衡，经济发达国家的指数水平较高。经济水平成为影响国家信息化发展水平的首要因素。国际电信联盟将 182 个国家的 ICT – OI 指数划分为 4 个等级，即高水平、较高水平、中等水平、低水平。其中，高水平的国家数有 29 个，其中包括 17 个欧洲国家和亚洲的中国香港、新加坡、中国台湾、中国澳门、韩国以及日本，北美的加拿大、美国，以及澳大利亚、新西兰、以色列等。许多较小的发达国家(或地区)凭借较小的人口和国土规模而进入高水平的国家行列中，例如中国香港、新加坡；较高水平的国家数目为 28 个；中等水平的国家数为 63 个国家；而另有 63 个国家的 ICT-OI 指数处于低水平，基本上是那些经济欠发达的国家，以非洲国家居多。联合国经社理事会近 10 年来对各国电子政府发展水平连续进行了测评，排名前 100 位的国家见表 2-1。

表 2-1　世界各国电子政务排名

国家	2012		2010		2008		2005		2004		2003	
	名次	分数	名次	分数	名次	分数	名次	分数	名次	分数	名次	分数
韩　国	1	0.9283	1	0.8785	6	0.8371	5	0.8727	5	0.8575	13	0.744
荷　兰	2	0.9125	5	0.8097	5	0.8631	12	0.8021	11	0.8026	11	0.746
英　国	3	0.896	4	0.8147	10	0.7872	4	0.8777	3	0.8852	5	0.814
丹　麦	4	0.8889	7	0.7872	2	0.9134	2	0.9058	2	0.9047	4	0.82
美　国	5	0.8687	2	0.851	4	0.8644	1	0.9062	1	0.9132	1	0.927
法　国	6	0.8635	10	0.751	9	0.8038	23	0.6925	24	0.6687	19	0.69
瑞　典	7	0.8559	12	0.7474	1	0.9157	3	0.8983	4	0.8741	2	0.84
挪　威	8	0.8593	6	0.802	3	0.8921	10	0.8228	10	0.8178	7	0.778
芬　兰	9	0.8505	19	0.6967	15	0.7488	9	0.8231	9	0.8239	10	0.761
新加坡	10	0.8474	11	0.7476	23	0.7009	7	0.8503	8	0.834	12	0.746
加拿大	11	0.843	3	0.8448	7	0.8172	8	0.8425	7	0.8369	6	0.806
澳大利亚	12	0.839	8	0.7863	8	0.8108	6	0.8679	6	0.8377	3	0.831
新西兰	13	0.8391	14	0.7311	18	0.7392	13	0.7987	13	0.7811	14	0.718
列支敦士登	14	0.8264	23	0.6694	49	0.5486	161	0.1789	155	0.1937	154	0.178
瑞　士	15	0.8134	18	0.7136	12	0.7626	17	0.7548	15	0.7538	8	0.764
以色列	16	0.81	26	0.6552	17	0.7393	24	0.6903	23	0.6805	24	0.663
德　国	17	0.8079	15	0.7309	22	0.7136	11	0.805	12	0.7873	9	0.762
日　本	18	0.8019	17	0.7152	11	0.7703	14	0.7801	18	0.726	18	0.693
卢森堡	19	0.8014	25	0.6675	14	0.7512	28	0.6513	25	0.66	25	0.656
爱沙尼亚	20	0.7987	20	0.6965	12	0.76	19	0.7347	20	0.7029	16	0.697
奥地利	21	0.784	24	0.6679	16	0.7428	16	0.7602	17	0.7487	21	0.676
冰　岛	22	0.7835	22	0.6697	21	0.7176	15	0.7794	14	0.7699	15	0.702
西班牙	23	0.777	9	0.7516	20	0.7228	39	0.5847	34	0.5844	29	0.602
比利时	24	0.7718	16	0.7225	24	0.6779	18	0.7381	16	0.7525	23	0.67
斯洛文尼亚	25	0.7492	29	0.6243	26	0.6681	26	0.6762	27	0.6506	28	0.631
摩纳哥	26	0.7468	184	0.1098			148	0.2404	152	0.197	150	0.189
俄罗斯	27	0.7345	59	0.5139	60	0.512	50	0.5329	52	0.5017	58	0.443
阿联酋	28	0.7344	49	0.5349	32	0.6301	42	0.5718	60	0.4736	38	0.535
立陶宛	29	0.7333	28	0.6295	28	0.6617	40	0.5786	43	0.5367	34	0.557
克罗地亚	30	0.7328	35	0.5858	47	0.565	47	0.548	48	0.5227	39	0.531
匈牙利	31	0.7201	27	0.6315	30	0.6494	27	0.6536	33	0.5857	44	0.516

（续）

国家	2012		2010		2008		2005		2004		2003	
	名次	分数	名次	分数	名次	分数	名次	分数	名次	分数	名次	分数
意大利	32	0.719	38	0.58	27	0.668	25	0.6794	26	0.6598	20	0.685
葡萄牙	33	0.7165	39	0.5787	31	0.6479	30	0.6084	31	0.5953	26	0.646
爱尔兰	34	0.7149	21	0.6866	19	0.7296	20	0.7251	19	0.7058	17	0.697
马耳他	35	0.7131	30	0.6129	29	0.6582	21	0.7012	21	0.6877	27	0.636
巴　林	36	0.6946	13	0.7363	42	0.5723	53	0.5282	46	0.5323	46	0.51
希　腊	37	0.6872	41	0.5708	44	0.5718	35	0.5921	36	0.5581	37	0.54
哈萨克斯坦	38	0.6844	46	0.5578	81	0.4743	65	0.4813	69	0.4344	83	0.387
智　利	39	0.6769	34	0.6014	40	0.5819	22	0.6963	22	0.6835	22	0.671
马来西亚	40	0.6703	32	0.6101	34	0.6063	43	0.5706	42	0.5409	43	0.524
沙特阿拉伯	41	0.6658	58	0.5142	70	0.4935	80	0.4105	90	0.3858	105	0.338
拉脱维亚	42	0.6604	37	0.5826	36	0.5944	32	0.605	39	0.5486	48	0.506
哥伦比亚	43	0.6572	31	0.6125	52	0.5317	54	0.5221	44	0.5335	57	0.443
巴巴多斯	44	0.6566	40	0.5714	46	0.5667	61	0.492	65	0.4563	76	0.413
塞浦路斯	45	0.6508	42	0.5705	35	0.6019	37	0.5872	49	0.5189	51	0.474
捷　克	46	0.6491	33	0.606	25	0.6696	29	0.6396	28	0.6214	36	0.542
塞尔维亚	51	0.6312	81	0.4585	77	0.4828	156	0.196	87	0.3871	89	0.371
圣马力诺	52	0.6305	184	0.1098			124	0.311	128	0.2882	125	0.28
斯洛伐克	53	0.6292	43	0.5639	38	0.5889	36	0.5887	37	0.5565	40	0.528
文　莱	54	0.625	68	0.4796	87	0.4667	73	0.4475	63	0.4632	55	0.459
墨西哥	55	0.624	56	0.515	37	0.5893	31	0.6061	30	0.5957	30	0.593
阿根廷	56	0.6228	48	0.5467	39	0.5844	34	0.5971	32	0.5871	31	0.577
黑山共和国	57	0.6218	60	0.5101	100	0.4282	156	0.196	87	0.3871	89	0.371
安道尔	58	0.6172	57	0.5148	59	0.5175	159	0.1836	167	0.1563	156	0.174
巴　西	59	0.6167	61	0.5006	45	0.5679	33	0.5981	35	0.5675	41	0.527
保加利亚	60	0.6132	44	0.5549	43	0.5719	45	0.5605	41	0.5417	35	0.548
白俄罗斯	61	0.609	64	0.49	56	0.5213	51	0.5318	58	0.4888	81	0.397
罗马尼亚	62	0.606	47	0.5479	51	0.5383	44	0.5704	38	0.5504	50	0.483
科威特	63	0.596	50	0.529	57	0.5202	75	0.4431	100	0.3649	90	0.37
阿　曼	64	0.5944	82	0.4576	84	0.4691	112	0.3405	127	0.2884	98	0.355
巴哈马	65	0.5793	65	0.4871	71	0.4911	67	0.4676	62	0.4649	64	0.429
巴拿马	66	0.5733	79	0.4619	83	0.4718	64	0.4822	54	0.4907	62	0.432
特立尼达和多巴哥	67	0.5731	67	0.4806	54	0.5307	66	0.4768	61	0.467	65	0.427
乌克兰	68	0.5653	54	0.5181	41	0.5728	48	0.5456	45	0.5326	54	0.462

（续）

国家	2012		2010		2008		2005		2004		2003	
	名次	分数	名次	分数	名次	分数	名次	分数	名次	分数	名次	分数
摩尔多瓦	69	0.5626	80	0.4611	93	0.451	109	0.3459	106	0.3446	95	0.363
马其顿	70	0.5587	52	0.5261	73	0.4866	69	0.4633	97	0.3699	96	0.362
委内瑞拉	71	0.5585	70	0.4774	62	0.5095	55	0.5161	56	0.4898	93	0.364
格鲁吉亚	72	0.5563	100	0.4248	90	0.4598	83	0.4034	94	0.3784	99	0.351
多米尼加	73	0.5561	105	0.4149	116	0.3746	119	0.3334	98	0.3681		
萨尔多瓦	74	0.5513	73	0.47	67	0.4974	78	0.4225	79	0.4034	80	0.409
格林纳达	75	0.5479	99	0.4277	92	0.4545	95	0.3879	102	0.3588	100	0.348
蒙　古	76	0.5443	53	0.5243	82	0.4735	93	0.3962	75	0.4152	103	0.343
哥斯达黎加	77	0.5397	71	0.4749	59	0.5144	70	0.4612	73	0.4188	66	0.427
中　国	78	0.5359	72	0.47	65	0.5017	57	0.5078	67	0.4356	74	0.416
波斯尼亚和黑塞哥维那	79	0.5328	74	0.4698	94	0.4509	84	0.4019	93	0.379	115	0.309
土耳其	80	0.5281	69	0.478	76	0.4834	60	0.496	57	0.4892	49	0.506
圣基茨和尼维斯	81	0.5272	75	0.4691	78	0.4814	72	0.4492	72	0.4231	67	0.426
秘　鲁	82	0.523	63	0.4923	55	0.5252	56	0.5089	53	0.5015	53	0.463
越　南	83	0.5271	90	0.4454	91	0.4558	105	0.364	112	0.3378	97	0.357
塞舌尔	84	0.5192	104	0.4179	69	0.4942	63	0.4884	70	0.4259	73	0.42
圣文森特和格林纳丁斯	85	0.5177	94	0.4355	98	0.4306	88	0.4001	119	0.3239	111	0.326
阿尔巴尼亚	86	0.5161	85	0.4519	86	0.467	102	0.3732	110	0.34	114	0.311
黎巴嫩	87	0.5139	93	0.4388	74	0.484	71	0.456	74	0.4163	69	0.424
菲律宾	88	0.513	78	0.4637	66	0.5001	41	0.5721	47	0.526	33	0.574
多米尼加共和国	89	0.513	84	0.4557	68	0.4943	82	0.4076	77	0.4111	60	0.438
圣卢西亚岛	90	0.5122	88	0.4471	80	0.4746	74	0.4467	64	0.4616	59	0.438
乌兹别克斯坦	91	0.5099	87	0.4498	109	0.4057	79	0.4114	81	0.3965		
泰　国	92	0.5093	76	0.4653	64	0.5031	46	0.5518	50	0.5096	56	0.446
毛里求斯	93	0.5066	77	0.4645	63	0.5086	52	0.5317	51	0.5055	52	0.471
亚美尼亚	94	0.4997	110	0.4025	103	0.4182	106	0.3625	83	0.3919	86	0.377
马尔代夫	95	0.4994	92	0.4392	95	0.4491	77	0.4321	78	0.4106	79	0.41
阿塞拜疆	96	0.4984	83	0.4571	89	0.4609	101	0.3773	89	0.3861	94	0.364
印度尼西亚	97	0.4949	109	0.4026	106	0.4107	96	0.3819	85	0.3909	70	0.422
约　旦	98	0.4884	51	0.5278	50	0.548	68	0.4639	68	0.4347	63	0.429
吉尔吉斯斯坦	99	0.4879	91	0.4471	102	0.4195	76	0.4417	66	0.4468	110	0.327
伊　朗	100	0.4876	102	0.4234	108	0.4067	98	0.3813	115	0.3282	107	0.33

注：数据摘自《联合国电子政务调查报告》(2003～2012 年)

第二，欠发达国家的信息化机遇指数高速增长，但信息鸿沟将进一步扩大。信息化机遇指数值较低的国家都是欠发达国家，主要集中在非洲和亚洲。但近年来，许多欠发达国家都拥有较高的 ICT－OI 值增长率。在肯定这一积极发展的同时，应以客观的观点来看待增长速度，由于发达国家信息化水平的快速发展，以及欠发达国家与发达国家在信息化基础设施、信息技术开发能力等方面的较大差距，因此高增长率并不一定足以克服数字鸿沟，特别是对那些信息化水平非常低的国家而言。

第三，各国信息化机遇指数水平在宽带指标上差距最大。通过对国际互联网带宽(kbps/人)指标的分析，多数国家在宽带使用方面的表现欠佳，尤其是信息化水平较高与较低的国家差距更为明显。根据国际经合组织(OECD)的统计，2007 年 10 月，OECD 主要国家的平均网络下行速率已经达到 17.4 兆，作为宽带最发达的日本，下行速率甚至已经超过 90 兆，而中国以 ADSL 为主的网络接入，大多数下行速率都不超过 4 兆。

2.2.3 发展趋势

当前，信息技术不断创新，信息产业持续发展，信息网络广泛普及，信息化成为全球经济社会发展的显著特征，并逐步向一场全方位的社会变革演进。实质上，信息技术创新发展和深入普及应用是信息化发展的原始动力和根本原因。因此，全球信息化发展趋势主要体现在两个大的方面，一是全球信息技术发展趋势，二是全球信息技术应用趋势。

(1)全球信息技术发展趋势

随着全球信息化浪潮的不断推进，信息技术正在经历一场新的革命，使社会经济生活各方面都发生着日新月异的变化。新技术的发展主要体现在虚拟化、通信、云存储、安全、数据中心、物联网技术等方面。

一是虚拟化产品层出不穷。由于虚拟化技术能够通过服务器整合而显著降低投资成本，并通过构建内部云和外部云节省大量的运营成本，因此加速了虚拟化在全球范围的普及与应用。目前许多预测已经成为现实：存储虚拟化真正落地、高端应用程序虚拟化渐成主流、网络虚拟化逐渐普及、虚拟化数据中心朝着云计算的方向大步迈进、管理工具比以往更加关注虚拟数据中心。在虚拟化技术应用方面，企业桌面虚拟化、手机虚拟化、面向虚拟化的安全解决方案、虚拟化推动绿色中心发展等领域也取得了长足进步，发展势头比之前预想的还要迅猛。

二是 3G 应用更加广泛。3G 应用可以为用户提供丰富的互动实用型服务，包括邮件服务、实时通信、垂直搜索、网络游戏、电子商务、互动社区等，人们通过这些服务可以使自己的生活更加丰富多彩。同时，以手机杂志、手机视频、手机电视为代表的移动互联网新媒体也不甘落后，要在 3G 领域大显身手。专家预测，不久的将来通信与网络将逐步融合，在这个融合过程中，由于环境改变所带来的理念上的转变，将使用户能够明显地感到，原来"以自我为中心"的运营商们，开始实现向"以用户为中心"的转变。

三是云存储备受关注。当前，越来越多的企业开始为它们不断扩大的环境寻找提高存储效率和降低管理复杂性的方法，它们将考虑采用存储服务器和公共云提供商已经部署的存储架构设备。大多数企业将意识到，通用硬件基础架构和增值软件的结合将是向业务交付存储的最佳途径，企业在向云存储持续迁移的过程中，将会采用更加有效的数据管理工具和策略。

四是物联网应用正在兴起。物联网指的是将各种信息传感设备，如射频识别(RFID)装置、红外感应器、全球定位系统、激光扫描器等种种装置与互联网结合起来而形成的一个巨大网络。在此基础上，利用全球统一标识系统编码技术给每一个实体对象一个惟一的代码，构造了一个实现全球物品信息实时共享的实物互联网——物联网。它有两层意思：第一，物联网的核心和基础仍然是互联网，是在互联网基础上延伸和扩展的网络；第二，其用户端延伸和扩展到了任何物品与物品之间，进行信息交换和通讯。

五是信息安全呈现新态势。随着社交网站、云计算和智能手机的发展，网络犯罪分子也将把重点放在这些领域，目前黑客已经精通了"蠕虫"病毒、网络钓鱼、虚假杀毒软件销售等方法，预测他们将会针对新的目标发起新一轮攻击。国外媒体列举的 IT 安全趋势有：社交网站将面临更多安全问题，Koobface 蠕虫对社交网站用户形成很大困扰，这些恶意软件先感染用户电脑，再窃取信息；黑客也步入"云端"，他们效仿企业的做法使用基于云计算的工具，以便更有效地部署远程攻击，扩大攻击范围；搜索引擎成为攻击传播的渠道，因为用户通常都非常信任搜索引擎，对于排在前几位的搜索结果更是没有任何怀疑，这就给了黑客可乘之机，从而对用户发动攻击。

六是数据中心集成力度加大。目前，金融、电信和政府行业是数据中心建设较快的行业，通过数据大集中，银行、电信等行业已经实现了业务的集中管理，能够在全国范围内提供同等水平的业务服务，提高了客户满意度。同时，业务数据的集中存储与管理，也为高水平、安全的数据保障创造了条件，业务连续性可以达到新的高度。而随着数据中心的发展，数据中心不单单是一个简单的服务器统一托管、维护的场所，已经衍变为一个集大数据量运算、存储为一体的高性能计算机集中地。未来，数据中心的发展方向将是以绿色、大规模虚拟化、高密度等为主，同时 SaaS 模式也会深受业界的欢迎。

(2)全球信息技术应用趋势

进入知识经济时代，信息化迎来了新一轮建设热潮，这股热潮的特点可以简单地用“更快、更高、更强”来形容，这意味着信息通信技术服务的速度将更快，普及、深化应用的要求将更高，提供的性能也将更强大。预计未来几年，全球信息技术应用将呈现以下趋势。

一是物联网与智慧城市深入发展。目前，以云计算、物联网为代表的信息通信技术应用，为实现城市的智能化发展创造了条件。云计算市场发展速度非常快，预计 2012 年将达到 1280 亿美元，大量的数据、应用已经产生出来，大量的服务也被放上来。一个随时在线、随时连接的世界将应运而生，从根本上改变城市的工作、生活和娱乐方式。物联网会在城市监控、智能交通、环境保护、资源管理、公共安全、工业监测、社会服务、智能家居等各个领域发挥作用，促使人们生产、生活和消费方式的变革。与此同时，智慧城市的发展将不断引领出新业务、新领域，不断为新的生产和生活方式增添智慧灵性，为政府提供新的管理和服务手段，为企业呈现新的商机，为市民带来新的体验。总之，信息化让城市的经济社会发展产生了深刻变革，促进了城市经济、社会与环境的协调发展，使城市更加宜居，生活更加美好。

二是信息技术重构社会发展方式。未来，微电子、计算机、网络通信和软件等各种信息通信技术将加速创新，不断突破时间、空间的限制以及终端设备的束缚。信息通信技术创新的内涵将更加丰富，技术、网络、应用、服务深度融合，不断创新产业形态和商业模式。这些新兴产业形态的培育和发展，使得各产业之间的边界更加模糊、日益交融，其蕴藏的巨大能量既满足了人们越来越高的服务需求，反过来也给现代产业体系注入新的内涵，有生命力的新兴产业形态发展到一定阶段，将成为促进经济社会向网络化和数字化迈进的重要载体。信息通信技术的创新和扩散，正在重构经济社会发展的新方式。从生产方式转变来看，信息技术在工业生产研发设计、生产制造经营管理等领域的深化应用，正在引发社会生产方式的深刻变革，柔性制造、网络制造、绿色制造、智能制造、全球制造日益成为生产方式变革的方向。信息通信技术的深化应用，使得产品分工、产业分工和资源配置正在转向以信息和全球资源为基础，产品供应链和客户关系管理得到延伸，新兴的组织管理模式不断涌现。

三是绿色信息产业推动循环经济发展。积极推进节能减排和循环经济是适应当前全球发展趋势的必然要求，信息技术应用和信息化对传统行业节能减排有很大帮助。随着信息技术产业自身的绿色化(Green of ICT)，开发低能耗信息技术产品、实现制造/服务过程绿色改造、加强信息技术产品的可回收利用等，将为整个国家(地区)的绿色经济做出积极贡献。此外，集团管理监控系统在大型企业环保方面也将发挥巨大作用，这已经得到很多专家、企业的一致肯定。能源是国民经济的基础，加强信息化建设是做好能源工作的重要条件，集团管理监控系统既可以实现对企业有效的管理，同时又可以设定相关指标，监控企业的环境与能耗数据，在有效提升企业竞争力的同时，控制能源消耗和污染物排放，对国家能源的环保建设有着十分积极的作用，循环经济插上信息化的翅膀将如虎添翼。

四是信息技术提高政府公共服务水平。随着信息化的发展，世界主要国家和地区政府本身的信息化能力不断提高，提供“人性化”的公共服务仍将是电子政务未来的改革和创新方向。一方面，政府将继续加强数据整合和互操作，提高政府信息资源的共享和利用程度，以提高公众和企业的办事效率，促进经济发展。另一方面，为建设更好的社会环境，增强社会的凝聚力和创造力，政府将努力提高电子政务的服务范围，确保所有公民，特别是亟须社会支持而自身直接使用信息技术存在障碍的群体(如老人、残疾人、移民、低收入者等)，能够从电子政务服务中受益。

五是电子设备趋于微型化与可移动。电子设备正在变得越来越小、越来越轻，并且大多数是无线和移动的，高性能计算机也从大型机器转向较小、较便宜的机器类型发展。就更广泛的意义而言，成群移动技术概念将被应用于网络和各种应用，计算机网络将会反映社会网络，社会一旦出现某种需求，各种各样的硬件和软件产品将随即进行改装以满足这种特殊需求。各种设备的微型化和移动性所产生的社会效应将促使当前趋势继续延续，意味着更多的信息获取机会，更多的信息交流和人与信息更加自由地流动。

2.2.4　美国信息化发展

美国作为世界上信息化起步最早、发展最快的国家，其信息化发展目标、基本思路、战略举措等都具有显著的代表性和方向性。美国政府高度重视本国的信息化建设，并把信息化发展战略作为国家总体发展战略的重要组成部分。美国的信息化战略思想是从 20 世纪 90 年代开始逐步形成的，其战略目标是通过持续占据信息技术研发和应用的制高点，提高信息占有、支配和快速反应的能力，从而主导未来世界的信息传播，保持和扩大信息化方面的整体优势，继而主导未来世界的政治、经济格局。

(1)美国信息化基本情况

美国政府信息化建设的思路是从规划、政策、示范推广、宣传培训、研究开发五个方面入手，推动全社会信息化的发展。在信息化建设中，实行社会化大分工。国家从宏观上推动，重点在政府和公益性机构的网络建设及应用、政策法规的制定、普及宣传与培训方面进行投入，并重点资助信息技术的研究与开发；地方政府着眼于本地平台建设；通信信道建设引入竞争，由企业投入；企业内联网由用户负责，并充分利用现有网络资源实现内联网与因特网的互联；有计划地放开信息服务业。在电子商务建设方面，美国政府的做法是把权力分散给私有机构、企业和国际组织，让市场自由发展，只有当其必要性非常清楚时政府才采取准确的行动。

在因特网和电子商务领域，美国占据了世界主导地位。联邦、州和主要地方政府的机构、所有重要媒体、各个产业部门的主要企业和提供社会服务的主要机构均已上网。目前，全球因特网的通信量中有90%在美国发起、终接或通过，因特网主机和用户的60%以上集中于美国。因特网的代码与域名政策均由美国主导，负责全球域名管理的13个根服务器中有10个在美国。在由因特网驱动的全球电子商务活动中，美国的交易额稳居世界第一位。

（2）美国信息化推进措施

一是将基础设施建设作为政府的施政纲领。1993年克林顿政府提出“国家信息基础设施行动计划（NII）”，将“信息高速公路”建设作为其施政纲领，计划投资4000亿美元建设国家信息基础设施。1994年提出“全球信息基础设施行动计划（GII）”，鼓励私营部门投资；促进竞争；为所有信息提供者和使用者提供开放的网络通道；保障普遍服务。

二是消除限制，倡导竞争，推动网络基础设施的建设。1996年美国通过了新的电讯法案，消除电讯行业的垄断，开放所有的电讯市场，促使美国电讯行业展开新的竞争和重组，从而推动高速“宽带”网络的建设。加强社区网络建设，使低收入家庭也有使用因特网的机会。2000年，政府对社区技术中心的投入达3250万美元，比1999年增加了3倍。要求企业开发低成本计算机，帮助学校接入因特网，推动农村和边远地区的因特网发展。1993年美国农业部和国家电讯信息局联合实施“农村设施服务计划”，以推动农村和边远地区的因特网发展。目前已在光纤和相关的设施上投入11亿美元。

三是制定一系列战略计划，加强信息技术研究与开发。1996年提出“新一代因特网计划”，积极扶持新一代因特网及应用技术的开发，以此保持美国在因特网方面的优势。1999年提出“21世纪的信息技术：对美国未来的一项大胆投资（简称IT2）”计划，该计划将研究与开发的重点放在先进技术和计算方法、大规模网络（下一代因特网）、高可靠性系统、人类中心系统和教育与人才培养五个领域。到2004年度预算拨款增加到13.7亿美元。

四是确立建设电子政府的战略目标，逐步完善各项服务。美国政府提出NII计划之后，就着手考虑建设电子政府，其目标是通过信息技术的应用改进政府组织，重组公共管理，最终实现办公自动化和信息资源的共享，使得人们可以从不同的渠道取得政府信息和服务。同时，将政府办公自动化作为政府的优先任务之一。1999 年美国国会通过了“政府文书工作减少法案”，各级政府被要求尽可能将政府职能放到网上。另外，建立门户网站——Firstgov. gov，带动政府职能的完善。2000 年，美国联邦政府推出了一个门户网站，使公民可以对所有联邦政府机构进行关键字搜索，而无需分别搜索每一个联邦政府机构的网站。美国通过《2001 电子政府法案》规定在联邦政府管理和预算办公室内设立一个联邦首席信息办公室主任席位，下设信息政策办公室和信息与规范事务办公室，目的是统筹政府各部门的电子政府管理、建设、监督、执法等项工作，加强统一领导。

五是积极发展电子商务。首先是加强组织领导。1996 年底，克林顿亲自倡导成立了跨部门的电子商务管理协调机构——美国政府电子商务工作组，工作组负责制定有关发展电子商务的政策措施，并协调督促相关部门实施。1998 年，美国国会成立了电子商务顾问委员会，成员来自联邦政府有关部门、地方政府和主要企业。其次，1997 年颁布《全球电子商务框架》，提出五项原则：私营部门必须发挥主导作用；政府应用避免对电子商务的不当限制；政府必须参与时，应该致力于支持和创造一种可预测的、受影响最小的、持续简单的法律环境；政府必须认清因特网的特性；应该在全球范围内促进因特网上的电子商务。第三，2000 年美国国会通过了《全球和全国商务电子签名法案》，使电子签名与手写签名具有同样的法律效力。第四，推动小企业发展电子商务。美国商务部为小企业设立网上交易系统和投标竞价系统；小企业管理局在网上建立有关政府信息、采购信息和技术信息的网站，为小企业提供免费信息服务；农业部、劳工部利用网络为小企业提供农业专家和法律在线咨询；2000 年，国家标准与技术研究院获得 400 万美元的拨款，专项研究小企业电子商务技术开发与推广；美国商务部、农业部和小企业管理局联合成立了小企业电子商务工作组，准备提出一个联合计划，进一步推动小企业电子商务的发展。第五，促进电子商务国际化。美国商务部、联邦通信委员会与美国贸易办公室合作组织企业到国外进行宽带接入设施的布点；美国已与日本、韩国、法国、荷兰、爱尔兰、加拿大、澳大利亚、埃及等国家签订了电子商务双边合作协议；为了与发展中国家开展电子商务往来，美国利用国际援助基金，实施“网络促进经济发展国际计划”，帮助 11 个发展中国家发展电子商务；1998 年 5 月，由于美国政府的努力，世界贸易组织（WTO）成员国同意对电子商务免征关税。第六，制定税收优惠政策，激励电子商务的发展。1998 年 10 月，美国通过了《因特网税收自由法案》，规定对因特网的接入费免征消费税，对美国的部分州和地区通过因特网的商业销售免征 3 年销售税。

六是增强网络的安全性，提高消费者对网络的信任度。美国提出《关于信息系统保护的国家计划》，旨在构建联邦政府的信息安全模式，推动公众与民营之间的自愿合作，以保护信息基础设施。美国商务部所属的国家标准与技术研究院将成立网络安全研究所。美国商务部企业服务局与产业界、消费者代表和政府部门共同合作，开发一种新的电子商务密码系统，专用于网上消费者的保护。美国联邦贸易委员会(FTC)采用网上冲浪的方法，对网上的违规行为进行调查。对于网上的欺诈行为，司法机构按刑事犯罪进行审理。美国联邦调查局(FBI)与国家白领犯罪中心开放因特网投诉中心，该中心通过 FBI 的网站在线接收来自公众关于网上犯罪的投诉，审查立案的必要性。2000 年安排 900 万美元的财政拨款，用于防范黑客。

七是加大知识产权保护力度。美国专利局对信息和计算机方面的专利给予特别重视，加快审批速度，及时在国内外公开。1999 年 10 月，美国通过了“域名权保护法案”，规定域名与商标保护统一，不得冒用、非法注册或使用与他人域名十分相似的域名进行网上商业活动。在域名的管理上，将过去的政府负责注册登记改为由因特网域名定名公司(ICANN)和网络解决方案公司(NSI)代表政府负责域名的注册登记，大大降低了域名的注册管理费。

八是研究建立可靠的数字经济评价指标体系。美国商务部自 1998 年开始发布数字经济年报，美国统计局、经济分析局和其他政府部门、私营企业已开始共同研究有关数字经济指标的定义和测算方法。一种新的数字经济测算方法已开始在网上零售业的预测方面试用，若结果准确，将扩大应用到其他领域。2000 年，美国统计局获得 850 万美元的专项拨款，进行数字经济统计方法的研究。

总体来看，美国政治体制是联邦制，在联邦层面没有全面掌管信息化的政府部门，而是对信息化各个领域分而治之，政府介入有限。它从国家主导层面并不强调信息化建设，而是重视电子政务的发展。在电子政务方面，有成体系的管理部门，并有一系列的战略举措和法规加以保障，通过电子政务带动社会信息化全面发展。同时，美国是一个市场经济高度发达的国家，其信息化建设成就也离不开市场力量和社会力量的有力推动。

2.2.5 英国信息化发展

英国信息化建设开始时间比较早，从世界范围来看，英国电子政务建设进展情况比较突出，“以公众为中心”的电子政务建设最具典型性。

(1)英国电子政务建设进展

1994 年，英国政府在互联网上开通了“英国政府信息中心”，尽管该网站更类似于传统的“黄页”，主要为公众提供政府部门、学术机构和企业的网络地址，但却标志着英国政府的信息化建设正式开始了，这是当年英国“政府信息服务计划”中的一部分内容。1996年的“直接政府计划”则要求在“英国政府信息中心”的基础上，进一步利用以计算机、互联网为代表的现代信息技术，提高政府工作效率，加强信息获取能力，改善政府为社会提供的服务质量。之后又责成内阁办公室IT中心组组织相关部门推出一系列项目以促进信息技术在政府提供服务方面的应用。到2005年，就已实现政府事务全面在线服务和全民上网两大目标，电子政务建设10年成效显著，极大地提高了政府的工作效率，改进了服务方式。近年来，联合国对全球191个成员国的电子政务建设进行考评，英国的“电子政务准备指数”连续位列前5，标志着英国电子政务建设进入国际先进行列。

英国电子政务建设的主要特点体现在4个方面：

一是大力整合门户网站。1999年，英国政府颁布了建立政府网站的指导原则，有力推动了英国各政府部门的上网工程。2000年欧盟各国签署《里斯本协议》促使英国将政府上网工程的时间表大为提前。2000年的4月，英国政府发布电子政务行动方案，方案设定的目标是充分利用信息资源，实现对公民、企业的电子服务传递。加强中央与地方各级政府的协同工作，发展政府部门与私营企业的合作关系。同年7月，政府开始尝试提供基于内部局域网与政府网站相连接的实际事务性服务。此后，还相继实施了首相在线战略，政府部门电子事务战略和英国在线运动等一系列电子政务建设计划。2001年，英国政府开始将政府办公系统、政府网站、社会公共服务机构的网站、企业和社区的网站安全链接，使政府服务与商业基础设施一体化，鼓励公众通过该系统进行交易。但据《2001年夏季政府电子服务评估》报告显示：有76%的服务项目还局限于单纯地提供信息，服务广度与深度都远远不能满足公众的需求。有鉴于此，在2001年7月，英国政府宣布实施“政府入口工程”，采用基于XML(一种可扩展标记语言)的网站开发语言，由政府各部门共同建立XML模式模板，实现将那些在政府网站、商业门户和第三方平台上发布的服务申请遵循单一的途径统一进入到政府后台系统，实现事务的即时处理。到2003年“政府入口工程”的基本完成标志着英国中央政府的公共服务电子化已形成规模。而在2005年，也确实实现了政府之前所承诺的政府机构全部服务项目的在线提供，随后在2005年的11月，英国政府公布了《以技术推动政府变革》战略，标志着英国电子政务建设新阶段的到来。2006年4月，英国政府又颁布了《〈以技术推动政府变革〉实施计划》。新战略及其实施计划继续以公众需求为核心，提供高效服务，重点建设“变革型政府”。与此同时，英国政府还围绕电子政务建设，先后发布了《渠道框架：新经济中的政务服务提供》、《电子政务互操作框架》、《电子政务元数据标准》、《安全框架》、《电子采购规定》等政策文件，几乎涵盖了电子政务建设的所有领域。这些政策文件与发展规划相配套，不仅具有连续性和阶段性，而且还与欧盟政策基本保持一致，使得英国电子政务建设既保证了技术的先进性，又兼顾了所应用技术的通用性。

二是重点突出公共服务。1998 年，英国政府提出了“信息时代政府”的目标，其宗旨是“开发信息与通信技术，改善公共服务，使英国政府成为使用信息与通信技术的世界典范。”为领导全国范围的政府信息化建设，时任英国首相布莱尔专门任命两位内阁级高官，分别负责内阁办公室 IT 中心组和电子商务，随后为配合这两位内阁高官工作的开展，布莱尔又设置“电子特使”一职，并在英国内阁中成立电子特使办公室，全面并具体地推进英国电子政务的建设。1999 年 3 月，发布《现代化政府》白皮书，宣告英国电子政务建设的起航。《现代化政府》白皮书提出建设电子政务的 5 点指导方针：第一，制定方针政策要以政府信息化发展作为长期目标；第二，将“以客户为中心”作为政府提供公共服务的宗旨，提高响应力；第三，政府提供的公共服务要保证高效优质；第四，充分应用现代信息技术为企业、公众提供公共服务；第五，政府提供的服务要比私营部门更具有价值，更具有信誉。与此同时，英国政府在内部局域网的建设也紧锣密鼓地进行着，1997 年 8 月，英国启动政府安全内部网络项目，该项目以政府部门内部计算机网络设备为基础，设计和改善各种应用管理系统，力求减少纸质文件，不断拓展办公系统的功能，希望能在可利用的信息技术环境下，实现文件传输、电子邮件、在线浏览。此外，还构建政府信息资料库，为政府决策提供必要的技术支持，这些项目的成功实施形成了后来享誉国际的“知识管理网络系统”，是英国电子政务建设的亮点之一。英国制定实施了 2001 ~ 2006 年“地方电子政务国家项目”，确立了医疗、教育、福利和个人税收 4 个优先发展领域和 22 个项目，提出了面向公众和企业的 700 项服务项目。到 2005 年 12 月，地方政府所有服务项目实现了 100% 在线服务，真正实现了全民上网。“英国在线”提供政府互动式服务居世界领先地位。欧盟公布的《公共服务在线可接入性》显示，英国“在线成熟度”指数为 89，“完全在线比例”指数为 71，在被调查的 28 个欧洲国家中均位居第六。

三是注重网络安全平台建设。1998 年 4 月，政府安全内网(GSI)正式开通，为政府部门间的数据传输提供安全保障。2000 年建成知识管理网络(KN)，作为政府部门间的电子交流工具，提供部门间知识共享、政府部门在线合作的环境。2001 年 2 月，政府网关(Government Gateway)投入使用，它是一个安全认证和服务传输引擎，用于整合跨部门的电子政务服务。该平台分为企业、公众、机构 3 个入口，通过对用户发放数字证书或用户识别号的形式提供注册认证服务。2004 年 2 月，GSI 进行了升级，对用户实行分级接入，改善服务，降低成本。

四是充分开发利用信息资源。英国政府十分重视对政务信息资源的综合管理和有序利用，先后开发了《泛政府词典》、《政务信息资源分类列表》、《公共部门综合词汇表》以及信息资产登记系统，前三者主要是规范政府已公开的信息资源，后者主要针对政府未公开信息资源的登记管理。为实现政务信息资源的价值最大化，加强对政务信息资源再利用的管理，英国政府按照欧盟《信息资源再利用指令(2003/98)》的要求，2005 年 5 月，成立了公共部门信息办公室，负责协调公共部门信息再利用的推进工作。2005 年 7 月，《信息资源再利用条例》正式生效，为英国政务信息资源再利用提供了法律保障。

(2)英国电子政务建设主要经验

一是将电子政务作为“执政为民”的突破口予以高度重视。20 世纪 90 年代英国工党布莱尔政府上台执政以来，英国政府把信息化作为技术创新和提升政府服务能力的突破口，以信息化手段提高政府工作效率和改进服务方式，强调建立“以公众为中心”的政府，在行政管理的各个领域推广应用信息技术，推行电子政务，努力建设高效、灵敏、透明的政府，从“电子政府”到“网络政府”再到“转型政府”，电子政务扮演着十分重要的角色。“电子政府”着重利用计算机技术，实现政府工作的计算机处理，加强政务管理，提高工作效率。“网络政府”利用互联网技术，加强部门协作，开展协同办公，资源共享。近年来，“转型政府”概念的提出和实施，再次凸显了电子政务在其中的核心地位，通过积极跟踪运用先进的网络技术、数据交互技术，不断实现政府管理体制机制的优化。

二是大力加强电子政务机构建设和经费投入。为在全国范围内统一领导和推进电子政务发展，1999 年英国政府在内阁成立了电子专员办公室，任命了政府电子专员(e-Envoy)和电子大臣(e-Minister)，负责全国的信息化工作，协调政府各部门，直接向首相汇报有关信息化的事务。2004 年 5 月，成立了电子政务小组，政府首席信息官担任行政首长。从 2006 年至今，电子政务小组改为转型政府组，继续负责电子政务方面的事务。各级地方政府也有专门的电子政务建设小组。英国电子政务建设已经形成了一套比较完善的组织机构和首席信息官(CIO)制度，各级政府、各大部门均设立了权威的首席信息官，统筹协调本地区、本部门的信息化建设。同时，政府对信息化建设提供充足的资金支持。例如以建立电子病历为主要目标的国民健康系统(NHS)，预算投资 50 亿英镑，后来追加 70 亿英镑，共投资 120 亿英镑。

三是统一政策和规划，系统推进电子政务建设。英国政府相继颁布一系列促进电子政务发展的法律法规和政策，包括《数据保护法》、《信息自由法》、《电信法》、《电子签名条例》、《通信法》和《公共部门信息再利用条例》等。同时，在电子政务建设各个阶段都制定了明确的战略规划和实施计划。1999 年 3 月，英国出台了《政府现代化》白皮书，提出“到 2008 年，政府所有服务项目实现在线提供、所有公共服务实现全天候 24 小时在线提供和实现全民使用互联网”的总目标。该目标 2005 年提前实现后，2005 年 11 月，英国政府又公布了《以技术推动政府变革》战略，2006 年 4 月，颁布了《〈以技术推动政府变革〉实施计划》，把信息化建设作为一项系统工程进行持续推进，并在网络的互联互通、数据集成、信息访问以及内容管理上，实行跨部门协同。2009 年 12 月，时任英国首相布朗发表了题为“智慧政府”的演讲，并正式开启了英国的“智慧政府战略”，该战略的主要目的是“提高政府的透明度和责任”，要求政府给予公民所需要的工具来帮助政府塑造良好的服务，这为英国电子政务的建设指明了下一步的发展方向。随后，英国政府在 2010 年发布了 ICT 战略，着重阐述了英国电子政务在未来十年如何运用科技改变政府运作方式，并强调政府会以更智慧、更经济、更环保的方式转型，这同时也将成为英国电子政务建设的三项原则。

四是电子政务建设与政府业务重组紧密结合。实现政府业务流程网上再造是英国电子政务建设的一大亮点。通过不断升级的信息化机构——“电子政务小组”、“信息总管委员会”、“转型政府组”，推动政府各部门加强协调，打破界限，组织建立全新的合作模式，促进电子政务建设的全面合作。在电子政务建设过程中，从总体上优化政府业务流程，推动部门之间互联互通，合作共享，实现了《政府现代化》白皮书按照“生活事件”来组织政府服务的目标，首批开通的学车、出行、生育、搬家、死亡、犯罪 6 个主题，可以解决公众关心的重点问题。林业信息化建设也充分与业务重组相结合，通过林业 GIS 应用系统，整合优化了采伐、运输、野生动植物、休闲旅游及木材销售等业务流程，实现了网上在线办理。

五是以提升公众对政府网上办事的满意度为目的。通过网络提升公众服务，是英国电子政务建设的又一个亮点。英国政府始终把向用户提供便捷、高质量的服务，使公众与政府方便沟通作为电子政务建设目标，并不断探索满足用户需求的方法与途径。英国政府提出“一站式”服务模式，门户网站按照公众需求进行设计和改版，努力减少用户获取信息的点击次数，使用户在 3 次点击之内就能获得最新的政府信息和服务。

2.2.6 澳大利亚信息化发展

澳大利亚是一个后起的工业化国家，农牧业发达，自然资源丰富，盛产羊、牛、小麦和蔗糖，同时也是世界上重要的矿产品生产和出口国。农牧业、采矿业为澳大利亚传统产业。近年来，制造业和高科技产业发展迅速。服务业已成为国民经济的主导产业，产值占 GDP 的 80% 以上。2008/2009 财年国内生产总值达 11962 亿澳元，人均 GDP 约 5.5 万澳元，居世界前列。

(1)澳大利亚信息化发展历程

澳大利亚信息化始于 20 世纪 80 年代，90 年代以来发展步伐日益加快，并取得了十分显著的成效，信息化水平一直处于全球领先行列。由于电子政务是信息化最重要、最集中的体现，因此可以电子政务的发展为脉络，将澳大利亚信息化发展历程大体划分为 4 个阶段。

一是办公自动化阶段。从 20 世纪 80 年代开始，随着个人计算机的出现和普及，澳大利亚联邦政府、州政府和地方政府开始利用信息技术处理机关内部事务，实施办公自动化和无纸化。通过这一阶段的工作，澳政府办公实现了从纸质文件向电子文件的转变，这既提高了政府部门的办事效率，节约了行政成本，又提高了政府工作人员的信息化意识。

二是政府上网阶段。1993 年，澳大利亚联邦政府启动了国家信息基础架构工程（NII），旨在建设网络化的服务型政府。1997 年，总理霍华德在《投资以促进增长》（Investing for Growth）的政策声明中提出，到 2001 年底前，联邦政府各部门要将所有适宜通过互联网开展的服务全部搬上网。同年，澳大利亚全面放开电信业，取消对许可经营的数量限制，企业和公民的网络通信费用显著降低。为向公众提供更加便捷高效的服务，2000 年 4 月，澳大利亚政府制定了“政府在线”战略，指导联邦各部门实现这一目标。到 2001 年底，澳大利亚政府已经可以通过互联网为公众提供一切适当的服务，在网上可获取的政府服务和信息资源超过 1600 项。2002 年 2 月，在阿德莱德召开的世界信息技术大会上总理霍华德宣布，1997 年提出的政府上网目标已经实现。

三是服务整合阶段。为提高政府工作效率，密切政府与公众的关系，在前两阶段工作的基础上，2002 年 11 月，澳大利亚联邦政府出台了名为“更优的服务、更好的政府”（Better Services, Better Government）的全国电子政务战略规划，目标是建立无缝化、适合需要的、以公众为中心的、为全体澳大利亚人谋利益的政府。规划要求将工作重点转变为将新技术更广泛地运用到政府信息和服务传递管理中去，整合联邦、州和地方三级政府及部门之间的网上服务，促进信息在不同层级政府及部门之间共享，面向公众提供“一站式”服务。该战略提出 6 个重要目标，即达到更高的功效并将盈余用于投资、确保政府服务和信息的便捷获取、提供满足公众需要的服务、整合相关服务、建立信任与自信、实现对公众的承诺。

四是智能化和个性化服务阶段。以 2004 年 7 月初开通的澳大利亚政府门户网站为标志，澳大利亚电子政务进入智能化和个性化服务阶段。为应对网络海量信息给用户带来的“寻的”困惑，澳大利亚提出，发展电子政务要遵循“面向目标、面向顾客、面向问题”的思路，为用户提供个性化信息和服务。这一阶段，政府门户网站提供强大的检索功能，重视对提供的信息和服务按照用户群体、主题等属性进行细致分类，方便用户查找所需的信息和服务。这已成为电子政务发展的潮流和方向。

为进一步提高澳大利亚公共服务的信息化水平并建成积极响应的政府，2006 年 3 月 30 日，澳大利亚政府发布了 2006～2010 年国家电子政务战略——《响应的政府：新的服务议程》。该战略对电子政务项目建设更加强调协调和以公众为导向。政府部门之间将以一种合作、互联的方式而不是独立地开展工作，简化政府复杂的行政流程，从而使政府更易接近，业务流程更优化，同时为公众节省更多时间和精力。

2009 年 4 月 7 日，澳大利亚总理陆克文宣布启动国家宽带网(National Broadband Network)计划。这项名为“光纤进家庭”的新宽带网计划将耗资 434 亿澳元，项目建成后，可使澳大利亚 90% 的家庭和工作单位获得比目前宽带速度快 100 倍的互联网络服务，其余 10% 位于偏远地区的家庭将通过无线上网技术连接互联网，网速也可达到每秒 12 兆。该计划是澳大利亚联邦政府历史上最大的一项基础设施建设计划，显示出澳大利亚政府在整合资源、优化服务方面的信息和决心。2011 年 4 月 18 日，联邦政府发布云计算指南(Cloud Computing Guide)，4 月 19 日发布政府云战略(Strategy for G-Cloud)，这将进一步提高政府的公共服务水平。

(2)澳大利亚信息化建设的主要特点

首先，以政府为主导，重视协调配合。澳大利亚信息化建设始终是在政府主导下进行的。澳大利亚全国没有专门的电子政务法，与电子政务有关的法律、法规主要是电子交易法、信息自由法、档案管理法以及关于政府机构设置的法律。澳大利亚电子政务或者说公共服务信息化发展之所以走在世界前列，是与政府的强力推动密不可分的。澳大利亚政府认为，电子政务建设成功的关键，是政府的主导和政府各部门之间的协调配合，没有政府的主导，可能只有信息化而没有公共服务；没有部门之间的协调配合，恐怕只能建立一些“信息孤岛”。为此，联邦政府下大力建立健全了信息化建设的战略管理机构、组织协调机构和办事机构，这些机构包括：宽带、通信和数字经济部(DBCDE)、在线服务委员会(OC)、信息管理战略委员会(IMSC)、首席信息官委员会(CIOC)、信息管理办公室(AGIMO)、公共服务委员会(APSC)等。

其次，以公众为中心，强调服务至上。澳大利亚政府将公众视为政府的“客户”，除提供及时、权威的信息外，主要是通过建立一系列以用户为导向的门户网站，使公众更易获取集成的服务。在信息化建设初期，澳政府部门的网站主要是按照政府的组织结构和业务流程来设计，现实中存在着政府网站过多、内容过于庞杂等问题，用户从网上获取信息和服务费时费力。2002 年，“更优的服务，更好的政府”电子政务战略明确指出，在新的公共服务信息化时代，必须以公众为中心，政府在线服务不能只是增加一种服务提供渠道，而应以客户需求为导向，调整、优化在线服务，扩大服务领域，重构服务提供过程，使公众更加便捷地获取政府服务和信息。按照这一思路，公众不需要了解政府各机构的设置，也不需要知道特定业务由哪些政府部门负责，他们只要在提供单一登录功能的系统之中，便可方便地获得各种服务。尤其值得一提的是，澳政府强调要考虑残疾人的需求，保证其能够比较方便地获得政府服务。目前，澳政府已建成不少有影响的门户网站，这些网站的功能都很强大，如联邦政府门户网站(australia. gov. au)、政府内网(fedlink. gov. au)、政府招标网(tenders. gov. au)、企业入口网站(business. gov. au)等。

第三，以公共服务集成化为主线，优化管理与服务。为了让家庭、企业和组织更方便、快捷地获取政府服务，澳大利亚倡导利用虚拟网络技术，对政府业务流程进行梳理和重组，向用户提供集成化的公共服务。公共服务的集成化主要体现在两个方面：一个是提供"一站式"服务，即根据用户需求，突破部门界限，将某项特定服务所涉及的各种内容放在一个网站或网页上，用户通过一个窗口就能获得所需要的服务。如塔斯马尼亚钓鱼在线网站，它是由联邦气象局、塔斯马尼亚内陆渔业服务局、塔斯马尼亚海运与安全局和塔斯马尼亚初级产业、水与环境部合作建设，用户通过这一个窗口就能获得所有与休闲钓鱼有关的各种政府服务信息，包括天气预报、警报，内陆及海上鱼的品种，钓鱼规定及规章，划船与水上安全，钓鱼和划船许可，船只和停泊处登记，国家公园信息，钓鱼热点等内容。另一个是发展门户网站和门类性网站。澳大利亚政府门户网站是综合性门户网站的代表，该网站链接了700多个澳大利亚政府机构网站，可链接到100多万个网页，信息和服务涉及教育、就业、医疗保健、新闻、法律、文化、经济、旅游、投资、移民等生活的方方面面。澳大利亚各级政府建成了不少专业门户网站，这些网站主要分为用户群体和行业两类。用户群体类网站涉及文化与休闲、家庭、移民、社区等领域，主要有企业网、老年人网、妇女网、青少年网、土著居民网、家庭网等。行业类网站主要有农业网、文化网、教育网、就业网、环境网等。

第四，以标准化建设为抓手，促进信息共享和业务协同。公共服务的集成化，需要各级政府及其部门在网上协同办公来实现。在政府信息网络建设的初期，由于各部门或机构各自开发、建设自己的系统，在技术标准、规范方面不统一，导致三级政府之间、政府部门之间的各种系统不兼容，信息资源共享难，给协同办公造成技术障碍。澳大利亚政府认识到，标准化是公共服务信息化建设的技术基础，是电子政府系统实现互联互通、信息共享、业务协同、安全可靠的前提。为此，澳大利亚下大力气推进信息系统的标准化，逐步扭转了各自为政、"烟囱"林立、难以共享协同的局面。

第五，重视基础设施和服务建设，缩小"数字鸿沟"。澳大利亚偏远地区面积广大，自然地理条件阻碍了这些地区的人们顺利获得信息化服务。澳政府提出要使全体澳大利亚公民都能享受到信息技术带来的好处，政府服务不应只限于富有的精英阶层或少数科技爱好者，而应通过信息化的帮助，把澳大利亚建成一个更加繁荣和公正的社会。为此，澳大利亚政府开展了反“数字鸿沟”行动。一是重视基础设施建设，提高互联网普及率，尤其是偏远地区的网络覆盖率。联邦政府制定了产业投资计划和改善偏远地区通信条件的行动框架，以及有关数字传播的推行计划。目前，澳大利亚人均因特网连接，在世界排名第九，在亚太地区排名第二。二是引入市场竞争机制，降低用户上网成本。1997 年，澳大利亚全面放开电信业，取消对许可经营的数量限制，实现完全开放竞争。通过采用市场机制，实行项目招投标，提高了信息化建设的速度和质量，有效改善了信息资源配置状况，企业和公民的网络通讯费用得以显著降低。三是面向特殊群体提供专门信息服务。澳大利亚政府专门建立了农村、偏远地区及老年人信息服务中心，并为残疾人等弱势群体提供特殊信息服务，如建立专门网站、开发盲人视读系统等。

2.3 中国信息化发展道路剖析

2.3.1 发展历程

我国的信息化建设起步于 20 世纪 80 年代初期，从国家大力推动电子信息技术应用开始。回顾 30 年的发展历程，可以归纳划分为以下 3 个阶段：

(1)起步阶段

20 世纪 80 年代初期，在我国国民经济进行大调整的背景下，计算机工业界认识到，发展我国计算机工业应该从过去的以研究制造计算机硬件设备为中心迅速地转向以普及应用为重点，以此带动研究发展、生产制造、外围配套、应用开发、技术服务和产品销售等工作。

计算机与大规模集成电路事业是关系四个现代化建设进程的重大战略问题，它不仅是直接从事这一事业的科研和生产部门的事，还要求冶金、石油、化工、轻工、建材、纺织等部门密切协同和大力支持。为了振兴我国计算机和集成电路事业，推动电子计算机的广泛应用，1982 年 10 月 4 日，国务院成立了计算机与大规模集成电路领导小组。12 月 8 ~ 12 日，领导小组在北京召开了全国计算机系列型谱专家论证会，确定了我国在此后一个时期发展大中型计算机和小型机系列机的选型依据。

1983 年 5 月 15 日，计算机与大规模集成电路领导小组在北京召开了全国计算机与大规模集成电路规划会议。会议提出了若干政策措施，要求正确处理自己研制与技术引进的关系，积极引进国外先进技术，增强自力更生的能力，抓紧、抓好现有企业的技术改造；把品种、质量放在首位，要把发展中小型机，特别是微型机、单板机作为重点方向；要面向应用，大力加强计算机软件工作，迅速形成软件产业；把计算机的推广应用作为整个计算机事业的重要环节来抓；加速人才培养，建立一支强大的科技队伍。

1984 年，中央领导同志及时指出，新的“工业革命”表明，西方国家要从工业社会转入信息社会，这对我们向“四化”进军来说，既是一个机会，也是一个挑战。强调要发展现代化的信息系统，要普遍应用电子计算机等。为了研究我国新技术革命的对策，国务院成立了“新技术革命对策”小组，组织了计算机专项和光纤通信专项研究。

1984 年 9 月 15 日，国务院发出通知指出，为了迎接世界新的技术革命，加速我国四个现代化建设，必须有重点地发展新兴产业；在现代新兴产业群中，信息产业是最重要、最活跃、影响最广泛的产业；要逐步装备我国的信息产业，并以各种信息技术手段改造传统工业服务；应当把电子工业摆到国民经济发展的非常重要的位置上。为了加强对电子和信息产业的集中统一领导，有效推动这项工作，国务院决定将国务院计算机与大规模集成电路领导小组改为国务院电子振兴领导小组。

1984 年 11 月，国务院电子振兴领导小组发布了“我国电子和信息产业发展战略”，指出我国电子和信息产业要实现两个转移：第一，把电子和信息产业的服务重点转移到为发展国民经济、为四化建设、为整个社会生活服务的轨道上来，为此，必须把电子信息产业在社会各个领域的应用放在首位；第二，电子工业的发展要转移到以微电子技术为基础、以计算机和通信装备为主体的轨道上来，并确定集成电路、计算机、通信和软件为发展的重要领域。

为推动电子信息技术的广泛应用，国务院电子振兴领导小组在“七五”期间重点抓了十二项应用系统工程，即邮电通信系统、国家经济信息系统、银行业务管理系统、电网监控系统、京沪铁路运营系统、天气预报系统、科技情报信息系统、民航旅客服务计算机系统、航天实时测控与数据处理系统、公安信息系统、财税系统、军事指挥系统，并建立电子信息技术推广应用贴息贷款，支持应用电子信息技术改造传统产业。这些信息系统的建设和发展，为以后的信息化建设奠定了广泛的技术和社会基础，培养了一大批信息技术应用人才，并在一些领域取得了明显的经济效益。

1986 年 3 月，邓小平同志亲自批示“宜速作决断，不可延误”，启动了国家高技术研究发展计划，即“863”计划。该计划投资 100 亿元，其中，信息技术相关项目的投资约占投资总额的三分之二。

1988 年 5 月，根据国务院机构改革方案，成立机电部，并将振兴电子产业的任务交机电部承担。随后，国务院常务会议决定，国务院电子振兴领导小组办公室更名为国务院电子信息系统推广应用办公室，继续支持各行各业应用电子信息技术。

从 1988 年至 1992 年，国家经济委员会、机电部、国家科委和电子信息技术推广应用办公室在推动传统产业技术改造、EDI 技术、CAD/CAM 以及 MIS 等领域做了大量工作，推动了电子信息技术应用不断向纵深发展。

总体来看，这一阶段主要以推动电子信息技术，特别是大规模集成电路与计算机技术应用为主线，从过去的以研制计算机硬件设备为中心，转向以普及应用为重点，带动研发、生产、销售、应用、服务等全生产链的发展，为国家信息化建设做好了思想和认识准备，也做好了技术与产业准备。

（2）稳步推进阶段

1993 年，党和国家领导人江泽民、李鹏、朱镕基、李岚清等提出信息化建设的任务，启动了“金卡”、“金桥”、“金关”等重大信息化工程，拉开了国民经济信息化的序幕。同年 12 月，成立了以国务院副总理邹家华为主席的国家经济信息化联席会议，加强统一领导，确立了“推进信息化工程实施、以信息化带动产业发展”的指导思想。1994 年 5 月，成立了国家信息化专家组，作为国家信息化建设的决策参谋机构，为建设国家信息化体系，推动国家信息化进程提出了许多重要建议。

1996 年以后，中央和地方都确立了信息化在国民经济和社会发展中的重要地位，信息化在各领域、各地区形成了强劲的发展潮流。1996 年 1 月，国务院成立了以副总理邹家华任组长，由 20 多个部委领导组成的国务院信息化工作领导小组，统一领导和组织协调全国的信息化工作。

总体来看，这一阶段主要以“三金”工程（即“金卡”、“金桥”、“金关”工程）的启动为标志，正式拉开了国民经济信息化的序幕，在各部门、各地区相继形成了推进信息化发展的浪潮。

经过 1993～1997 年的建设与发展，符合我国国情的信息化发展思路已经初步形成。国务院信息化工作领导小组确立了国家信息化的定义和国家信息化体系六要素（信息资源、国家信息网络、信息技术应用、信息技术和产业、信息化人才、信息化政策法规和标准），进一步充实和丰富了我国信息化建设的内涵；提出了信息化建设“统筹规划，国家主导；统一标准，联合建设；互联互通，资源共享”的 24 字指导方针。

1997 年 4 月 18～21 日，国务院信息化工作领导小组在深圳召开了首次全国信息化工作会议，邹家华副总理作了题为“把握大局，大力协同，积极推进国家信息化，为国民经济持续、快速、健康发展和社会全面进步服务”的主题报告，国家计委副主任、国务院信息化工作领导小组副组长曾培炎作了关于《国家信息化“九五”规划和 2010 年远景目标》（纲要）的编制说明，电子工业部副部长、国务院信息化工作领导小组办公室主任吕新奎作了“1997～1998 年国家信息化建设工作重点”的报告，许多部委和省（区、市）信息化主管领导出席了会议并做了交流发言。会议全面部署了信息化工作，通过了规划，成为我国信息化建设发展的里程碑。此后，全国信息化工作从解决应急性的热点问题步入为经济发展和社会全面进步服务，有组织、有计划的发展轨道上来。

1998 年 3 月以后，随着国务院机构的进一步改革，新组建了信息产业部，负责推进国民经济和社会服务信息化工作。为此成立了信息产业部信息化推进司（国家信息化办公室），其主要职责是：研究制定推进国民经济和社会信息化发展规划，指导各地区、各行业的国民经济信息化工作；协助业主推进重大信息化工程；组织协调和推进全国软件产业的发展；研究制定有关信息资源的发展政策与措施，指导、协调信息资源的开发利用和信息安全技术开发；推动信息化普及教育等。1999 年 2 月，国家信息化专家组变更为国家信息化办公室专家委员会。1999 年 12 月，根据国务院领导关于恢复国务院信息化领导小组的批示，成立了由国务院副总理吴邦国担任组长的国家信息化工作领导小组，以继续推进国家信息化工作。

总体来看，这一阶段以首次全国信息化工作会议召开为标志，全国信息化工作从解决应急性的热点问题，步入有组织、有计划地为国民经济发展和社会进步服务的发展轨道。

（3）加快发展阶段

2000 年 10 月至今为我国信息化的加快发展阶段。这一时期，以《中共中央关于制定国民经济和社会发展第十个五年计划的建议》为标志。《建议》提出了“以信息化带动工业化”的战略举措，成为引领我国工业化、信息化、现代化建设的基本方针。为了贯彻这一方针，国家计委编制了《国民经济和社会发展第十个五年计划信息化重点专项规划》，这是我国第一个国家信息化规划，是指导全国信息化建设的纲领性文件。《专项规划》全面分析了我国信息化面临的国内外形势，回顾总结了我国信息化建设的成就和问题，提出了“十五”时期推进信息化的发展方针、发展目标、主要任务和政策措施。

2001 年 12 月 25 日，中共中央政治局常委、国务院总理、国家信息化领导小组组长朱镕基主持召开了国家信息化领导小组第一次会议。他强调指出，要加强统筹协调，坚持面向市场，防止重复建设，扎扎实实推进中国信息化建设。

2002 年 11 月召开的党的十六大制定了“坚持信息化带动工业化，工业化促进信息化，走出一条科技含量高、经济效益好、资源消耗低、环境污染少、人力资源优势得到充分发挥的新型工业化道路”的指导思想。

2005年11月3日，温家宝总理主持召开国家信息化领导小组第五次会议，审议并原则通过《国家信息化发展战略(2006～2020年)》。会议认为，制定和实施国家信息化发展战略，是顺应世界信息化发展潮流的重要部署，是实现经济和社会发展新阶段任务的重要举措。我国“十一五”至2020年信息化战略大体将实现三大阶段跨越式发展。

2007年10月召开的党的十七大又从贯彻落实科学发展观的高度，对推进信息化作出新的部署，要求全面认识工业化、信息化、城镇化、市场化、国际化深入发展的新形势新任务，大力推进信息化与工业化融合。这些论断对我们深刻理解、正确处理信息化与工业化的关系有着重要指导意义。同年，《国民经济和社会发展信息化“十一五”规划》正式实施，该规划全面部署了“十一五”时期我国信息化发展的主要任务，明确了加快推进信息化与工业化融合的发展重点，是新阶段贯彻落实科学发展观的重要举措。

2010年10月，《国务院关于加快培育和发展战略性新兴产业的决定》发布。《决定》指出，根据战略性新兴产业的特征，立足我国国情和科技、产业基础，现阶段重点培育和发展节能环保、新一代信息技术、生物、高端装备制造、新能源、新材料、新能源汽车等产业，计划用20年时间，使节能环保、新一代信息技术等七大战略性新兴产业整体创新能力和产业发展水平达到世界先进水平，为经济社会可持续发展提供强有力的支撑。

2.3.2 发展现状

在党中央、国务院以及各地区、各部门的高度重视和不懈努力下，随着我国信息化建设的深入开展，取得了显著成效。

(1)从宏观角度看我国信息化发展现状

进入21世纪以来，在党中央和国务院的正确领导下，在我国经济社会高速发展所产生的强烈需求的推动下，我国信息化有了较快的发展，开始走上全方位和多层次发展的道路，我国与发达国家信息化的巨大差距也开始缩小。根据国家统计局的数据，从2006年起，中国已经从信息化发展中低水平国家跨入信息化发展中等水平国家的行列。

首先，我国信息化发展加快。过去10年，中国信息化有了巨大的发展。与信息化相关的主要指标，增长10倍以上的有：移动电话用户数，由2000年的8526万户增加至2010年的8.59亿户；计算机拥有量由2000年的2200万台增加到2010年的2.6亿台；10年间，中国农村居民家庭电脑拥有量也增加了10倍，计算机向农村普及的趋势十分明显；网站数量由2001年初的26.5万个增加至2010年底的279万个。增长20倍以上的有：互联网网民数由2001年初的2250万人增加至2010年底的4.57亿人，互联网普及率上升至34.3%；IPv4地址数由2001年初的1100万个增加至2010年底的2.78亿个，成为全球第二大IPv4地址拥有国。2001年初，中国域名数仅为12.2万个，2010年底为866万个，10年间增加了70倍。2010年底，中国国际出口带宽达到1099Gbps，而2001年初，中国国际线路的总容量仅为2.8Gbps，10年间增长了392倍。

第二，网络应用急剧发展。2003年起，中国的网页数量基本保持翻番增长，2010年网页数量达到600亿个，年增长率超过78.6%。信息化的发展使现实生活不断向虚拟世界延伸，中国社交网站用户规模迅速增长，年增长率超过30%。网络游戏和视频服务年增长率在40%左右，使用率则在60%以上。

第三，信息化促进经济转型升级。更为重要的是，中国经济社会各行各业已经开发的各种规模和不同种类的信息系统与上述指标相伴随而急剧增长。它们已经使有些行业，如金融、通信、民航等，成为真正的信息时代的产业，也使很多行业正在发生别开生面的变化，如制造业、政府、教育等，信息和信息技术日益成为这些行业发展的基本支柱。信息化的发展还催生了许多新兴产业，特别是与网络经济、电子商务和信息服务相关的现代服务业。

第四，处于世界中等发展水平。2006～2008年，中国信息化发展指数(IDICN)年均增长速度为13.30%，居世界第五位，是世界平均增长水平的2倍。中国在信息化的可接入性和可使用性方面，是全球进步最快的国家。然而，与世界各国比较，中国的信息化仍处于全球中间水平。2008年，瑞典信息化发展指数(IDICN)达到1.048，继续位居世界第一；而同年中国的信息化发展指数(IDICN)为0.645，居世界第42位。根据国际电信联盟(ITU)《衡量信息社会发展2010》的IDIITU指数进行测算的结果比较，2008年中国的IDIITU指数水平在157个国家和地区中位于第79位，相比2007年还下降了两位。

第五，区域差距有所扩大。对2002～2009年全国31个省、自治区和直辖市的信息化水平指数进行的另一种测度表明，这一期间，我国整体信息化水平得到了很大的提高，全国信息化水平指数从0.6487增长到1.5458，高于同一时期GDP年均增长率(10.99%)，累计增长率达138.28%。与此同时，我国区域之间的数字鸿沟指数则在2002～2009年间大幅上升，由0.21增长到0.57，平均年增长率达到15.05%，累计增长率为166.78%。这说明中国信息化的发展是不平衡的，经济发达的地区赶超国际先进水平的步伐很快，而一些经济欠发达的地区，信息化水平虽然也在提高，也在进步，但速度相对缓慢。

中国信息化发展的实际说明，无论与国际上的发达国家相比，还是国内欠发达地区与发达地区相比，中国信息化发展的空间都十分巨大。在过去10年中国信息化全面发展的基础上，“全面提高信息化水平”确实是未来5～10年内，中国信息化发展的一个适时而中肯的、切合实际的目标。

(2)从信息技术、信息产业等具体方面看我国信息化发展现状

首先，信息技术创新应用迅猛发展。信息技术在工业领域的应用不断深化，信息化与工业化融合迈出新步伐。国家把技改工作作为走中国特色新型工业化道路的重要切入点，注重利用信息技术改造提升传统产业，把信息技术融入到研发设计、生产、流通、管理、人力资源开发各环节，机械、建材、轻工、冶金、石化等制造企业的装备检测、远程在线监控、过程自动化控制等水平不断提高，工业研发设计信息化取得了明显成效；信息技术在机械制造、汽车、钢铁、能源、电力等行业的日益渗透与融合，催生了一批新兴产业，推动了传统工业产业向价值链高端迈进。同时，服务与社会领域信息化进程继续稳步推进，信息基础设施不断完善，公共服务能力显著提升，电子商务发展势头强劲，金融、交通、教育、卫生、民政、公安等领域的业务应用系统建设取得可喜成果。此外，网络文化、数字家庭、网络社区、无线城市等电子信息技术的广泛应用，进一步改变了人们的生活方式，扩展了消费需求，成为新的经济增长点。

第二，电子政务建设与应用继续扎实推进。以“十二金”为代表的各项工程成效显著。各级政府网站建设力度加大，信息公开进一步规范，网上行政办事范围不断扩大，政民互动效果良好，“举报网站”的开通成为政府网站建设的亮点；电子政务应用成效明显，电子政务应用系统已经成为政府部门提高工作效率、加强行业监管、提升服务水平的重要保障(表2-2)。

表 2-2　国家部委网站历年评估结果(部分)

单　位	2005年		2006年		2007年		2008年		2009年		2010年		2011年	
	名次	得分	名次	得分	名次	得分	名次	得分	名次	得分	名次	得分	名次	得分
商务部	1	80.63	1	73.41	1	73.19	1	79.15	1	75.28	1	78.71	1	79.87
科技部	2	65.25	3	63.89	5	68.34	7	68.78	11	61.12	9	68.74	9	68.30
环保部	3	64.13	5	61.17	8	64.21	11	65.13	13	59.37	12	67.18	21	55.61
国土资源部	4	63.25	14	53.76	15	54.66	12	62.61	15	57.66	23	54.69	19	57.81
农业部	5	62.63	2	67.04	2	71.22	2	75.30	4	71.02	13	66.44	7	70.17
外交部	6	62.00	15	53.55	19	51.90			23	51.42	49	33.60	49	34.65
安全监管局	7	60.25	11	56.67	14	55.89	14	62.27	12	60.24	19	57.29	13	63.13
食品药品监管局	8	59.50	9	58.36	12	59.06			22	52.80	16	64.59	15	61.15
国防科工委	9	57.38	6	60.48	4	69.85								
交通运输部	10	56.63	4	63.23	3	70.88	5	73.77	3	72.11	3	74.39	3	74.83
税务总局	11	55.25	10	57.84	9	63.92	6	71.41	6	67.64	10	67.98	12	64.19

（续）

单　　位	2005 年		2006 年		2007 年		2008 年		2009 年		2010 年		2011 年	
	名次	得分	名次	得分	名次	得分	名次	得分	名次	得分	名次	得分	名次	得分
民航局	12	55.00	17	51.60	20	51.62	15	61.58	19	54.44	32	43.56	26	50.89
教育部	13	54.50	18	51.47	24	49.93			24	50.16	26	51.86	30	46.54
发改委	14	52.75	8	58.63	11	60.22	4	74.27	5	68.45	4	73.42	5	72.25
知识产权局	15	52.00	20	51.07	25	49.32			29	47.54	35	40.63	32	45.28
水利部	16	51.63	13	55.30	10	60.59	9	65.65	17	56.48	15	64.92	16	60.32
卫生部	17	50.38	16	52.93	18	52.60			26	48.94	21	54.91	24	53.94
民政部	18	49.88	21	50.61	26	49.07			16	57.11	24	54.63	27	50.32
工商总局	19	49.38	32	41.77	22	50.88			31	45.83	18	60.25	14	61.94
林业局	20	47.88	23	49.57	16	53.90			14	58.00	11	67.42	10	67.40
住房城乡建设部	21	47.63	22	50.54	23	50.48			21	53.26	20	55.34	18	58.75
审计署	22	47.50	30	44.08	33	45.02			35	40.05	47	33.81	42	38.66
国资委	23	47.38	27	48.14	32	45.57			20	53.40	21	54.91	31	45.48
海关总署	24	46.63	19	51.14	13	56.18	10	65.58	10	63.68	6	71.22	4	73.48
司法部	25	46.50	34	40.02	43	37.91			36	39.71	50	31.08	55	28.10
文物局	26	45.50	26	48.48	36	42.21			37	38.40	34	41.10	37	42.17
文化部	27	45.38	25	48.89	29	47.04			33	42.69	30	46.54	20	56.64
体育总局	28	45.00	53	31.91	56	28.47			50	30.47	53	27.72	45	36.29
外专局	29	43.00	40	37.74	50	32.87			53	28.84	45	34.05	47	35.17
劳动社会保障部	30	43.63	33	40.87	30	46.97								
财政部	31	42.63	42	35.70	38	41.88	8	66.64	7	66.65	7	70.59	11	66.57
中医药局	33	40.75	60	30.02	44	37.73			40	37.14	39	36.48	43	37.04
粮食局	34	40.55	44	35.00	47	35.25			28	48.08	28	48.21	35	42.63
外汇局	35	39.50	37	38.19	37	42.18			55	27.39	54	26.54	56	24.87
保监会	36	40.13	24	49.10	21	51.08			30	46.89	25	53.44	36	42.27
宗教局	37	38.48	57	31.07	55	30.00			52	28.88	55	25.99	54	31.62
统计局	38	38.25	61	29.93	41	39.22			47	32.70	52	28.09	50	34.15
人口计生委	39	37.00	38	37.99	49	33.99			39	37.19	27	48.96	17	60.08
人保部(人事部)	40	36.88	29	45.18	27	48.15			27	48.79	33	42.41	38	41.11
质检总局	41	36.75	12	55.93	6	68.04	3	74.98	2	73.94	2	74.61	2	75.12
旅游局	42	36.63	28	47.19	34	44.50			34	41.81	46	34.04	40	40.12

数据来源：中软测评报告。

第三，信息产业在国民经济中继续保持重要地位，国家信息化发展水平进一步提升。截至 2009 年末，信息产业在全国工业中的比重依然达到 10% 左右。手机、微型计算机、彩电、数码相机、激光视盘机产量分别占全球的49.9%、60.9%、48.3%、80%、85%，中国已成为世界电子产品第一制造大国，电子信息产业从业人员达到755万人，占全部工业从业人员的9%左右。电子信息产品贸易额占全球的15%以上，电子信息产品出口在全国外贸出口中的比重超过1/3。软件产业总体保持平稳运行态势，实现业务收入9513亿元，同比增长25.6%。截至2009年底，全国电话用户超过10亿户，互联网网民超过3.8亿户，移动网民突破2亿户。移动电话普及率达到56%，城镇居民彩电、计算机拥有比率均比上年提高3个百分点以上。全国各地区信息化水平整体呈上升趋势，北京、上海、广东、天津、浙江、福建等地信息化水平居领先地位，但区域间信息化发展不平衡问题仍然十分明显。

第四，全国网络与信息安全整体状况不断提升。随着网络和普通百姓的工作生活越来越紧密，互联网安全问题越发突显，网络与信息安全已经成为一个社会焦点话题。为适应当前社会发展的新形势，维护国家和百姓的信息安全，国家及相关部门不断加强网络安全保障，出台了一系列政策法规，启动了信息安全管理体系认可工作，病毒木马治理取得一定成效，打击网络犯罪活动进一步加强。

(3)我国信息化发展的基本经验

20世纪90年代我国政府大规模推进信息化以来，国民经济和社会各个领域都已经行动起来，着手制定和实施各种信息化规划、计划和项目，在一些领域和地区取得了明显进展，并且积累了许多宝贵经验。概括起来，主要有以下几个基本经验：

一是坚持站在国家战略高度。党和国家领导人的高度重视是我国顺利推进信息化建设的重要前提。党和政府历来十分重视信息化建设，坚持站在国家战略高度，把信息化作为覆盖现代化建设全局的战略举措，正确处理信息化与工业化之间的关系，长远规划，持续推进。1993年12月，成立了国家经济信息化联席会议；1996年1月，成立了国务院信息化工作领导小组；2001年8月，成立了国家信息化领导小组，国务院总理任组长。2008年在中国“大部制”改革背景下成立了工业和信息化部，推进我国信息化和工业化融合，促进工业由大变强，加快推进国家信息化建设。我国在信息化发展过程中，非常注重对信息化发展的统筹规划，中央和地方政府都制定了信息化发展规划，以积极引导我国信息化的健康发展。党的十四届五中全会提出要“加快国民经济信息化进程”；十五届五中全会指出“大力推进国民经济和社会信息化，是覆盖现代化建设全局的战略举措”；十六大报告提出“以信息化带动工业化，以工业化促进信息化”；十六届五中全会提出“推进国民经济和社会信息化，切实走新型工业化道路”。而在“九五”、“十五”、“十一五”三个五年规划中，对于信息化的发展情况都进行了详细的阐述。2006年中共中央办公厅、国务院办公厅印发的《2006～2020 年国家信息化发展战略》，第一次明确提出了我国向信息社会迈进的宏伟目标，并明确了未来 15 年我国信息化发展的指导思想、战略目标、战略重点、战略行动计划和保障措施，体现了信息化建设统筹规划的指导方针。

二是探索有特色的信息化道路。信息化是在各国独特的经济和社会发展环境下推行的，它既为国家发展战略服务，又受制于各国所处的具体客观条件。信息化必须结合国情加以推进，因而各国信息化进程必然有其个性。20 世纪 90 年代以来，我国在推进信息化的实践中，认真分析了影响信息化的重要因素，不断探索有中国特色的信息化发展道路。从我国信息化发展历程可以看出，我国信息化是在相对落后的生产力条件下，在推进工业化和建立社会主义市场经济体制过程中，顺应世界潮流，在较高的起点向前推动的。在相对落后的基础上发展先进的生产力是我国信息化发展最核心和最根本的特征，它是建立在我国特殊的国情基础上的，体现了我国信息化发展的特殊性。从这个特殊性出发，就决定了我国的信息化不能模仿发达国家的信息化道路，而是坚持工业化和信息化融合，以信息化带动工业化，利用信息技术提升传统产业的结构和水平，推动产业结构升级，以信息化促进工业化，实现工业化和信息化并进，推动国民经济持续快速发展。

三是在政府宏观调控下充分发挥市场作用。从发展趋势看，以市场为主、市场与政府互补进行导向是信息化导向的基本方式，这一基本方式也可以概括成“在政府宏观调控下充分发挥市场作用”。一方面，政府通过统一规划和基于长远及全局利益的统筹协调来弥补市场的不足；另一方面，充分发挥市场在资源配置中的基础性作用，大力推进资金筹集、工程建设、运营管理的市场化运作。通过政府与市场的有机结合，走出一条低成本、高效益的中国信息化发展道路。首先，信息化的发展既提出了加快市场化进程的现实需求，也为加快市场化的进程提供了物质手段。同时，市场化的发展也为信息化提供了具有支持和促进作用的活动舞台和发展空间。因为信息化的发展取决于科技进步的脚步，而市场经济是科技进步的土壤和水分，只有在现代市场经济中，科学技术才能冲破传统的束缚，取得日新月异的发展，信息化才能获得发展的动力。其次，在强调充分发挥市场作用的时候，也不能忽视政府的作用。在作为发展中国家的中国推进信息化，政府的地位有其特殊性。政府在信息化推进中的作用只能加强，不能削弱，这主要是因为：信息化是信息技术、信息网络普及应用和广泛渗透的过程，但它不仅是技术本身，而是更深刻地涉及管理制度、组织结构以至思想观念变革，因此，信息化是一场革命，需要政府强有力的推动，特别是对于经济基础相对薄弱、国民教育素质较差的发展中国家，信息化的推动更需要政府高层领导卓越的政治远见和战略决策；推进信息化不仅是覆盖现代化建设全局的战略举措，而且是一项复杂的系统工程，政府的组织协调工作不可缺少。

四是以应用需求为主导。20 世纪 80 年代以来，信息技术特别是网络技术逐渐成熟，已经成为当今信息化浪潮的驱动力量，但它对整个经济社会的影响和由此引发的变革，取决于在各个领域的渗透和应用。技术是手段，应用才是目的。信息化实质上就是不断扩大信息技术在各个领域、各个层次上的应用。信息技术的应用改变了信息资源开发利用的方式，提高了信息资源转化为财富的潜在能力。只有抓住应用环节，才能产生效益。信息化应用发展是由应用需求拉动和信息技术推动两方面来驱动的。一方面，信息技术的新发展为各种业务应用的发展提供了新机遇。另一方面，信息化应用发展又为信息技术的进一步发展提供了推动力和更广阔的信息产业市场空间。信息化进程就是一个信息技术应用与信息技术、信息产业相互推动、相互依存的进程。

五是技术创新与制度创新相结合。信息化发展离不开科学技术的进步与创新。正是由于信息技术及其产业具有源源不断的创新性，才使其成为当代最先进、最活跃的生产力。技术创新已成为推动信息技术应用的重要动力。鼓励技术创新，首先要增加研发的投入，近年来，国家财政对科技的支持不断增强，我国已成为世界上研发经费年均增长速度最高的国家之一。其次，还要形成一定规模的研发力量，我国的研发力量主要由大学、科研院所和企业组成，其中大学和科研院所主要从事基础类研究和技术开发类研究，企业的研究则集中在试验发展领域，技术力量有了一定的积累。

在信息时代，技术革新的速度远远高于人和组织的转变速度。信息技术的高速更新和广泛应用，对原有结构、业务流程的变革和资源的重新整合产生深刻的影响。因此，技术创新必须与体制创新相结合。从静态的观点看，现有的信息技术设定了信息化发展所可能达到的上限，但实际上能达到多少则是由制度决定的。从动态的观点看，良好的制度能够推动技术可能性边界不断扩大，而不良的制度只能造成技术进步停滞不前。

（4）我国信息化发展存在的问题

从总体来看，我国的信息化整体水平处于世界平均水平，应用度、影响度还有待进一步提高，信息化发展总体上面临许多问题。

首先，推进信息化的思想认识需要进一步提高。20 世纪 90 年代中后期以来，党中央、国务院出台了一系列关于信息化发展的战略、规划、政策，从最初的“三金工程”到后来出台的《2006～2020 年国家信息化发展战略》，国家对信息化做出了一系列部署。但是我国是在工业化不断加快、体制改革不断深化的条件下推进信息化的，信息化理论和实践还不够成熟，全社会对推进信息化的重要性、紧迫性的认识需要进一步提高。

第二，“硬技术”与“软环境”发展不均衡。我国在推进信息化进程中投入了大量资源来建设和完善硬件环境，这使我国信息化的硬环境水平达到了比较高的水平，但是在信息化的“软环境”建设方面存在较大差距。虽然我国已在网络、信息和电子商务方面制定了一些法律法规，但是从总体来看，我国信息化法制建设仍落后于建设实践的要求，而且大部分条例采用的都是部门分割管理模式，缺乏权威的法律来全面、有效地解决争端，信息化管理体制尚不完善，电信监管体制改革有待深化，信息化法制建设需要进一步加快。

第三，数字鸿沟有所扩大。信息技术应用水平与先进国家相比存在较大差距。国内不同地区、不同领域、不同群体的信息技术应用水平和网络普及程度很不平衡，我国的区域信息化发展也呈现出明显的不均衡现象，东部、中部、西部地区的差距较大：东部地区是信息化最为发达的地区，如上海、北京、深圳、广州等地，单位计算机拥有量90%以上，家庭计算机拥有量接近70%，上网人数比例超过50%，总体信息化水平接近国际水平；中部和西部很多地区尚处于发展阶段，单位计算机拥有量30%~50%，家庭计算机拥有量10%~20%，上网人数比例10%~30%。数字鸿沟成为影响信息化协调发展的新因素。

第四，信息化发展深度不够。一个强大的、自主的信息产业是推进我国信息化的物质技术基础。尽管我国信息产业发展迅速，信息产业规模已经跃居世界第三，仅次于美国和日本，但是我国信息技术的研究开发与国际先进水平仍有较大差距，信息技术产业、信息内容产业、信息服务产业、信息基础设施等发展的深度不够，中国网民普及率尚低于全球平均值，互联网应用水平差距较大，信息化关键设备和技术主要依赖进口，难以满足发展的应用需求，制约着我国信息化的发展。

第五，各级政府部门间协调不够。各级政府部门在推进我国信息化建设进程中发挥了重要的引导和调控作用，分别制定了不同的信息化发展规划。如国家有关部门都分别设立了相应的研究和应用项目，但是这些项目的研究内容有较多的重复，项目之间协调不够，缺少合力。

第六，信息资源开发利用不高。随着信息化基础设施的不断发展与完善，不少企业和单位建成了业务信息系统，但总的来说，信息资源开发利用仍然不足，相对滞后于网络基础设施和业务应用系统的建设，表现在公益信息资源整合难度大，商务信息资源市场专业化、产业化水平不高；信息技术应用水平不高，整体应用水平落后于实际需求，信息技术的潜能尚未得到充分挖掘；在部分领域和地区应用效果不够明显。

第七，信息安全问题比较突出。2010年3月30日，据中国互联网络信息中心（CNNIC）和国家互联网应急中心（CNCERT）在京联合发布的《2009年中国网民网络信息安全状况调查系列报告》，2009年有近52%的网民曾遭遇过网络安全事件，网民处理安全事件所支出的相关服务费用共计153亿元人民币。相比于高发的网络安全事件，仍有4.4%的网民个人计算机未安装任何安全软件；不足8%的手机网民安装手机安全防护软件。网民的信息安全意识有待进一步提升。

随着信息化发展的推进，信息安全问题日显突出，主要表现在：网络上有害信息传播、病毒入侵和网络攻击日趋严重，网络涉密事件屡有发生；网络与信息系统的安全防护水平不高，应急处理能力不强；政府、企业和市民的信息安全意识不强，信息安全管理比较薄弱，缺乏相应的安全管理制度和运行体制；信息安全基础设施不足与需求之间的矛盾日益加大，如应对不当，可能会给我国经济社会发展和国家安全带来不利影响。

2.3.3 发展趋势

信息化是当今世界经济和社会发展的大趋势，是推动经济发展和社会变革的重要力量，信息化发展水平已成为衡量国家综合国力与国际竞争力的重要标志。大力推进国民经济和社会信息化，是我国加快实现现代化的必然选择，是促进生产力快速发展、增强综合国力和国际竞争力、维护国家安全的关键环节，也是贯彻落实科学发展观、构建社会主义和谐社会、建设创新型国家的战略任务。

(1)信息产业从规模扩张转向创新驱动

在我国，信息产业已经成为基础性、先导性和支柱性产业。20 多年来，我国信息产业以平均高于国民经济 2～3 倍的速度在发展，平均速度在 20% 以上，目前很多信息产品产量都达到了世界总产量的一半以上。但是，我国的信息产业依旧存在“大而不强”的问题，因此，在“十二五”期间，我国信息产业将进入从规模扩张转向创新驱动的时代，推动优势资源整合，突破一批关键技术。我国将着力完善相关体制机制，营造有利于自主创新的氛围，并将重点扶持有创新能力的企业。同时，还将鼓励重点企业掌握关键核心技术，支持国际合作。

(2)信息化应用领域呈现“多元多层”的格局

随着信息化步伐进一步加快，信息化对国民经济的先导和软化作用进一步增强，e 时代的信息化应用领域呈现“多元多层”的格局。如在农业信息化进程中，国家实施的农村信息化为农业信息化奠定了坚实基础，成立了信息网络协会，目前正在积极探索“物流＋信息流＋技术流”的服务模式。在工业信息化进程中，政府将进一步加强对工业信息化的领导和引导，为企业提高信息化水平提供政策保障；同时，企业加快引进先进的信息技术和系统，重组业务流程，实现企业内部、企业与合作伙伴、客户等的信息共享，促进工业信息化。在军事信息化进程中，军队将完成从机械化半机械化向信息化的过渡，以信息技术为核心的军事高技术将广泛应用于军事领域，提升军队士兵的信息化能力和打赢信息化战争的能力。在医疗信息化进程中，医疗行业应进一步促进医疗信息的共享，以数据库为中心，实现病人信息的无纸化和无胶片化。

(3)信息技术朝着智能化、虚拟化、集成化和绿色化方向发展

信息技术的智能化是在柔性化和集成化基础上的进一步发展与延伸，未来，它的研究重点将是具有自律、分布、智能、仿生、敏捷、分形等特点的新一代制造系统。虚拟化信息技术主要包括 CPU、服务器、存储、操作系统、管理软件、虚拟产品开发、虚拟制造、虚拟企业等，目前虚拟化技术正在进入爆炸式发展期，整合项目仍然是虚拟服务器采购的强大驱动力，企业业务的延续性和实用性成为了虚拟化增长的两个重要原因。信息技术的集成化是基于一定标准，从部门内部的信息集成、功能集成发展到过程集成、部门间的集成和网络集成，主要是为了解决信息系统间的信息交流和共享问题。信息技术的绿色化是加大信息技术在促进节能减排降耗中的应用，随着国家对信息化可持续发展的更加关注以及虚拟化等诸多节能技术的逐渐深入应用，绿色信息技术将逐渐成为潮流。

(4)“网络应用”安全将成为信息安全的核心

信息安全的核心在于“信息数据”的安全，而在数据处理中，应用才是关键。随着网络的快速发展，网络应用类别越来越多，应用复杂度也越来越高，人们逐渐发现，单纯解决数据的访问和传输的安全已经无法很好地保障信息安全，必须高度重视维护关键应用的安全，从数据的产生、计算和存储等多个角度来思考和解决。因此，对于“网络应用”安全的关注度也逐渐升温。

(5)电子政务应用日益深化

主要体现在：一是以“公共服务”为指导方针，不断深化应用。从电子政务发展的大环境来说，2004 年我国提出要建设“服务型政府”的目标，但目前我国的政府网站离“服务型政府”的目标还有较大差距。因此，要大力加强政府网站的服务功能，牢固树立网站的“服务”意识，在此基础上整合后台应用，统一对外服务平台，打造一个协同高效的“服务型政府网站”。从电子政务自身发展的特点来说，我国电子政务的大规模建设阶段已经结束，下一步的工作重心就是如何进一步深化应用，由“量”的扩张转变为“质”的提高。二是适应行政管理体制改革需要，不断完善电子政务的管理体制机制。一个健全、完善的电子政务管理体制可以分为“咨询、决策、协调、管理、执行、监督”六个环节，这六个环节必须环环相扣、缺一不可，成为一个相互联系的闭环，只有这样，才能建立起科学、有效的电子政务管理体制。从总体来看，在电子政务管理机构的职能定位、编制安排等方面，需要中央做出一些统一的规划。而地方政府在统一的框架下又需保留一定的调整自由度，对电子政务建设的管理、执行和监督出台一些具体的制度规范。三是加强电子政务法制环境建设。自从电子政务在我国兴起以来，这一领域的法制化工作就一直没有停止过，其中2004年8月颁布施行的《中华人民共和国电子签名法》、《中华人民共和国行政许可法》，2008年5月施行的《中华人民共和国政府信息公开条例》都有涉及电子政务的部分。但是，与电子政务快速发展的实践相比，我国电子政务的法制化还明显滞后，尤其在2008年国家实行大部制改革、2009年地方政府也纷纷开展相应的政府机构调整的大背景下，有关电子政务的管理机构、管理职能，亟需出台相关的法律法规加以确认。

（6）信息化发展环境日趋规范

信息化的发展环境包含政策、法律法规、制度、标准、人才、安全管理等几方面。未来，各地信息化管理部门应根据国家有关法律法规，结合当地实际情况，在信息化管理、信息市场规范、信息技术应用、知识产权保护等方面制定法规，为信息化建设营造良好的法制环境。同时，关注国际信息化标准的发展，宣传贯彻国家标准，制定行业标准，推广和普及现有各项标准，尽快形成信息化标准体系，促进互联互通和资源共享。还要积极培养和吸收计算机网络技术与行业专业知识兼备的高素质人才，开展对相关人员多层次的信息化培训，建立一支高素质的信息化技术工作队伍。要建立安全体系认证制度，加快CA认证建设，进一步加强计算机网络与信息安全监控体系建设。

2.3.4 北京市信息化发展

早在1999年，我国40多个部委信息主管部门就共同倡议、发起“政府上网工程”。10多年过去，政府网站的集群规模、服务效率已今非昔比，政府网站已经成为信息公开、网上办事和政民互动的重要平台。目前，北京市首都之窗已经拥有85家分站，率先从用户角度组织网站内容，建设了完全基于用户需求的首都城市综合信息服务平台，开创了中国服务型政府网站建设先河；以标准规范为引导，以考核评估为手段，统筹发展，集约建设，创建了政府网站的发展范式。首都之窗网站建设在提升公共服务水平，促进服务型政府建设方面成效显著。其主要经验和做法有：

（1）梳理全市行政办事事项，形成服务目录，保障百姓知情权

北京市积极开展全市行政办事事项网上服务情况的实地调研工作，不仅摸清了全市826项行政许可事项网上服务的申请情况，同时对许可事项以外的其他网上服务情况进行了全面的了解，在调研当中发现有三个方面的问题比较突出，一是网上办事内容不够丰富，事项都没有在网上提供服务；二是网上服务的规范性不够，办事指南要素构成和网上展现缺乏统一的标准；三是在线办理程度不高，能够在网上进行申报、受理事项还不多。这些问题在一定程度上影响了网上的服务整理水平。因此，北京市根据调研反映出来的问题，进一步明确了推进网上办事服务的思路，政府网站网上办事工作的开展应该以政府行政办事事项为核心，不仅要在网上提供行政许可事项相关服务内容，还要提供注入结婚登记、房屋登记、居住证办理、养路费征收等大量行政类的服务内容，这些事项不仅服务面广，业务量大，而且直接关系到百姓的民生。

为此，北京市对市教委、市卫生局、市劳动保障局等 50 家与公众密切相关政府部门的行政办事事项进行了重点梳理。主要做法是依据这些部门的行政职权，将与公众办事相关的行政许可类事项，以及确认类事项等逐一梳理，同时从服务对象、服务内容等方面进行细致分类，初步形成行政办事事项目录，目录中包括了 1920 项行政办事事项的名称、依据、服务对象、服务分类、服务资源等内容，涉及许可类的事项有 1200 项，确认有 700 余项。根据办事事项目录，推动网上服务工作的开展，在制定行政办事事项目录的工作基础之上，又重点推进了各部门网上办事服务的深入开展，首先明确了两项基本服务，全面提供三项深层次服务递进推动的工作目标，具体是全部事项应实现办事指南、表格下载两项基本服务，内容应该统一、规范。对年业务量超过 100 件的行政许可事项，实行网上申报、状态查询以及结果公示三项深层次服务，对于教育、就业、医疗、交通、劳动保障、税收等与公众密切相关的行政办事事项，网上服务实现比例要达到 50% 以上。

（2）通过网上办事工作推进会，明确工作机制

北京市召开 50 多个部门，18 个区县参加的网上办事工作推进会。通过专项会议明确工作机制、工作规范、工作步骤等相关要求。同时，根据这些要求全市各部门共同行动，除了涉密以外的所有行政办事事项都 100% 提供了办事指南服务，全市各个部门 1800 余项办事事项的近 2600 项业务表格全部在网上提供了下载服务。实现了网上申报、状态查询、结果公示等深层次服务的办事事项近 1100 项。部分服务已经延伸到了区县、街道、乡镇。

（3）丰富并完善门户网站办事服务，构建服务型网站

按照一口受理的要求，作为北京市政府政务门户网站，首都之窗全面整合并集中展现行政办事事项，形成以事项为核心，办事指南、表格下载、在线申报、结果公示等多项服务内容构成的一站式、一体化的服务。而面向个人提供了医疗卫生、租房、住房、教育培训、劳动保障等 24 类主题，近 500 项的服务事项。还有面向企业提供从设立变更、年审年检、资质认证等 28 类主题，1600 余项服务事项。还有为农村老年人、残疾人、外国人等8类特殊人群提供办事绿色通道，服务内容近400余项。此外在充分吸取国外先进政府网站经验基础之上，结合北京市的实际情况，针对户籍、婚育、出入境等热点办事事项，模拟办事场景，一问一答的方式，在网上实现了户籍、婚姻等七项场景式服务。例如在办理出入境的服务中共模拟了58个办事场景，有“我是港澳居民”，“我是华侨”，“我是北京居民”，还有就是台湾、外国人要来到内地。问题导向是场景式服务，以用户需求为着眼点，以政府服务事项为核心，以社会公益性服务资源为补充，最大限度方便了用户，充分体现了以人为本。

(4)领导重视，完善体制机制建设

首先，领导高度重视。市领导高度重视政府网站的服务工作，不仅将网站建设列入市政府为群众拟办的重要实事之一，为统一思想、强化责任，专门召开了全市推进行政办事事项网上办理工作会。

第二，建立良好的工作机制。为更好地开展工作，各个单位相继成立了由法制部门、办公室信息中心等组成的工作小组，以业务梳理为重点，以信息化手段为支撑，明确了处室分工责任到人，理顺了工作机制。

第三，依法梳理行政事项。根据各个部门行政职权，依法梳理行政办事事项，保证每项事项都有法律依据，都有法定的办理程序、办理标准。确保行政办事事项目录全面准确。

同时，进一步加强政府信息公开工作，按照《中华人民共和国政府信息公开条例》要求，努力做好网站的运维工作，确保网上各项服务安全、稳定运行，完善网上公共服务，满足广大市民的需求。

2.3.5 上海市信息化发展

国家“十二五”规划纲要明确提出，未来5年要大力推进国家电子政务网络建设，整合提升政府公共服务和管理能力。有专家指出政府网站由“名片型”向“服务型”转变已成为当前的发展趋势。上海市政府门户网站建设，在面向社会、服务公众，将政府信息公开作为重点方面成效突出。上海市强调“从政府视角到百姓视角”的转换，非常重视通过信息化手段实施政府信息公开，通过立法予以强制，并以闭环式管理做保障。上海市还出台《上海市政府信息公开规定》，通过规章制度方式提出了“公开为原则，不公开为例外”的总要求，并责成监察和法制部门组织监察和评议，赋予公民和社会组织以举报、行政复议和行政诉讼的权力。上海政府网站强调其业务内容和相关形式紧密结合公众需求，把门户网站建设成为真正为公众服务的平台。2010年，门户网站添加了一个"无障碍浏览"工具条，使视障人士和老人从中受益，体现了门户网站服务的更人性化、更全面化。总体来说，上海市门户网站建设坚持四大核心任务：政务、服务、公开、沟通。政务要拓展网上办事；服务要提供便民服务；公开要发布权威信息；沟通要构建互动渠道。

(1)政府网站体制机制和保障建设是基础

上海市政府门户网站建设加强体制机制和基础保障建设，并以此为基础提高网站信息内容容量，提升综合服务水平。概括起来是"一个条例两个关系三个第一"。

首先，把握一个条例。2008年5月1日，《中华人民共和国政府信息公开条例》正式实施。《条例》第二条规定："本条例所称的政府信息，是指行政机关在履行职责过程中制作或获取的，以一定形式记录、保存的信息"。上海市严格以《条例》为指导进行自身网站建设与运维工作。

第二，注重两个关系。此条例与各地方、各部门实施办法之间的不同在于：《条例》是纲领性文件，每个部门、每个地区依据此纲领性文件制定了地方可操作的《实施办法》。因此，《条例》是相对稳定的，而《办法》可能会随着工作的开展不断深化。条例与《保密法》则是一对矛盾统一体，既制衡，又互补。关键在于要建立一套机制和体制。上海有一个由政府办公厅、保密局、经信委、市委办公厅等相关的七八个部门组成的联席会议，凡是涉及把握不定的信息，都递交到联席会议共同商讨。这里有个原则：该"保"的要"密"；该"公"的一定要"开"。这里的"保"，不是指保密，而是指保护。因为有时候信息并不是一个秘密，但是公开之后可能会影响社会安定，危及政府形象，该保护的信息一定要保护。这里的"公"，也不是"公开"，而是指与公众相关的信息。

第三，建立三个第一。一是坚持平台建设第一。信息公开的第一平台是政府网站。尽管我国已初步形成政府网站、新闻发布会、政府公报、档案馆、公共图书馆、政府信息公开查阅点、社区信息苑和农村基层信息服务站等覆盖城乡、多层次的公开渠道，但政府网站是政府公开信息的第一平台。因为政府网站公开信息的优势是其他形式不能相比的：公开的及时性，可以走在传统媒体的前面。辐射的广泛性，通过互联网，信息可以在瞬间辐射全球。获取的便捷性，可以不受时空限制，只要能上网，就能查询并获取信息。利用的灵巧性，可以轻松下载，电子方式携带，非常灵巧。信息的完整性，政府网站具有强大的信息沉淀和积累功能，而且不受篇幅限制，完整地记录或表述。汇聚的裂变性，可以将相关信息集聚，形成各种专题，以最快和最简洁的方式汇聚信息，起到裂变的作用。减少物质、沟通、精神和时间成本，网站信息的获得可以极大地减少民众的信息申请，或相互打听而带来的物质及精神的成本负担，使全体民众可以平等地行使其知情权，并得到权威准确的信息，节省了大量时间，提高了工作效率。

二是坚持时间与效率第一。一个文件产生之后，必须在第一时间上网。上海的第一时间概念是指在一个小时之内。领导批了，部门确认后付印。当红头文件的纸质出来，准备往下发之时便上网公开，这就是第一时间。

三是做好信息源头的控制。政府网站，可以说是公开信息的第一个源头。这就要求必须把好两个“关”。严格区分公开与不公开内容，把好信息来源关，信息的公开，可以采取谁提供，谁把关的原则，由信息提供部门对信息进行严格的审核，同时要注意信息的连续性，比如对规范性文件连续编号，将可以公开的信息进行归类，而将免予公开的信息以另外的文号方式发放。制定严格的信息公开程序，把好信息出口关，根据不同性质的信息，比如有静态信息、动态信息、过程信息和互动信息，制定严格的信息公开和反馈程序，有专人负责程序执行，有较高层次的领导进行公开前的最终程序审定。

(2)注重政府网站重点工作和核心功能建设

实施网上办事及网上的公共服务，要以事项为核心，以需求为导向，以服务为宗旨。其中以事项为核心，集聚了十大要素，即：在线受理、状态查询、结果反馈、表格下载、办事指南、办理机构、相关法规、网上咨询、监督投诉、便民问答。

网上的办事和服务具备了高透明和高效率，即：阳光下不晒黑，亮家底不献丑；优化流程减环节，强化办理争时间。同时，必须贯彻一套行政审批标准化管理，搭建一个网上审批管理服务平台和建立一个网上政务大厅。当然，要提供理想的网上服务，就当前的现状难度重重：协同处理难；资源共享难；安全监管难；应用推广难。要解决这些难题，上海方面的经验是模糊部门，清晰业务。

(3)政民互动，多渠道树品牌抓反馈重实效

政民互动的方式有很多，如在线访谈，领导信箱，公示，征集等等。现在最流行的是网络问政。上海有一个网上办公会，把所有的委办局领导召集起来，让网民提问题；选择20个网民到现场监督，区长、副区长、分管领导都在现场，能在一个小时内解决的，就现场解决；不能解决的，在一周内解决。

网上的互动栏目也要有品牌意识。上海有个“马大嫂”论坛，专门讨论和老百姓的日常生活密切相关的事情，这就是一个品牌。我们可以尝试由省、市或者是各部门树立“三公”(公益性强的、公众关注度高的、公权大的)品牌的互动活动，给百姓真正的实惠和便捷。

有了互动，没有反馈，就形同虚设。百姓来了多少信，反映的事情属于哪个委办局，办理情况怎么样，群众满意度高不高，都在网上晒出来。只有把反馈工作抓好，才能让百姓看到实效。而产生实效的关键在于政府的作为。上海市的在线访谈，每年年初由各部门上报主题时，后面必须附上"能解决哪几个问题"的说明。凡不能解决问题的就不上。因为，一年做多少期在线访谈不重要，重要的是能解决几个问题。

2.3.6　商务部信息化发展

(1)商务部网站建设基本情况

1998年7月，对外贸易经济合作部网站建立，成为国内最早在互联网上建立的政府机构网站，也是现有商务部网站的前身。2003年，商务部组建以来，以转变政府职能，加强管理创新为核心，高度重视信息化建设，商务部以服务社会、服务公众为宗旨，以政务公开为核心，努力把商务部网站建设成为"新闻发布的窗口，政务公开的平台，官民互动的桥梁，公共服务的门户"，在建立服务型政府、开拓政务公开为民服务方面进行了积极探索。

目前，商务部网站群共有4200余个子站，其中，部领导子站14个、部机关子站32个、特办子站16个、经商参处子站215个、直属机构子站13个、商协学会22个、地方之窗子站37个。目前，网站日均访问量约5000万次，日均信息更新量1500余条。2002~2011年连续10年位列中国政府网站部委类绩效评估排名第一。

商务部网站作为公共商务信息服务体系中最重要的服务形式，在信息公开、在线办事、互动交流、公共服务等方面取得了显著成效；目前，网站在信息公开方面已经发布法规政策4702件、重大商务新闻4948条、普发性非密级公文的上网率达到100%；在线办事方面，开办在线访谈栏目，开办"司局长访谈"和"商务专题访谈"，每年20多位司局长参加访谈，与公众直接交流，另外开办"商务参赞访谈"、"地方商务厅局长访谈"、"特派员访谈"，到目前已有159位商务参赞、45位地方商务厅局长和16位特派员与网友开展在线交流，共回答公众提问4499个，总字数209万字；开设"办事指南、在线申报、表格下载、结果公开、互动咨询、监督投诉"六项规范功能，实现行政审批、在线上报、在线查询三大类129项在线办事内容；交流互动方面，对127个政策规定进行了网上征求意见，并收到3855条意见和建议；公共服务方面，分别设立中国商品、世界买家、农村商网、各国法规、环球商展、投资指南、合作指南等一系列专业性极强的网站群，为社会公众特别是中小企业开拓国内外市场提供了所需要的企业、商品、市场信息，深受企业欢迎。

(2)商务部网站建设经验

一是领导高度重视。商务部党组对网站工作高度重视，将门户网站建设作为一项统领全局的综合性工作来看待，多次研究部署。商务部网站前后经过8次重大改版，每次改版主管部领导都是亲自指挥和领导。据商务部电子商务和信息化司统计，仅部党组针对网站建设重要批示就达几十条之多。与此同时，电子商务和信息化司每月将网站运维和内容更新情况以月报的形式上报部党组进行审阅和批复。

二是组织保障有力。商务部设立“电子商务和信息化司”，重要职责就是负责公共商务信息服务体系规划、立项并组织开发，负责商务部政府网站规划、建设与管理工作，与此同时，下设中国国际电子商务中心具体承担商务部网站承建、运维和运营等工作，从组织保障和用人机制方面更具保障性和灵活性。

三是运行机制有效。商务部实行网站群建设模式，秉承“单位建站、网站组栏、维护到处、数据入库”的原则，形成“大家共同建设网站”的良好局面。“单位建站”就是商务部机关各单位、驻各地特派员办事处、驻外经商机构等单位根据总体部署组建各自子站，分别发布信息。“网站组栏”就是在“单位建站”基础上，网站主站统一设立相应栏目，“维护到处”主要是指各项网站内容维护工作细化到每一个司局的每一个处室，做到专人专管，进行网站信息的发布。“数据入库”就是所有上网信息都采用备份入库管理，保证信息资源的存储和利用。这种模式调动了各单位积极性，既保证了网站内容的完整性，网站覆盖部机关所有职能，也保证了各类信息能够及时上网，大大丰富了网站内容。由少数人办站变成了全部各单位共同办站。

四是管理规范完善。从网站建设伊始，商务部就高度重视网站各项管理规范的制定和完善工作，而且大部分文件通过商务部办公厅以通知的形式下发，并且在网站技术规范方面先后出台《商务部网上政务系统设计规范》、《网站域名命名规则》、《信息采集流程规范》、《信息发布流程规范》等一系列的规范文件，保证商务部网站管理的规范性、统一性和完整性。

五是评估机制科学。为发挥各单位的积极性，提高上网内容的针对性，商务部建立一套科学有效的网站运行监测及绩效评估机制。比如：网站访问量统计分析系统、信息量统计分析系统、工作量统计系统等网站管理系统，并通过以实际实现程度为依据，委托第三方专业评估机构，共同建立具有较强针对性的网站绩效评估机制和评测体系，对商务部网站群进行全方位的监测与评估。

六是经费保障充足。商务部电子商务和信息化司作为行政管理机构负责网站建设的宏观把握、管理协调和业务指导工作，具体建设实施与运行维护，运用市场化手段，以服务外包的形式由其下属中国国际电子商务中心具体承担，每年网站内容维护与技术服务的财政专项资金在500万元左右。

商务部始终结合自身实际，充分吸收了国内外政务网站建设经验，网站经历了从小到大的发展过程，形成了具有一定特点的网站管理建设模式。从商务部网站建设和发展历程来看，可以形成三点体会：首先，商务部网站建设是一项全局性工作，无论从部党组的重视程度、全员的认知程度等意识层面，还是管理规范和模式创新等操作层面，以及组织机构、人员、技术、经费等保障层面，都为商务部网站发展奠定了坚实的基础，也是商务部网站连续 10 年位列中国政府网站部委类绩效评估排名第一的必然条件。其次，商务部网站建设充分结合自身业务特点，清晰定位网站信息服务的核心功能，以新闻发布、信息公开、官民互动、公共服务为主要功能服务模式。商务部网站信息量巨大、信息整合能力突出、信息服务功能全面，除了与其自身的业务性质特点有关以外，还与“大家共同建设网站”、整个商务系统“全民参与”分不开的。第三，商务部网站建设是一个不断完善的过程，是随着网络技术的进步和公众需求的提高，不断总结借鉴，持续优化的过程。商务部网站在建设过程中，坚持一年两次改版，坚持经常性地听取网民的意见和建议，同时，也邀请国内研究机构、著名网站的专家学者对网站进行诊断，提供改进的意见和建议，使网站改版更有针对性、更具贴近性和服务性。

2.3.7　国土资源部信息化发展

国土资源部成立后，全国国土资源信息化建设进行了整体规划，先后颁布了《国土资源信息化“十五”规划和 2010 年远景目标(纲要)》、《全国国土资源政务管理信息系统与信息服务系统建设总体方案》和《国土资源部电子政务总体设计》，基本形成了相互衔接的各级国土资源信息化建设框架。

在基础数据库建设方面。全国 1∶50 万、1∶20 万以及 1∶5 万地质图数据库相继建成。一批矿产和基础地学研究等方面的数据库也陆续建成或得到完善。在调查评价工作主流程信息化方面，基本形成了基础地理信息数据采集、存贮、管理、开发和服务的数字化测绘技术体系。建成并运行了海洋检测预报网络系统、海洋调查资料处理系统和海洋污染检测网络系统。对一些城市开展了基于“3S”技术的土地利用遥感动态检测和土地基准地价检测，完成了地市级 1∶10 万、省级 1∶25 万、国家级 1∶50 万土地利用现状图；制订出各级土地利用总体规划图、规划指标以及各类专题规划。

在政务管理信息系统建设与推广应用方面。已经建成并投入使用的管理信息系统基本覆盖国土资源管理的主要业务，包括行政审批、统计监测分析、执法监察、综合事务、地质灾害监测等 5 类。国家级土地利用规划管理信息系统建设基本完成，省、地、县级土地利用规划管理信息系统建设正在展开，地籍、土地利用、地价、土地市场等政务管理信息系统在一些地方得到较好的应用。金土工程一期完成了建设用地审批、建设用地预审、矿业权管理等应用系统建设，开发了面向各地部署的金土工程统一界面集成工具、在线分析系统和数据交换系统。完成了土地利用计划、耕地占补平衡、土地供应备案、省政府批准建设用地备案管理、矿产资源储量数据库管理、矿山开发利用数据库管理、国土资源执法监察管理等7个统一配发的应用系统。

在信息服务体系建设方面。相继建成并运行了国土资源新闻网、虚拟办事大厅和交易大厅、行政审批结果公告、矿业权评估机构公示、视频点播系统、土地估价机构和人员信息公示系统，构建了国土资源信息强大的应用服务体系和统一权威的发布窗口。矿产资源规划元数据已在国土资源部外网提供查询服务。多数省(区、市)和一些地(市)、县(市)国土资源主管部门的局域网也已相继建成。全国国土资源主干网络系统建设正在抓紧开展，许多部门和单位相继建立了信息网站。

在信息化标准体系建设方面。目前国土资源部已经完成65项信息化标准，一批重要标准和急需标准已经完成，《国土资源信息化标准化指南》和《国土资源信息核心元数据标准》等重要信息化标准已由国土资源部颁布实施，20多个标准正在试行；中国地质调查局公布实施的行业内部标准有6项，正在试用的标准17项。已基本形成了一套较为完整、科学和实用的国土资源信息采集、处理、存储和开发利用的国土资源信息化标准体系框架。

2.4 中国林业信息化的发展历程

我国林业信息化起步于20世纪80年代初，是在国家开始重视计算机应用以及改革开放春风的沐浴下，伴随着国家信息化建设的起步而起步的。与其他行业相比，属于信息化起步较早的行业。按照主要建设内容和应用水平的不同，可将其划分为以下3个阶段：起步探索阶段、拓展应用阶段、全面加快发展阶段(图2-4)。

2.4.1 起步探索阶段

20世纪80年代初至90年代中期。这一时期以单机应用为特征，主要应用于森林资源清查、专项调查、各类业务数据的存储与汇总等方面，应用范围和程度都比较小。

20世纪80年代初，以森林资源调查和航空遥感数据的电子计算机处理为标志，现代信息技术开始在林业工作中得到应用。80年代初，原林业部调查规划设计院等单位在S09计算机上采用BASIC语言编制了国家森林资源清查数据处理系统，在部分省(自治区、直辖市)进行了推广应用。该系统在80年代末被移植到IBM微型计算机上，并由原林业部

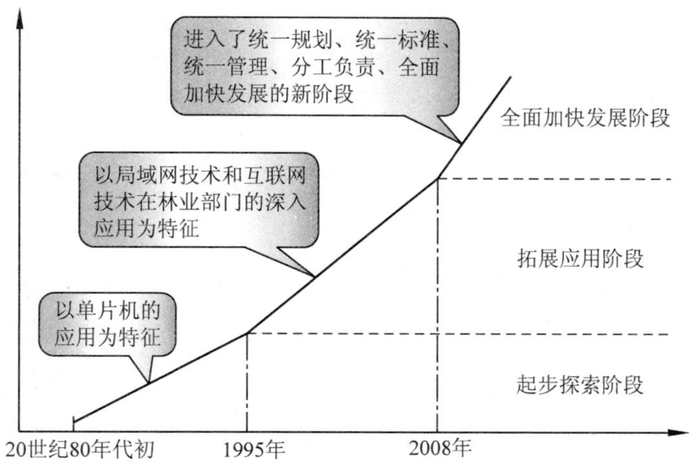

图2-4　中国林业信息化的发展历程

4个直属调查规划设计院在全国范围普及应用。

1980年，使用罗马尼亚生产的FelixC-512中型电子计算机，开始研建“四五”全国森林资源数据库。1984年引进了日本KIMOTO公司的脱机图像处理工作站一套，具有计算机图像数据彩色胶片扫描输出和黑白胶片、彩色照片数字化输入功能。1985年从美国引进了VAX-II/750超级小型机系统，磁带机5台，PDP-II数据处理工作站2套，同时还引进了胶片扫描记录仪、彩色静电绘图仪、数字化仪等外部设备。此后又引进和更新了多套数据处理设备。这一时期引进的软件有：汉字VMS操作系统、RDB关系型数据库管理系统、DBMS网状数据结构的数据库管理系统；Datatrive层次结构的数据检索系统；美国CA公司的CAD绘图系统等。

这一时期林业信息化建设的内容主要是普及计算机应用，多层面培训林业系统技术人员的计算机应用能力，建立关系型森林资源数据库，旨在将大量调查数据的汇总、统计和修改工作交由计算机实现，减轻技术人员的工作量。在数据库建设方面，1985年建立了“四五”全国森林资源统计数据库。1986～1988年，研建了反映全国森林资源动态变化的数据模型。1985～1992年，在东北林区的二类调查和森林经营方案编制工作中，积极使用微型计算机，进行外业数据的现场录入、修改、查询、汇总等工作，极大地提高了工作效率和工作质量。在应用系统开发方面，以地理信息系统开发为先导的应用系统建设在这一时期得到了快速发展。1985～1986年，开发了林业系统的第一代GIS系统平台，开始了林业领域GIS研究与开发的新探索。1988年完成了森林资源和灾害管理信息系统及林火管理信息系统开发。1986～1990年开发了县级资源与环境信息系统。1992～1993年研建了中央级林火管理数据库及计算机辅助决策系统、森林病虫害防治管理信息系统、国家造林项目管理信息系统、林业政策法规管理信息系统、林业部人事管理信息系统等。但这一时期计算机还是一个“奢侈品”，售价太高，因此只在林业部调查规划设计院等一些大单位使用。

2.4.2 拓展应用阶段

20 世纪 90 年代中至 2008 年。以局域网技术、空间技术、遥感技术等在林业部门的应用为特征，林业采取了一系列措施，逐步将信息技术应用于森林资源监测和林业六大重点工程建设中，积极推进“政府上网工程”和林业“三网一库”建设等信息化工作。

为加强林业信息化建设与应用工作，1995 年 2 月，林业部部长办公会议决定将 1987 年成立的“林业部经济信息系统建设领导小组”更名为“林业部信息工作领导小组”。1997 年 4 月全国信息化工作会议召开后，林业部正式成立了以副部长为组长的林业部信息化工作领导小组，领导小组下设办公室。从 2000 年起，国家林业局明确国家林业局办公室为林业信息化建设与应用的综合协调和监督管理部门。从总体上看，这一时期全国林业信息化工作有了归口管理部门，并有一支技术队伍。

这一时期“网络”的概念被广泛接受，信息互传与共享被引入各级政府的办事和公务活动中，局域网和互联网应用日益广泛。在网络系统建设方面，1994 年，引进了美国 DEC 公司的 HUB 网络设备，建立了林业部大院的网络系统，试运行了 ALL-IN-ONE 二次开发的办公自动化软件和公用数据库查询网络版。1996 年由林业部信息中心负责，建设了全国卫星林火监测信息网，增设了西南地区(昆明)和西北地区(乌鲁木齐)两个林火监测分中心，在各省(区、市)和重点森林火险区相继建立了近 140 个远程工作站，极大地扩大了林火监测的覆盖面，提高了火情预报的速度与准确性。1997 年，建成了以林业部三号楼为主要接入点的第一代局域网，可以通过内部局域网互发邮件、传递资料及查询有关业务信息。2000 年，国家林业局局域网建成，整个网络连接 600 多个节点，开通了电子邮箱 1700 个，运行速度达到了 2M，并与国际互联网相连，成为林业系统的信息高速公路和对外主干网。

在数据库和应用系统建设方面，先后研建了“五五”、“六五”和“七五”全国森林资源清查数据库、全国森林资源规划设计调查成果数据库、林业统计数据库、森林火灾数据库等应用性数据库，以及全国森林资源连续清查数据库系统、国家森林资源连续清查综合管理信息系统、森林资源和灾害信息管理系统、中国荒漠化监测系统、卫星林火监测系统、办公自动化系统等。

2000 年，国务院办公厅提出用 2 ~ 3 年的时间，政府系统基本建成以办公业务网(内网)、办公业务资源网(专网)、公众信息网(外网)及办公业务信息资源数据库(简称“三网一库”)为基本架构的全国政府系统办公自动化网络体系，以实现政府办公业务信息资源的共享。2002 年 8 月，中央办公厅、国务院办公厅下发《国家信息化领导小组关于我国电子政务建设的指导意见》，要求“要把电子政务建设作为今后一个时期我国信息化工作的重点，政府先行，带动国民经济和社会发展信息化”，并对加强我国电子政务建设做出了部署。国家林业局认真落实中央部署，2000 年开通了国家林业局门户网站，2003 年启动建设了连接全国省级林业主管部门的专网，2005 年开通试运行国家林业局综合办公系统，同时配以各专业数据库和管理信息系统，构成了国家林业局“三网一库”的基本架构。

2.4.3　全面加快发展阶段

以 2009 年初《全国林业信息化建设纲要(2008 ~ 2020 年)》和《全国林业信息化建设技术指南(2008 ~ 2020 年)》的正式发布以及首届全国林业信息化工作会议(图 2-5)的召开为标志，林业信息化建设进入了统一规划、统一标准、统一管理、分工负责的全面加快发展的新阶段，“加快林业信息化，带动林业现代化”成为林业行业的时代强音和推动林业科学发展的战略举措。

图 2-5　首届全国林业信息化工作会议在北京召开(2009 年 3 月)

为贯彻落实党中央、国务院关于加强信息化建设的战略部署，推进林业信息化建设，国家林业局于 2009 年 1 月 23 日下发通知(林办发〔2009〕21 号)，决定成立国家林业局信息化管理办公室(以下简称“信息办”)，下设电子政务处等处室，人员从国家林业局办公室和有关单位选调。

2009 年 3 月，全国林业信息化工作领导小组及其办公室成立，并召开了首届全国林业信息化工作会议。2009 年 4 月，经国家标准化管理委员会批准，全国林业信息数据标准化技术委员会在京成立。2010 年 3 月，中央编办批复同意成立国家林业局信息中心，核定事业编制 30 人。6 月，国家林业局批准信息中心内设综合规划处、电子政务与网站管理处、网络安全与运维管理处、数据与应用项目管理处、技术合作管理处、办公自动化管理处等 6 个处室，并明确了各个处室的职能设置。2009 年 8 月，经过紧张筹备，国家林业局防护林营造林监管体系工程建设正式启动，项目主要内容是对国家林业局内外网进行全面改造升级。

2010 年 2 月，新的国家林业局政府网（中国林业网、国家生态网）开通运行；2010 年 4 月 1 日，新的国家林业局办公网上线试运行，6 月 1 日正式运行，开启了国家林业局无纸化办公的新时代。2011 年 5 月，第二届全国林业信息化工作会议在沈阳召开（图 2-6），确立了“五个统一”基本原则。同时，自然资源和地理空间基础信息库林业分中心建设等一批国家林业局信息化项目也稳步推进。辽宁、湖南、福建、江西、河南等地方林业主管部门也积极进行信息化建设，全国林业信息化建设呈现一派加快发展的景象。

图 2-6　第二届全国林业信息化工作会议在沈阳召开（2011 年 5 月）

我国林业信息化已有一定基础，按照现代林业建设总体部署和《全国林业信息化建设纲要（2008～2020 年）》的要求，以全面实现林业信息化为目标，以电子政务建设为重点，以“四横两纵”为架构，以信息资源开发利用为中心，以资源整合为突破口，以完善体制机制为保障，统一规划，统一标准，统一管理，分工负责，我国林业信息化进入一个快速发展的新时期，为实现林业现代化起到重要的推动作用。

2.5　中国林业信息化的发展现状

2.5.1　中国林业信息化取得的主要成就

经过近30年的努力，我国林业信息化建设已取得了较大进展，为现代林业建设提供了较好的支撑和保障。特别是2009年至今，国家林业局大力推进林业信息化建设，开创了多个林业发展史上的第一，为全面加快全国林业信息化建设奠定了坚实基础。

(1)强化顶层设计，信息化发展水平不断提升

国家林业局先后制定和发布了《全国林业信息化建设纲要(2008～2020年)》、《全国林业信息化建设技术指南(2008～2020年)》、《全国林业信息化发展"十二五"规划(2011～2015年)》，召开了两届全国林业信息化工作会议，明确了林业信息化发展思路，为科学推进林业信息化建设指明了方向，推动林业信息化发展水平不断提升(表2-3)。

表2-3　全国林业信息化发展水平评测结果

省区[①]	2008年		2009年		2010年		2011年	
	名次	得分	名次	得分	名次	得分	名次	得分
辽　宁	2	87.84	1	93.09	1	95.19	1	95.3
湖　南	1	91.6	2	92.71	2	94.05	2	94.2
北　京	3	87.56	3	87.8	3	92	3	93.9
福　建	4	79.37	4	86	4	87.93	4	88.8
浙　江	7	75.37	6	80.51	5	86.53	5	87.2
广　东	6	77.09	5	81.61	6	83.19	6	83.5
江　西	8	74.96	8	76	12	73.89	7	82.5
河　南	10	70.63	10	74.52	10	74.63	8	82.1
上　海	14	62.7	14	66.2	9	75.12	9	81.7
内蒙古	13	67.8	13	69.54	13	73.24	10	81.2
陕　西	11	70.08	11	74.27	11	73.91	11	80.9
吉　林	17	60.9	15	64.1	18	69.69	12	80.6
山　东	5	77.26	7	79.76	7	80.39	13	80.5
安　徽	28	50.64	27	54.64	8	78.1	14	78.7
吉林森工	9	73.73	9	74.8	15	71.18	15	74.2
河　北	24	56.5	20	60.04	17	69.73	16	72.1

（续）

省区	2008 年		2009 年		2010 年		2011 年	
	名次	得分	名次	得分	名次	得分	名次	得分
湖　北	15	61.76	17	63.74	16	70.64	17	71.38
青　海	19	59.82	25	56.54	19	69	18	71.1
四　川	20	59.1	22	59.6	22	63.95	19	69.2
江　苏	25	55.45	28	53.45	23	63.09	20	68.6
山　西	12	68	12	69.8	21	65.3	21	67.8
宁　夏	16	60.93	18	62.43	24	62.97	22	67.1
宁　波	33	44.85	34	45.85	20	66.67	23	66.8
大兴安岭	18	60.2	21	59.9	14	71.85	24	66.5
青　岛	21	58.95	23	58.95	33	45.98	25	57.1
广　西	26	54.27	26	54.82	30	48.41	26	56.8
大　连	23	57.99	19	61.41	26	55.03	27	56.74
海　南	32	46.62	37	43.05	25	56.69	28	56.7
甘　肃	39	33.64	39	38.73	39	30.85	29	54.8
黑龙江	27	51.16	24	56.88	31	48.4	30	53.6
深　圳	22	58.28	16	63.82	32	47.08	31	52.3
龙江森工	34	44.84	29	52.61	29	49.96	32	51.7
新　疆	29	50.6	32	51.61	27	51.04	33	51.44
天　津	35	44.4	36	43.56	37	34.81	34	51.3
贵　州	36	41.88	35	43.9	35	41.46	35	50.9
云　南	37	40.25	31	51.75	28	50.11	36	50.23
重　庆	30	50.39	30	52.53	34	44.94	37	45.1
厦　门	31	49.61	33	49.61	38	33.54	38	41.9
新疆生产建设兵团	38	38.7	38	42.6	40	26.32	39	41.2
内蒙古森工	40	32.98	40	37.72	36	40.87	40	40.97
西　藏	41	20.36	41	22	41	24.88	41	32

注：①包括全国 31 个省（自治区、直辖市）、4 个森工集团、新疆生产建设兵团和 5 个计划单列市。

（2）基础建设稳步推进，建成了全国林业信息高速公路

国家林业局启动实施了国家林业中心机房改扩建工程、内外网物理隔离建设工程、林业专网扩建工程等基础设施建设工程。投入运行后，林业专网的节点由原来的 37 个扩建至 72 个，国家林业局各司局各直属单位、各省级林业主管部门、各计划单列市林业局，都可直接参加全国林业视频会议，或与系统内的任何一方召开电视电话会议，通过电子公文传输系统进行文件传输等在线办公。同时，国家森林防火指挥中心、中国林业科学研究

院局域网扩建改造工程均取得积极进展。建立了国家林业局移动电话网，给职工工作生活提供了很大便利。

地方林业主管部门也积极开展林业信息化基础设施建设。江西、湖南等省(区)完善了省、市、县、乡四级联网的林业政务内网体系；内蒙古等省(区)对原有的网络线路进行了带宽扩充和向下延伸；福建等省(区)对现有网络加装了入侵检测系统、漏洞扫描系统和网管监测软件等安全防范软件；云南省投入 700 多万元建设了新机房。这些建设项目有力地促进了林业信息化的全面快速发展。

(3)网站建设快速发展，建成了中国林业网统一门户

通过实施 2009 年林业信息化工程，初步形成了覆盖全国的中国林业网(外网)和国家林业局办公网(内网)两张大网，将国家林业局门户网站与现有 50 多个司局和直属单位网站进行了有机整合，形成国家林业局信息发布、在线办事和互动交流的统一平台。增建了繁体版和英文网站，提高了信息发布能力，拓展了社会服务功能，“中国林业网”的知名度不断提高(图 2-7，图 2-8)。

辽宁、湖南、河南等省门户网站群建设也取得了显著成效，成为林业门户网站建设的样板。特别是辽宁省，经过近一年的努力，打造了林业商务平台，形成了辽宁林业政务、商务一体化门户网站群，极大地提高了服务林农、服务社会的能力，充分展示了新时期林业的崭新形象。

按照“小外网、大内网”的建设思路，国家林业局内网升级改造工作取得了明显成效。内网门户由工作平台、信息平台、学习平台、生活平台和交流平台等五大板块组成，综合办公系统由公文办理、会议办理、事务办理、领导办公和综合管理等五大功能模块组成。2010 年 4 月 1 日上线试运行，6 月 1 日正式运行，开启了国家林业局无纸化办公的新时代。目前，国家林业局院内全体职工、院外直属单位及 36 个省级林业主管部门的用户都可按权限登录内网系统进行工作、学习和交流。

各地各单位也在根据各自的基础情况，积极开展内网门户建设和综合办公系统升级改造。辽宁、湖南、浙江等综合办公系统建设起步较早的省份正在完善功能、强化应用，有的省已延伸到了乡镇林业工作站和国有林场。

(4)应用领域不断拓展，林业信息化支撑能力明显提高

自然资源与地理空间基础信息库建设项目正在对 97 个专题数据库进行整合改造，项目将实现国家和副省级以上决策层面的专业数据集中管理和统一基础平台上的跨部门数据共享；森林资源管理数据库一期试点项目已经结束，二期试点项目取得积极进展；林业产

图 2-7　国家林业局政府网首页

图 2-8　国家林业局办公网首页

业基础数据库已初步建成并上线试应用；林业资源综合监管体系建设项目已完成招投标程序，即将正式实施。

各地各单位不同程度地实施了系统改造升级和整合完善工程。江西省正在完善全省林业网上办证系统，继续建设全省边境木材检查站监控系统。山西省完成了全省 1:1 万航空影像、1:1 万和 1:5 万地形图等基础地理数据的数字化工作。青海省编制了《林业应急管理系统建设规划》，并上报省政府审批。辽宁省建立了阵容强大的数据支撑平台，全省林业系统采取了大集中式的数据存贮方式，保证了数据的准确性、唯一性和安全性。河南省森林资源数据库、综合办公系统建设进展顺利，其中综合办公系统已开始试运行。

(5)开发利用日益加强，林业信息化服务水平逐渐提升

林业信息化基础平台和国家林业局内外网各应用系统的建设，整合了内外网应用系统和信息资源，初步实现了数据资源的互联共享，使得网站在线办事服务成效显现，网上互动服务日益增强，全面提高了信息公开程度、资源共享程度和公众服务能力，林业信息化建设已成为服务林企和林农的重要手段。通过先进的信息化手段，林业主管部门能够向广大林企提供优质服务，降低交易成本，提高市场运行效率和办事效率，为林企提供林业行政办证、林权登记管理、森林资源资产评估、林业投资融资等服务。

林业信息化建设对促进林农就业增收也发挥了重大作用。从当前看，林业是劳动密集型产业，经营林业和我国农民的文化、技能、素质相适应，是农民最熟悉、最直接、最适宜的就业方式，特别是实行了集体林权制度改革的地区，农民经营林业的积极性空前高涨，他们迫切需要了解消费需求、供求走势、价格行情等市场信息，及时调整生产走向，准确把握市场商机，有效回避交易风险，充分实现对土地、人力、资金和物化投入的有效配置，同时他们也迫切需要先进实用的林业科学技术，提高生产经营水平。从长远看，林业具有地处边远、小而分散、生产力水平低、经营粗放等特点，加快林业信息化可以彻底改变传统的林业生产方式，有效降低生产成本，促进农村劳动力结构的调整，从而大幅度提高林业生产效益和农民收入水平。同时，推进林业信息化，还可以利用计算机网络进行多媒体教育、现代远程教育和虚拟现实教育，使先进的科学方法和实验条件等优质教育资源在广大农村地区实现共享，极大地促进农村教育事业的发展，提高农民素质和技能，促进新农村建设。从以上几方面可以看出，林业信息化在促进农民就业增收、缩小城乡差距、为林企提供在线服务都起到了积极作用。

(6)安全保障日受重视，林业信息安全防护水平逐渐提高

林业信息化建设的一个重要基础就是计算机网络，计算机网络的普及和广泛互联，可以形成一个社会化的信息基础设施。在林业信息化建设中，林业信息网络安全与否是林业信息化建设成功的关键因素，是林业信息化建设可持续发展的重要基石。我国现有的林业信息化网络大多数配备防火、防盗、防雷、防辐射、防泄密等硬件设施，提高物理载体安全。同时在内、外网配置防火墙，在重要边界部署安全网关，加强防病毒、防入侵、防篡改等网络安全防御设施建设，使得林业信息安全防护水平逐渐提高。

2.5.2 中国林业信息化存在的主要问题

(1)信息化意识不强

“意识”是看不见摸不着的，但它又是客观存在的，并直接主导和影响着人类社会的一切活动及其效果。在推进林业信息化建设过程中，这个“意识”主要是林业从业人员的主体意识，即管理意识、信息意识、应用意识、危机意识和创新意识。如果这些意识在研究与实践中不能得以有效的转变和增强，不但推进信息化建设难以达到预期目的，而且还会从根本上直接影响林业管理水平和生产力水平的提高。

林业信息化起步较早，但相比于国家其他行业信息化发展水平，目前仍有较大的差距，国内其他行业信息化已经进入深化应用阶段，而林业信息化尚处于起步阶段。其中主要原因是相当长一段时间以来，林业系统普遍存在信息化意识欠缺、观念与能力不适应、动力不足与阻力不少的情况，很多林业工人长期在野外工作，通信设施落后，与外界交流不通畅，利用传统方式也能解决工作中出现的问题，因此，艰苦的环境阻碍了人们对信息的获取，造成了工人信息化意识欠缺。同时，人们受教育程度普遍不高，信息化培训又跟不上，导致了人们对先进科学知识接受得较慢，对信息化重要性认识得较晚，没有强烈的求知欲，对信息化的认识往往流于形式，口头重视，实施不够，信息化建设落不了地，从最原始的认识层面就影响到林业信息化的发展。

林业信息化是先进技术在林业业务中的应用，对提高林业工作效率，降低林业行政成本，促进林业职能转变有重要作用，涉及传统工作模式、管理模式、组织结构、业务流程、人力资源和绩效考核等方面的重组和优化，势必会改变传统作业习惯和业务模式。但目前由于林业人员信息化意识较淡薄，对信息化与现代林业关系认识得不深入，导致了林业业务信息化水平不高。

(2)体制机制不完善

信息化体制机制主要涉及管理体制、建设运营体制、综合协调机制、绩效考核机制等多个方面。信息化工作是一项涉及全局性的工作，目前从林业信息化建设和发展情况来看，管理体制方面有了很大的进展，但各级林业机构尚没有全面完成信息化机构建立工作，有的信息化机构没有行政职能，协调力度较低；其次运行机制方面，没有形成统一的运行维护长效机制，自建自维、外包维护等多种运行维护机制并存；在全国范围内建立综合协调和绩效考核机制的机构少之又少，普遍存在重建设轻应用、重投入轻管理的情况。由于林业系统一度缺乏总体规划，实施中的协调、沟通和评价机制不健全，一些地区和单位各自为政，低水平重复建设严重，使得信息化推行力度不够，信息资源整合共享和业务协同水平较低，林业信息化建设速度缓慢。

(3)建设应用水平低

林业信息化发展应该面向实际，突出应用，系统建设应以林业业务需求为出发点，应用信息技术，开发利用信息资源，解决林业生产与管理中出现的问题。但目前，林业信息化应用长期停留在计算机引进模仿阶段，侧重在手工系统计算机化，重点集中在森林资源管理方面，主要是进行一般的数据管理，在实际操作中存在重引进轻自主创新、重技术轻业务、重上层轻基础、重硬轻软等倾向，影响了信息化发展。总的来说，不少林业主管部门对信息资源的开发利用仍然不足，相对滞后的网络基础设施和业务应用系统建设导致了应用水平落后于实际需求，信息技术的潜能尚未得到充分挖掘。不少单位信息化建设缺乏统一规划、统一管理、统一平台，谁想抓谁就抓，想干什么就干什么，一些领域重复建设突出，一些领域又严重缺位，各单位自成体系，形成了一个个“信息孤岛”，大量信息不能共享，造成林业信息资源效益低下和绩效不明显。

(4)人力资源不足

计算机网络技术是信息化的物质基础，林业信息化对人才的要求很高，不但要有专业的计算机技术，还要对林业专业知识有所了解。目前，从事林业信息研究、网络管理的专业性人才奇缺，没有专职信息录入人员，使得网站更新不及时，没有固定的信息采编队伍，使得网站信息量严重不足，这种情况造成了人员数量稀少，信息平台建设不规范、不完善，信息发布渠道少，很难满足现代林业对信息化工作的需要。此外，现有人员的技术和知识结构也较不合理，缺少既懂计算机网络知识又有林业专业技能的林业信息人才，并且对现有人员的潜能没有很好挖掘，缺少长期有效的信息化培训，造成人员对已有应用系统操作的不熟练，信息系统没有发挥出强大的效能，人员对信息化的贡献率低，使信息化对现代林业建设的支撑力度减小。

(5)资金投入不足

林业信息化的应用与建设，最终要靠各省、市、县级林业主管部门落实完成，推进林业信息化、建设政府的电子政务，属于公共财政支出的范围。但由于林业是一项弱质产业，加上多数单位领导认为林业工作主要是营林、造林、多种经营开发等，缺乏以林业信息化带动林业现代化的全局意识和创新意识，对林业信息的认识不足，使得地方政府对林业信息投入有限，基础设施落后，发展很不平衡，而有些地区、单位又过于追求引进硬软件新技术新设备，没有充分开发、利用，效益低。而且大多数对林业信息化的投入中，国家和政府投入的较多，基层投入的较少，这在一定程度上制约了林业信息化的应用与建设。此外，信息化建设本身更新换代较快，资金需求较大。长期以来，林业信息化投入渠道不畅，投入资金不多，信息化基本建设和运行维护都存在很大缺口。现有设备陈旧老化，存储空间小，运行速度慢，网络体系不完整，配套设施不齐全，信息交换手段落后。

(6)信息安全意识不够

网络的开放性带来了网络的不安全性，黑客、病毒、流氓软件、垃圾邮件等对网络的攻击时时存在，由于经费原因，有些部门没有防范设备和防范措施，网络安全防范能力弱，存在着被攻击、失泄密等诸多隐患。即使部门配备有防火、防盗、防雷、防辐射、防泄密等硬件设施，也只是提高了物理载体的安全，并未制定出相应常规性的安全保障制度和人员管理办法，虽然还没有因此发生过泄密事件，但网络安全形势依然严峻。

2.6 中国林业信息化的发展趋势

中国林业信息化将随着全球信息化和国家信息化的发展而发展，总的趋势是数字化程度更高、应用范围更广、技术与业务融合更紧密、应用和服务更加智慧。未来的趋势是应用信息基础设施建设不断完善，新兴技术应用和普及程度不断提升，信息化与林业业务融合能力和程度不断加强，智慧林业、泛在林业建设进度和水平显著提高。具体来说，包括以下几个方面。

2.6.1 林业下一代信息基础设施建设不断完善

国家“十二五”规划中提出，“统筹布局新一代移动通信网、下一代互联网、数字广播电视网、卫星通信等设施建设，形成超高速、大容量、高智能国家干线传输网络。”这为林业行业改善信息基础设施条件提供了可能。

（1）宽带化水平不断提高

几乎所有的信息化向高端发展都指向宽带需求，是人类走向网络时代的一个必然结果。传感网、物联网、云计算、泛在计算，甚至于高端计算，无不依赖于网络和带宽。例如：三网融合、可视电话和视频会议、工业上的虚拟制造和异地协同设计、医疗信息化（医学图像传送和远程医疗）、物流信息传送、交通流量视频监控、科学研究的海量数据转送、大规模云计算等等，都需要高带宽的支持。宽带是信息化向高端发展的重点方向之一，是"可视化"的物质基础。随着国家宽带计划的实施，林业系统也将迎来宽带时代。

（2）移动办公越来越智能化

无线化、移动化是信息技术的一个重要发展方向。因为没有无线化就没有泛在化。相应地，移动宽带、移动互联网也成为移动化发展的重要问题。一是移动宽带方面。如果采用20MHz通道或天线阵列（MIMO），3GPPLTE理论网速为下行100Mbps，上行50Mbps。包括美国在内的许多国家准备在2011年开始LTE的替换。斯德哥尔摩和奥斯陆2009年12月首先开通LTE服务。在20MHz宽通道情况下，WiMax移动宽带无线接入可提供128Mbps下行和56Mbps上行的峰值数据速率。IEEE正在发展新的标准（IEEE802.16m），以实现IMT-Advanced基站接收1Gbps、手机接收100Mbps的宽带服务。2008年11月，高通公司宣布放弃UMB（CDMA2000系列标准的演进升级版本）而改走LTE方向，目标是275Mbps下行和75Mbps上行。二是4G应用方面。至于4G的发展目标，固定通道宽度5～20MHz，可选至40MHz。用户相对基站高速移动时的一般速率为100Mbps，相对基站静止时为1Gbps。此外还包括：世界上任何两点的数据速率不低于100Mbps；异构网络间实现平滑转接；多网络间实现无缝互联和全球漫游；为下一代多媒体业务，如实时音频、高速数据、HDTV视频内容、移动电视等，提供高QoS服务；与现有无线网络标准及IP网络实现互操作性；家庭节点与固定互联网宽带基础设施互联。届时，人们将能够传输高质量视频图像，图像质量可以与高清晰度电视不相上下。三是移动互联网方面。2008年，全球手机接入互联网首次超过台式机接入互联网，成为固定互联网向移动互联网发展的里程碑。2010年，全球手机的数据通信量首次超过语言通信量，凸显了移动互联网在人们工作、学习和生活中越来越重要的地位。2010年底，我国手机网民规模达3.03亿，较2009年底增加了6930万人，在整体网民中的比例从2009年末的60.8%提升至66.2%。使用台式电脑上网的网民占78.4%，仍然居于首位；使用笔记本电脑上网的网民为45.7%。中国手机接入互联网的网民数还没有超过以台式机接入互联网的人数。四是移动万维网方面。在移动互联网的发展中，特别受到关注的是移动万维网，即采用移动设备，通过浏览器或Web

应用接入互联网的技术网络。因为，对用户而言，最方便的、最友好的就是，无论是用台式机或是手机上网，使用方法和习惯都能够保持一致，让人感觉不到有什么差别。因此，实现"无处不在的Web"，成为移动互联网发展的目标之一。影响移动万维网发展的问题主要是：手机的互操作性，特别是手机操作系统的互操作性；手机作为一个接入平台的可用性，即尺寸太小、分辨率低、输入输出容量限制等。随着移动互联网的快速发展，林业必将进入移动智能时代。

(3) IPv6 走上前台

按照目前的发展势头，"十二五"规划末期，中国的网民数可能增至6亿~7亿，包括物联网在内的各种网络应用的快速发展，将大大增加对互联网地址的需求。2010年12月，中国IPv4地址数量达到2.78亿；2011年2月，IPv4地址最终分发完毕。因此，由IPv4向IPv6的全面转换已经现实而紧迫地提上日程。早在1998年6月，中国CERNET就正式参加了国际下一代互联网IPv6试验床6Bone。2004年，中国研制成功IPv6核心路由器。2003年，中国开始发展"下一代互联网示范工程(CNGI)"，IPv6进入了实质性发展阶段。2008年北京奥运会期间，中国开始提供IPv6的商用服务，首次在奥运史上采用IPv6建立了主页。中国在下一代互联网的技术发展方面已有相当的基础。谷歌在2008年11月发表的一项研究报告中指出，IPv6在全球的使用仍然处于"婴儿"时期。使用率最高的国家是俄罗斯(0.76%)，其次为法国(0.65%)、乌克兰(0.64%)、挪威(0.49%)和美国(0.45%)；中国为0.24%，日本为0.15%。从全球的发展来看，中国对于IPv6的使用并没有走在世界前列。作为全球网民最多的国家，中国目前分配到的IPv6地址数(63块，每块为2的96次方)排名全球第18位，尚不及巴西(6.5万块)的千分之一，美国(1.5万块)的1/238，德国(9800多块)的1/155，日本(8300多块)的1/131。如果不能及时有效应对，加快下一代互联网的应用发展，中国可能会输在基于IPv6地址的下一代互联网的起跑线上，"起一个大早，赶了一个晚集"。加快推进下一代互联网(包括IPv6)的商用部署和未来网络的发展研究，是一项相当紧迫的任务。

林业信息化基础实施是信息化的关键与条件，世界各国林业主管部门进行信息化建设，都是以加强基础设施建设为基础和先行。充分利用国家公共信息基础设施，是林业信息化发展的必由之路。

2.6.2 林业信息化与林业业务深度融合，林业生产力水平显著提高

"两化深度融合"是"全面提高信息化水平"的一个重要方面，或者说是最重要的一个

方面。中国经济的转型升级，经济发展方式的转变，国家核心竞争力的提升，都有赖于中国现有各部门的信息化改造，有赖于信息化与工业化的深度融合。

近年来，许多发达国家，如美国等都提出了再工业化(Reindustrialization)问题，目的是组织国家资源，改造过时的劣质产业，变衰退的或高污染产业为新兴产业或绿色产业。再工业化的过程是一个经济的、社会的、政治的过程，是一个国民经济复兴的过程。对所有的工业化国家而言，传统的工业化已经失去了竞争力，而付出的资源、能源和环境的代价却太高。当然，中国的问题更复杂和困难一些，中国的工业转型升级，与发达国家相比，任务更为艰巨。

根据 IHS Global Insight 公司发表的报告，2010 年中国制造业产值为 1.955 万亿美元，在全球制造业总产值中所占的比例为 19.8%，而同年美国制造业产值仅为 1.952 万亿美元，在全球制造业总产值中所占的比例仅为 19.4%。就制造业产值而言，中国已经超越美国成为全球制造业第一大国。位于第三和第四位的日本和德国，制造业产值分别为 1.027 万亿美元和 6180 亿美元。报告同时指出，从制造业人均产值衡量，中国仅为美国的 1/8。换言之，美国 1150 万制造业工人创造的价值与中国 1 亿制造业工人创造的价值相当。这一方面是由于中国制造业主要集中在低附加值行业，而美国制造业则在高附加值行业领先世界；另一方面则是由于中国制造行业的劳动生产率目前仍远低于美国，特别是在制造业的信息化方面与美国差距仍然很大。

过去 10 年，中国的“两化融合”有了很大的发展。中国机械工业联合会 2008 年企业信息化抽样调查结果表明，机械行业 CAD/CAM/CAPP/CAE 普及率达到 84%，有 76.6% 的企业已经建立了办公自动化系统；89% 的企业建立了财务管理系统；76% 的企业建立了人力资源管理系统；64.9% 的企业建立了生产计划和控制系统；66.7% 的企业建立了供销存管理系统；64.6% 的企业建立了客户管理系统。这些重大的进展，已经在很大程度上改变了中国制造业的面貌。

在下一个 5～10 年，中国的“两化深度融合”，必须以“重点行业、关键装备、核心技术”为引领，突出战略重点，争取在赶上和超过世界先进制造业水平方面有所突破，使中国成为一个制造业的强国，一个名副其实的制造业第一大国。

国家需要按行业组织一大批具有不同专业背景的研究机构和企业进行专门的研究和开发，再通过市场提供相关企业选用。因此，解决行业的关键装备和核心技术问题，需要政府从国家层面给予足够的关注和扶持，仅仅停留在一般的号召上显然是不够的。两化深度融合的核心技术，最为关键的其实就是嵌入式系统技术和工业软件技术。这两种技术，说起来简单，实际上却是以信息技术的形式凝聚了各个行业和不同学科的、最新的科学技术成就，在两化深度融合中扮演着关键的角色。

21 世纪将是“嵌入计算(Embedded Computing)”时代，对产业的改造意义重大而深远。目前，每年在 PC 中所使用的微处理器不过以百万计，而嵌入式系统中的微处理器则以 10 亿计。在许多领域，有或者没有嵌入式系统，成为两化融合有或无的标志，甚至是两化是否深度融合的标志。

20 世纪以来，随着社会、经济和环境的发展，国际上可持续发展战略的实施，环境保护、生物多样性保护等等，对林业提出了更高的要求。林业发展必须解决越来越多因素的关联问题，解决区域甚至全球化的问题。各国林业系统加快信息技术应用，不断引进、消化和创新，林业信息化也走向快速发展的阶段。信息化在林业生产、加工、运输、贸易等经济活动中，在工艺改进和技能提升方面，在产品生产效率和生产能力等方面都有很大的应用空间。林业信息化促进林业产业向多样化、综合化、一体化、网络化发展，林业产业带动林业信息化向集成化、智能化、虚拟化发展。

2.6.3 林业信息化向更高端、更智能化发展

进入 21 世纪后，世界面临全球性的环境与资源保护、应对气候变化、可持续发展问题，建立相应的技术支撑系统，是许多国家正在研究的课题。全球性的信息共享、交流甚至决策和控制，将是今后一个时期内共同的要求与任务。在世界各国林业系统利用信息技术，将一步推进信息化进程。当前，信息化中的集成化、智能化、虚拟化已经在有些国家局部产生。比如美国等国家的林业企业，根据林业生产、管理、经营过程，通过业务重组，把人、组织、职能、功能、过程、数据、方法、技术等集成开发的系统，已用于林业生产、管理、经营中。服务于生产的机器人和机器手，造林、采伐、造材等工具，以及生产工艺过程控制系统和全天候的森林资源监测也在发展中。与此同时，随着“云计算”和“物联网”与“3G”为特征的“泛在网络”技术的发展，所有事物都将连接在一起，“数字地球”和物理地球合二为一。信息和知识，将进一步成为人类生活生产的重要内容，成为人类社会进步发展的重要基础。

(1)物联网深度应用

物联网的雏形始自 20 世纪 90 年代初中期。1990 年第一次海湾战争暴露了美国军用物资管理的严重问题。军需物资发了又送，重复投递，造成人力物力的巨大浪费，令美军后勤官员头痛不已。为此，美国国防部下决心开发基于射频辨识标签(RFID)和互联网技术的全军“联合后勤管理信息系统”，力求做到军中“一切资产可见化”，实现了军用物资适时、适地、适量投送以及运输信息的全程跟踪。随后，以射频辨识标签、数字传感器、嵌

入式芯片、无线传输和互联网技术为基础的物联网技术开始向民用领域辐射扩展，物联网的概念也逐渐形成和发展。

物联网是互联网应用向“物”的延伸，开启了一场信息化的关于“物”的管理和利用的革命。国外有学者提出，利用互联网可以联接全球大约 500 亿～100 万亿件物体，并跟踪它们的运动。显然，目前并不存在将全世界所有的物体通过网络联接在一起的需求，因为就全球范围而言，大多数物与物的相关性近乎为零。因此，在可以预见的将来，无论就全球、国家或地区而言，一定会出现很多个具有不同功能、不同用途的物联网，亦即很多个“物”的管理和利用系统，而不是一个全球互联的物联网。

与此相应，物联网的发展一定是应用驱动的，而不是技术驱动的。应用是物联网发展的灵魂。没有应用，就没有物联网技术和产品的市场，就没有物联网产业的发展，就没有市场、技术、产业三者协调发展的良性互动。

目前，我国物联网建设呈现出良好的发展势头，各部门、地方政府和企业对于发展物联网都很重视，积极性很高，呈现出一种“遍地开花”的现象，相应地推动了国家信息化向高端发展，形势是好的。中央和地方政府部门和多个行业正在进行物联网应用的探索和试点；不少科研单位和企业也积极研发物联网核心技术；在某些应用领域以及“点”和“局域”的范围内取得了一些重要的进展和成果。

当前，推动我国物联网健康发展的关键，在于识别我国经济社会发展中对于“物”的管理和利用的紧迫需求，不失时机地开发那些既有利于我国经济发展方式转变，又有利于我国战略性新兴产业成长的重大物联网工程。近 30 年来，特别是近 10 年来，我国信息化的快速发展，使我国已经走过了在一个单位或局部范围内构建信息系统的初级阶段，具备了在全国乃至全球范围内采用各种最先进的信息技术，构建大型和超大型信息系统，向信息化高端发展的能力。在这样的大背景之下，我国物联网的发展要坚持走高标准、高效益、大系统、规模化的发展道路，不仅要着眼于“赶”，而且要着眼于“超”。这些规模化、系统性重大应用工程的开发和建设，不仅能够在全社会形成一种示范效应，理清一些模糊概念，而且能够有效地引导相关核心技术的研发，建立具有自主知识产权的相关标准，并利用重大应用工程的规模效应，实现产品集成优化和产业链的贯通，促使相关产业的聚集和发展，培育跨行业、跨平台、跨应用领域的综合集成服务能力，推动现代服务业的发展。

国家和地方层面需要辨识和建设一批当前我国经济社会发展中对于“物”的管理和利用有着紧迫需求的重大应用工程项目。这些工程项目，应该具有显著的“大系统”特征。它们是系统的系统；纵向贯通到底，横向覆盖全域；业务上有集中统一、规范顺畅的流程和管理体制；技术上既有专业属性，又富有创新空间；产业上既能够形成较完整的链条，又具有显著的规模经济效益。以这样一批国家物联网重大应用工程为主线，我国物联网发展中的许多技术创新、产业发展、网络建设、标准制定、法律法规、安全管理等问题就有了明确的主攻方向，可以避免当前我国物联网发展中广泛存在的盲目性和随意性。

（2）云计算广泛普及

20世纪90年代中期互联网开始在全球普及之后，人们就一直在探索如何利用网络实现“计算能力”的资源共享。“云计算”并不是什么新的概念，而是这种探索的继续和发展。

早在20世纪90年代中期互联网趋于普及时，Sun公司就提出了“网络计算机”的概念。从上网的前提出发，重新定义（即简化）“网机”的功能需求，通过尽量利用网上计算资源来降低“网机”成本，以实现更大范围的计算机普及和联网。两年后网机逐渐销声匿迹，原因之一是用户对计算机的功能需求越来越强，而“网机”的思路与这个发展趋势背道而驰；二是使用“网机”后，通信网络负载大量增加，而通讯费用则成为用户的巨大负担。“网机”的失败说明信息技术和应用的发展，并不简单地支持“简易终端”的概念。

21世纪初，随着P2P技术的发展，网格计算曾经一度炒得很热。网格计算的主要目的是为了科学合作而共享资源；同时，可以根据科学计算的需要，扩大资源共享的规模。有人认为，网格计算是继互联网和Linux操作系统之后信息技术领域内最重要的发展。但是，网格计算并没有如预期那样蓬勃发展。网格计算不失为一个好的思路，确有其发展空间，但是，由于信息和信息处理固有的“个性”和“私密性”，网格计算在实践中遇到的阻力之大是不言而喻的。

在网格计算风靡之时，IBM网格计算的总经理霍克曾经提出了“算厂”的概念，即利用互联网，计算能力可以像电力一样通过网络来调度使用。用户不需要知道计算能力来自何处，只要将计算终端插上电源即可。但是，“信息”作为一种资源毕竟与电、水、煤气等有本质上的不同。电、水、煤气是公用事业，而计算机所处理的数据和信息毕竟不是“公用事业”，而是具有极其鲜明的个性。信息和信息处理的技术具有很大的个性和私密性，未必都能储存于“算厂”。因此，关于“算厂”的概念最后也不了了之。

目前，“云存储”和“云服务”已经有比较成功的先例。前者如亚马逊公司率先开展的“云存储”服务，后者如苹果公司的iPhone和iPad的iTunes服务。在某些特定的环境条件下，云计算可能非常有用。例如，一个单位为了确保其数据和信息的安全控制，为了严格限制员工对于计算机的使用，同时，又为了降低成本，云计算可能是一个好的选择。因此，云计算能否顺利发展的关键在于能否识别云计算的重大应用领域和应用项目，而不在于是否盲目地率先发展各种应用目标和对象并不明确的所谓“云计算公共服务平台”。

(3)智慧林业快速推进

信息技术、信息革命、信息化的发展是一个连续的、不断演进的过程，是从数字化开始，向着网络化和智能化发展的一个过程，有其阶段性的特征。注意技术概念的理清、技术应用的辨识，避免盲目跟随和浮躁之风非常重要。

数字化方面。当代的信息革命本质上是一场信息数字化的革命。信息化的进程是从数字化开始的。其起点可以追溯到 1951 年，美国普查局将艾克特和穆克利在美国制造的世界上第一台商用计算机——通用自动计算机(UNIVAC)买去做人口普查的数据处理。此后，信息数字化的进程伴随着信息化的发展，从来没有间断过。最初是数据、文字信息化了，而后发展到图片、语音和视频的信息化，并在此基础上发展出各种各样的信息采集、处理、存储、传播和利用的信息系统。但是，数字化的进程还远远没有结束。一方面，物理世界巨大而丰富多彩，要根据人类工作、学习和生活的需要将其数字化，还有十分漫长的路要走；另一方面，许多种类的物理世界的信息，如人类的嗅觉和味觉信息，人类还没有完全找到数字化的方法，数字化还将继续发展是没有疑义的。

网络化方面。网络化的进程可以追溯到 1969 年。当时，美国国防部开始研发 ARPA 网，意图建立一个可供美国全国范围内的研究人员共享各种理念的计算机网络。ARPA 网是互联网的雏形，但并不是真正意义上的互联网，因为它连接的是主机，而不是网络。由于 PC 和微机的出现，Datapoint 公司于 1977 年首先推出了 ARC 系统，成为全球第一个商用局域网。此后，局域网技术的发展不仅大大地推进了局域范围内网络化的进程，而且为互联网在全球的普及应用准备了条件。20 世纪 90 年代初中期，互联网在全球蓬勃发展，才真正开启了网络化的新时代。网络化的进程也还远远没有结束。从地域来看，网络化由局域走向广域、全球甚至外层空间；由固定走向移动，再走向无处不在(泛在)；从对象来看，由人与人的联网走向人与物、物与物的联网，由各种类型的计算机之间和网络之间的联网走向它们与各种嵌入式系统的联网；从技术来看，网络带宽由 Kbps 级走向 Mbps 级，再走向 Gbps 级，使信息的传递更快、质量更高，也还远远没有走到需求的尽头。因此，网络化还将继续发展是没有疑义的。当然，网络化是以数字化的发展为前提的。没有数字化的网络不能算是信息时代或信息化意义上的网络，也是没有生命力的。

智能化方面。IBM 提出的“智慧地球”的概念，本质上是追求人类社会各个领域的“智能化”的实现，是数字化、网络化之后，人们对于充分发挥计算机潜能的高层次应用的追求。人们已经开发了许多的信息系统。但是，只有数据和信息的采集、存储、处理、检索和利用，这些系统还不能算是智慧的或智能化的系统，只能说是实现了数字化。这些系统的联网应用，也不能算是智慧的或智能化的系统，只能说是实现了网络化。因此，不是在信息系统或城市、国家前面加上“智慧”两个字，信息系统或城市、国家就“智慧”了，就智能化了。

智慧的或智能化的系统，核心是“算”，而“算”正是计算技术的最大潜能之所在。对被研究的对象，如电网、环境、水资源、交通网络、物流运输等等，首先构造其运行的数学模型，然后利用各种算法和软件，将相关信息系统(或传感网、物联网)采集的数据和信息送入模型进行处理和计算，从而得出控制或管理的最优化的解决方案，对对象进行实时或非实时的处理和控制，才是智慧的，或者智能化的实现。利用各种先进的数据和信息处理技术，提高数据和信息利用的智能化水平，如业务智能(BI)，也是智慧化、智能化的一种表现。

因此，智能化是信息化在数字化和网络化基础上向高端的发展，是一个漫长的、不断发展的过程。全面提高信息化水平，既包括提高信息化的智能化的水平，更包括提高信息化的数字化和网络化的水平。

第3章　中国林业信息化的战略地位与作用

3.1　信息化与现代化

3.1.1　现代化的主要内涵

“现代化”一词产生于18世纪，常被用来描述现代发生的社会和文化变迁的现象。在社会学家看来，现代化是一个传统社会的变革，也就是欠发达社会获得较发达社会共有特征的过程。在经济学家看来，现代化就是经济由不发达到发达的发展过程，社会消费由低级向高级上升的过程。在政治学家看来，现代化是传统政体向现代化政体的转变过程、政权的合理集中化和制度化的过程。在历史学家看来，现代化是随着人类科学技术水平的提高，从历史上发展而来的各种体制适应客观环境的过程。在人类文化学家看来，现代化是促使社会、文化和个人各自获得科学知识，并把它运用于生产和生活的过程。

随着现代化理论的传播，现代化影响到人们生活的各个方面，人们对现代化也有了不同的解读。从历史的角度来说，现代化主要指近代以来，世界各国以西欧及北美地区等地国家许多近现代以来形成的价值为目标，寻求新的出路的过程，比如学术知识上的科学化，政治上的民主化，经济上的工业化，社会生活上的城市化，思想领域的自由化和民主化，文化上的人性化等等。从发展历程上来说，现代化主要有两大阶段：第一次现代化是从农业社会向工业社会、农业经济向工业经济、农业文明向工业文明的转变；第二次现代化是从工业社会向知识社会、工业经济向知识经济、工业文明向知识文明、物质文明向生态文明的转变。对西方发达国家而言，第一次现代化的大致时间是1763～1970年；第二次现代化的大致时间是1971～2100年。

2007年1月，中国科学院中国现代化战略研究课题组发布的《中国现代化报告2007》指出，按照中国1980~2004年的速度估算，中国第一次现代化实现程度达到100%大约还需要8年，也就是说，中国可能在2015年前后完成第一次现代化。同时，该报告还指出第一次现代化的典型特征是工业化和城市化等，包括人均GNP、农业增加值比重、服务业增加值比重、农业劳动力比重、城市人口比例、医疗服务、婴儿存活率、预期寿命、成人识字率、大学普及率等评价要素。第二次现代化的典型特征是知识化和信息化，包括知识创新、知识传播、生活质量、经济质量、工业增加值比重、物质产业增加值比重、工业劳动力比重、物质产业劳动力比重等一系列评价指标。

概括起来说，现代化是一个不断发展的过程，它既是人类从现实社会向理想社会迈进的历史过程，也是人类文明发展的前沿。它既是人类社会从传统农业社会向现代工业社会转变的过程，又是人类文明的一种深刻变化，是文明要素的创新、选择、传播和退出交替进行的过程，是追赶、达到和保持世界先进水平的国际竞争。

综合国内外各种研究成果，我们认为：首先，现代化是一个进步的过程，但不是人类进程的最高阶段。其次，现代化是传统社会向现代社会多层面、全方位的转变过程。第三，现代化是一种全球性的发展趋势。第四，现代化是一个动态的概念，是继续展开和深化的历史过程，是一个阶段性、相对性的概念，具有鲜明的时代特征。第五，现代化是一个地区或国家社会经济全面进步的标志，表明该地区或国家的政治、经济、社会、文化等领域达到或接近世界先进水平。第六，现代化是一个“中性”范畴，它不是西方化，更不是资本主义化，可以有资本主义现代化，也可以有社会主义现代化，甚至还可以有其他形式的现代化。总之，现代化作为一个世界历史进程，是反映人类社会从建立在自给自足的自然经济基础上的传统农业社会向建立在发达的市场经济基础上的现代工业社会发展的历史巨变，它是一种全球性的时代发展趋势，也是世界各国、各地区发展的必经之路。

3.1.2 信息化与现代化的辩证关系

当今社会已经进入信息时代，信息化是时代的主要特征之一，也是现代化的基本特征和应有之义。信息化与现代化的辩证关系主要在于：

(1)信息化是现代化的基本特征和重要手段

信息化是现代化的重要标志。21世纪，世界各国所追求的现代化目标，已经不是工业化时代的传统现代化目标，即不能只用所谓的工业化水平和城市化水平，以及与此相匹配的教育程度、生活质量、预期寿命等去加以度量，而是不失时机地加上信息化水平、生态化水平、全球化水平、竞争力水平、集约化水平、公平化水平等，作为从工业化时代向信息化时代过渡的基本衡量。信息化是充分利用现代信息技术，开发利用信息资源，推动信息资源整合共享和再创造的过程，信息能力和信息化水平已经成为衡量国家综合国力与国际竞争力的重要标志，信息化的水平业已成为国家竞争力高低的关键因素，成为国家与地区加快现代进程的重要手段，因此，信息化水平已经成为衡量一个国家和地区综合实力的重要标志。

信息作为新的生产要素，生产流动交换分配逐渐成为世界经济活动的主题，信息产业已经成为发达国家国民经济的支柱产业和经济发展的强大动力，而且，中国经济社会发展已经进入以信息化带动工业化，以信息化推进现代化的时代，信息产业对社会生产的意义又远远超过了以前的其他产业，它不仅把工业化推向了新高度，更实现了工业化的自我扬弃，从而正在重新诠释现代化的内涵，所以，信息化不仅是现代化建设全局性的战略举措，也是现代化建设的重要手段。

（2）现代化是信息化的发展目标和物质保障

当前，信息化既是工业化发展的一个高级阶段，也是后工业化时代来临的主要标志。信息化使传统的生产要素发生了新的革命化变革，使工业化如虎添翼，使服务产业从从属地位上升到主体地位，使人类社会从工业社会迈向信息社会。而且信息化不仅仅能有生产力（生产技能与生产工具）发展的内涵，更重要的是，信息化意味着生产关系（管理流程与组织机构）的变革，他还是社会发展和演变的过程。

信息化不仅能推动人的智能潜力和社会物质资源潜力充分发挥，使社会经济向高效、优质方向发展的历史进程，而且还是改造传统经济、社会结构和物理世界的过程，根本目标是推动并实现人类和社会发展的现代化；而现代化是发展中的社会为了获得发达的工业社会所具有的一些特点，而经历的文化与社会变迁的，包容一切的全球性过程；因此信息化又是基于现代化的范畴，信息化的发展有赖于现代化水平的不断提高，有赖于现代化遥感技术、计算机技术、数字化技术、网络技术、智能技术和可视化技术等新兴技术的支撑与保障。

3.2　中国林业现代化与国家现代化

3.2.1　林业现代化的基本内涵

当前，我国经济社会发展已经进入了工业化、信息化、城镇化、市场化、国际化发展的新阶段。为实现经济社会又好又快发展，我国做出了全面落实科学发展观、构建社会主义和谐社会、建设社会主义新农村、建设创新型国家、建设资源节约型和环境友好型社会等一系列重大战略决策。在这种新形势下，林业在经济发展和社会进步中的地位越来越重要，作用越来越突出，面临的任务也越来越繁重。所以，必须正确把握时代的脉搏和潮流，适应国内外形势的深刻变化，顺应林业发展的内在规律，全面推进现代林业建设。

对于现代林业，国内较早的定义是：现代林业即在现代科学认识基础上，用现代技术装备武装和现代工艺方法生产以及用现代科学方法管理的，并可持续发展的林业。后来随着人类需求的不断增长和科技的不断发展，现代林业的定义又有了新的内容：现代林业是充分利用现代科学技术和手段，全社会广泛参与保护和培育森林资源，高效发挥森林的多种功能和多重价值，以满足人类日益增长的生态、经济和社会需求的林业。

当前，随着全社会对林业的需求不断增长，林业的功能和内涵不断拓展，人们对林业的认识越来越深刻，林业不再只是一个经济部门，而是生态建设的主体，是人类社会健康和谐发展的基础产业。现代林业是科学发展的林业，是坚持以人为本、全面协调可持续发展的林业。新时期，现代林业有了新变化、新地位、新使命，所以定义现代林业是：充分利用现代科学技术，构建完善的林业生态体系、发达的林业产业体系、繁荣的生态文化体系，全面开发和不断提升林业的生态功能、经济功能和社会功能，努力提高林业的生态、经济、社会效益，满足社会日益增长的对林业的多样化需求。

对比上述 3 个现代林业的定义，可以看出：第一个概念是基于现代科技、现代技术装备、现代工艺方法和现代科学管理的四个“现代化”，其实质就是现代化的林业。第二个概念，仍然是基于现代科学技术，重点突出林业“生态、经济和社会”的核心地位，其实质依然是现代化的林业。第三个概念，现代林业基于“现代科学技术”和“生态、经济、社会”地位的基础上，重点强调了林业的三大功能和三大体系，其本质还是林业现代化。基于对现代林业概念的阐释和理解，可以总结出现代林业的内涵和特征，一是现代林业是以“科学技术”为根本；二是现代林业彰显了林业在生态、经济、社会三个方面的突出作用；三是现代林业是一个不断完善和发展的概念，但都是基于满足人类和社会需求为前提。

发展现代林业是林业工作的总任务，建设生态文明是林业工作的总目标，推动科学发展是林业工作的总要求，三者紧密联系、有机统一，共同构成了我国林业发展总体思路的核心和主题，共同成为林业建设的旗帜和方向。国家林业局对现代林业的目标和任务给出了明确的诠释。现代林业建设主要有三大目标：一是构建完善的林业生态体系。构建完善的林业生态体系，就是要建设和保护好“三个系统一个多样性”，努力构建以森林植被为主体、林草结合的国土生态安全体系。二是构建发达的林业产业体系。切实加强第一产业，全面提升第二产业，大力发展第三产业，不断培育新的增长点，积极转变发展方式，着力建立起以森林培育、木本油料、木材加工、林下经济、竹藤花卉、森林旅游、生物质能源、林产化工、木雕根艺、野生动物驯养繁育利用等十大产业为支柱的林业产业体系，全面提升林业对现代化建设的经济贡献率。三是构建繁荣的生态文化体系。就是要普及生态知识，宣传生态典型，增强生态意识，繁荣生态文化，树立生态道德，弘扬生态文明，倡导人与自然和谐的重要价值观，努力构建主题突出、内容丰富、贴近生活、富有感染力的生态文化体系，全面提升林业对现代文明发展的引领作用。

3.2.2 国家现代化的基本内涵

从传统意义上讲，我国的现代化是指“四个现代化”，也是社会主义建设的目标，即实现工业、农业、科学技术和国防四个现代化。四个现代化是在1964年12月第三届全国人民代表大会第一次会议上，周恩来总理根据毛泽东主席建议，在政府工作报告中首次提出的。报告指出，在20世纪内，把中国建设成为一个具有现代农业、现代工业、现代国防和现代科学技术的社会主义强国，实现四个现代化目标的“两步走”设想。第一步，用15年时间，建立一个独立的、比较完整的工业体系和国民经济体系，使中国工业大体接近世界先进水平；第二步，力争在20世纪末，使中国工业走在世界前列，全面实现农业、工业、国防和科学技术的现代化。1979年12月，邓小平又把四个现代化量化为：到20世纪末，争取国民生产总值达到人均1000美元，实现小康水平。邓小平把这个目标称为“中国式的四个现代化”，即“小康之家”。

多年来，我国学者对“四个现代化”进行了具体的阐释和论证。一般认为，工业现代化是指用电子计算机等最新的技术装备来武装工业的各个部门，用现代化的管理工具和管理方法来管理工业，使工业生产实现高度的自动化，使工业劳动生产率达到或超过世界先进水平；农业现代化是指从传统农业向现代农业转变的过程和手段，在这个过程中，农业日益用现代工业、现代科学技术和现代经济管理方法武装起来，使农业生产力由落后的传统农业日益转化为当代世界先进水平的农业；科学技术现代化主要是指把世界科学最先进的成就介绍到中国各个部门中来，用世界最新的技术把中国各个方面装备起来，使中国在科学技术方面达到国际先进水平，其具体标志是掌握和运用原子、电子、超音速等现代的科学技术；国防现代化是指以现代最先进的科学技术武装国家的防御体系，包括武装力量、人民防空、国防科研、国防工业等的现代化，其核心是建设一支强大的现代化、正规化的革命军队。四个现代化思想的基本观点概括为农业是基础、工业是主导、国防是保障、科技是关键。

国家现代化具有鲜明的时代特征，不同的历史时期有不同的具体含义和内容，又有不同的内涵和特征。《中国现代化报告2006》曾指出，在国家现代化里面，社会现代化、经济现代化都是国家现代化的组成部分，没有经济现代化，没有社会现代化，也就没有国家的现代化。同时，经济现代化是社会现代化的基础，而社会现代化是我们的目标，社会现代化、人的全面现代化是我们现代化的最终目标。

进入21世纪，信息能力和信息化水平已经成为衡量国家综合国力与国际竞争力的重要标志，所以世界各国所追求的现代化目标又被赋予新的内涵，信息化已经成为现代化的重要标志。2007年，党的十七大将信息化与工业化、城镇化、市场化、国际化一起，形成我国实现现代化的“五化”战略。信息技术水平是促进现代化的重要手段，信息化程度也是国家信息化的重要标志和特征，没有高度发达的信息化就不能称为国家现代化，起码是具有一定的局限性。

3.2.3 林业现代化与国家现代化的辩证关系

(1)林业现代化是国家现代化的重要体现

国家现代化是传统社会向现代社会多层面、全方位的转变过程。国家现代化不仅仅包含农业、工业、科技、国防等物质形态的现代化，还应该包括以精神文明、生态文明为主要标志的意识形态的现代化。林业既是经济建设的重要部门，又是生态建设的主体部门；既是生产物质产品的部门，又是生产生态产品的部门。生态文明是人类文明发展史上最高级的文明形态，是实现人与自然和谐发展、经济社会科学发展的文明形态。建设生态文明是人类追求经济社会永续发展的崇高目标，也是发展现代林业、促进科学发展的最终目标。所以，林业现代化搞不好，就不可能有良好的生态文明，也不可能有一个和谐、优美的生态环境，从而影响到人们的生活和居住环境，降低人们的精神幸福感指数，也就影响到精神文明建设。因此，林业现代化是国家现代化的重要体现。

(2)国家现代化是林业现代化的重要支撑

国家现代化的主导是工业，工业现代化的主要标志之一就是在工业生产过程中，不断实现机械化、自动化，采用新技术、新材料、新工艺和最新科学技术成果。工业现代化的过程就是机械化和自动化不断实现的过程。

现代林业是坚持以人为本，全面、协调、可持续发展的林业。科学化、信息化和机械化是支撑现代林业大厦的三大支柱。机械化作为林业现代化的重要组成部分，是实现林业科学发展的重要支撑，是关系林业工作全局的战略举措和当务之急。林业装备技术水平的高低，是衡量现代林业发展程度的一个重要标志，只有大力依靠营造林等的机械化作业，才能有效提高劳动生产率、减轻劳动强度、降低生产成本、提高经济效益，才能实现林业现代化。

机械化和科学化是林业现代化的两个支柱，既包含了工业现代化设备和技术对林业的武装，又包括了科学技术现代化对林业的广泛应用。国家现代化和林业现代化均包含了工业现代化和科技现代化，只有国家现代化搞好了，才能对林业现代化提供支持和支撑，所以说，国家现代化是林业现代化的重要支撑。

3.3　中国林业信息化与林业现代化

3.3.1　林业现代化是林业信息化建设的根本目标

建设现代林业是全国林业工作的主题和方向，林业信息化是现代林业的三大支柱之一。现代林业是坚持以人为本，全面、协调、可持续发展的林业，是大力构建林业三大体系，充分挖掘林业多种功能，努力提升林业三大效益，不断满足社会多样化需求的林业。发展现代林业，建设好三大体系，必须要用现代科学技术提升林业，用现代物质条件装备林业，用现代信息手段管理林业，实现林业发展的科学化、信息化和机械化。这“三化”是支撑现代林业大厦的三大支柱，相辅相成，缺一不可(图 3-1)。信息化是现代林业发展的重要突破口，对优化林业资源配置、提高经营管理水平、促进林产品流通和提升劳动力素质、推动林业科技进步都具有重要作用。只有加快林业信息化，才能将全国林地、湿地、沙地和生物多样性等基础林业资源数据落实到山头地块，解决好“资源分布在哪里”、“林子造在哪里”、“治沙治在哪里”等问题，形成对“三个系统和一个多样性”的全面有效监管，建设完善的生态体系，维护国土生态安全；只有加快林业信息化，才能构建四通八达的市场网络信息体系，及时了解企业和市场，掌握行业发展情况，为政府科学决策提供支持，为社会公众提供优质服务，促进林业产业又好又快发展，建设起发达的林业产业体系，实现兴林富民；只有加快林业信息化，才能建立强大的信息网络，把林业的声音更快更好地传达出去，构建全方位的宣传阵地，普及生态知识，培育生态意识，树立起牢固的生态文明观。林业工作点多面广，涉及千山万水、千家万户，加快推进信息化对林业来说尤为迫切，已成为发展现代林业的当务之急。建设现代林业是推进林业信息化建设的出发点和落脚点。

3.3.2 林业信息化是实现林业现代化的重要手段和保障

林业信息化是充分利用计算机、“3S”、多媒体、网络、通信、虚拟等现代信息技术，开发利用林业信息资源，促进林业信息交流和共享，提高林业发展质量，推动经济社会发展转型的历史进程，是改造传统林业，解放和发展林业生产力，实现林业现代化的必要途径。在林业资源动态监测、综合营造林监管、林业灾害监测预警、林业灾害应急响应、集体林权制度改革、林业行政审批、林业产业发展、林业教育培训、林业国际交流与合作等方面，林业信息化发挥着重要的技术支撑和保障作用。在深化林业改革和发展进程中，林业信息化发挥着引领和促进作用，特别是林业电子政务的发展，不断改变着传统的工作方式、手段和理念，引发管理体制机制的变革。因此，林业信息化在现代林业建设进程中，正发挥着愈来愈大的引领、支撑、保障和促进作用，具有重要、支柱和特殊地位。

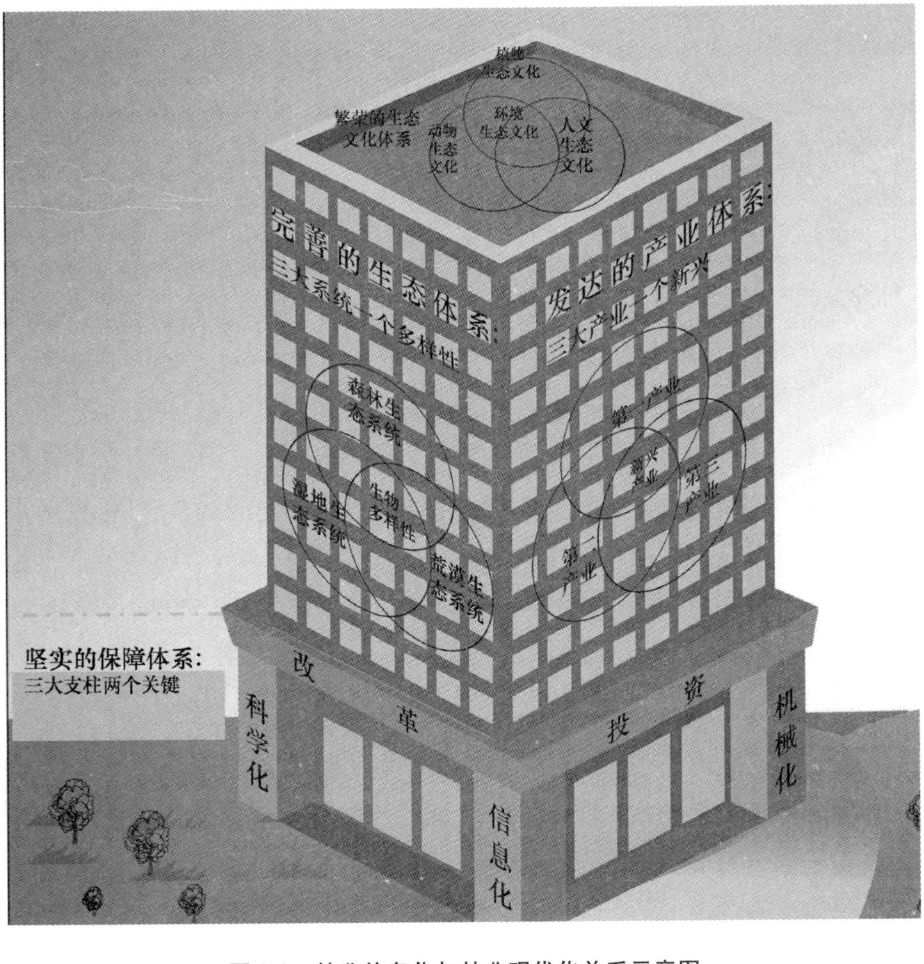

图 3-1　林业信息化与林业现代化关系示意图

林业信息化在林业社会服务中具有特殊地位。林业信息化是各类新兴技术在林业行业中深入融合和广泛普及、带动林业快速发展的重要推动力，也是提升林业电子政务、电子商务和电子林区发展水平的重要手段。无论是履行国际合约、应对气候变化、改善生态环境、提高林农收益、促进生态环境建设、保护生物多样性等各个方面都需要林业信息化手段的大力支撑，其对林业行业发展的促进和提升作用是极其特殊的，也是不可或缺和不可替代的。另外，林业社会服务按照对象划分，包括对政府部门的服务、对企事业单位的服务和对一般公众的服务。按照服务方式分，包括面对面的直接服务和通过信件、电话、电报、网络邮件、网络视频等非面对面的间接服务。传统的林业社会服务以直接服务为主，间接服务为辅，效率低、成本高。而借助网络、视频等信息化手段，可以提高办事效率，节省大量时间、人力和财力，并且能够增加办事的透明度和公平性，因而对丰富服务内容、提高服务水平等具有巨大的支持和促进作用。

3.4 中国林业信息化与国家信息化

3.4.1 林业信息化是国家信息化的重要组成部分

进入21世纪以来，随着信息技术的飞速发展和全球经济一体化进程步伐的加快，我国社会生活和经济领域的诸多方面正在发生着深刻的历史性变革。发展和应用信息技术，推动传统经济向新兴经济转型，已成为世界各国或地区提升综合竞争力、抢占未来发展战略制高点的重要途径。信息化已成为当今世界经济和社会发展的大趋势。

党的十七大报告提出，要“科学分析我国全面参与经济全球化的新机遇新挑战，全面认识工业化、信息化、城镇化、市场化、国际化深入发展的新形势新任务，深刻把握我国发展面临的新课题新矛盾，更加自觉地走科学发展道路，奋力开拓中国特色社会主义更为广阔的发展前景”。2006年，中共中央办公厅、国务院办公厅印发了《2006~2020年国家信息化发展战略》，明确提出了大力推进信息化，是覆盖我国现代化建设全局的战略举措，是贯彻落实科学发展观、全面建设小康社会、构建社会主义和谐社会和建设创新型国家的迫切需要和必然选择。

当前，正是我国继续全面建设小康社会、加快推进社会主义现代化的关键时期，建设生态文明，已成为我国现代化建设的战略任务，林业工作肩负着更加重大的历史使命。林业为国家经济建设和生态状况改善做出了重要贡献，对促进新阶段农业和农村经济的发展，扩大城乡就业，增加农民收入，发挥着越来越重要的作用。可以说，林业是一项功在当代、利在千秋、恩泽人类的丰功伟业。

与此同时，经济全球化和科技进步，尤其是信息技术的快速发展也带来了新的挑战，信息化必定会在林业管理促进科学发展新机制中发挥重要作用。面对日趋激烈的国际竞争环境，林业与经济、科技、社会发展的结合越来越密切，加强生态建设，维护生态安全，是21世纪人类面临的共同主题，也是我国经济社会可持续发展的重要基础。全面建设小康社会，加快推进社会主义现代化，必须走生产发展、生活富裕、生态良好的文明发展道路，实现经济发展与人口、资源、环境的协调，实现人与自然的和谐相处。森林是陆地生态系统的主体，林业是一项重要的公益事业和基础产业，承担着生态建设和林产品供给的重要任务，做好林业工作意义十分重大。林业信息化作为国家信息化的重要组成部分，已成为加快现代林业科学发展的三大支柱之一。只有确立起适应信息化社会发展需要的新观念，才能实现国家信息化、实现国民经济和社会发展战略目标的要求。实现林业信息化，为加快林业发展，实现山川秀美的宏伟目标，促进国民经济和社会发展提供了可能。总之，林业信息化不仅是国家信息化的重要组成部分，而且还是国家信息化、国民经济和社会发展的客观要求。

3.4.2 林业信息化促进国家信息化发展

21世纪，我国信息化与第一、二、三产业融合发展，使我国传统产业的面貌发生了巨大的变化，国家信息化地位与作用日渐突出，业已成为覆盖我国现代化建设全局的战略举措和必然选择。林业信息化同农业信息化、水利信息化、交通信息化、金融信息化等一起成为国家信息化不可分割的部分，并共同促进了国家信息化的发展。

在新的历史时期，应对生态危机、维护生态安全已成为全球面临的重大课题，建设生态文明、实现科学发展已成为新时期我国经济社会发展的重大战略任务。林业具有巨大的生态功能，既是经济建设的重要部门，又是生态建设的主体部门，既是生产物质产品的部门，又是生产生态产品的部门，随着全社会对林业的需求不断增长，林业的功能和内涵不断拓展，人们对林业的认识越来越深刻，所以林业在国民经济和社会可持续发展中的战略地位越来越重要。

近年来，我国林业信息化有了长足的进步，但与我国先进行业、先进部委相比，林业信息化建设虽然起步较早，但发展速度缓慢，已落后于国家信息化整体发展水平，已经成为国家信息化的短板，制约和影响着国家信息化全面发展。所以，大力推进林业信息化发展不仅是林业行业全面可持续发展的必然选择，也是国家信息化整体科学、协调、可持续性发展的有效选择。

虽然基于行业属性和业务分工的不同，林业信息化同农业信息化、水利信息化、交通信息化、金融信息化等相比较，在业务应用等方面有一定的区别，但是就信息化和信息技术本身，各行业的信息化又有着共性的部分。比如，信息网络建设、信息技术应用、信息化人才队伍组建、信息化政策制定、信息技术管理等方面。所以，加强林业信息化发展，提升林业信息化水平，不仅对其他行业具有较好的借鉴和参考作用，而且对国家信息化全面发展也具有较强的促进作用。

另一方面，林业具有地处偏远、小而分散、生产力水平低、经营粗放、涉及种类多、管理困难、工作难度大等行业特点。国土所及，都有林业要做的事，可以说，每一平方千米都有林业的身影。就林业信息化而言，在一些偏远地区信息网络、通信技术等传统信息技术都没有覆盖，广大偏远林区还面临着信息化基础设施薄弱、人才队伍严重缺乏、信息化发展理念相当落后、城乡数字鸿沟较大、信息化应用水平整体偏低等共性问题。显而易见，在市场经济下，林业面临着自然和市场的双重压力，林业信息化建设和水平亟待提高。

林业信息化包括林业生产信息化、林业管理信息化、林业科研信息化、林业宣传信息化、林业教育信息化等，大力推进林业信息化，使先进的信息技术、科学方法、实验条件等优质资源在偏远林区和广大农村地区实现共享，极大地促进农村信息事业的发展，改变传统的林业生产方式，有效降低生产成本，促进农村劳动力结构的调整，提高农民素质和技能，促进农民就业增收，缩小城乡差距，从而大幅度提高林业生产效益和农民收入水平，促进新农村建设。因此，林业信息化搞不好，真正的国家信息化就实现不了；搞好林业信息化是国家信息化整体、协调、全面发展的关键。

3.4.3　国家信息化对林业信息化具有重要指导作用

近年来，党和国家一直高度重视信息化建设。在党的纲领文件中，信息化的份量越来越重，地位越来越高。十四届五中全会提出要“加快国民经济信息化进程”；十五届五中全会指出“大力推进国民经济和社会信息化，是覆盖现代化建设全局的战略举措”；十六大报告提出“以信息化带动工业化，以工业化促进信息化”；十六届五中全会提出，“推进国民经济和社会信息化，切实走新型工业化道路”。十七大报告提出“五化并举”、“两化融合”，不仅明确了信息化的战略地位，还将信息化推到新的高度。而在“九五”、“十五”、“十一五”3个五年规划中，信息化的篇幅也越来越长，内容也越来越具体。

2006年中共中央办公厅、国务院办公厅发布的《2006～2020国家信息化发展战略》，第一次明确提出了我国向信息社会迈进的宏伟目标，并明确了未来15年我国信息化发展的指导思想、战略目标、战略重点、战略行动计划和保障措施，充分体现了国家全面贯彻落实信息化战略的意志和决心。国家信息化是党和国家在新的历史起点上，参考国际信息化发展历程，并总结各行业信息化发展经验和教训的情况，基于我国国情，提出的覆盖现代化建设全局的战略举措，具有战略性、长期性、整体性的特点。国家信息化是一个动态的过程，是一个不断完善和发展的过程，是对全国各行业信息化的总结和锤炼，它来源于各行业，又高于各行业。同时，国家信息化是指导全国各行业信息化发展的一个重要的行动纲领，对促进全国各行业信息化建设具有重大而深远的意义。林业信息化作为国家信息化的重要组成部分，是在国家信息化政策、法规、战略等的指导下不断发展的，是必须符合国家信息化的整体战略要求的。

3.5 中国林业信息化的重要作用

林业信息化建设是覆盖我国现代林业建设全局的重大战略举措，在林业改革发展中具有基础性、支柱性、先导性的作用，主要表现在：

3.5.1 促进林业产业结构调整和优化升级，推动林业发展方式转变

信息化是现代林业发展的重要突破口，对优化林业资源配置、提高经营管理水平、促进林产品流通和提升劳动力素质、推动林业科技进步等都具有重要作用。信息技术应用于林木良种繁育、种养殖、林产品加工、设备制造等传统林业产业，能够优化产业布局、丰富产品类型、改善产品结构、改进工艺水平、提高科技含量、增加产品附加值，更好地发挥市场在资源配置中的基础性作用，促进林业加快转变发展方式，实现又好又快发展。

3.5.2 支撑林业业务稳定高效运行，提高行业监管效能

以“3S”技术为代表的现代信息技术在林业资源监管、营造林管理、森林防火、森林病虫害防治、天然林保护、集体林权制度改革等林业业务中的应用，极大地提高了信息采集、存储、传输、加工和利用的能力，为林业业务运行和科学决策提供了有力支撑和保障，已经成为林业主管部门加强行业监管、提高工作效率、降低业务成本、减少工作风险、改善宏观调控的重要技术手段。

3.5.3 促进林业转变政府职能，提升公共服务水平

电子政务建设是林业信息化建设的重点。实施林业电子政务可以使林业主管部门更好地履行资源监管、宏观调控、社会管理和公共服务的职能，主要表现在：增加政府工作的透明度，促进政务公开和廉政建设；加强政府与企业和公众的互动，改善干群关系；增强不同政府部门之间的业务协同和政策协调；重组和优化传统政务流程，促进政令畅通，提高工作效率，降低行政成本；促进政府职能由监管型向公共服务型转变。

3.5.4 促进资源优化配置，提高资源利用效率

信息化能够优化工业化进程中的各种资源，加速物品、技术、设备、资金、人力等生产要素的流动，促进各种资源的合理配置和高效利用。我国林业拥有丰富的森林、湿地、荒漠和野生动植物等资源，林业发展也有很多外部资源可以利用，但受落后的思想观念、管理方式、生产方式和流通方式等因素的制约，这些资源很难合理流动和充分利用。信息化的发展能够打破这些瓶颈性因素，充分发挥市场在资源配置中的基础性作用以及政府在资源配置中的调控作用，使林业资源最大限度地发挥其生态、经济和社会效益。

3.5.5 催生新兴业务领域，建立和支撑新的产业体系

信息化与现代林业建设的深度融合，可以解决林业现代化进程中的很多突出矛盾和问题，优化重组出信息生产部门、信息服务部门、信息管理部门等新的业务部门，催生出林业信息设备制造业、林业软件业、林业信息服务业、林业电子商务等新兴林业业务领域，将虚拟与现实、物质与精神、时间与空间紧密联系起来，形成完整的林业信息产业体系。

3.5.6 促进林业企业改革创新，提高核心竞争力

信息技术的广泛应用能够改变企业传统的管理及组织运营模式，推动企业实现观念创新、管理创新、制度创新、组织创新、技术创新。传统的林业企业通过综合运用现代信息技术，可以优化生产流程、改进生产工艺、提高生产效率、提升产品质量、改革营销体系、加速要素流动、加强生产监管、提高员工素质，从而帮助企业降低成本、增加收益，全面提高其核心竞争力和可持续发展能力。

第4章　中国林业信息化的战略需求和机遇挑战

4.1　中国林业信息化的战略需求

国家在应对全球气候变化、履行国际公约、维护国家生态安全、改善国土生态环境、促进国民经济发展、提升人民群众生态服务水平等方面，需要及时掌握和了解相应的林业信息。

4.1.1　应对全球气候变化对林业信息化的战略需求

森林具有减少温室气体排放、吸收温室气体、储碳排氧、气候调节等功能，应对气候变化需要掌握森林覆盖率、分布结构、消长变化、吸收温室气体和减少温室气体排放指标以及应对气候变化所采取的措施等信息。

当前，国内外大量观测事实和研究结果表明，近几十年到一两百年时间尺度上，全球气候正经历着一次近千年来从未有过、以变暖为主要特征的显著变化。主要表现为全球地表平均温度升高、洪涝干旱等气象灾害加剧、全球海平面上升等。化石燃料燃烧、森林砍伐、土地利用变化等碳排放活动，是造成大气中含碳温室气体浓度持续增长，进而导致温室效应增强、引发全球气候变化的主要原因。有资料表明，温室气体排放有90%以上可能与人类生产活动有关。

为应对全球气候变化以及控制温室气体排放和气候变化危害，1992年联合国环发大会通过《气候变化框架公约》，提出到20世纪90年代末使发达国家温室气体的年排放量控制在 1990 年的水平。1997 年，在日本京都召开了缔约国第二次大会，通过了《京都议定书》，规定了 6 种受控温室气体，明确了各发达国家削减温室气体排放量的比例，并且允许发达国家之间采取联合履约的行动。发展中国家温室气体的排放尚不受限制。

然而，仅仅依靠减少温室气体排放还不能从根本上扭转当前全球气候变化的趋势，需要增加温室气体吸收，主要的措施包括植树造林和人工固碳等，其中植树造林是最可行、最有效、最廉价的措施。胡锦涛总书记在联合国气候变化峰会上发表重要讲话，提出中国将“大力增加森林碳汇，争取到 2020 年森林面积比 2005 年增加 4000 万 hm^2，森林蓄积量比 2005 年增加 13 亿 m^3”，就是基于以上认识做出的科学决断。应对全球变化，增加森林碳汇要求林业信息化为提高森林面积、覆盖率、森林质量等服务。

近年来，世界各国出现了几百年来历史上最热的天气，厄尔尼诺现象也频繁发生，给各国造成了巨大经济损失。发展中国家抗灾能力弱，受害最为严重，发达国家也未能幸免于难，1995 年芝加哥的热浪引起 500 多人死亡，1993 年美国一场飓风就造成 400 亿美元的损失。20 世纪 80 年代，保险业同气候有关的索赔是 140 亿美元，1990 ~ 1995 年间就几乎达 500 亿美元。这些情况显示出人类对气候变化，特别是气候变暖所导致的气象灾害的适应能力是相当弱的，需要采取行动防范。按现在的一些发展趋势，科学家预测有可能出现的影响和危害有：

(1) 海平面上升

有关资料显示，全世界大约有 1/3 的人口生活在沿海岸线 60 公里的范围内，经济发达，城市密集。全球气候变暖导致的海洋水体膨胀和两极冰雪融化，可能到 2100 年使海平面上升 50cm，危及全球沿海地区，特别是那些人口稠密、经济发达的河口和沿海低地。这些地区可能会遭受淹没或海水入侵，海滩和海岸遭受侵蚀，土地恶化，海水倒灌和洪水加剧，港口受损，并影响沿海养殖业，破坏供排水系统。

(2) 影响农业和自然生态系统

随着二氧化碳浓度增加和气候变暖，可能会增加植物的光合作用，延长生长季节，使世界一些地区更加适合农业耕作。但全球气温和降雨形态的迅速变化，也可能使世界许多地区的农业和自然生态系统无法适应或不能很快适应这种变化，使其遭受很大的破坏性影响，造成大范围的森林植被破坏和农业灾害。

(3) 加剧洪涝、干旱及其他气象灾害

气候变暖导致的气候灾害增多可能是一个更为突出的问题。全球平均气温略有上升，就可能带来频繁的气候灾害——过多的降雨、大范围的干旱和持续的高温，造成大规模的灾害损失。有的科学家根据气候变化的历史数据，推测气候变暖可能破坏海洋环流，引发新的冰河期，给高纬度地区造成可怕的气候灾难。

(4)影响人类健康

气候变暖有可能加大疾病危险和死亡率，增加传染病。高温会给人类的循环系统增加负担，热浪会引起死亡率的增加。由昆虫传播的疟疾及其他传染病与温度有很大的关系，随着温度升高，可能使许多国家疟疾、淋巴腺丝虫病、血吸虫病、黑热病、登革热、脑炎增加或再次发生。在高纬度地区，这些疾病传播的危险性可能会更大。

从中外专家的一些研究结果来看，总体上我国的变暖趋势冬季将强于夏季；在北方和西部的温暖地区以及沿海地区降雨量将会增加，长江、黄河等流域的洪水暴发频率会更高；东南沿海地区台风和暴雨也将更为频繁；春季和初夏许多地区干旱加剧，干热风频繁，土壤蒸发量上升。农业是受影响最严重的部门。温度升高将延长生长期，减少霜冻，二氧化碳的“肥料效应”会增强光合作用，对农业产生有利影响；但土壤蒸发量上升，洪涝灾害增多和海水侵蚀等也将造成农业减产。对草原畜牧业和渔业的影响总体上是不利的。海平面上升最严重的影响是增加了风暴潮和台风发生的频率和强度，海水入侵和沿海侵蚀也将引起经济和社会的巨大损失。

4.1.2 履行国际公约对林业信息化的战略需求

认真履行国际公约，加强自然资源保护，是各缔约国的共同责任。国家林业局负责履行的公约主要包括《濒危野生动植物种国际贸易公约》、《防治荒漠化公约》、《湿地公约》等。主要工作包括管理野生动植物进出口、扩大国际交流与合作；防治荒漠化和防护林建设、促进区域合作、建设荒漠化监测与评价网络；建设管理湿地自然保护区，加强国际合作、交流等，提高荒漠化土地的监测能力，管理自然保护区、开展全国湿地和野生动植物资源调查。

(1)濒危野生动植物种国际贸易公约

该公约的宗旨是通过各缔约国政府间采取有效措施，加强贸易控制来切实保护濒危野生动植物种，确保野生动植物种的持续利用不会因国际贸易而受到影响。该公约制定了一个濒危物种名录，通过许可证制度控制这些物种及其产品的国际贸易，由此而使该公约成为打击非法贸易、限制过度利用的有效手段。该公约要求各国对野生动植物进出口活动，实行许可证/允许证明书制度，建立有效的双向控制机制。这种机制使历史文化传统、社会发展水平、政治经济利益不尽相同的国家都能接受并予以积极支持和合作，特别是能使消费国主动协助分布国防止其野生动植物的偷猎或非法贸易活动。

该公约机构还与相关国际组织合作，充分发挥海关和国际刑警组织在野生动植物进出口管理环节上的监管和打击走私犯罪的作用。世界海关组织成立了《濒危野生动植物种国际贸易公约》项目工作组，建立了庞大的野生动植物贸易中心数据库，为各国海关加强野生动植物进出口监管提供信息支持。国际刑警组织成立了打击侵害濒危野生动植物犯罪工作组，通过提供全球执法协作，加大对野生动植物走私犯罪分子的打击力度。目前这三个组织已建立了广泛的联系协作机制，每年召开《濒危野生动植物种国际贸易公约》联席会议，邀请有关国家代表参加。另外，还运用经济手段促进该公约的执行，对不遵守该公约条款或大会决议的国家，采取限定、暂停或号召其他国家终止与其贸易，或由缔约国大会、常委会强制执行的措施。该公约在保护野生动植物资源方面取得的成就及享有的权威和影响举世公认，已成为当今世界上最具影响力、最有成效的环境保护公约之一。

(2)防治荒漠化公约

本公约各缔约方申明在防治荒漠化和缓解干旱影响时，受影响或受威胁地区的人类是受关注的中心，国际社会包括各国和各国际组织，迫切关注荒漠化和干旱的有害影响，了解到干旱、半干旱和亚湿润干旱地区合计占地球陆地面积的很大一部分，而且是地球上很大一部分人口的居住地和生计来源，承认荒漠化和干旱是全球问题，影响到世界所有区域，需要国际社会联合行动，防治荒漠化和缓解干旱影响；注意到严重干旱和荒漠化高度集中在发展中国家，尤其是最不发达国家，这些现象在非洲造成了特别悲惨的后果。荒漠化的成因是各种自然、生物、政治、社会、文化和经济因素的复杂相互作用，贸易及国际经济关系的有关方面对受影响国家充分防治荒漠化的能力造成影响，可持续的经济增长、社会发展和消灭贫困是受影响的发展中国家，尤其是非洲国家的优先任务，对可持续能力目标的实现至关重要。尽管过去已作出了努力，但防治荒漠化和缓解干旱影响方面的进展未达预期效果，需要在可持续发展的框架内，在所有各级推行新的更有效的方法，确认联合国环境与发展会议通过的各项决定，特别是《21 世纪议程》及其第 12 章的正确性，它们为防治荒漠化奠定了基础。

在信息化建设需求方面，明确缔约方开展荒漠化信息收集、分析和交流等内容。缔约方同意根据各自能力，综合和协调有关长、短期数据及信息的收集、分析和交流工作，确保有系统地观察受影响地区土地退化情况，更好地了解和评价干旱和荒漠化的过程和影响。这将可以用适合所有各级用户，尤其是以当地群众能够实际应用的形式，对不利的气候变异时期提供早期预警和先期规划。为此，它们应努力做到：①加强全球机构和设施网络建设，在所有各级进行信息收集、分析、交流以及系统观察，这种网络应争取使用彼此兼容的标准和系统、覆盖包括偏远地区在内的有关数据和台站、使用和推广有关土地退化的现代数据收集、传递和评价技术，将国家、分区域和区域数据和信息中心同全球信息来源更密切地连接起来；②确保信息收集、分析和交流能满足地方社区和决策者的需要，以便能解决具体问题，这些活动应吸收地方社区参与；③支持数据和信息的收集、分析和交流的双边和多边方案和项目，包括汇编若干套自然、生物、社会和经济综合指标；④充分利用有关政府间和非政府组织的专门知识，尤其要在不同区域的特定群体间传播有关信息和经验；⑤充分注重收集、分析和交流社会经济数据并将其与自然和生物数据相结合；⑥交流并充分公开、及时提供有关防治荒漠化和缓解干旱影响的所有可以公开取得的信息。

(3)湿地公约

国际湿地公约全称为《关于特别是作为水禽栖息地的国际重要湿地公约》。1971 年 2 月 2 日订于伊朗拉姆萨尔，经 1982 年 3 月 12 日议定书修正。各缔约国承认人类同其环境的相互依存关系；考虑到湿地的调节水分循环和维持湿地特有的植物特别是水禽栖息地的基本生态功能；相信湿地为具有巨大经济、文化、科学及娱乐价值的资源，其损失将不可弥补；期望现在及将来阻止湿地的被逐步侵蚀及丧失；承认季节性迁徙中的水禽可能超越国界，因此应被视为国际性资源；确信远见卓识的国内政策与协调一致的国际行动相结合能够确保对湿地及其动植物的保护。

我国成立了专门机构，组织起草湿地保护的法律法规，研究拟订湿地保护的有关技术标准和规范，拟订全国性、区域性湿地保护规划并组织实施；组织全国湿地资源调查、动态监测和统计；组织实施建立湿地保护小区、湿地公园等保护管理工作；对外代表中国开展国际湿地公约的履约工作；开展有关湿地保护的国际合作工作。我国政府高度重视湿地保护工作，颁布了《中国湿地保护行动计划》，批准了《全国湿地保护工程实施规划》并列入国家“十一五”规划，组织实施了重点林业生态工程。2006 年国家投资 2 亿元加强全国湿地保护，2007 年再投入 3 亿元用于湿地保护。2007 年后国家继续推进湿地保护立法，并新建一批国际重要湿地和国家湿地公园，出台国际重要湿地申报管理规定和国家湿地公园管理办法，以及湿地保护与恢复、湿地调查监测、湿地公园等相关标准和技术规范。为了有效履行该公约，保护好我国湿地资源，需要强有力的信息化支撑。

4.1.3　林业政务管理对林业信息化的战略需求

我国林业政务管理的职能是解决与林业系统相关的三类社会问题。一是生态问题，体现在：干旱缺水、洪涝频发、土地沙化、林火高发、林业有害生物灾害严重、水土流失、物种濒危等方面；二是资源问题，主要体现在：总量不足、分布不均、质量不高、利用率低等方面；三是“三农”问题，主要体现在：林业产出率不高、林区发展落后、林农收入低等方面。

长期以来，林业是广大林农群众就业增收的重要渠道，特别是集体林权制度改革以来，林业与林农群众的关系更加密切。然而，由于没有有效的林业资源信息获取、交换与共享、决策与控制相关的软硬件平台，导致林业资源家底不清，监管水平不高，信息交流不畅，严重影响了政府部门宏观科学决策，严重影响了林农群众增收致富。

适应信息化发展的战略要求，加快推进林业信息化，是林业融入国家发展大局的重要途径和根本举措，逐步建立起覆盖各级林业主管部门、功能齐备、互通共享、高效便捷、稳定安全的林业信息化体系，促进林业决策科学化、办公规范化、监督透明化和服务便捷化。到 2015 年，80% 的省级以上单位实现无纸化办公，80% 以上的行政许可项目实现在线处理；完成 80% 的省级林业信息化基础平台建设；80% 的省级单位建成国家、省、市、县四级上下互联互通的全国林业电子政务传输网络；完成我国林业信息资源目录体系与交换体系。

从林业政务目标出发，根据国家林业局和各级林业主管部门的职责，针对目前存在的主要社会问题，确立林业资源监管、综合营造林管理、林业灾害监控和应急管理三类主要业务。

《森林法》规定，对森林资源实行限额采伐，占用或者征用林地的，经县级以上人民政府林业主管部门审核；各级人民政府制定植树造林规划，因地制宜地确定本地区提高森林覆盖率，切实做好森林火灾的预防和扑救工作；各级林业主管部门负责组织森林病虫害防治工作。《防沙治沙法》规定，林业行政主管部门编制防沙治沙规划，对全国土地沙化情况进行监测、统计和分析，并定期公布监测结果。《野生动物保护法》规定，林业主管部门制定国家重点保护的野生动物名录，划定自然保护区，加强对国家和地方重点保护野生动物及其生存环境的保护管理。《森林防火条例》规定，林业主管部门负责全国森林防火的监督和管理工作。按照法律赋予的职责，通过国家和地方各级林业主管部门的努力，力争到 2030 年森林覆盖率达到 23% 以上，中国湿地自然保护区达到 713 个；到 2050 年，全国可治理的沙化土地基本得到治理，全国森林、野生动物等类型自然保护区总数达到 2600 个左右，使全国85%的国家重点保护野生动植物种群数量得到恢复和增加。

(1)林业资源监管

林业资源监管主要是对森林资源、荒漠化土地资源、湿地资源和野生动植物资源进行管理，目标是按照国家林业局政务目标要求，将林业资源监管落实到山头地块，为国家提供从宏观到微观的多级林业资源分布信息，及时、准确掌握林业资源历史、现状和动态信息；提高国家对林业资源利用的监管能力，形成对“三个系统和一个多样性”的有效监管，为国家制定生态规划提供科学依据，为建设生态文明、维护生态安全提供保障。

森林资源监管包括林地管理和林木管理，主要开展森林资源调查监测、采伐利用管理、林地林权管理、国家重点公益林管理、资源监督等工作。

荒漠化土地资源监管包括荒漠化和沙化土地资源监测，荒漠化和沙化治理工程的管理工作。

湿地资源监管主要开展全国湿地资源调查监测、湿地履约、湿地保护和恢复工程管理等工作。

野生动植物监管主要开展野生动植物资源调查、监测、利用和极度濒危物种拯救工程、动物驯养繁殖、珍稀植物繁育、自然保护区管理等工作。

(2)综合营造林管理

综合营造林管理主要是对人工造林、飞播造林、封山(沙)育林等进行管理以及森林经营工作，目标是对国家实施的林业重点生态工程等营造林的规划、计划、作业设计、进度控制、检查验收和统计上报等各环节实行一体化管理，实现营造林建设现状和发展动态的信息化管理，达到扩大植树造林总量，提高森林质量，构建布局合理、结构稳定、功能齐全、整体效益最佳的生态体系。

(3)林业灾害监控与应急管理

林业灾害监控与应急管理主要包括森林防火、森林公安、林业有害生物管理、野生动物疫源疫病监测管理和沙尘暴监控管理，目标是按照灾害应急方案的要求，加强林业灾害的监测、预报预警、应急指挥、损失评估能力，在国家和地方建设森林防火、林业有害生物、野生动物疫源疫病和沙尘暴监测体系以及灾害监控和应急指挥系统，为林业灾害的监测、预警预报、应急事务处理、损失评估和灾后重建等提供支撑，为森林案件办理提供支持，以提高灾害和应急快速反应能力和综合防控能力，减少灾害给国家和人民群众带来的巨大损失。

森林防火监控和应急指挥主要开展林火监测、火险预警、林火行为仿真、调度指挥、火灾损失评估与统计等工作。

林业有害生物灾害管理主要开展林业有害生物调查、监测预报与预警、预防与除治、灾害监测与评估、检疫、数据管理等工作。

野生动物疫源疫病监测管理主要开展国家和地方多级野生动物疫源疫病监测管理和应急管理，包括野生动物疫源疫病监测、本底调查、科学研究、监测信息管理和野生动物疫情预报预警等工作。

沙尘暴监控主要开展沙尘暴灾害监测预警、灾情评估、信息传输、应急处置等工作。力争达到沙尘暴灾害监测覆盖率 80%、沙尘暴灾害预警信息在灾害发生前 8 小时通知地方；沙尘暴灾害信息报告率、处置及时率均达到 90%。

(4) 林业政务管理

数据采集、传输、分析、共享与应用是上述各项林业重点业务的重要环节。

我国的林业资源监测管理在长期的建设和发展中，形成了门类相对齐全的各专题监测，但从监测目标、信息采集、信息处理、信息与成果的利用及发布等方面看，各项监测均自成体系，相对独立，各项监测之间互不协调的现象愈显突出，难以提供综合性强的信息。同时，由于各项林业资源数据管理工作独立开展，使得采集的信息关联性、可比性差，时效性不一致，从而导致各项监测信息的协调性不好，难以形成较高的综合分析评价和数据服务能力，无法满足各级林业主管部门和社会各界对生态状况综合信息的需求。此外，各类林业资源监测数据量大，采集效率受到现有技术手段的限制，未能及时、准确地获取林业资源实时信息和动态信息。

目前，我国重点林业业务领域的数据状况为：林业资源监管各类数据静态数据总量为 778GB，更新数据总量为 403GB，更新周期 1～5 年不等；综合营造林监管各类静态数据总量为 4GB，更新数据总量为 20GB，更新周期一般为 1 年；林业灾害监控与应急管理各类静态数据总量为 21GB，更新数据总量为 78GB，更新周期一般为 1 年。显而易见，当前林业数据分析面向的林业数据类型是多样的、数据量是巨大的，但是，林业数据存在完整性不够、时效性不佳、综合性不强、协调性不好等方面的问题，因此，目前的林业数据不能为科学、合理、有效的数据分析提供良好的数据支持。

此外，由于林业各类业务对象具有分布范围广、种类多等特点，传统方法普遍存在数据采集困难、管理分散、标准不统一，信息传输手段单一、效率不高，分析能力不足、智能化程度不高，信息共享与服务能力不足等问题。

在传统林业中，人们获取信息的方式主要是通过人工调查，需要消耗大量的人力、物力和财力，而通过使用无线传感器网络可以有效降低信息采集成本，以及对森林环境的影响，获取精确的各类林业专题信息。物联网与林业业务应用系统可以有机结合在一起，林业给物联网足够强大的应用驱动力，而物联网能给林业业务应用系统在研究方法和思维方式层面带来变革。随着林业信息化建设的进一步深入，林业专网的进一步完善，为物联网在林业业务系统中的应用构建了良好的基础，同时林业物联网的建设和应用为林业生产经营提供了丰富的信息资源。

我国在部分林业业务应用系统中已经使用了各类传感器采集林业专题数据，如森林土壤类型、森林防火中的气象因子、野生动物跟踪等，并且也已布设了各类林业专网，具备一定的物联网建设基础。例如，目前，全国共建设了上千个林火视频监测点，143 个基础森林火险气象监测站和约 2000 个一般气象观测站。

但是，我国尚未将各类监测设备与互联网联通，实现各类监测数据与林业业务模型结合，进而实现数据分析的远程化与智能化。而一些发达国家在精确林业相关技术的研究方面发展较快，如在森林土壤类型分析、林地适应性评价、森林生态环境模拟、林木育种以及生长监测和森林收获等领域已有成熟的应用。因此，我国林业各类业务应用系统急须林业物联网提供高效、有力的支撑。

数据采集是林业各项重点业务开展工作的基础，数据采集手段包括人工采集、自动采集等。人工采集数据存在需要投入大量的人力物力、无法全天候工作、精度不高等缺点，而自动数据采集是通过各种采集仪器，只需要很少的人工干预或完全无需人工干预进行数据采集，具有精度高、自动化、速度快等特点。自动数据采集离不开数据采集仪器设备的支持，目前林业行业中已有的各种数据采集终端，包括各种气象站点、视频瞭望设备、PDA、GPS 手持机等。

随着计算机、互联网的发展和在林业行业中的普遍应用，这些数据采集终端需要很方便地与计算机网络交换信息，提高数据分析和应用效率，为林业各项业务开展提供及时、准确信息。因此，需要实现这些采集终端能够提供互联网接入，这些终端通过移动通信与互联网相连，一方面可以实时畅游互联网并享受网络服务，另一方面这些设备可以集成传感设备，成为信息采集终端。

林业各种数据采集终端所获取的信息能否及时、快速地进行传递是有效地参与生产、管理的决定性因素。目前，林业行业的各类数据采集终端普遍没有建立比较完整的网络体系，也没有建立一套行之有效的采集终端布设技术，往往造成布局不合理、传递不及时等问题。对于传统的采集设备来说，其数据传输的网络也往往是相对独立的，每一种设备都有自己的网络体系。林业信息化发展要求各类数据采集终端不能孤立地发展，而是要与现有的互联网进行无缝连接，形成对互联网的延伸和扩展。多种大量林业传感器之间可以在物联网中构成一个完整的传感器网络，网络的组织和传感器的布设决定了传感器在数据采集过程中数据采集效率、完整性和准确性。

林业数据分析是获得林业各管理对象现状、分布、趋势等信息，为林业生产、管理、研究提供参考和辅助决策的重要手段。林业数据分析的对象是各类林业业务系统采集、传输和汇集的基础数据和专题数据。

如果传感器和移动智能终端有能力且需要采集各类林业业务涉及的各类林业环境信息、林内信息、林地信息和其他业务相关信息，数据类型除了属性数据外，还包括图片、视频、音频等大容量数据，而且，采集的数据能够进行有效的传输，则，在一定的时空范围内，数据量无疑是惊人的，数据种类无疑是多样的，时空分辨率无疑是高的，数据内容无疑是综合的，数据连续性、精度和准确度无疑是好的，显然，若能基于传感器和移动智能终端，充分利用林业传感器网络环境，势必能够为智能林业数据分析完整性好、时效性强、综合性高，协调性好、时空分辨率高、一致性好的海量数据源。

此外，长期以来，林业行业存在着“重外业、轻内业，重调查、轻分析”的弊端。海量数据存储、管理、安全、更新等方面存在不足；而且，数据分析往往停留于表面，仅提供常规的统计报图表，基于林业专业知识和模型的综合分析不足、因果关联不够，未能提供交互式智能分析，未能有效追溯历史数据，难以挖掘海量数据深处潜在含有的规则，未能做到科学、及时、有效的预测、评价和预警分析。这势必对耗费人力、物力和财力采集、传输、汇集而来的数据资源造成一定程度上的浪费，而且，在一定程度上影响了林业资源监管、综合营造林监管、林业灾害监控与应急管理等业务的科学决策。

4.1.4 国家生态建设对林业信息化的战略需求

当前，生态问题已成为我国经济社会可持续发展全局的最大问题之一，生态差距已成为我国与发达国家的最大差距之一，生态产品已成为我国最短缺、最急需大力发展的产品，成为我国与发达国家的主要差距。

党的十七大将生态文明建设确立为国家现代化发展全局的五大建设之一。在首届中央林业工作会议上，党中央赋予林业“四大使命”：实现科学发展必须把发展林业作为重大举措，建设生态文明必须把发展林业作为首要任务，应对气候变化必须把发展林业作为战略选择，解决“三农”问题必须把发展林业作为重要途径。

推进现代林业建设，建设生态文明，维护生态安全。全面推进现代林业建设，需发挥林业作为生产生态产品的主体部门在维护国土生态安全、促进经济与生态协调发展方面的重要作用；发挥林业作为实现人与自然和谐的关键和纽带在构建社会主义和谐社会中的重要作用；发挥林业作为重要的基础产业在我国经济可持续发展和新农村建设中的重要作用；发挥林业作为生态文化发展的源泉和主要阵地在现代文明建设中的重要作用，到2050年，建成比较完备的林业生态体系和比较发达的林业产业体系，森林覆盖率达到并稳定在26%以上，基本实现山川秀美。

在这种新形势下，林业在经济发展和社会进步中的地位越来越重要，作用越来越突出，面临的任务也越来越繁重。必须把握时代的脉搏和潮流，适应国内外形势的深刻变化，顺应林业发展的内在规律，全面推进现代林业建设，拓展林业的生态功能、经济功能和社会功能，构建森林生态体系、林业产业体系和森林文化体系，充分挖掘和发挥林业的生态、经济、社会三大效益和功能，满足社会对林业的多样化需求，逐步缩小我国与发达国家在现代林业建设上的差距。

林业部门承担着建设和保护“三个系统一个多样性”的重要职能，即：建设和保护森林生态系统、管理和恢复湿地生态系统、改善和治理荒漠生态系统、维护和发展生物多样性。这四大资源占国土面积的51%，既是十分重要的生态系统，又是十分重要的自然资源，也是人类生存发展的基础性资源。

据第七次全国森林资源清查结果显示，全国3.04亿公顷林地，加上0.53亿公顷可治理的沙地和近0.4亿公顷湿地，合计是我国耕地总面积的3倍多。目前，我国森林资源总量不足，森林覆盖率只有全球平均水平的2/3，排在世界第139位，人均森林面积0.145公顷，不足世界人均占有量的1/4，人均森林蓄积量10.151立方米，只有世界人均占有量的1/7。同时，我国现有质量好的宜林地仅占13%，质量差的占52%，全国宜林地60%分布在内蒙古和西北地区。

与森林密切相关的生态问题十分突出，主要表现为：

干旱缺水。由于森林、湖泊、湿地的蓄水功能剧减，水资源损失严重，造成严重干旱。20世纪50年代年均受旱农田0.08亿公顷，90年代年均达到0.25亿公顷。2003年是干旱严重的一年，全国农作物因旱受灾面积0.25亿公顷，其中成灾0.14亿公顷，绝收0.03亿公顷；因旱造成粮食损失308亿千克，造成其他直接经济损失663亿元。50多年来，我国从南到北，旱灾发生的频率也呈现逐渐增加的趋势。近10年来全国平均耕地受旱面积达到0.19亿公顷，成灾面积超过0.06亿公顷。

洪涝频发。由于江河上游森林破坏，湿地退化消失，导致江河湖库淤积、河床抬高、调蓄能力下降，加剧洪涝灾害。20世纪50年代以来，长江中下游湖泊面积消失了45%，全国8.2万座水库年均淤积16.24亿立方米，总库容损失1/3；1950～1999年黄河下游河床普遍抬高2～4米，辽河干流下游部分河床已高于地面1～2米，都已成为地上悬河。长江流域近50年来每3年就出现一次大涝，1998年长江特大洪水造成了3000多人死亡，

1600多亿元的经济损失。2007年是洪涝灾害较为严重的一年，仅上半年就有23省份发生了不同程度的洪涝灾害，全国农作物受灾面积超过360万公顷，受灾人口6100万人，因灾死亡305人，倒塌房屋近25万间。

土地沙化。全国沙化土地面积高达174万平方千米，占国土面积的18.1%，全国还有近32万平方千米土地具有明显沙化趋势，局部扩展依然严重。土地沙漠化破坏土地资源，使可供农牧的土地面积减少，土地滋生能力退化，植物量减少，土地载畜力下降，作物的单位面积产量降低。土地沙漠化的一个恶果是沙尘暴，我国强沙尘暴天气由20世纪50年代的5次增加到90年代的23次，发生频率越来越高，涉及范围越来越广，造成的危害越来越严重。沙尘暴发生，流沙压埋房屋，淹没农田和草场，农牧民被迫迁移他乡。

林火高发。从1949年到2008年，全国年均发生森林火灾77.21万起，受害森林面积3792.71万公顷，人员伤亡33221人。"十五"期间全国年均发生森林火灾9097起，受害森林面积17.2万公顷，人员伤亡138人。2005~2008年，全国年均发生森林火灾7537次。森林火灾严重威胁人民生命财产安全，产生严重后果：烧毁林木，使森林蓄积下降，使森林生长受到严重影响；烧毁林下植物资源，改变其生存环境，使其数量显著减少甚至灭绝；危害野生动物，破坏野生动物赖以生存的环境，甚至直接烧死、烧伤野生动物；引起水土流失，严重的森林火灾引起山洪、泥石流等自然灾害；恶化下游河流水质，河流水温升高，鱼类染病和死亡；引起空气污染，危害人类身体健康及野生动物的生存。

林业有害生物灾害严重。我国是世界上林业生物灾害发生最为严重的国家之一，现有森林病虫8000余种，能造成严重危害的292种(类)，年均发生面积1.6亿亩，直接经济损失和生态服务价值损失达880亿元。被称作松树"癌症"的松材线虫病自1982年传入我国以来，疫情已扩散蔓延至14个省(自治区、直辖市)累计致死松树5亿多株，毁灭松林33多万公顷，造成经济损失上千亿元。目前正威胁着中国南方0.33亿公顷松林及黄山、庐山、张家界等世界自然与文化遗产、风景名胜区的生态安全，对国土生态安全构成威胁。

水土流失。目前我国水土流失面积达356.9万平方千米，亟待治理的面积近200万平方千米，全国现有水土流失严重县646个，其中82.04%处于长江流域和黄河流域，76%的贫困县和74%的贫困人口生活在水土流失区。全国每年流失的土壤总量达50多亿吨，全国每年因水土流失而损失的养分相当于4000万吨化肥。年复一年的水土流失，导致土地退化，毁坏耕地，按现在的流失速度，50年后东北黑土区93.3万公顷耕地的黑土层将流失掉，35年后西南岩溶区石漠化面积将翻一番，将有近1亿人失去赖以生存和发展的基础。

物种濒危。我国是生物多样性大国，由于生物多样性和生态环境遭到严重破坏，导致国内生物多样性受到严重破坏和过度利用。我国共有国家重点保护野生动物383种，国家重点保护野生植物254种；《濒危野生动植物种国际贸易公约》附录中的5000多种野生动物和28000多种野生植物，在我国分布的动物有400多种，植物有1300种。

可以看出，我国局部地区生态恶化的趋势还没有得到根本扭转，生态产品短缺的状况没有根本改善，各种灾害还在吞噬中华民族宝贵的生存发展空间。从总体上看，我国森林总量不足、分布范围广且不均、质量不高、经营难度越来越大的问题仍然很突出，林业蕴含的生产潜力和促进农民就业增收的潜能还远远没有发挥出来。同时，与林业相关的灾害类型多样且频发，主要林业灾害的预防、监测、控制与治理等工作开展难度大。

我国如果能够实现到2020年森林覆盖率达到23%的林业发展战略目标，年新增固碳能力可达10亿吨以上，相当于同期碳排放新增量的2~3倍。我国现有的1.6亿多公顷森林，可蓄水3400多亿吨，相当于我国现有水库总库容；我国各种自然湿地面积为0.36亿公顷，维持着全国96%的可利用淡水资源，并对污染的水体发挥着独特的净化作用。

不言而喻，如何利用信息技术促进现代林业建设，是新时期林业面临的一项重要课题。林业信息化是林业全局不可或缺的有机组成部分，林业资源监管急需林业信息化提供有效的支撑，综合营造林管理离不开林业信息化的有力支持，林业灾害监控和应急管理急需林业信息化提供科学的支撑。

只有积极有效地进行林业信息化的研究和建设，才能实现将全国林地、湿地、沙地和生物多样性等基础林业资源数据落实到山头地块，解决好"资源分布在哪里"、"林子造在哪里"、"治沙治在哪里"等问题，形成对"三个系统一个多样性"的全面有效监管，维护国土生态安全，为社会公众提供良好的生态产品。然而，林业物联网可能成为全国信息化整体推进的短板，急需进行研究、建设和应用。

建立以森林植被为主体、林草结合的国土生态安全体系，一是需要完善生态建设总体规划和林业重点工程规划，创新发展思路、发展体制和发展模式；二是要适应生态建设和市场变化，推动林业产业重组，优化资源配置，加快森林资源培育；三是要在环境保护工作中实施环境容量总量控制，以环境容量控制生产过程的排放量，有效地减少环境污染。因此，森林资源和生态状况综合监测有利于全面、准确地掌握森林资源和生态状况的变化。通过综合监测体系建设，建立高效、顺畅的森林资源和生态状况的信息采集、更新、加工处理、传输、开发利用和服务的长效机制，准确掌握森林资源和生态状况的动态信息，为完善生态建设规划、加快森林资源培育、实施环境容量总量控制、建立以森林植被为主体的国土生态安全体系提供决策依据。

4.1.5 林业产业发展对林业信息化的战略需求

林业涉及千家万户，关系着亿万林农群众和广大涉林企业的切身利益。加强林业信息化建设，是发展壮大林业产业的现实需求。

我国是一个多山的国家，山区面积约占国土面积的69%，其中林业用地面积为2.8亿公顷，约占国土面积的27%。农村包含了山区，山区多数是林区。山区是我国的资源宝库和大江大河的源头，全国90%的林地、84%的森林蓄积量、77%的草场、76%的湖泊、98%的水能都集中在山区。但长期以来，我国林业发展难以满足经济社会不断发展和人民群众生活水平日益提高的需要，林业仍然是国民经济链条上的弱势产业，长久以来，“林业弱、林农穷、林区困”等现象一直困扰着农民，我国广大林区经济社会发展严重滞后，成为中国破解“三农”问题的新瓶颈，表现为：

一是林业产出率不高。林业生产力落后于农业生产力的状况日益凸显，林业生产力极不发达，经济结构很不合理，粗放型经济增长方式没有得到根本转变，经济增长的技术含量很低。我国18亿亩耕地的亩均产出水平约为1000元，而43亿亩林地资源的亩均产出水平只有200元。

二是林区发展落后。统计显示，山区人口占全国总人口56%，在全国2000多个行政县(市)中，1500多个是山区县。山区拥有90%以上的森林资源，却又是贫困人口的聚集区，目前，全国592个国家扶贫开发重点县，有490多个分布在山区，往往越是林区越贫困，越是山区越落后，这里是国家经济社会发展最为薄弱的环节，也是新农村建设的难点和重点。

三是林农收入低。在全国林业结构中，集体林面积占比接近60%，集体森林总蓄积量占比也接近60%。由于集体林权制度改革落后于同期经济体制改革的整体步伐，束缚了林业资源潜能的释放，导致中国林业呈现“大资源、小产业、低效益”的怪象，林区农民守着大量的林地资源，过着贫穷的日子。加之林农大多居住在高山深山远山地区，自然条件差，文化水平不高，思想观念落后，接受信息渠道少，生产经营水平低，导致经济收入难以提高。

林区、林农是农村、农民的一部分，林业、林区、林农的问题不解决，“三农”问题就不可能得到彻底解决，新农村建设也必然受到影响，农村的发展就难有持久的动力。

我国有木本植物8000多种、陆生野生动物2400多种、野生植物30000多种，还有1000多个经济价值较高的树种。任何一个物种得到有效开发，都有可能办成一个大产业。比如，从银杏叶中提取的治疗心脑血管疾病的黄酮，从红豆杉中提取的抗癌物质紫杉醇，其价值都超过了黄金，形成了两个大产业。据专家研究，我国生物多样性的显性价值达7万亿元，并且还有难以估量的潜在价值。一是森林中的基因资源丰富。包括已有的农作物、家禽野生近缘种(如原生稻等)，以及能在将来创造出许多新生物品种的、各种性状的基因遗传材料。二是丰富的木本粮油物种资源。我国有木本粮油植物100多种，目前人工种植的只有枣、板栗、核桃、油茶等少数几种。如果把适宜栽植木本粮油树种的土地全部开发出来，每年可增加木本粮油产量250亿千克，而且不占耕地，为我们改善食物结构，促进民众健康，保障粮食安全展示了良好前景。

社会对木材等林产品的需求量呈逐年攀升之势，供给缺口越来越大，价格也呈上升趋势。从国际市场看，木材等林产品已经成为世界性紧缺商品。国内外两个巨大的林产品市场，为林业发展展示了广阔前景。

林业是一个与农民关联度高、农村剩余劳力容量大的行业。近年来，福建、江西通过集体林权制度改革，确立了农民经营林业的主体地位，吸引了大批农民从事林业生产经营。江西省近两年共吸引40多万外出打工人员返乡务林；福建省永安市因林业发展新增近6万个就业岗位，占全市新增就业岗位的55%。加上种苗花卉培植、野生动植物驯养繁育、林产品加工、流通贸易、森林旅游等，还可吸纳大量城乡劳动力。

长期以来，林业是广大林农群众就业增收的重要渠道，特别是集体林权制度改革以来，林业与林农群众的关系更加密切。

然而，由于林业资源家底不清，监管水平不高，信息交流不畅，严重影响了政府部门宏观科学决策，严重影响了林农群众和涉林企业增收致富。通过林业信息化建设，可以促进信息资源互动交流、推广先进实用技术、搞好市场流通、提高产品附加值、减少市场异常波动等，从而促进林业产业发展。

4.1.6　生态文化体系建设对林业信息化的战略需求

生态文化体系建设是一个新课题、新任务。生态文化是探讨和解决人与自然之间复杂关系的文化，是基于生态系统、尊重生态规律的文化，是以实现生态系统的多重价值来满足人的多重需求为目的的文化，是渗透于物质文化、制度文化和精神文化之中，体现人与自然和谐相处的生态价值观的文化。繁荣的生态文化，对社会意识有引领作用，对生产生活方式转变有促进作用，对政府部门决策有影响作用，对国家形象有维护作用，对科学技术有推广作用，对林业事业有凝聚作用。可以说，只有建成繁荣的生态文化体系，完善的林业生态体系和发达的林业产业体系才能真正建成。林业信息化建设能够为生态文化体系建设提供良好的网络平台、传播载体、创作工具和创作素材，促进生态文化大繁荣大发展。当前我国的林业信息化建设水平远远不能满足生态文化体系建设的需求。

4.2　中国林业信息化的发展机遇

当前，全球经济社会发展的格局正在发生深刻变化，我国经济社会发展转型的紧迫性更加凸显，面临的国内外环境变化越来越快。信息时代的到来召唤着林业信息化建设，进一步推动现代林业建设对林业信息化提出了更高的要求，信息技术的日新月异为林业信息化发展提供了技术基础，我国林业信息化发展正迎来前所未有的重要战略机遇期。

4.2.1　信息化已成为全球经济社会发展的显著特征

20 世纪 90 年代以来，信息技术不断创新，信息产业持续发展，信息网络广泛普及，信息化成为全球经济社会发展的显著特征，并逐步向一场全方位的社会变革演进。进入 21 世纪，信息化对经济社会发展的影响更加深刻。当前，与水、电、气一样，信息化已成为人类生活中必不可少的内容，且对人类的未来发展产生着十分巨大的影响。广泛应用、高度渗透的信息技术正孕育着新的重大突破。信息资源日益成为重要生产要素、无形资产和社会财富。信息网络更加普及并日趋融合。信息化与经济全球化相互交织，推动着全球产业分工深化和经济结构调整，重塑着全球经济竞争格局。全球信息化正在引发当今世界的深刻变革，重塑世界政治、经济、社会、文化和军事发展的新格局。信息化水平的高低已成为衡量一个国家综合实力的重要标志，加快推进信息化已成为带动一个国家经济社会进步、一个民族文明发展的重要途径，成为世界各国的共同选择和长远发展的战略制高点。

4.2.2　国家对信息化的重视达到了一个新的历史高度

近年来，我国先后发布了《国家信息化领导小组关于我国电子政务建设指导意见》(中办发〔2002〕17 号)、《中共中央办公厅、国务院办公厅关于印发〈2006～2020 年国家信息化发展战略〉的通知》(中办发〔2006〕11 号)、《中共中央办公厅、国务院办公厅关于转发〈国家信息化领导小组关于推进国家电子政务网络建设意见〉的通知》(中办发〔2006〕18 号)、《国家信息化领导小组关于印发〈国家电子政务总体框架〉的通知》(国信〔2006〕2 号)、《中央办公厅、国务院办公厅关于加强信息资源开发利用工作的若干意见》(中办发〔2004〕34 号)等一系列推进信息化建设的重要文件。党的十七大做出了推动工业化、信息化、城镇化、市场化、国际化的战略部署，要求“健全政府职责体系，完善公共服务体系，推行电子政务，强化社会管理和公共服务"，对信息化建设提出了新的更高要求。20 世纪 90 年代以来，国家相继启动了"十二金"重点电子政务工程，为政府部门履行经济调节、市场监管、社会管理和公共服务职能提供了重要手段，通过电子政务治国理政、服务于民的架构已具雏形。当前，我国已进入全面建设小康社会、加快推进社会主义现代化建设的新的发展阶段。《国民经济和社会发展第十二个五年规划纲要》中对"十二五"时期我国信息化的发展做出了明确部署，这也是林业信息化发展的指导性文件，对于明确林业信息化"十二五"发展重点和方向具有重要意义。

4.2.3 各级林业主管部门对林业信息化建设高度重视

国家林业局及各地林业主管部门对林业信息化建设高度重视。国家林业局局长亲自担任国家林业局信息化与电子政务工作领导小组组长，2009 年初成立了国家林业局信息化管理办公室，将林业信息化与电子政务建设列入了《林业发展"十二五"规划》，把推进林业信息化作为重点抓的 20 件大事之一。先后印发了《全国林业信息化建设纲要（2008～2020 年）》和《全国林业信息化建设技术指南（2008～2020 年）》，形成了指导当前和今后一个时期全国林业信息化工作的纲领性文件，全国林业信息化工作开始进入统一规划、全面加快的新阶段。2010 年 7 月，为进一步规范全国林业信息化工作，确保林业信息化工作健康有序协调发展，国家林业局出台了《全国林业信息化工作管理办法》，有力地引导和促进了当前我国林业信息化工作。各地均成立了信息化领导小组，由主要负责同志任组长，有力地推动了全国林业信息化建设。

4.2.4 新技术革命和经济全球化发展将有力促进林业信息化发展

现代信息技术日新月异，为林业信息化建设提供了强大的技术基础。以信息技术为先导的全球科技迅猛发展，新技术新业务进一步融合，促进了人才、技术、资金、设备等生产要素在国际间的流动和配置，加速了经济全球化的进程，已经对全球范围的科技、经济、文化、政治、军事以及意识形态产生了越来越广泛和深刻的影响。信息技术在相当长的时间里将是经济社会发展的主要推动力之一。下一代互联网、物联网、云计算、云安全、北斗导航系统等信息技术在林业业务中有很大的应用价值和应用空间。因此，适应新技术革命和经济全球化发展的新形势，抢抓机遇，乘势而上，加强科技创新和国际经济技术合作，必将有力促进我国林业信息化发展。

4.3　中国林业信息化的主要挑战

4.3.1　机构队伍的挑战

林业信息化发展必须有干部保证和人才支撑。我国林业信息化工作及促进机制不够健全，全国各地林业信息化机构设置不到位，林业信息化发展的管理权限和资源还比较分散；林业信息化工作及评价考核体系不完善，林业信息化立法执法需要加强；林业信息化人才缺口很大；全社会对林业信息化的理解和应用能力有待提高。一些单位对林业信息化工作认识不足、观念落后，缺乏以林业信息化带动林业现代化的全局意识和创新意识，对林业信息化工作不管不问，对信息化技术不学不用，思想上重视不够，工作上力度不大，导致目前仍然存在管理机构不健全、技术队伍不完善、运行机制不顺畅、工作进展不迅速，难以解决林业的动态管理、营造林重复投资等问题。

4.3.2　“数字鸿沟”的挑战

我国林业信息化建设，特别是林业电子政务建设向纵深发展还有很大空间。林业电子政务低水平重复建设和不能发挥良好效益、林业信息资源开发利用程度不高的现象依然存在，林业政务信息公开和共享、政务流程和服务的整合面临体制和机制的障碍。不少单位信息化建设缺乏统一规划、统一管理、统一平台，谁想抓谁就抓，想干什么就干什么，一些领域重复建设突出，一些领域又严重缺位，各单位自成体系，形成了一个个“信息孤岛”，大量的信息不能共享，造成林业信息资源效益低下和严重浪费。此外，林业信息化发展中重建设轻管理、重技术轻业务、重硬件轻软件和重应用轻安全等问题也依然存在。同时，我国林业信息化水平差异显著，地区之间的信息化发展不平衡现象十分突出，林业数字鸿沟明显存在并有加速扩大的趋势。林业信息化在促进资源节约型、环境友好型社会建设方面还有很多问题要研究、很多工作要做。截至目前，林业信息化还没有建立起一个科学、权威的国家标准体系，不少领域没有标准，有标准的也自成体系、相互不能对接。信息化制度建设滞后，管理和技术都缺乏规范。

4.3.3　资金瓶颈的挑战

信息化建设更新换代较快，资金需求较大。长期以来，林业信息化投入渠道不畅，投入资金不多，信息化基本建设和运行维护都存在很大缺口。大部分林业业务应用系统自行建设，自成体系，形成信息孤岛，无法实现信息资源共享，资源浪费严重。资金投入严重不足，建设投资和运维资金得不到保证。现有设备陈旧老化，存储空间小，运行速度慢。普遍存在网络建设滞后、设备陈旧、信息安全设备设施缺乏和信息交换手段落后等问题。

4.3.4　信息安全的挑战

信息安全防范能力弱，不少单位没有防范设备和防范措施，存在着被攻击、失泄密等诸多隐患。这些问题已经严重制约林业信息化的健康发展，成为影响国家信息化发展战略目标实现、维护国家信息安全的重大政治问题，必须引起我们的高度重视，尽快加以解决。

总之，准确把握我国林业信息化发展的战略需求，清醒认识我国林业信息化发展面临的新形势、新机遇和新挑战，是科学确定我国林业信息化发展战略的重要基础。我们只有切实增强责任感、紧迫感和使命感，认真贯彻落实中央的决策部署，采取更加有力的措施，更加扎实有效地做好工作，精心谋划，齐心协力，全面加快林业信息化建设步伐，现代林业才有生机与活力，才有前途和希望。

第5章　中国林业信息化的战略设计

5.1　国内外信息化战略设计理念

发达国家和信息化先行部委的实践经验和战略设计理念，对中国林业信息化战略设计具有很好的启示和借鉴意义。

5.1.1　国外信息化发展战略设计理念

(1)美国

美国作为世界信息产业的发源地，其信息化的发展及理念具有显著的代表性及方向性，为指导信息化建设，美国政府发布过多次信息化发展行动纲领和计划。从美国历次发布的信息化发展纲领性文件和建设内容来看，美国信息化发展战略是强调信息化基础设施建设，在实现了全民方便共享海量信息资源的基础上，实施“数字地球”，向“信息共享和整合服务”转变。

1955年，美国田纳西州的民主党参议员阿尔伯特·戈尔在美国国会提出“信息高速公路”(Information Highway，简写为ISHW)，这项对美国经济起着重要作用的“州际高速公路法案”，促使美国建成遍布全美国的信息高速公路网。1991年，时任美国副总统阿尔·戈尔又提出一项划时代的法案——“高性能计算机法案”即美国信息高速公路法案。1993年9月，美国政府宣布实施一项新的高科技计划——“国家信息基础设施行动计划”(National Information Infrastructure，简称NII)，旨在以因特网为雏形，兴建信息时代的高速公路，俗称“信息高速公路”，使所有的美国人方便地共享海量的信息资源。美国提出的“信息高速公路”是指在政府、研究机构、大学、企业以及家庭之间，建立可以交流各种信息的大容量、高速率的通信网络，让各种各样的信息在美国四通八达，使美国企业能更有效地交流信息，为发展经济创造有利条件。同时，“信息高速公路”也将提高人们的工作效率和生活质量。“国家信息基础设施行动计划(NII)”，计划投资4000亿美元建设国家信息基础设施，为美国信息化全面发展奠定了基础，同时克林顿政府将“信息高速公路”建设作为其施政纲领。

1994年，美国又提出“全球信息基础设施行动计划(Global Information Infrastructure，简称GII)”。GII的实施为全球信息化发展创造了一个良好的政策环境，特别是提出“社会资本引入”、“信息渠道畅通”、“促进竞争”和“保障服务”的战略设计。

1998年，美国副总统戈尔首次提出“数字地球(Digital Earth)”的概念，具体是指一个以地球坐标为依据的、具有多分辨率的海量数据和多维显示的地球虚拟系统。数字地球看成是对地球的三维多分辨率表示，它能够放入大量的地理数据，是关于整个地球、全方位的GIS与虚拟现实技术、网络技术相结合的产物。实际上就是信息化的地球，其核心思想是用数字化手段统一处理地球问题，并最大限度地利用信息资源。它不仅给其他现代科学技术的发展带来了新的契机，而且还将对人们的生存方式乃至国家的发展战略产生深远的影响。随着新兴技术的不断发展，“数字地球”已经从“基于网络服务的空间信息共享与智能服务”向“信息共享和整合服务”转变。

2010年3月16日，美国联邦通信委员会(FCC)向国会提交了国家宽带计划，这一计划被视为奥巴马政府2009年提出的经济振兴计划中有关宽带部分的行动纲领。国家宽带计划提出了未来十年实现6个目标：至少1亿个美国家庭应该负担得起接入下行大于等于100Mbps、上行大于等于50Mbps的宽带服务；美国将以比其他国家运行更快、分布更广泛的无线网络，在移动创新上领先；每个美国人都负担得起接入强健的宽带服务，并且这种订阅是按照他们的意愿来选择的；每个美国社区都负担得起接入大于等于1Gbps的宽带服务，来访问学校、医院和政府大楼等机构；为了确保美国公众的安全，每位先遣急救员都可接入可互操作的、安全的全国无线宽带网络；为了确保美国在清洁能源经济中的领导地位，每位美国人都应该能够通过宽带来实时跟踪和管理他们的能源消耗。

从美国信息化发展战略设计来看，一是美国信息化战略总体目标清晰。“以公众为中心、以结果为导向、以市场为基础”，地方部门的目标服从国家目标；战略设计过程可持续，定期评估，并提出更高的要求；信息化战略的实施有法律、技术标准和行政改革作为保障；二是“信息高速公路”等宽带战略成为美国信息化基础设施，并成为世界各国信息化的前提；三是美国“数字地球”概念的导入，突出了空间信息在信息化中的基础作用、共享性和可用性；四是政府中的首席信息官、电子政务记分卡、年度实施报告等制度有效地促进了美国政府信息化的进程。

(2)澳大利亚

澳大利亚的信息化发展战略，始终以“公众和社会”为导向，提高政府的服务能力和服务水平。

1993 年，澳大利亚启动了国家信息基础架构工程(National Information Infrastructure，即 NII)，旨在建设网络化的服务型政府。1997 年，澳大利亚总理霍华德在《投资以促进增长》政策声明中提出，2001 年底前联邦政府各部门要将所有适宜通过互联网开展的服务事项上网。2000 年 4 月，澳大利亚政府制定“政府在线”(Government on Line)工程，以向社会公众提供更加便捷高效的服务。这一时期澳大利亚信息化战略设计思想主要集中在基于互联网的政府与社会公众之间信息交互与服务的提供。

2002 年 11 月，澳大利亚联邦政府提出“更优的服务，更好的政府”(Better Services，Better Government)的电子政务战略设计，整合联邦、州和地方三级政府和部门之间的网上服务，促进信息在不同层级政府及部门之间共享，面向公众提供一站式服务。政府信息化建设工作重点是运用新技术更广泛、更有效地保证政府与社会公众之间信息与服务的交互，满足公众需求。

2004 年 7 月，澳大利亚提出“面向目标、面向顾客、面向问题”的电子政务发展思路，为用户提供个性化信息和服务。该战略设计主要突出“政府主导、服务至上、数字鸿沟”的主要理念，突出了服务的智能化与个性化。这一时期，电子政务发展表现为：政府门户网站提供强大的检索功能，重视对提供的信息和服务按照用户群体、主题等属性进行细致分类，方便用户查找所需的信息和服务。

2006 年 3 月，澳大利亚发布了 2006 ~ 2010 年电子政务新战略——“响应的政府”战略。该战略旨在进一步提高澳大利亚的在线服务提供水平，并建成积极响应的政府。该战略设计更加强调“协调”和“以公众为导向”的思想，并确定了用户需求、互联服务、经济效益、公共部门能力四个非常重要的关键优先发展领域。

澳大利亚信息化战略设计从“政府在线”发展到“更好的服务，更好的政府”，到目前的“响应的政府”，其战略设计理念经历了“政府上网”、“服务整合”和“一体化政府”三个过程，战略重点也从最初的实现服务电子化提供转变为改进电子政务服务提供水平，突出了“服务”的核心本质。在具体做法上要满足服务“及时性”、“公平性”、“公共服务人员的能力以及是否胜任”、“公共服务结果的满意程度”等的要求；使公众在一个地点获取几乎所有服务，公共服务网站是按照一组一组的公共服务，而不是按照政府部门结构来设计的；在垂直方向上，各个政府机构整合信息，以满足公民无缝方便公共服务的需求。

(3)巴西

巴西和中国是“金砖五国”的重要组成部分，也是全球重要的发展中国家，都具有幅员辽阔、资源丰富、人口众多、区域发展不平衡等特点，面临的挑战与机遇在很多方面颇为相似。近年来，巴西的电子政务和信息化建设快速发展，应用效果比较明显，其在信息化发展战略设计方面的理念与思想具有一定的独特性，值得借鉴。巴西的信息化战略主要包括“实现全民培训”、“提升政府利用信息技术办公能力”等。

“巴西之家计划”培训模式。2005 年 10 月，巴西政府以总统令形式颁布了“巴西之家计划”，其目的是利用信息通信技术，让没有条件接受传统教育的穷人接受教育，享受信息技术带来的福利，为其融入信息社会创造条件。以礼堂、图书馆、广播站、多媒体阅读室和传播技术的实验室、计算机培训教室等多种形式进行信息技术宣传和培训工作，提高了民众的信息技术应用技能。

“IT 综合管理能力建设”理念。“IT 综合管理能力建设”理念的主要内容是：应用信息技术是政府在信息时代不可缺少的一种工作方式，政府管理中的 IT 投资效益明显，政府机构必须利用先进的信息技术提升工作效能和公共服务效率，更好地履行职能，以充分体现政府机构的综合管理能力。巴西政府加强“IT 综合管理能力”建设，不仅实现了信息技术与业务的有机整合，而且在提高工作效率、降低行政成本、提升政府形象等方面取得了显著成效。

“两网管理，企业化运作”理念。巴西整个政府信息化建设分上下两层，上层是政府内部网“内网”，下层是综合服务网“互联网”。“内网”是专门为政府机构内部提供服务的内部局域网，微机终端设在各个部门，政府公务员按照一定的程序就能进入内部网。政府所有的部门都要运用这个系统开展政务活动，涉及的领域有税收、进出口业务、财政收支、公务员管理、政府和私人车辆管理等。“互联网”主要是为民众提供政务信息服务，服务内容有 700 多种，各类政务信息以及办事的程序都公之于众，为每一个公民提供政务服务和网上查询。

在“两网”的管理上，巴西采用“政府管理、企业负责”的形式进行。“两网”的管理和维护机构是“巴西数据处理中心”，按照企业模式运行，该中心共有 5000 多员工，24 小时运转，每天处理的业务量达 3000 万件。该机构的决策层成员主要由参、众两院有关人士，以及财政部、计划预算部等部委组成，执行层是数据处理中心的董事局，职能是管理维护网络的正常运行。对于分工，政府部门负责各相关领域的内容提供，数据处理中心负责技术支持，提供服务和顾问业务。

5.1.2　国内信息化发展战略设计理念

(1)概述

我国国家信息化发展战略经历了不同时期的发展。改革开放以来，党中央、国务院一直高度重视信息化。20 世纪 80 年代初，我国就成立了计算机和大规模集成电路领导小组及其办公室，1993 年成立了国民经济信息化联席会议，2001 年成立了国家信息化领导小组。邓小平同志 1984 年就提出“开发信息资源、服务四化建设”的战略构思；党的十五届五中全会明确指出，信息化是覆盖现代化全局的战略问题；十六大又提出了信息化带动工业化，走新型工业化发展道路的要求。中共中央办公厅、国务院办公厅《2006～2020 年国家信息化发展战略》(以下简称《战略》)，提出了到 2020 年我国信息化发展的战略目标。

《战略》体现了对信息产业的一个新的认识。过去对信息产业的认识就是信息技术和通讯技术，以及相关设备的生产。当前，信息产业的概念已经发生了深刻的变化，原来的信息技术产业概念已经不能适应信息产业的发展，在新的信息产业概念里扩充了文化、出版、广播、影视、市场资讯、市场调查、游戏动漫等。以内容加工为对象，产品形式表现为信息形式的，都属于信息产业。

《战略》在信息化制度环境建设方面给予了重新设计和考虑。一个社会的发展如果没有好的制度设计是不行的，信息化就是要在一个制度发展中最大限度地发挥信息的作用、知识的作用，发挥技术的作用，要有相应配套的制度环境。《战略》对于信息化的体制、机制都有重点地进行了一些设计，内容包括体制、机制、法律法规、标准化、信息安全、知识产权、全民信息能力的提升以及改革开放对外交流等。

战略目标清晰明确。《战略》提出，到 2020 年，我国信息化发展的战略目标是：综合信息基础设施基本普及，信息技术自主创新能力显著增强，信息产业结构全面优化，国家信息安全保障水平大幅提高，国民经济和社会信息化取得明显成效，新型工业化发展模式初步确立，国家信息化发展的制度环境和政策体系基本完善，国民信息技术应用能力显著提高，为迈向信息社会奠定坚实基础。

《战略》提出了贯穿 15 年的战略行动计划，包括 6 项内容：国民信息技能教育培训行动计划；电子商务行动计划；电子政务行动计划；网络媒体信息资源开发利用行动计划；缩小数字鸿沟行动计划；关键信息技术自主创新行动计划。这里与传媒关系最大的就是网络媒体信息资源开发利用行动计划。这些计划都是“十一五”、“十二五”、“十三五”一直要贯穿下去的战略行动。在一个中长期战略里，能够提出行动计划，把一个战略变成了实际能够操作的行动计划，这还不太多见。《战略》提出了我国信息化发展的九大战略重点：推进国民经济信息化；推行电子政务；建设先进网络文化；推进社会信息化；完善综合信息基础设施；加强信息资源的开发利用；提高信息产业竞争力；建设国家信息安全保障体系；提高国民信息技术应用能力，造就信息化人才队伍。

我国信息化建设正在进入一个快速推进的新阶段。但总的来说，我国信息化发展战略的定位是追赶型战略。当前我国信息化整体水平在发展中国家中处于中等或中等偏上位置。2012 年联合国电子政务调查报告显示：中国的电子政务在整体发展中稳步前进。中国电子政务发展指数(0.5359)，排名第 78 位。报告认为：这是不小的壮举，因为中国有着多达 13 亿人口和辽阔的国土面积，这使得政府必须比人口少、地域小的国家付出更大的努力，特别是它的人口分布很广，愈发增加了发展难度。中国政府在促进信息公开方面取得了显著成效，通过提供综合的信息、更多的跨部门综合性服务以及政府官员与公众更多的互动，中国政府提高了官方门户网站的质量。到 2020 年，我们希望整体上达到发展中国家前列或领先位置，在某些地区或领域将达到国际先进水平甚至领先水平，但整体上与发达国家相比还有一定的差距。加快发展，缩小差距是确定战略目标的基本思路。

对于林业信息化战略规划来说，在国家信息化战略框架下，了解相关行业信息化发展战略，具有重要的借鉴意义。

(2)农业

我国农业信息化相对起步较早，1979 年引入第一台计算机，1981 年成立了第一个农业计算中心，1987 年成立农业部信息中心，开始重视和推进计算机技术在农业和农村统计工作中的应用。1992 年农业部制定了《农村经济信息体系建设方案》，成立了农村经济信息体系领导小组，加强信息体系建设和信息服务工作的统筹协调与规划指导。1996 年中国农业信息网建成开通，实现了统计数据的计算机处理。1996 年第一次全国农业信息工作会议的召开，标志着我国农业信息化开始进入政府推进、有序发展的新时期。

2001 年，农业部启动了《“十五”农村市场信息服务行动计划》，全面推进农村市场信息服务体系建设。2003 年建立了以“经济信息发布日历”为主的信息发布工作制度。2006 年下发了《关于进一步加强农业信息化建设的意见》和《“十一五”时期全国农业信息体系建设规划》。2007 年出台了《全国农业和农村信息化建设总体框架(2007 ~ 2015)》，全面部署农业和农村信息化建设的发展思路。

2005 年 5 月，农业部下发《关于开展“三电合一”农业信息服务试点项目工作的通知》，在全国首次提出了“三电合一”农业信息服务试点的信息化工作模式，简称“三电合一”工程。同时下发了《2005 年农业部“三电合一”农业信息服务试点实施框架方案》，对项目目标、实施内容、系统功能、建设进度等做了具体、统一的要求，以实现上下联动，信息共享，保证工作质量和项目效益。

“三电合一”工程的战略设计理念。通过在各地农业主管部门建设农业 110 综合信息服务中心，充分发挥电话、电视普及率高的优势，推进农业政策、科技、市场等信息进村进户，提高各地农业主管部门信息服务能力。其特点是通过电话、电视、电脑三种信息载体有机结合，实现优势互补，互联互动。利用电脑网络采集信息，丰富农业信息资源数据库，为电话、电视语音系统和电视节目制作提供信息资源；利用电话语音系统，为农业生产经营者提供语音咨询和专家远程解答服务；利用电视传播渠道，针对农业生产经营中的热点问题和电话咨询过程中反映的共性问题，制作、播放生动形象的电视节目，提高信息服务进户率。

“三电合一”工程的战略设计价值。充分体现了多种信息载体集中服务的优势，实现了传统媒体和现代媒体的有机结合，政府管理与信息技术的有机结合，跨部门跨领域信息的有机结合，信息资源整合与共享的有机结合，不同程度地解决了基础设施薄弱、信息资源利用不充分、信息传播渠道不畅和运营机制缺失的问题。其核心价值体现在：丰富了信息服务手段，提高了信息服务入户率和使用率，为各地农业主管部门建立了一个多渠道、多媒体、低投入、易管理的农业信息服务平台，为农业生产经营者提供了权威、及时、准确的各类农业信息，促进了农民增收、农业增效。从根本上缩小城乡“数字鸿沟”，解决当前农业信息进村入户的“最后一公里”问题。

“三电合一”工程主要实施内容。包括“电话语音、电脑网络、电视节目制作”三个服务系统建设和“全国公用数据库、地方个性化农业数据库”两个信息资源系统建设。

(3)质检

2001 年，为了适应建立和完善社会主义市场经济体制的要求，加强质量监督和检验检疫执法，党中央、国务院决定，将原国家质量技术监督局和国家出入境检验检疫局合并，成立国家质量监督检验检疫总局，简称国家质检总局；同年国家质检总局信息中心成立，具体承担质检系统信息化建设工作。

由于机构变革等问题，原有卫生检疫、动植物检疫和进出口商品检验“三检合一”组建“检验检疫”。随着“三检合一”工作的完成，机构改革赋予了出入境检验检疫工作更重要的地位和职责，并且扩大了检验检疫工作的业务量和业务覆盖面。随着检验检疫业务量和数据量的不断增加，原有的分散式业务数据管理模式由于存在基础资料不能共享，业务模式、业务规范、业务流程不统一等一系列缺陷，已经暴露出越来越多的矛盾。

首先，尽管各分支机构检务人员对统计数据进行了层层上报，但是上级机构并不能对下属机构业务情况进行实时、有效的监控；检验检疫行业推广应用电子审单快速核放系统、口岸内地联合执法系统、绿色通道制度等无法形成统一模式。

其次，在快速查验系统、电子监管系统等重要业务系统的推广应用方面，由于下属各分支机构需单独配置独立的应用服务器，需要额外的设备投入而增大了系统推广的难度。

第三，在分散管理模式下，服务器系统的维护、升级、管理工作量大，而且多系统、多层次的数据交换使效率和可靠性降低，设备众多，资源浪费现象十分严重。一旦出现问题不但影响检验检疫业务运作，而且也会分散系统维护人员的精力。

基于此，为实现检验检疫业务系统的高度集成，实现数据整合和共享，实现检验检疫业务全流程、全覆盖，质检行业从 2005 年开始实行检验检疫核心业务系统的全国数据大集中系统建设。

所谓“数据大集中”就是充分利用安全、稳定、可靠、高速的网络和主机等技术条件，将分布在基层执行机构（如各分支局）的业务数据迁移到纯管理机构（如各直属局）数据中心集中进行数据处理和存储，各基层执行机构则通过广域网连接到数据中心，进行业务操作和数据处理的一种现代化数据处理模式。对检验检疫机构而言，“数据大集中”就是要将分散部署的检验检疫业务数据集中到统一的数据中心进行业务数据处理。

与此同时，为了妥善地解决数据迁移问题，根据 CIQ2000 系统及其他相关应用系统的特点，检验检疫提出了比较具体的数据迁移策略：首先，力争保证应用系统的平稳过渡，在数据迁移过程中，使检验检疫机构的日常业务尽可能不受影响，客户端软件的运行环境改变尽可能少，更新尽可能方便。其次，在数据迁移的实施过程中，检验检疫核心业务系统尽量不做数据更新和版本升级工作，以保证数据结构的稳定和业务移植工作的成功。第三，为保证数据迁移工作安全、平稳、有效地进行，实施过程要根据各检验检疫局的运行环境情况，以及业务运行情况，确定各检验检疫局分机构、分步骤的上线计划。第四，在实施数据迁移之前，研究制定统一的业务模式、业务规范和业务流程，并以此为标准统一各分支机构业务系统的相关设置，为顺利实施数据集中扫清业务障碍。第五，上线计划中首先需要选定一个业务量大或业务规范的机构先行移植，在数据迁移后，按照新业务的设计要求，调整好相关的业务规则、业务流程、权限定义和参数设置。在随后各检验检疫机构的数据迁移中，采用的迁移策略是：先进行数据清洗，调整好数据冲突；然后进行一次性的数据迁移；最后进行整体性的数据调整。第六，每次迁移实施之前，对直属局和分支机构的数据库进行备份，建立备用服务器环境，确保出现意外情况导致迁移失败时可保障业务正常运行。制订完备的业务应急方案，及时处理迁移后可能出现的异常情况。

检验检疫数据“大集中”管理模式是信息化发展到一定阶段的必然趋势，也是检验检疫业务现阶段发展的必然需要。从某种程度上讲，又是“业务的需求推动了业务数据大集中的进展。

战略设计是对战略研究思路及内外活动要素关系的描述，它不仅包括内部环境的设计以及外部关系的协调，还包括战略目标和实施步骤。战略设计是战略研究的核心，它为战略研究指明方向，是保障发展的灵魂和主线，也是战略实施和战略评估的基础。因此，做好中国林业信息化发展的战略设计是关系到林业工作全局和未来发展的重大举措和当务之急，是林业发展站在新的历史起点上的内在要求，是走向科学发展轨道的必然抉择；做好中国林业信息化发展的战略设计，为林业发展扫清思想上的桎梏，为林业相关体制、机制、法制等方面的改革和具体政策的出台指明方向；做好中国林业信息化发展的战略设计，是对林业事业的一次战略思考、长远规划和科学引导，既有十分重大的现实意义，又有十分深远的历史意义。

5.2　中国林业信息化发展的基本思路

5.2.1　总体思路

高举中国特色社会主义理论伟大旗帜，按照现代林业建设和国家信息化发展的总体要求，以解放和发展林业生产力为核心，以加快转变林业发展方式为主线，以兴林富民为出发点和落脚点，以深化改革和扩大开放为动力，着力加强电子政务建设，着力推进信息资源开发利用，着力提高社会服务能力，着力构建信息化发展长效机制，着力构筑强大人才支撑体系，着力推进信息安全保障体系建设，不断提升林业信息化建设与应用水平，为发展现代林业、建设生态文明、推动科学发展做出新的更大的贡献。概括为一句话，就是“整合共享，协同融合——加快林业信息化，带动林业现代化”。

信息技术和信息资源相结合，以网络为依托，构成了新的最活跃的生产力，驱动着全球经济发展方式快速转变，解放和发展林业生产力，是林业信息化的固有特征。

林业信息化不是为技术而技术，是用新技术、新知识来指导实践，最终实现兴林富民的目标，所以林业信息化的出发点和落脚点需要落在兴林富民上。

着力加强电子政务建设，是因为只有政府先搞好信息化，接受全新的信息技术和管理理念，才能在林业管理和服务中有所作为。

着力推进信息资源开发利用，着力提高社会服务能力，着力构建信息化发展长效机制，着力构筑强大人才支撑体系，着力推进信息安全保障体系建设，都是信息化目标实现的重要要求。

林业信息化建设是一场技术革命，也是一场思想革命，更是一项系统建设工程，工作的重点是提高政府、林企、林农等方面的信息化应用水平，从而为最终实现林业现代化服务。

5.2.2 基本原则

(1)统一规划

统一规划是林业信息化科学发展的前提。规划不统一，大家势必会各自盲目建设、低水平重复建设，导致“烟囱林立”，相互之间不能互联互通，信息共享和业务协同无法实现。统一规划就是要做好顶层设计，要对政府所有业务进行统筹考虑，打破部门限制，把政府作为一个整体来分析，推动目标组织和总体架构的设计。

(2)统一标准

统一标准是林业信息化科学发展的关键，就是支持开放的共享标准达到信息分类交换和结构化的能力，支持具有创建跨机构、可互操作的信息共享架构的能力，促进信息共享，是业务系统互联互通的技术基础。

(3)统一制式

制式是政府业务与信息技术结合的体现，业务梳理不是简单地将政府单位目前做什么和如何做的现状描述出来就可以了，而是根据更高层面的总体的业务需求与资源共享要求，考虑到最终要结合信息系统的实现而进行的业务再设计，这是个“创新”的过程。

(4)统一平台

统一平台是林业信息化科学发展的基础。只有在一个平台上进行建设，才能保证数据格式等的一致性，实现互联互通，同时降低建设和运维成本。

(5)统一管理

统一管理是林业信息化科学发展的核心。自上而下和清晰的蓝图是统一领导和管理林业信息化的一种工作机制，要有专门的部门负责林业信息化工作，协调各类业务与信息化应用的关系，明确其职能和目标，实现主要林业业务管理和政务服务的信息化，降低林业政务运行成本和提高公众服务质量。

5.2.3　正确处理六大关系

为了落实好上述指导思想和基本原则，必须正确处理好以下六大关系。

(1)正确处理统与分的关系

统分结合，以统为主，应成为林业信息化建设坚持的原则。不“统”会乱、会“烟囱林立”。要努力消除各自为政造成的“信息孤岛”、低水平重复建设等弊端，逐步向集中统一管理转变。要明确国家林业局与各级林业主管部门、林业信息化管理部门与其他业务部门的职责权限，使大家在“五个统一”的前提下，充分发挥技术与业务两方面的积极性和创造力，形成合力，共同推进林业信息化建设。

(2)正确处理建与用的关系

林业信息化，建设是基础，培训是纽带，应用是目的。要努力消除长期存在的重建设轻应用的不良现象，通过加强制度建设、开展持续有效的培训等措施，加强对已建信息化成果的推广应用，切实提高信息化投资效益。

(3)正确处理技术与业务的关系

信息化建设，“三分技术，七分业务”，技术和业务缺一不可。相比而言，熟悉业务流程和业务需求相对更为重要，毕竟技术方面的欠缺可以由 IT 企业的技术人员来弥补。

(4)正确处理自身与公众的关系

林业信息化建设是一项宏大复杂的系统工程，单靠自身力量难以完成。同时，自我封闭、以自身为服务对象的理念已难以适应服务型政府建设的要求。因此，必须实现由偏重自我服务向以公众服务为中心转变，由政府自建自管向政府主导、社会力量广泛参与转变。

(5)正确处理应用与安全的关系

信息化的高效率与信息安全的低效率是一对不可调和的矛盾，必须找到一个合理的平衡点。要科学划分信息资源的安全保护等级，在此基础上，按照应保尽保、安全第一的原则，深化信息技术应用和信息资源开发利用，以安全保应用、以应用促发展。

(6)正确处理“硬技术”与“软环境”的关系

林业信息化的建设进程是硬技术与软环境相互融合、相互促进的过程。软环境是硬技术的外围保障，硬技术是软环境服务的主体。只有使两者相辅相成、协调推进，才能保证林业信息化持续稳定健康发展。为此，要实现从重“硬技术”轻软环境向软硬环境建设并重转变。

5.2.4 努力实现六大转变

林业信息化建设是一个不断完善和不断创新的过程，需要与时俱进、科学发展，其中既包括原有不符合发展规律的工作思路和工作方法与方式的转变，也包括现有工作形式的转变和创新的过程，结合林业信息化现状，实现林业信息化科学发展，需要实现以下六大历史转变。

(1)从各自为政向集中统一管理转变

从各自为政向集中统一管理转变，这是林业信息化管理方式的转变。由于历史原因和业务多样性等特点，林业信息化一直以来呈现分散建设、独立运行、分散独享等各自为政的特点，由此势必会造成林业信息化系统性不强，重复建设严重、增加政府行政投入，信息资源开发利用程度低，造成信息孤岛、信息资源不能有效共享，并导致公共服务水平低下，信息化整体效能不高，制约了林业信息化发展。

集中统一管理是指在林业信息化建设和发展过程中，坚持统一规划、统一标准、统一平台、统一建设和统一管理，并按照分布实施、分级负责的原则，以业务流为主线进行林业各应用系统的有机整合、共享和业务协同，提升林业信息化效能。

实现林业信息化健康、稳定和可持续发展，必须坚持从各自为政向集中统一管理转变，这是林业信息化管理方式的转变。各级林业机构需要从大局出发、从长远出发，统一思想、提高认识，在进行顶层设计时对业务进行统筹考虑，打破部门限制，建立相应的业务框架和模型，做好信息化建设管理与综合协调工作，从战略高度打破各自为政格局，实现信息化需求调研、规划设计、建设实施、推广利用、运行维护等各环节的统一、集中管理，这也是林业信息化科学发展的基础。

(2)从技术驱动向技术和内容融合转变

在传统认识上，信息化建设一直是信息化部门的事情，是信息化技术人员的事情，信息化建设是以追求信息技术层面的优越性为主要发展动力，主要的表现为硬件设备和应用系统呈现大量的堆砌，这样就导致新技术的应用与业务实际应用不匹配，过多追求技术的先进性和设备的先进性，忽略现实需要，造成信息化建设投入过大，信息化效能较低。另一个层面，信息化建设一直是以技术部门为主要牵头人，业务部门的配合性和积极性不高，而且在传统业务技术实现的过程中，造成了原有业务流程和人员工作内容的改变，业务部门给信息化推进带来一定阻力。

信息化和电子政务的主要功能就是服务于业务，提升业务办理效率，提升服务能力与水平，信息技术和业务的有机融合，信息技术本身只有服务于业务和内容的过程中才能产生更大的价值和效益。而且信息化建设的过程，是新技术引进、消化、吸收和再创新的过程，是技术和业务的深度融合，既需要有人来建设，也需要有人来掌握和使用。所以，信息化建设不单单是技术部门的事情，不单单是技术人员的事情，也不仅仅是技术层面的事情，而是要实现技术和业务的融合。

(3) 从重建设轻应用向注重深化应用转变

从重建设轻应用向注重深化应用转变，这是林业信息化建设重心的转变。与发达国家相比较，我国信息化发展起步较晚，发展仍处于初级阶段，与国内先进行业相比较，林业信息化发展仍处于起步阶段。从目前信息化发展阶段性特点和先进行业经验来看，我国信息化发展经历了一个“重建设轻应用”的过程，仍存在诸多不完善之处，包括政务信息资源开发利用滞后，共享机制尚未建立，建设、管理运行体制不完善，应用系统的潜能未得到充分发挥，公众服务水平和效率不高，过去很长的一段时间，追求信息化建设水平与建设质量，往往人们理解信息化建设好坏主要表现为信息化硬件设备与软件系统建设数量的多少，只简单地将政务活动计算机化，回避政务流程重组、优化、规范等方面的矛盾，只是简单地追求信息化的“量”而忽视了信息化的“质”，忽视了信息资源的开发与利用，以及信息化应用程度和应用水平的提高。

林业信息化建设，需要注意从重建设轻应用向注重深化应用转变，以信息化应用为重心，一是要更加重视深化应用，坚持以公开为原则，扩大政务公开的范围和内容，及时准确地发布政务信息，提高应用深度和广度；二是更加重视互联互通，通过法规规范、政策引导、行政协调、技术手段等办法推动互联互通，对在建的应用系统，要根据互联互通的要求，实事求是地进行调整，对新建的应用系统，要加强规划指导，把互联互通作为立项审批的重要条件；三是更加重视信息共享和业务协同，探索建立信息共享和服务机制，注重加强重点应用系统和项目建设，加强技术与业务的高度融合，加强信息资源的开发和利用，不断提升应用服务水平，提升政府行为的透明度和公信度。

(4)从偏重自我服务向自我服务和公共服务并重转变

从偏重自我服务向自我服务和公共服务并重转变，这是林业信息化服务方式的转变。服务是信息化和电子政务建设的出发点和落脚点，信息化和电子政务建设的主要功能就是提高政府的公众服务能力、办公效率、运作透明度，降低政府运作成本，促进政府职能转变和服务方式的转变。

长期以来，我国信息化一个显著特点是：把电子政务建设作为今后一个时期我国信息化工作的重点，政府先行，带动国民经济和社会发展的信息化。因此，我国信息化建设，特别是电子政务建设过多地强调了管理职能和监管职能，而忽视了公共服务职能。当前，我国正处在深化政府职能转变的关键时期，我国政府职能正由管理型向服务型转变，由侧重审批向侧重事前服务和事中事后监督转变，由“官本位”向“民本位”转变，向提高政府服务的效率和质量转变，而且世界各国的信息化建设也正在由应用型向服务型方向转变，这就要求我国信息化建设，特别是电子政务建设在促进政府职能转变过程中发挥更大的价值和作用。

林业信息化建设坚持从偏重自我服务向自我服务和公共服务并重转变，主要体现在在信息化规划和建设中，一是要继续做好自我服务的信息化项目建设，管理即服务，政府部门做好管理工作也是服务的重要内容，着重做好宏观决策系统、综合管理系统的建设工作；二是要注重公共服务信息化项目建设，加强信息资源开发利用，创造公共服务和谐环境；注意坚持自我服务和公共服务并重。

(5)从政府自建自管向政府主导、社会力量积极参与转变

从政府自建自管向政府主导、社会力量积极参与转变，这是林业信息化建设模式的转变。目前，林业信息化建设更多的是政府自己建设、自己管理，政府全方位地参与信息化建设中，这就给政府信息化部门带来资金压力、人员压力和技术压力。信息化是技术与业务的高度融合，对人员数量、技术和业务能力有双向要求，对新技术掌握和创新能力有要求，对社会资金和建设模式有要求，对信息安全性等也有要求，特别是随着信息化项目越建越多，人们对信息服务的要求日益增多，信息化运行和维护压力越来越大，仅仅从政府的角度来说，面临人员、技术、安全的压力和问题也会越来越多，而且政府既负责管理，又负责技术和服务，是对政府职能和身份的一种错乱和迷失，不符合信息化建设良性发展的需要。发挥市场的功能与作用必然是我国信息化发展的重要趋势。林业信息化发展也需要从“政府自建自管”向政府主导、社会力量积极参与转变，这里所说的社会力量参与，主要是指信息化建设中投融资的参与、人员的参与、运维等服务的参与等。

(6)从重硬环境轻软环境向软硬环境建设并重转变

软硬环境建设并重是林业信息化发展的关键。当前我国信息化和电子政务发展机制体制不顺，政策法规和标准规范体系不完善是客观存在的一个制约我国信息化发展的重要因素，也成为信息化发展的一大障碍。硬环境和软环境是信息化健康发展不可或缺的两大基本要素，重硬环境轻软环境建设是强调加速建设、强调突出基础设施建设导致的，也是信息化建设初期的一个表现，随着信息化进入深化应用时期，信息化软环境滞后于硬环境的局面必将发生转变，首先，软环境为硬技术指明发展方向，提供发展动力，创造发展环境，没有软环境的支撑硬技术自然受到制约和困顿；其次，硬技术是信息化发展的中心内容和主要表现，没有硬技术，软环境就失去了服务主体和存在的理由；第三，只有做到软环境和硬技术相互融合、共同发展才能促进信息化整体发展，少了哪一部分都会给信息化的快速发展带来严重障碍。因此，从重硬环境轻软环境向软硬环境建设并重转变，是林业信息化发展的必然，也是林业信息化可持续发展的战略选择。

综合以上“六大关系”和“六大转变”，其核心思想体现为八个字：整合共享、协同融合。其中，整合共享是林业信息化的出发点，协同融合是林业信息化的总要求，提高办事效能是总目标。

5.2.5　战略目标

到 2030 年，建立起完善的林业综合信息基础设施，形成以电子政务、电子商务、电子社区为核心组成的覆盖林业全业务的信息化体系，信息技术集成应用和再创新能力显著增强，信息资源开发利用和综合服务水平显著提高，林业信息化发展政策体系和制度环境显著改善，为我国加快实现林业现代化做出重要贡献。

5.3　中国林业信息化发展的总体框架

5.3.1　总体框架

政府、企业、居民是经济社会活动中的三大行为主体，而服务三大行为主体的电子政务、电子商务、电子社区，则是国民经济和社会信息化内部结构的核心构成。对林业信息化来说，林业电子政务、电子商务和电子社区也是其总体框架中的核心构成(图 5-1)。

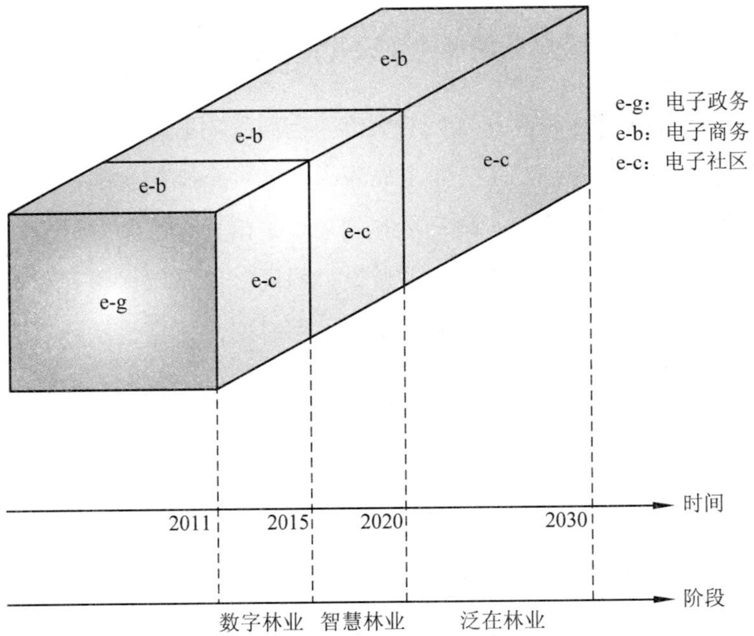

图 5-1　中国林业信息化发展总体框架图

在林业电子政务、电子商务、电子社区三大核心应用中，电子政务处于战略主导地位，具体体现在：电子政务对电子商务、电子社区进行引导、鼓励和环境支持；设定行为规则，进行必要的调整和约束；主导信息资源整合，并促进信息化内部结构的优化。电子商务在林业产业信息化中处于核心地位，对涉林企业、单位和个人开拓国内外市场，提高市场竞争力发挥着重要作用。电子社区对林业行业来说，主要指我国东北、西南等森林重点分布区的电子林区，他们在林业信息化应用中处于基础地位，是促进管理创新、服务创新和夯实信息化发展群众基础的重要力量。林业电子政务、电子商务、电子社区三者之间两两发生相互作用，这些作用力正是三者核心机制——行政管理机制、市场竞争机制和社区公益与民主机制相互补充的一种表现，电子政务对电子商务和电子社区具有引导和拉动作用，电子商务对电子政务和电子社区具有支撑和驱动作用，电子社区对电子政务和电子商务具有基础和延伸作用。

5.3.2　林业电子政务总体框架

林业电子政务是林业信息化建设的主体内容，课题组对林业电子政务总体框架进行了重点研究。根据《2006～2020 年国家信息化发展战略》、《国家电子政务总体框架》、《全国林业信息化建设纲要(2008～2020 年)》等文件要求，参考国家其他部委机构信息化及电子政务总体框架设计情况，结合现代林业建设实际，提出中国林业电子政务总体框架采用“三层两体系”的结构(图 5-2)。“三层”为信息资源与基础环境层、业务应用与支撑层、展示与服务层；“两体系”是为“三层”提供支撑和保障的法律法规及标准规范体系、安全保障及运维管理体系。

(1)信息资源与基础环境层

主要由林业基础运行环境和数据中心组成。基础运行环境包括网络系统、存储系统、安全系统、操作系统、数据库管理系统、中间件、服务器、各类终端、机房及配套等。林业数据中心包括公共基础数据库、林业基础数据库、林业专题数据库、林业综合数据库、林业信息产品库、归档备份数据库以及异地灾备中心等。林业数据中心的数据结构及分布是：在国家林业局建立主中心，在各省级林业主管部门设分中心，省级以下林业单位原则上不建设数据中心，而只是作为终端用户。

(2)业务应用与支撑层

由应用支撑体系和应用系统组成。应用支撑体系包括身份认证体系、信息共享服务体系、目录与数据交换体系、常用工具软件、基础组件、林业数表模型等。应用系统分为应用服务系统和业务应用系统两个部分，主要包括政务类、综合类、服务类、扩展类等各种具体的应用系统。

(3)展示与服务层

由林业门户网站、政务内网网站、各类接入方式以及国内外行政机构、社会公众等组成。通过林业内外网门户，建立统一的信息发布窗口，为各类对象提供信息公开、信息共享、网上办事、互动交流、展览展示等服务。

(4)法律法规及标准规范体系

由国家和地方相关法律、规章、制度、标准、规范等组成，为林业信息化建设、应用与服务提供有力保障。

(5)安全保障及运维管理体系

由林业信息安全保障体系、林业信息化管理体系、运行维护体系共同组成。信息安全保障体系包括安全设施、安全规章、安全策略等。管理体系由各级林业主管部门的信息化管理机构组成。运行维护体系则由林业系统内和系统外的运行维护队伍组成。

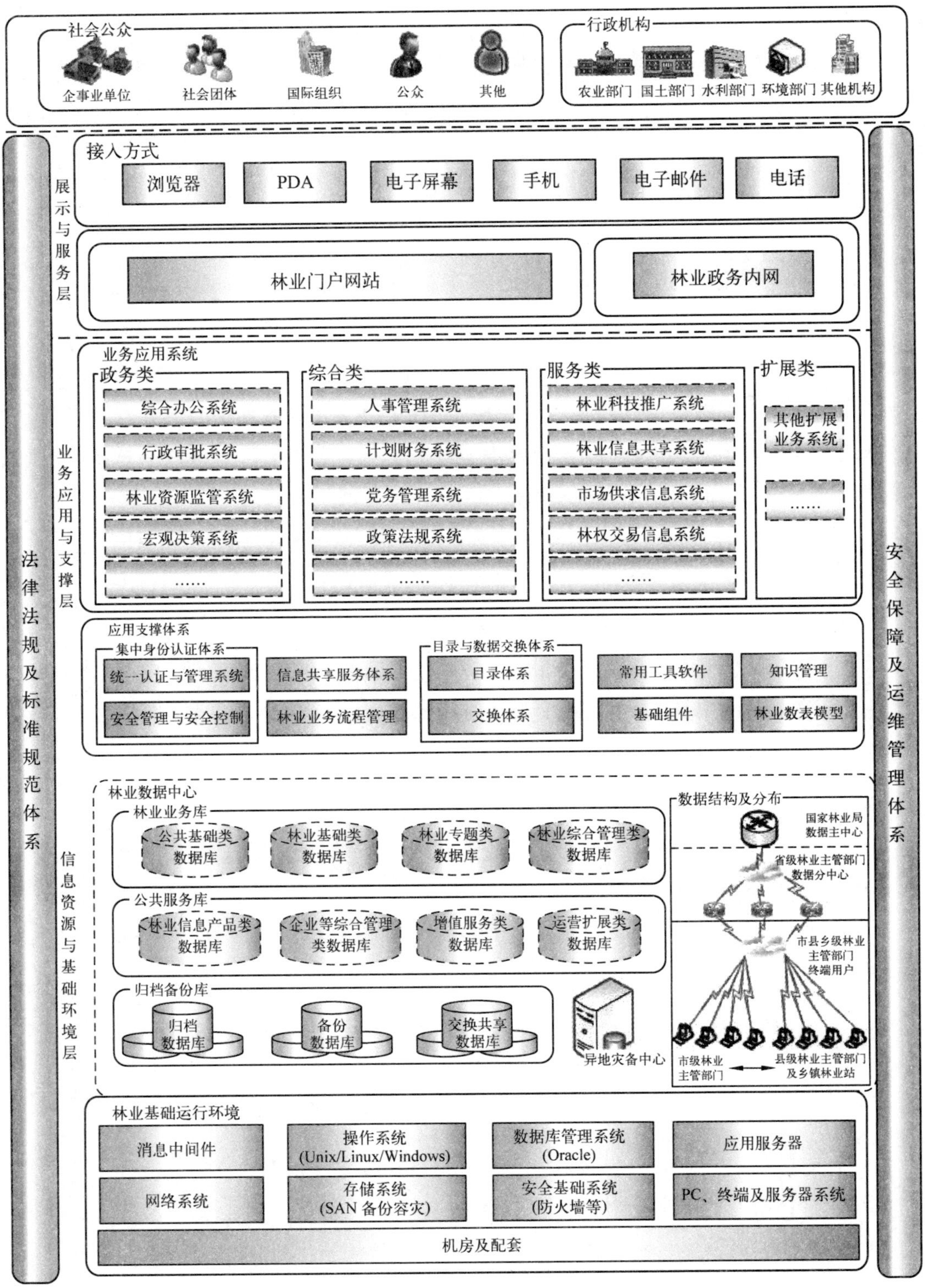

图 5-2　林业电子政务总体框架

5.4 中国林业信息化发展的战略布局

林业信息化的战略布局主要涉及基础信息资源的布局和业务的布局，同时这两个方面又是紧密联系的。

5.4.1 中国林业云战略布局

云计算是新一代信息技术的代表，云应用、云服务是未来信息化发展的重要趋势之一。从技术角度看，它是一种基于互联网的计算方式，通过这种方式，共享的软硬件资源和信息可以按需提供给计算机和其他设备。我国高度重视云计算产业的发展，在《国民经济和社会发展第十二个五年规划纲要》等文件中，都把云计算列为新一代信息技术产业的重点发展内容。林业行业也将逐步构建起中国林业云，以先进的技术、先进的理念支撑现代林业建设，其布局如图 5-3。

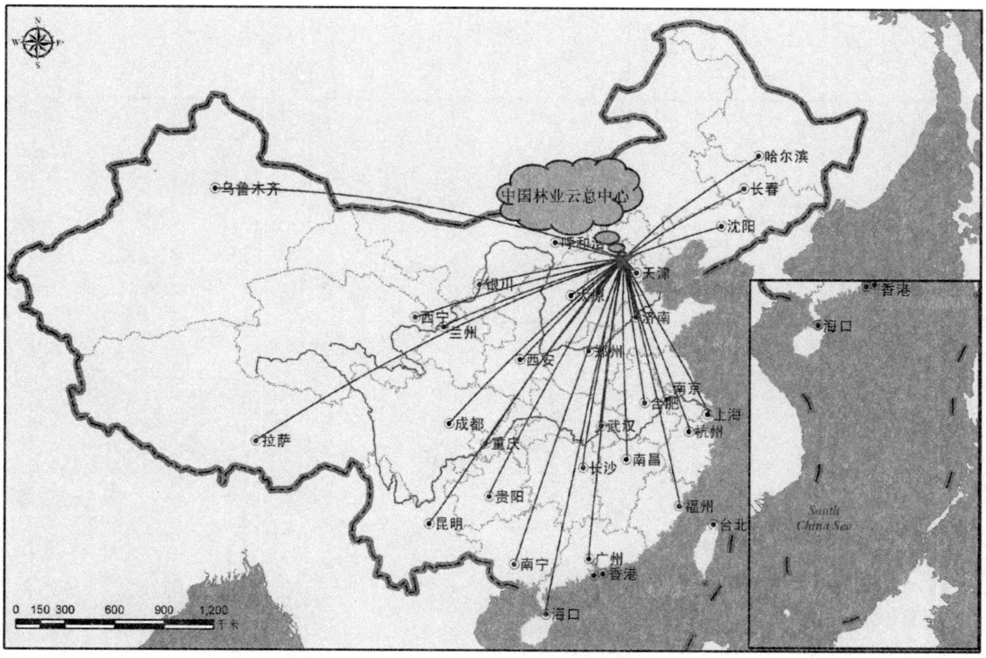

图 5-3 中国林业云战略布局图

中国林业云由一个总中心和 36 个分中心共同组成。总中心位于北京的国家林业局内，存储全国林业的各种数据、报表、音视频等信息资源，促进行业内外林业信息资源的共建共享。在31个省(自治区、直辖市)林业厅(局)，内蒙古、吉林、龙江、大兴安岭森工(林业)集团公司，新疆生产建设兵团林业局建设分中心，各自储存本辖区林业的各种数据、报表、音视频等信息资源，并促进行业内外林业信息资源的共建共享。总中心对各分中心进行业务指导和归口管理，各分中心应按照统一的制度要求开展工作，真正形成全国一盘棋。

5.4.2 中国林业电子政务战略布局

我国林业电子政务经过多年的发展，已经取得了比较明显的成效，基础条件不断改善，人员素质不断提高，覆盖范围不断扩大，应用水平不断提升，但仍存在着资源分散、重复建设、发展不平衡、共享水平低、安全隐患大等问题。为此，今后的工作重点应该是按照“五个统一”的要求，加强资源整合、深化业务融合、促进工作协同。为此，将在全国建立1个主中心和3个分中心。其中主中心位于北京的国家林业局内，3个分中心分别在西北(西安)、中南(长沙)、华东(杭州)进行建设(图5-4)。

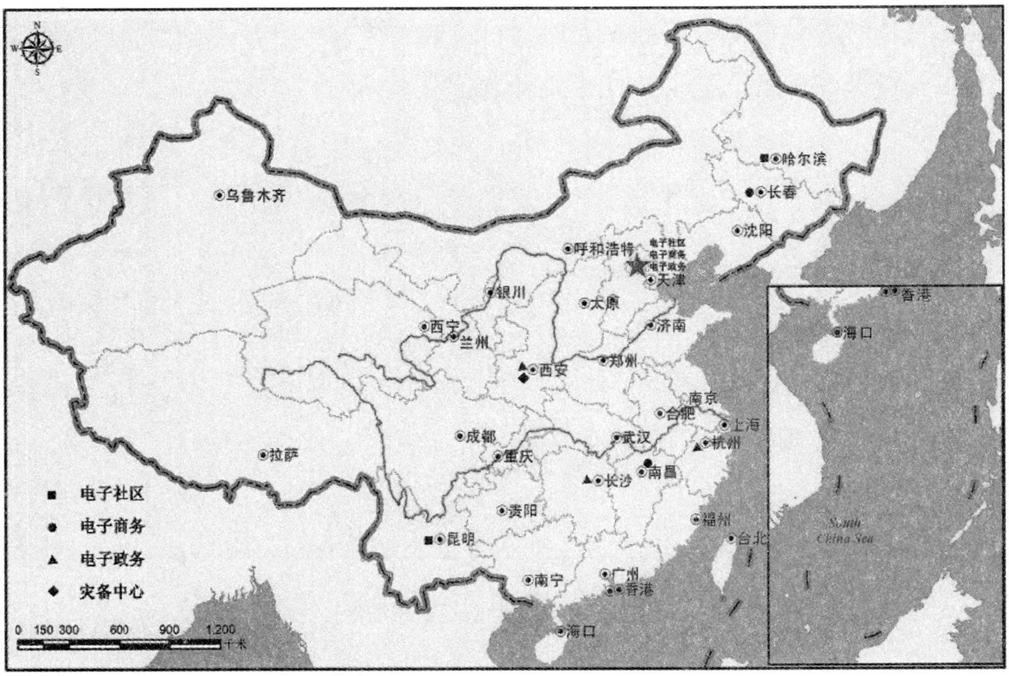

图5-4 中国林业电子政务、电子商务、电子社区战略布局示意图

5.4.3 中国林业电子商务战略布局

发展电子商务是促进林业产业发展的重要手段之一。目前林业电子商务处于相当薄弱的起步阶段，要建立数据交换、电子销售、客户及供应商林业信息化的标准、工具和系统。数据交换包括数据交换要服务整个供应链，与基础林业信息的有关标准接口对接，获得最新交易数据，便于交易各方的分析和决策。林业电子销售的诞生，形成了新的市场模式，满足交易各方用户的个性化应用，快速进入系统，确保访问安全，交易流程管理有序。林业电子商务平台不仅在有线网络系统运行，还要满足无线网络和手机等多种方式进入，实现随时随地随需服务。本着重点扶持、以点带面的原则，拟在全国建立 1 个主中心和 2 个分中心。主中心位于北京国家林业局内，统揽全国的林业电子商务工作。分中心分别位于吉林长春和江西南昌。

5.4.4 中国林业电子社区战略布局

电子社区直接服务于社区居民，它通过整合政府、企业以及社区内部资源，实现信息社会中居民在物质生活、文化生活中的更高追求，最大化地满足对居民个人社会价值的认同。电子社区的不断完善与提高，是我国信息社会建设的重要内容。对林业来说，电子社区主要指电子林区，因为这里往往是信息化比较落后的地区，通过加强电子林区建设，有助于解决“最后一公里”问题，缩小我国的城乡差距和“数字鸿沟”，促进社会主义新农村建设和文化大发展大繁荣。我国的林区主要分布在东北和西南，因此林业电子社区中心将采取在北京建设 1 个主中心，在东北、西南两个地区各建设 1 个分中心的战略布局。林业电子社区按照“平台上移、服务下延、公益服务、市场运营”的基本思路，在“三网融合”信息服务快速通道的基础上，通过构建林业专业特色服务，实现资源整合、统一接入、实时互动，促进基层林业信息服务可持续发展，完善林区信息化服务体系。

5.4.5 林业数据灾备中心布局

采取集中与分散相结合的方式，实现林业信息数据灾备。按照国家有关规定，拟在西安建设 1 个国家林业数据灾备中心。同时，林业云、电子政务、电子商务、电子社区主中心与各分中心之间也能起到相互灾备的作用。

5.5 中国林业信息化发展的战略步骤

5.5.1 数字林业建设阶段(2011～2015年)

本阶段以提高林业资源监管、综合营造林管理、林业灾害监控与应急响应、林业产业发展与林业经济运行的监测与调控能力等为重点，通过加强移动采集终端、网络基础设施、基础数据库和应用系统建设等，实现林业各种信息的数字化采集、传输、存储、处理和应用。

数字化是信息化的基础，对林业行业来说也是如此。因此，首先应以林业核心业务的信息化建设为主线，促进各种林业信息的数字化，夯实进一步发展的基础。在该阶段，要重点抓好业务系统建设、支撑系统建设和标准规范、机构队伍等基础建设。

5.5.2 智慧林业建设阶段(2016～2020年)

本阶段以提高信息资源共享、业务协同和公共服务能力为主线，不断拓展新一代移动通信网、下一代互联网、物联网、云计算等前沿信息技术在林业重点业务中的应用，通过感知化、物联化、智能化的方式，建设具有中国特色的“智慧林业”。主要体现在六个方面：智慧的流程、智慧的结构、智慧的感知、智慧的管理、智慧的应用、智慧的服务。

5.5.3 泛在林业建设阶段(2021～2030年)

本阶段以深化信息化与林业现代化的高度融合，全面提高林业的生态、经济、社会服务功能为主线，通过大力加强信息基础设施建设和信息技术应用，建设具有中国特色的“泛在林业”，让广大林区实现在任何时间、任何地点、任何人、任何物都能顺畅地通信，人们在林区可以高效地工作、方便地学习和快乐地生活。

第 6 章　中国林业信息化的战略内容

6.1　电子政务与生态领域信息化

6.1.1　电子政务信息资源中心

电子政务信息资源中心是整个林业信息化建设重要组成部分，主要体现在林业数据库系统，基于基础设施提供的数据库管理运行环境进行管理，在林业信息化建设的标准规范体系和安全保障体系的支撑下，数据库通过应用支撑层为应用系统提供数据的各类支撑服务。根据林业应用和服务特点，林业数据库分为公共基础数据库、林业基础数据库、林业专题数据库、林业综合数据库和林业信息产品库。数据库与基础设施、应用服务、标准规范体系、安全体系之间的关系见图 6-1。

(1) 公共基础数据库

该数据库反映林业资源的各类自然、社会、经济信息，是林业基础共享数据。公共基础数据库建设包括基础地理、遥感影像、社会经济、气象等数据库。基础地理数据库包括：各种比例尺数字化地形图、DEM 数据；省、市、县多级比例尺的行政区划图、交通道路、水系、城镇居民点、独立建筑物等数据；多级比例尺的土壤数据等。遥感影像数据包括多源、多时相、多分辨率海量遥感数据，如用于森林资源、土地利用现状动态变化监测等的遥感影像数据库；用于森林火灾、林业有害生物、宏观森林资源动态分析的遥感卫星影像数据库；用于各类生态工程建设的遥感卫星影像库等。社会经济数据库包括人口、经济产值等数据库。气象数据库包括温度、湿度、降水量、极端最高气温、极端最低气

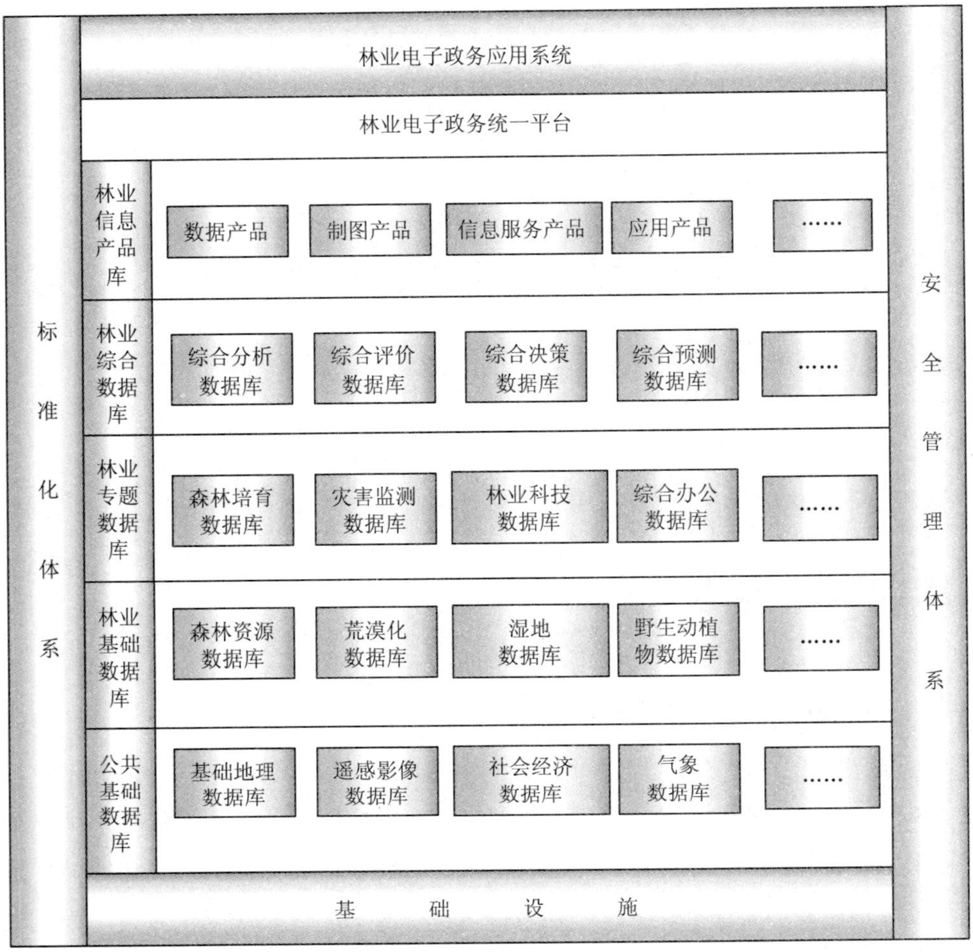

图 6-1　林业电子政务数据库体系结构图

温、年积温等分布数据等。公共基础数据库中的数据主要来源于国家权威的专业部门，国家和地方根据不同管理层次的需求，建立不同空间尺度的公共基础数据库。该类数据保密性强，由各地与相关部门进行统一协调进行建立，数据库由各级林业主管部门统一建立、维护和分配应用权限(表 6-1)。

表 6-1　公共基础数据库列表

数据库类型		数据库管理及共享
基础地理数据库	1:400 万基础地理数据库	国家级
	1:100 万基础地理数据库	国家级
	1:25 万基础地理数据库	国家级、省级
	1:5 万基础地理数据库	国家级、省级、市级、县级
	1:1 万基础地理数据库	省级、市级、县级
	相关更大尺度数据库	县级

（续）

数据库类型		数据库管理及共享
遥感影像数据库	30 米以上分辨率遥感数据库	国家级
	15 ~ 30 米分辨率遥感数据库	国家级、省级
	2.5 ~ 15 米分辨率遥感数据库	国家级、省级、市级
	小于 2.5 米高分辨率遥感数据库	国家级、省级、市级、县级
…	…	…

(2) 林业基础数据库

该数据库反映林业经营对象的基础信息，为各专题应用提供林业资源的现状及变化信息，包括森林资源、荒漠化和沙化土地资源、湿地及生物多样性、森林生态观测信息等。各级林业机构建立反映的空间尺度林业资源现状和动态变化的数据库。国家和地方根据不同管理层次的需求，建立相应的林业基础数据库，各业务部门在此基础上开展相应业务应用（表 6-2）。

表 6-2　林业基础数据库列表

数据库类型		数据生产	数据共享及管理
森林资源数据库	森林资源连续清查数据库	国家级、省级	国家级
	森林资源规划设计调查数据库	县级	省级、国家级
	林业宗地数据库	县级	省级、国家级
	生态公益林数据库	县级、省级	省级、国家级
	商品林数据库	县级	省级、国家级
	作业设计调查数据库	县级	省级、国家级
	作业设计检查数据库	县级	省级、国家级
	森林资源分布数据库	县级、市级、省级、国家级	
	古树名木数据库	县级、市级	省级、国家级
	竹藤数据库	省级	省级
	花卉数据库	县级、市级、省级	省级、国家级
	…	…	…
荒漠化和沙化土地资源数据库	荒漠化监测数据库	省级	国家级
	沙化监测数据库	省级	国家级
	石漠化监测数据库	省级	国家级
	…	…	…
湿地及生物多样性数据库	湿地资源监测数据库	省级	国家级
	野生动植物资源调查数据库	省级	国家级
	森林生态定位监测数据库	省级	国家级
	自然保护区数据库	省级	国家级
	…	…	…

森林资源数据库：包括森林资源清查数据；森林资源规划设计调查数据；作业设计调查数据；年度核查数据；林地林权数据；资源利用数据；古树名木数据；其他标准、文档、技术规程等综合数据。

荒漠化和沙化土地资源数据库：包括荒漠化和沙化土地类型数据，全国荒漠化气候类型数据，全国沙尘暴监测数据，其他标准、文档、技术规程等综合数据。

湿地及生物多样性数据库：包括湿地调查、监测、专项调查、重点工程、自然保护区数据；湿地标准、湿地 GEF 项目运作过程、湿地履约的进程等数据；野生动物、植物信息数据；全国自然保护区分布数据库；其他标准、文档、技术规程等综合数据。

(3)林业专题数据库

该数据库是各业务部门应用系统直接相关的数据，分为森林培育和生态建设、灾害监控与应急、综合办公、林业产业、林业科技等数据库。各级业务部门根据业务需要建立相应的专题数据库，并负责管理和更新维护。梳理业务管理及业务数据之间的关系，确保数据更新与业务应用的结合，从而实现在处理业务的同时达到专题数据的更新和维护。专题数据由业务部门负责应用权限的分配。森林培育和生态工程建设数据库包括造林营林、各类生态工程、京津风沙源治理工程建设数据；灾害监控与应急指挥数据库包括森林防火、林业有害生物防治、沙尘暴等数据；综合办公数据库包括各类林业审核审批、视频监测、办公文档、公文流转等数据；林业产业数据库包括林业市场、林副产品贸易、林产品各类产品交易、价格行情等数据；林业科技数据库包括各类科技知识、林业科技成果、林业实用技术等数据(表 6-3)。

表 6-3　林业专题数据库列表

数据库类型		数据生产	数据共享及管理
森林资源管理数据库	伐区作业设计数据库	县级	省级
	采伐限额执行检查数据库	省级	省级、国家级
	征占用林地数据库	县级	省级、国家级
	征占用林地检查数据库	省级	省级、国家级
	生态公益管护数据库	县级	省级、国家级
	…	…	…
森林培育和生态工程建设数据库	造林作业设计数据库	县级	省级
	营造林实绩综合核查数据库	省级	省级、国家级
	天然林保护工程数据库	县级	省级、国家级
	速生丰产林数据库	省级	国家级
	京津风沙源治理工程建设数据库	省级	国家级
	退耕还林数据库	省级	国家级
	种苗数据库	省级	国家级
	…	…	…

（续）

数据库类型		数据生产	数据共享及管理
灾害监控与应急指挥数据库	森林防火数据库	县级	省级、国家级
	林业有害生物数据库	县级	省级、国家级
	沙尘暴监测数据库	省级	国家级
	视频监测数据库	县级	省级、国家级
	相关其他灾害数据库	省级	国家级
	…	…	…
综合办公数据库	林业审核审批数据库	县级、市级、省级、国家级	国家级
	办公文档数据库	县级、市级、省级、国家级	国家级
	视频会议图像数据库	省级、国家级	国家级
	…	…	…
林业产业数据库	木材加工产业数据库	省级	国家级
	森林旅游业数据库	省级	国家级
	木本粮油产业数据库	省级	国家级
	竹藤产业数据库	省级	国家级
	花卉业数据库	省级	国家级
	野生动植物繁育利用产业数据库	省级	国家级
	木浆造纸产业数据库	省级	国家级
	林业生物质能源产业数据库	省级	国家级
	林产化工产业数据库	省级	国家级
	沙产业数据库	省级	国家级
	林业要素市场估价数据库	省级	国家级
	林副产品价格数据库	省级	国家级
	林业要素交易数据库	省级	国家级
	…	…	…
林业科技数据库	各类林业调查及评价数表数据库	国家级	县级、市级、省级、国家级视情况而定
	林业科技成果数据库	国家级	
	林业实用技术数据库	国家级	
	林业专家数据库	国家级	
	…	…	…

(4) 林业综合数据库

该数据库是在基础数据库和各类专题数据库基础上进行整合、集成生成的数据，包括综合分析、综合评价、综合决策、综合预测、林业区划、林业规划等数据。根据领导决策和综合分析的需要，各级林业数据维护和管理支撑单位负责本级综合数据库的建立、维护和应用权限分配(表6-4)。

表6-4　林业综合数据库列表

数据库类型		数据生产	数据共享及管理
林业区划数据库	国家级林业区划数据库	国家	省级
	省级林业区划数据库	省级	省级、国家级
	市级林业区划数据库	市级	省级、县级
	县级林业区划数据库	县级	市级、省级
	…	…	…
综合预测数据库	国家级综合预测数据库	国家	省级
	省级综合预测数据库	省级	省级、国家级
	市级综合预测数据库	市级	省级、县级
	县级综合预测数据库	县级	市级、省级
	…		
综合评价数据库	国家级综合评价数据库	国家	省级
	省级综合评价数据库	省级	省级、国家级
	市级综合评价数据库	市级	省级、县级
	县级综合评价数据库	县级	市级、省级
	…		
…	…	…	…

(5)林业信息产品库

该产品库是根据用户需要制作的，可直接为最终用户服务的信息。包括制图产品、数据产品、信息服务产品、信息应用产品。根据公共应用与服务的需要生产相应的信息产品，各级林业数据维护和管理支撑单位负责本级信息产品库的建立、维护和应用权限分配。

(6)数据库服务平台建设

提供林业数据的快速检索、统计、查询、分析、处理、提取，并实现与国家数据访问的对接和数据提交，同时为各级电子政务业务应用系统建设提供服务接口；满足国家林业数据服务，实现对数据服务的监控、启动、数据访问和数据获取，并提供各级的快速统计、查询、分析、处理、可视化等服务；为国家林业局各职能部门、国家其他行业部门、省级林业主管部门等提供各类林业数据服务，为林业业务管理提供服务支撑；实现各级林业数据服务管理和有效维护。

全国林业数据库应用服务平台。根据国家级各职能管理部门的应用需求，建立服务应用系统，包括：①林业数据综合查询服务子系统：实现不同空间和时间尺度、不同管理层次、不同类别的各类林业资源(森林资源、荒漠化、湿地、生物多样性的地图综合查询和浏览功能。用户可以自定义查询条件及反馈结果，查询的科目可以是系统中任意表中的任意字段，多条件查询时可以指定查询的逻辑关系，查询反馈的结果也可以由用户自由设定。②林业资源统计报表服务子系统：实现报表定义、输出、转换、打印等一系列功能，可以通过报表设置界面完成报表的条件及格式定义。系统提供的打印功能可以将报表按预先设定的格式输出。可以对某一行政区、权属区、图幅或者任意范围内的地类进行综合统计分析，并以各种专题图和表格方式进行显示。③林业资源空间分析服务，包括：缓冲分析，可以针对某个点或区域查询指定距离能到达的范围，有了这个范围后，就可以在这个范围进行查询检索；最优路径分析，针对不同的网络特征、应用需求及具体的软硬件环境，各种最优路径算法在空间复杂度、时间复杂度、易实现性及应用范围等方面各具特色；叠加分析，将各个时期的林业资源数据在 GIS 软件中进行叠加分析，能够快速反映出各个地区土地利用的变化过程，并可以在此基础上进行量化统计，进行数据挖掘，为办公决策提供科学依据；拓扑分析，如对于一块新的林地图斑的添加，系统将要求用户一定要将该图斑标到荒地或耕地等土地类型上，而不能标到建筑物或道路、河流等土地类型上。④林业资源图表浏览服务：可按照分类、日期、保管期限、密级、编制单位等可枚举的字段分类排列各级档案信息，根据用户的需求自行选定视图导航浏览方式。各级档案还可以按照列表方式、图标方式、缩图方式、仿真页面方式进行浏览。⑤区域林业资源数据检索服务：针对系统中目录下、档案库下的记录进行查找、检索。当用户选择目录进行检索时，可以检索到这个目录下面的文件和该目录下档案库中符合条件的记录。当选择一个档案库进行检索时，检索结果为该档案库下面所有符合条件的记录。检索方式可以分为属性检索、高级检索和关联检索。⑤地图访问与定位服务：实现地图的漫游、放大、缩小、鹰眼导航，地图的分层控制显示和地图定位功能等服务。

全国林业资源基础数据库服务管理维护系统。为确保各类服务的正常运行以及确保服务运行安全，开发相应的服务管理维护系统，包括：①服务管理和维护服务子系统：对国家、省级部署的各类数据库实现服务注册、服务接口生成、服务管理和维护。②逻辑集成数据库管理服务子系统：对国家级逻辑集成数据进行管理和动态更新，建立逻辑集成数据库与省级数据库之间的适应性。③林业资源地图历史图层管理服务子系统：监测林业资源数据库的变化，对不同时间的图表进行管理和历史数据的更新和同步。④支撑数据库管理和维护服务子系统：实现省级、国家级支撑数据库管理和维护，包括扩展、更改、配置等功能，确保省、国家级之间数据对接。⑤资源配置服务子系统：实现省、国家数据库服务的资源调度和配置，满足各类服务运行的需要。⑥数据安全监控服务子系统：实现服务运行的安全监控，一旦出现安全缺陷，便于及时处理，确保服务的安全性。

6.1.2 电子政务应用系统建设

林业电子政务应用系统包括政府间电子政务(G2G)应用系统、政府对企业电子政务(G2B)应用系统、政府对公民电子政务(G2C)应用系统。以完善电子政务的公共服务体系为核心来推动电子政务的发展。要推动服务型政府的建设，打破信息垄断，加强政府部门之间的信息交换，进一步推进信息共享和业务协同，强化政府对市场管理的能力，同时要完善应对突发公共事件的网络联动机制，提高重大灾害的预警防控能力，用信息化明显地提高各级政府应急管理、灾害处置的水平。要突出保障和改善民生为宗旨的电子政务建设，推进信息技术在社会事业各个领域当中的广泛普及和深化应用。

(1)政府间电子政务应用系统(G2G)

该系统是上下级政府、不同地方政府、不同政府部门之间的电子政务。它的主要目的是打破机关组织部门的垄断和封锁，加速政府内信息的流转和处理，克服政府各部门相互推诿、扯皮现象，提高政府内部的行政效率。按照林业各业务管理部门的职能进行建设。以林业各业务为基础，通过对业务流程的梳理，制定、改进和优化业务信息流程，利用应用支撑，采用空间信息管理技术、数据库技术等开发建立计算机系统，开展林业业务工作。业务类应用系统通过交换体系和目录体系实现对公共基础数据和林业专业基础数据的访问，实现子系统间的衔接，并与基础设施共同实现应用系统的各项功能。主要包括：林业资源监管系统、营造林管理系统、林业灾害监控和应急系统。

林业资源监管系统。主要解决“三个系统一个多样性”资源监管问题，包括国家各级林业政府部门森林资源管理、荒漠化土地资源管理、湿地资源管理和生物多样性资源管理等职能规定的业务应用系统。林业资源监管系统将“3S”技术、网络技术、数据库技术和林业资源管理业务相结合，建设多级用户的应用系统，实现对森林资源、荒漠化土地资源、湿地资源和生物多样性资源等各个业务环节的信息化管理，实现信息采集、处理、查询、分析及汇总等功能，保证林业资源数据更新维护。

营造林管理系统。主要解决“林子造在哪里”、“治沙治在哪里”等问题，是国家各级林业政府部门规定的营造林管理职能有关的业务管理系统，包括人工造林、飞播造林、封山(沙)育林以及森林经营管理等。系统建立完整的国家、省、地、县级营造林管理系统，采用空间分析技术对森林经营、工程造林及其他造林规划、造林计划、作业设计、进度管理、检查验收和统计上报等各环节实行信息化管理。

林业灾害监控和应急系统。包括森林防火管理、林业有害生物防治、森林公安、野生动物疫源疫病监测管理和沙尘暴防治等业务应用系统。系统对森林火灾、林业有害生物、野生动物疫源疫病、沙尘暴等灾害实时监测、预测预报、应急指挥和灾害评估等各环节实行全过程管理。利用实时监测的影像数据和地面监测等数据，结合基础地理数据及属性数据，对灾害实时监测。通过收集地面监测站、采集站、中国气象局等灾害相关监测数据，在对历年灾害类型、灾害发生时间、灾害危害程度、气候因素、植被情况、树种类型、地形特征等因素进行综合分析的基础上，建立并确定灾害预测预报模型，形成防灾减灾预测预报决策支持系统。

(2)政府对企业电子政务应用系统(G2B)

该系统是政府通过网络系统进行电子采购与招标，精简监管、管理业务流程，提高办事效率，迅速地为企业提供便捷的各种信息服务，减轻企业负担，促进企业发展。政府的电子采购与招标有利于体现公平公正的原则和防止腐败，大大节约政府部门的运行成本。政府对企业的管理服务以及监督的网络化，有利于营造公平的竞争环境，减少暗箱操作以及权钱交易，通过获取政府公开的各种信息资源，企业也可避免发展的盲目性，比较容易地找到更多的商机。政府对企业的电子政务是指政府通过电子网络系统进行电子采购与招标，精简管理业务流程，快捷迅速地为企业提供各种信息服务。主要包括：

电子采购与招标。通过网络公布政府采购与招标信息，为企业特别是中小企业参与政府采购提供必要的帮助，向他们提供政府采购的有关政策和程序，使政府采购成为阳光作业，减少徇私舞弊和暗箱操作，降低企业的交易成本，节约政府采购支出。

行政许可。让企业通过因特网申请办理各种证件和执照，缩短办证周期，减轻企业负担，如林木采伐许可证、木材运输证网上受理，企业营业执照的申请、受理、审核、发放、年检、登记项目变更、核销，统计证、土地和房产证、建筑许可证、环境评估报告等证件、执照和审批事项的办理。

信息咨询服务。政府将拥有的各种数据库信息对企业开放，方便企业利用。如法律法规数据库、政府经济白皮书、国际贸易统计资料等信息。

中小企业电子服务。政府利用宏观管理优势和集合优势，为提高中小企业国际竞争力和知名度提供各种帮助。包括为中小企业提供统一政府网站入口，帮助中小企业同电子商务供应商争取有利的能够负担的电子商务应用解决方案等。

(3)政府对公民电子政务应用系统(G2C)

该系统是电子政务的重要内容，是通过电子网络系统为公民提供各种服务。通过G2C将提高政府政务活动的透明性，有利于公民的民主参与和有效监督，促使公务员的廉洁自律，构造新的领域服务社会。通过互联网便利的信息系统和直到林农的服务通道，可以缩短与林户之间的距离，使林户在任何时间和地方都能享受到安全、准确、快捷、自动化、个性化的服务，面向全世界实现贸易。其主要内容包括：森林旅游、林地林权服务、林农经营信息服务、林产品经营信息服务、信息咨询等。

6.2 电子商务与产业领域信息化

6.2.1 电子商务系统建设

全新的林业企业运作模式。基于电子商务赋予林业的一种全新的营销方式，并重新构建市场竞争规则，林业企业无论实力如何，在网络上一律平等。竞争规则的悄然改变，林业将得到新的注视，通过网络，林户可以走向世界，可以实现国际化，这对加速林业国际化进程，延伸市场是一个良好的机遇。

制定数据采集规程和标准。规范产业基础信息的采集和应用，全面掌握全国林业产业发展情况，为林业产业管理提供信息支持。通过建立公平、透明、开放的林业产业信息交流平台，提供丰富的网站交互功能，为用户在林产品流通过程中提供所需要的信息服务。建立主要林产品市场的信息连通机制，为形成全国性林产品流通大市场，实现交易集约化和市场规模化，保证市场高度的透明性和公平性提供信息服务。建设内容如下：

(1)建立林业商务信息服务体系

一是建立林产品服务站点。林产品服务站点由政府牵头组织、网络运营商提供网络支持、社会力量参与运营，利用计算机、互联网、局域网、电话、电视等信息技术手段，采取有偿经营和无偿服务相结合的方式，为林农提供信息浏览、查询、采集、发布和沟通娱乐等信息服务的组织机构。可采取政府主导、市场化运作模式，在全国各省(区、市)的多个县建立信息点，配备信息员，建立一支强大的信息员队伍，使各省(区、市)的每一户林农都能享受到“村村通”信息员为其提供的政策信息、产品信息、科技信息、物流信息、招生招工信息、林副产品收购信息、法律信息。对现有的林业信息资源进行有效整合。二是搭建短信服务平台。利用电信运营商手机短信平台发布涉林信息，组织林业专家，根据林农各类需求有针对性地开发林副产品信息资源，建立数据库，及时整理并发布林产品信息短信，实现林农随时随地获取林产品信息服务。三是建立视频点播服务系统。实现林农足不出户便可以通过电视登录互联网，自主点播涉林政策、技术、市场等不同的内容。

(2)促进林业企业信息化

一是构建林业网络财务及决策支持系统。电子商务的实现势必要求出现企业与企业、企业与银行之间能够通过互联网支持电子商务的相关系统。在管理方式上，实现远程处理、在线管理、集中式管理等管理模式，在工作方式上支持在线办事、移动办公等方式，能够同时处理电子单据、电子货币、网页数据等新的介质。网络财务系统作为企业电子商务的重要组成部分，支持企业内部财务部门的预算控制、资金准备、网上支付、网上结算等工作协同，同时使得企业的网上询价、网上催账、网上保险、网上报税等与其他社会部门的业务协同。紧密结合林业行业的特点及当前世界网络、经济发展的趋势，借鉴其他行业及各大成功软件的经验，侧重网络功能的分布，内外业务的整合协同，对决策的全面支持以及外部环境的联系。借鉴ERP成功经验对电子商务时代林业财务信息系统与环境的通讯进行分析，将决策支持系统的设计作为核心，对林业企业信息化建设的促进作用将大大增强。二是推进数据库建设，实现信息沟通渠道的畅通。完备企业内部基本数据库、产品数据库、技术开发数据库、用户数据库、决策支持数据库的建设，实现内部管理的网络化，满足企业决策层、操作层、职能层之间信息传递业务需求，实现林业企业与其经营环境之间(包括供应商、代理商、竞争者、公众、消费者)及时、有效的信息沟通。

(3)建立林产品电子商务

因地制宜发展地域林业商务交易系统，支撑现代林业的发展。林业产业生产率高的经济发达地区和以果树、林产品等生产为主的地区优先导入。电子商务的应用技术发展快速，其经营成本低，工作效率高，传播面广，越来越多的企业喜欢使用互联网开展各项业务。同时，国家加大了相关基础设施的建设和投入，为林业电子商务的发展提供了保障，奠定了硬、软件方面的物质基础。

(4)促进林产品流通信息化

建立中国林产品数据库，对林产品的分布、品种、产量、价格、名特优新品种推介以及市场供求信息等进行数据整理，为林产品市场的分析预测提供可靠的数据。

整合林产品信息交易网，构建基于电子商务平台的网上“林博会”。实现网上产品展示、咨询、合作、交易、供求、会展发布、注册、在线交易等电子商务。整合全国的林业企业与林产品资源，通过互联网平台与技术，将现场“林博会”搬到网上，成为“7×24”宣传林业产业、林业企业、林业产品的平台，实现网上“林博会”与中国林产品信息交易网及各地林产品网络的联网运行。网上“林博会”将成为信息集散中心和商务活动中心。基层的林产品信息中心，通过网络对外推荐林产品，对内反馈有关产业政策态势和搜集市场行情、价格信息，通过信息刊物及时传递给林农，对林农和涉林企业提供初步的产业指导和市场预测。全国各地通过网上“林博会”等电子网络，组织涉林、涉农企业、企业大户上网发布供求营销信息，在逐步推进实现林产品产、供、销的电子网络化进程，促进林产品销售流通方面将发挥重要的作用，取得可观的经济效益和社会效益。同时也兼有国际林产品交易会的网络服务功能，开办网上展厅，向国内外市场宣传、展示推介我国优质的企业和优质产品。将网上“林博会”办成林业企业与客户日常商务交易的平台，真正做到“天天林博会”，成为林业行业的“阿里巴巴”。

(5)建立林产品电子商务标准

包括林产品本身的产品标准与林产品电子商务开展的标准两个方面。林产品电子化标准的内容包括：林产品的适用范围；产品的品种、规格和结构形式；林产品的主要性能；林产品的试验、检验方法和验收规则；林产品的包装、储存和运输方面的要求等。同时还要积极进行林产品电子商务综合服务平台的研究、开发和实践，制定林产品电子商务信息交换标准，建立一套符合中国国情、又能与国际接轨的林产品电子商务标准和规范。我国林产品电子商务的发展需要在统一规划和标准的指导之下，加强信息资源的共享，实现统一协调和规范发展。林业商务信息服务体系推行统一的林产品数据标准，采用消息中间件交换方式，实现一站式发布，全系统共享，免费提供信息发布服务，促进林农获得经济效益。

6.2.2 林业企业管理系统建设

林业生产过程和产品管理信息化、自动化、网络化和智能化，从而大幅度地提高林业生产的精确度，最大限度地降低资源的消耗，达到林业生产的高效益。林产品的品种与种植技术，都与变化着的气象与病害等相关，形成了生产的不确定性，也通常会因信息掌握不准确或不能采取正确的对策而造成重大的损失。林业生产过程信息化，会通过计算机和现代通信技术在林业上广泛应用，促进林业生产过程的自动化、高效益化。现代技术的运用，将加快新品种的选育，提高病虫害预测、预报和防治水平，减少损失，增加产出，获得更大的效益，减少林业生产的不稳定性。

建立相关生产业务系统和市场监控系统，重点林产品的监测分析、林业行业重点企业和市场的动态监控、林产品市场产销存预警等系统。利用 ERP 技术进行企业业务流程的规范和优化，结合“3S”技术、网络技术、无线通讯技术构架企业管理信息化的平台，开发外业调查系统、桌面营造管理系统、企业森林资源管理与评价决策系统，为造林、营林作业设计、检查验收、规划设计、资源管理、森林效益评价、生产决策等提供协同工作的计算机平台。实现企业森林资源的实时监测和更新，从而提高造林营林的规划、决策和管理水平；实现工作流、物流、资金流的一体化管理，提高信息传递与反馈的及时性；实现企业资源的优化配置以及实现各部门之间的协调工作，从而提高工作效率以及企业的投资效率，为企业的可持续发展奠定基础。具体目标包括：

①分析企业业务流程，基于 ERP 技术进行企业业务流程的规范和重组，改造问题流程，将各个阶段的工作有机地协调起来。通过信息系统的建立实现企业管理的信息化和一体化。

②面向不同的业务，建立网络地理信息系统，为不同层次用户（包括决策者、规划设计员、作业员）提供信息查询、浏览、上传、下载、发布服务。

③利用数据库技术、地理信息系统技术、网络技术等先进技术，集成原料、森林资源、经营管理的各类信息，建立代码库、属性数据库、空间数据库，满足对各类数据尤其是空间数据管理的要求。

④采用“3S”技术、计算机网络、无线数据通讯技术相结合，开发 PDA 野外数据采集系统，辅助桌面信息系统进行造林、营林、采伐工程的检查验收以及森林资源的监测，提高企业造林经营的信息采集、管理、反馈的效率，使管理决策部门及时动态获取和掌握工程建设过程中的有关信息。

⑤通过企业森林资源管理系统的建立实现森林资源的动态更新，为企业不同层次用户提供查询统计的服务，为经营、规划、决策提供决策支持；通过分析模型的建立如立地指数数量化模型、数表以及生长预测模型，为立地质量分析和资源、资产化评估提供依据，同时，在系统加入知识库并对其不断丰富，为工程规划、决策分析提供决策支持。

⑥通过合同管理系统、造林营林管理系统、采伐管理系统、资源管理与评价决策信息系统的集成，实现规划、设计、施工、验收、建档、管理“一条龙”，按规划设计、按设计施工，按标准验收、按验收建档的操作程序，为不同部门提供一体化的协同办公平台，实现各个管理环节的标准化，以及企业部门间的协同工作。

⑦通过建立评价标准规范、各工程评价系统，使工程执行效果评价、工程完成的质量、工程效益评价等方面科学化、现代化。

⑧通过整个系统的建立，为严格检查监督、确保工程建设质量提供技术保障，使得县自查、复查、抽查和验收制度的执行和实施做到科学、客观。

6.2.3 电子政务推动林业产业

电子政务面向政府以及公共管理组织，而电子商务面向企业以及社会营利组织或个体，都是信息科学以互联网为平台的重要应用。将来，不论是对国外发达国家而言，还是对像我国这样的发展中国家来讲，要把电子商务推进到更高的水平，不仅依赖于市场经济，而且依靠政府的促进，而促进的重要举措就是大力发展电子政务。因为，企业实施了电子商务，如果政府管理仍然采用手工处理或计算机单机处理方式，则不能满足企业电子商务的高效要求，就会降低速度，形成电子商务应用瓶颈。电子商务只有在电子政务环境下，才能得到充分发展和健康成长。

(1)政府网上采购会诱导企业信息化并起示范作用，推动B2B的发展

从我国的实际情况来看，B2B是电子商务中的重头戏，应优先发展。因为企业与企业之间的电子商务较容易实现，而且企业与企业之间的交易是大宗的，通过引入电子商务能够产生很大的经济效益。但是，我国企业信息化程度和水平还不高，严重制约B2B的发展。企业信息化建设是企业开展电子商务的基础，也是B2B的前提条件。没有企业信息化，就不会有电子商务；只有部分企业的低水平信息化，B2B形成不了气候。政府网上采购是政府与企业间的电子商务活动，如果企业要进入政府网上采购体系，就必须进行企业信息化建设，这种利益引导比理论劝导更直接、更有效。制约B2B发展的又一个原因是企业网上采购需求没有被激发。在企业对企业的电子商务中，销售产品的企业所进行的是网络营销活动，而购买产品的企业所进行的则是网上采购活动。只有网络营销而无网上采购，则谈不上B2B。事实上，与传统的企业采购相比，企业网上采购可以降低采购成本，获得采购主动权，提高采购效率，优化存货管理，保证采购质量。应该说，企业网上采购需求很大，但这种需求目前在我国主要还是潜在的。政府网上采购可为企业网上采购做出榜样，带动企业网上采购。制约B2B发展的第三个原因是信誉问题，在我国，传统商业信誉就比较缺乏，网上的商业信誉更难以被人确定。政府的信誉度高，对买卖双方不存在不讲信誉的问题，加之政府采购多为财政性资金，资金上有保障，政府网上采购能为解决网络交易信誉问题带一个好头。

(2)电子政务的发展能推进 B2G、B2C 的发展

电子政务的发展必然会加快政府信息基础设施建设，包括政府信息系统和政府信息网络的建设(含硬件建设和软件建设)，如政府机关办公自动化系统、电子政务系统、政府机关内部网络和政府专用信息网络的建设等。电子政务系统的完善和政府内部信息网络的建立及其与公共信息平台和因特网的互联，使政府不再游离在网络以外，企业就可以开展对政府的电子商务，B2G 电子商务就会得到应用与发展。B2C 电子商务，即企业对消费者的电子商务涉及面广，市场前景可观。从长远来看，企业对消费者的电子商务将会取得长足的进步，并将最终在电子商务领域占重要地位。由于多方面的原因，目前以及今后较长的一段时间内，这一模式的电子商务在我国还只能占很小的比例。我们认为，其中一个重要原因是我国家庭信息化程度低，以及对网上交易的信誉有怀疑。电子政务开展后，公众要得到政府的管理与服务，就必须进行家庭信息化建设，配备计算机和相关设备，通过电话线路或专线上网。由于接受政府的网上管理与服务具有一定的强制性，并不存在信誉问题，所以，公众愿意上网，乐意接受政府的电子化管理与服务，并逐渐形成网上行为的自觉性。当电子政务发展到一定程度，家庭上网较为普及、公众有网上行为的习惯后，也会产生网上采购行为。这样，B2C 电子商务就会全面展开并迅速发展。事实上，各国在其电子政务的发展过程中都对企业电子商务的发展起了巨大的保障和推动作用。例如，在美国，政府采购清单可以通过互联网发布，公司可以以电子化方式回应。同样，在对公司税务征收上，政府也可以通过电子交换方式来完成。从 1997 年 1 月起美国政府已通过 EDI 完成政府年度采购任务，并于 1999 年最终取消纸面单证。随着电子政务在我国的全面展开，政府对企业电子商务的推动作用将越来越大。

(3)政府建立网上专业交易市场，可带动电子商务发展

政府部门建立和运营相应的网上专业市场，为经济建设和市场建设服务，是电子政务的重要方面。政府建立网上专业市场不仅具有电子政务与电子商务活动的双重性质，而且能为指导和管理电子商务积累经验。中小型企业、个体企业的资金与信息技术有限，需要政府为其建立起面向供需双方的专业化网上市场。“政府搭台，企业唱戏”，对于繁荣市场，推动电子商务的发展非常重要。由政府部门牵头组建的网上专业交易市场，既具有权威性，又可避免重复建设，还能吸引更多的企业和个人前来参与，迅速形成规模和气候，产生出巨大的社会效益和经济效益。今后，要加强网上交易市场的建设，带动其他领域电子商务的发展。

(4)电子政务对企业具有监督作用

通过电子政务国家金融证券管理部门可实现对上市公司财务报表的网上监管，减少并防范企业的舞弊行为。维护金融证券市场的秩序；银行可实现对贷款企业的网上监管；国家可实现对国有资产的有效监控，最大程度地保护国有资产。

(5)电子政务对企业具有服务作用

政府是公共部门，是为企业服务的，如果这个关系界定不清楚，企业就难以快速发展，全面小康社会也很难实现。我们要接受政府是服务性组织的观念，政府的职责是服务于企业。而目前企业电子商务的发展迅速，政府要更好地为企业服务就必须要搞电子政务，只有这样才能更好地服务于社会和企业。

6.3 网络文化与生态文化领域信息化

6.3.1 积极营造先进的网络生态文化

弘扬生态文化，自觉增强环境意识、生态责任和道德良知，珍爱资源环境，提高利用效率，坚持低碳理念是当前我国社会主义文明建设的重要内容。林业部门作为生态文明建设主体，要积极探索利用网络等先进信息技术手段营造崭新的生态文化。通过多层次、多主体、多主题的网络文化创新生态文化发展机制，加强生态文化的创作与宣传，引导全社会牢固树立生态道德观、生态价值观、生态政绩观、生态消费观等生态文明观念。借助网络、移动终端等载体，有助于林区群众、林业企业和全社会了解林业在促进经济发展中的重要地位和作用，呼吁全社会形成爱护森林资源、保护生态环境、崇尚生态文明的良好风尚，形成人与自然和谐的生产和生活方式。利用国家“文化信息资源共享工程”，依托虚拟现实、三网融合、移动互联网等技术，以林业网络博物馆、林业网络博览会、虚拟自然保护区、网上森林公园、网上湿地公园、森林人家、生态文化视频点播、生态文化教育示范基地、数字城市森林等形式，加大森林生态文化网络体系建设。

6.3.2 建设林业网络博物馆

为了给公众提供更多的关于林业的展览服务，通过虚拟现实技术和网上展览技术融合，构造栩栩如生的网上博物馆，将逼真的现场效果，推送至每一位参观者，参观者可在各个专业领域的展厅任意漫游，也可由“虚拟导游”带领按特定路线浏览。穿梭于一个个林业资源的专题展台前，观赏琳琅满目、五光十色的各种林业资源，并可以通过虚拟互动技术，与展品实时互动，了解展品的生产加工过程，了解林业资源对低碳经济的重要作用，参观者仿佛置身于一个真实的林业资源博物馆世界里。中国林业网络博物馆的建立为企业、网友、客户提供了一座沟通与交流的桥梁。建设统一的林业信息库，按照树木、花卉、湿地、野生动物、野生植物进行分类，各分类分别以不同的博览园进行展示。博物馆包括森林馆、花卉馆、野生动物馆、野生植物馆、湿地馆、荒漠馆等博物馆，充分展示林业生态文化产品。

（1）森林馆

一是森林游览。按照地理位置标注出我国的森林资源。按照地理分布，逐层展开各区、各省分布森林树木情况。二是树木信息管理。可以按照门、纲、科、属、种逐级展开，察看相应的树木信息。管理员需要按照树木的门、纲、科、属、种进行分类管理。可设置门的名称，可在门下设置纲，在纲下设置科，在科下设置属、属下设置种，可逐级展开。树木分类的属性包括拉丁学名、英文名、简介。三是查询保护树木信息。按照国家重点保护树木名录，在树木信息中标注出国家一级和二级保护树木。用户登录后可以在首页直接察看保护树木的信息，方便快速查询。

（2）花卉馆

我国的花卉资源丰富，整理和收集常见花卉信息，通过动画和图片进行展示，建立一个网上花卉虚拟展园、展馆，供公众浏览和查看花卉信息。内容包括花卉室外博览园、名贵花卉专题园、常见花卉专题园、花卉室内馆、花卉信息管理等模块。

（3）野生动物馆

我国的哺乳动物有 499 种、鸟类 1186 种、爬行动物 376 种、两栖动物 279 种，鱼类 2084 种。整理和收集野生动物信息，通过动画和图片进行展示，建立一个网上野生动物园，供公众随时浏览和察看动物信息。野生动物园包括动物园游览、动物信息展示、野生保护动物、动物百科知识等内容。

（4）野生植物馆

一是植物园游览。植物园包括乔木园、灌木园、藤本园、草本园、蕨类植物园、药用植物园、有毒植物园等园区。二是植物信息管理。可以按照门、纲、科、属、种逐级展开，察看相应的植物信息。植物按照被子植物门、裸子植物门、苔藓植物门、低等植物门进行分类。树木和花卉都可归类在植物分类下面。三是国家重点保护植物。按照国家重点保护野生植物名录，在植物信息中标注出国家一级和二级重点保护植物。

(5)湿地馆

中国湿地面积约 6594 万公顷，占世界湿地总面积的 10%，位居亚洲第一位，世界第四位。其中天然湿地约为 2594 万公顷，包括沼泽约 1197 万公顷，天然湖泊约 910 万公顷，潮间带滩涂约 217 万公顷，浅海水域 270 万公顷；人工湿地约 4000 万公顷，包括水库水面约 200 万公顷，稻田约 3800 万公顷。我国具有国际重要湿地 36 个，国家湿地公园 213 个，500 多个湿地类型自然保护区。建立网上湿地博览园，向公众介绍中国湿地资源、湿地动植物、湿地知识。湿地博览园包括湿地游览、湿地分类管理、湿地植物、湿地动物、湿地知识五部分内容。在属下便可建立植物信息，提供植物信息的增加、删除、修改功能。

(6)荒漠馆

我国是世界上土地荒漠化严重的国家之一，对荒漠化土地治理并恢复其生态环境是基本任务，同时也应看到，在法规政策导向下充分利用并发挥荒漠化土地资源优势，则是一举数得的解决荒漠化土地的另一条途径。充分利用荒漠化土地，立法建立“高耗能高污染企业循环经济开发区”。把耗能污染企业集中在一起不是任其发展、继续耗能污染不管，而是事先科学组织相关产业链衔接型企业入驻，优化配置工业群落，调整搭配结构，按循环经济、物尽其用、统一综合治理的原则实行组合，将开发区规划设计成资源利用产业链，相互间副产物和废物交换、能量和水等资源的逐级利用，基础设施、环保设施和其他设施共享利用，对生产工艺流程中各种资源、废弃物、污染物的排放实行上游企业与下游企业对接，按节能减排原则，最大限度地进行综合循环利用，综合治理污染。

6.3.3 建设林业网络博览会

目前各种物理形式的博览会，无法跨越时空的约束，发挥的效益相对有限。建设中国林业网络博览会，可以不受时空限制，免费参观，全年运营，提供多种林产品信息，开启互动营销模式，发挥网络营销的优势。

建设中国林业网络博览会，既是网络文化的营造，又是林业行业 B2B 电子商务平台。

中国林业网络博览会不仅可以反映林业生态文化属性，又可反映林业产品的商业属性。林业行业的 B2B 电子商务网站还没有诞生产值上亿的重量级网站，是可以开拓的蓝海，近可学习中国化工网和我国钢铁网，远可考虑阿里巴巴，按林业行业产品价格及工程服务规模，林业行业 B2B 门户应该可以成为产值上亿的 B2B 垂直门户。对中国林业网络博览会的建设、运营的目标是：中国林业网络博览会作为及时、全面发布林业行业供求信息、项目整合、技术进步和新产品开发的专业平台，是目前服务于林业终端用户及相关产业、报道国内外最新动态的专业性权威行业网站，读者覆盖林业相关用户的中高管理层、技术人员以及生产厂商的中高管理层，其专业性和权威性得到了业内的一致认可。服务方向一是建设运营中国林业网络博览会；二是建设、维护林业行业社区，促进业内交流；三是开发适应林业行业需要的信息化产品。

中国林业网络博览会基于产品管理系统运行，实现五类信息的发布浏览检索：新闻资讯、供应商、产品、工程项目、客户；网站信息采用系统自动采集和网络采编人员结合的方式，实现信息的连续获取，保证信息的及时性、有效性，以及数量和质量；提供整合的 B2B 站内即时通讯系统，实现网站用户和客服人员或者供应商之间的即时沟通，商机洽谈，实现交易。主要栏目设置：行业资讯、供求信息、产品(三维产品展示，结合虚拟展览)、公司、招投标、展会(虚拟展览)、技术、人才、会员，栏目设置可在后期做适当调整，产品管理系统提供了网站全部资讯的发布、编辑等管理；为 VIP 用户提供工程项目、产品、客户资料方面的消息推送。

6.3.4　建设森林公园等专业网站群

随着林业信息化的深入推进，各森林公园、自然保护区、国有林场、种苗基地等林业单位的网站建设需求愈加强烈。建立统一管理、统一部署、统一标准、统一规范的专业网站群，是一种有效节约资源、降低成本的方法，有助于在中国林业网主站下，统一信息发布、互动交流和对外服务。网站站群核心应用一体化，所有网站使用统一的数据管理平台，核心功能的统一开发和设定，并且各子站点能自主管理和维护，子站点个性化功能个性化开发。

森林公园等专业网站群是国家林业局外网门户内容资源保障的重要组成部分，网站群的建设不仅仅是建立一群网站，同时需要对森林公园所涉及的业务进行梳理，按照国家测评指标要求，将相关便民服务资源整合进入国家林业局外网门户。努力提升国家林业局外网门户网站的国家排名。

在统一技术构架基础之上，分级管理，分级维护，信息可以实现基于特定权限共享呈送的网站集合。网站群系统技术标准统一，能够互联互通，实行集群化管理，相对一致的网站运行和服务规范。通过群间数据服务，实现同一技术构架、不同数据后台、不同物理位置的网站及网站群间数据交换。

6.3.5 建设生态文化视频点播系统

提供视频点播，为生活、学习、工作提供极大便利。提供多个独立的管理权限和功能来对视频进行本地上传、存储、编目、发布管理流程，在为各下属单位提供独自的视频管理能力的同时不干涉其他兄弟单位的相关视频应用与操作，以解决和适应不同的网络连接状况，实现本地化视频应用扩展和点播服务。

建立视频点播中心，将各下属单位作为视频点播应用分支节点，实现中心视频内容面向各下属单位分节点的内容分发。每个下属单位只要配置一台服务器即可实现，主要用来接收中心分发的视频同时存储于本地，当地的用户访问时直接调用其服务器进行响应即可。

各下属单位门户网站建立视频点播栏目，实现与各分支节点视频点播应用服务的链接。每个希望建立分支视频服务的下属单位在其门户网站建立视频点播栏目，在各分部门建立相对独立的栏目或站点，实现各站点或栏目的资源对各部门用户是相对独立的，并实现与视频点播服务的链接。本地用户访问视频点播内容时，即可实现本地化响应服务。

6.4 电子社区与新林区建设信息化

社区信息化已成为推动我国城乡统筹发展和整个社会进步的重要基础，体现在：通过广泛应用ICT，搭建社区政务、社区管理、社区服务、社区居民生活等各个方面的信息技术应用平台和通道，建设由信息、通信技术和法律支持的虚拟社区，并在政府、社会和公众之间建立办公业务与信息服务体系，努力实现社区信息资源的最有效的开发、利用和共享，最终达到提高包括农村在内的社区成员生活质量的目的。

6.4.1 加快制定全国统一的标准规范

据统计，我国有乡级行政机构4.1万个、社区级行政机构70余万个，全国有近8万个社区。社区信息化的主要任务就是为社区管理和服务提供现代化的途径和手段。然而，由于我国目前尚缺乏一套完整的社区信息化服务与管理的技术标准，为有效解决社区管理中存在着行政上的“多头管理、条块分割”所导致的系统重复开发、重复投资，应针对社区信息缺乏统一规划、各职能部门的社区服务与管理系统的各自为战、“信息孤岛”和数据重复采集突出等问题，构建一套社区服务与综合管理一体化平台，提炼并制定出一套准确、科学、实用的社区服务与管理一体化平台运行规范，为早日实现我国社区服务信息互联互通和资源共享，深入开展社区服务与管理信息化建设提供支持。然而，社区信息化标准与其他行业标准、技术标准又有着很大的区别，它既涉及行政与管理机制的协调，又涉及信息化建设的各项技术参数要求。因此，标准的制定应当建立在我国已有的社区实践和成功经验的基础之上，充分借鉴国际标准和国内外已有标准，优先制定急需的、共性的、基础性的和关键性的标准，主要包括社区信息化基础标准、安全标准、信息资源分类代码和信息交换标准，人口数据库建设规范与数据中心建设规范，社区管理的业务集成标准、信息资源标准和应用标准，社区服务的业务集成标准、信息资源标准和应用标准，并制定标准的实施管理、评价指标体系、运营管理规范和运营服务规范等。

6.4.2　统筹城乡 ICT 基础设施建设

只有全面提升社区的基础网络建设水平，才能为提升社区管理信息化水平和社区信息化服务水平奠定基础。中西部地区城乡发展二元化结构的长期存在，不仅使广大农村居民的生活水平提升较慢，而且使城市发展特别是城市经济发展也面临着后劲不足的问题，最终必然会制约整个国民经济的增长。根据国家的相关规划，到 2050 年之前，要使中国城市化率从现在的 36% 提高到 70% 左右。经测算，平均每年城市化提高一个百分点，年均就会约有 1200 万的人口从乡村转移到城市。在城镇化的进程中，随着城市人口的持续膨胀，城市化率的进一步快速提高以及城乡新型社区的形成，都需要有相应的社区服务。提供相应的服务意味着网络基础设施和人力成本投入的加大，为此要努力克服社区服务滞后于城乡经济发展，推动各级政府加大对社区公共设施建设投入的力度，把社区信息基础设施纳入城乡规划统一建设，重点解决中西部地区“缺乏规划”、“谋而不建”和“建而难用”等信息网络“最后一公里”现实问题。同时，电信业在社区信息化推进工程中，既能搭建基础网络，提供传输通道，保障信息传输，又能促进社区新业务、新服务的应用，因此要把握其建设、运行和管理的内在规律，积极引导、鼓励电信企业参与到政府有要求、社区有需要、发展有前景、各方均受益的社区信息化基础设施建设当中。

6.4.3 把握好社区信息化的主体需求

审视各地建立的信息化社区，在服务内容与技术应用方面可谓各有特色。但从我国社区信息化建设的历程来看，步履维艰的主要问题是没有解决好服务对象的问题，其建设成效往往取决于政府重视与否，居民的需求与社区信息的服务供应并不一致，而且居民对信息化服务项目的需求程度各不相同，个性化需求不能得到有效满足，导致未形成“社区主动”、“政府推动”、“需求拉动”、“市场驱动”、“社会联动”的良性循环机制。社区信息化的目的不仅仅是为政府决策提供服务，而且应当能够实现政民互动和有效提高社区管理水平，以城乡居民为服务对象，针对社区居民的日常生活、购物、旅游休闲、社交、民政等各种需求，为百姓提供各种优质全面的信息服务。只有把握好社区信息化的主体需求，才能保持其长久的生命力。

6.4.4 找准社区信息化推进的切入点

社区信息化打破了部门、行业隔阂，最大限度地实现了社会信息资源的共享，为政府决策提供全面、科学、准确、动态的依据；同时社区信息化系统覆盖了基层党政部门、街道办事处、乡镇机构、居委会及村委会，在真正意义上为实现电子政务的互联互通、资源共享提供了一个平台。因此，从某种意义上看，电子政务效率与社区信息化状况息息相关。既然社区信息化作为电子政务向社区基层延伸，就应当充分借鉴西方发达国家的成功经验，社区信息化建设必须以社区居民最根本、最迫切的需求为出发点和落脚点，把信息手段、信息平台和信息载体引入社区建设，以社区管理为龙头、社区服务为重点，不断拓展信息技术在社区管理和服务中的应用领域，不断满足社区居民日益增长的物质文化需要，通过电子政务的深化与转型，从而实现面向社会的服务。

6.4.5 扩大电子社区的覆盖范围

“电子社区”作为国际上公共行政管理改革的最新参照标准，是一个改变传统行政工作方式、提高效率、建设节约型政府的发展要求，也是衡量国家竞争力水平的重要标志之一。国内各大中型城市电子社区建设蓬勃发展，取得了积极的成效。但由于经济水平的差距和区域特色的不同，电子社区建设城乡差距明显，沿海和内地的地区差距显著。按照

《2006～2020 年国家信息化发展战略》，作为我国信息化工作的重点，电子政务公共服务要延伸到街道、城市社区和乡村，以此来推动服务型政府建设。因此，需要以电子社区建设为突破，搭建面向城乡社区居民的便捷信息沟通平台，解决因为年龄、地域、经济条件等客观因素所导致“数字鸿沟”与“公共服务差别”问题，尽力满足弱势群体对信息技术的需要。

6.4.6　实现社区信息化与新林区建设的有机结合

实施“城乡一体”、“以城带乡”、“城乡统筹”的社区信息化发展战略，顺应“农业产业化，农村社区化，农民居民化”的发展趋势，围绕新林区建设、城乡统筹发展和农村居民信息化需求的变化，拓宽信息化服务“三农”渠道，着力解决农村居民公共服务需求方面存在的问题和困难。根据农村经济的特点和农业结构调整的需要，特别是通过整合现有的农业信息化资源，采取“几村一社区”的模式，面向农村社区五类户（即种植养殖户、外出打工户、个体经商户、运输户、新型农业户），在社区服务平台上，重点提供农村居民所需的种养殖技术信息、农副产品供求信息、农民工用工信息、农村二三产业投资机会信息等。强化信息资源深度开发，引导和扩大农村社区居民信息消费。

6.4.7　探索促进城乡统筹的建设模式

经过近 10 年时间的发展，我国社区信息化形成了各具特色的四种基本建设模式，即：政府全权负责型、电子商务型、多元投资型和社会合作型。在社区信息化发展的初期，政府在规划、建设、投资、运营及服务方面均充当着主体角色。东部发达地区部分城市如北京、上海、杭州等，在社区信息化建设探索实践中虽取得了一定成效，但呈现出各地实施标准与模式各异等情况和特点，对于中西部欠发达地区来说借鉴意义不大。为此，理论与实践相结合，立足于城乡统筹发展，加快城乡社区信息化的一体化进程，在国家出台统一的社区信息化标准基础上，探索适合我国欠发达地区的社区信息化投资、建设、推进及运营模式，完善相关政策和法规，政府牵头的社区信息化建设最后才会演变成一个多元主体共同投资、构建、推进和参与的系统工程，这无疑具有重要的现实意义。

6.5 信息安全与支撑保障领域信息化

6.5.1 信息安全建设

一是建立系统病毒防范体系，实现网络内部平台的安全性。二是建立漏洞扫描、入侵检测等主动防御体系，提升网络系统的自我防护能力。三是保证各资源数据库安全，对各应用系统数据库资源进行安全保护。四是加强应用系统安全防护建设。五是建立健全信息安全标准和制度建设。

6.5.2 科技信息化建设

根据林业科技支撑单位的建设现状和科技推广工作的需要，加强林业科技信息化建设。一是开展科研宽带网络建设，为科研工作提供良好的网络基础条件。二是建设和完善林业科学数据中心，促进数据共享与服务。三是建设林业信息工程研究中心，促进实用信息技术成果推广转化。四是加强科技推广人员信息化培训，促进林业科技成果推广转化。

6.5.3 教育信息化建设

发挥教育主管部门和林业院校的积极性、创造性，提高林业教育信息化水平。一是加强数字图书馆建设，促进知识管理和共享。二是充分利用国家宽带基础设施，发展网络远程教育。

6.5.4 人力资源管理信息化建设

按照先急后缓、先易后难、稳步推进的原则，开展林业行业人力资源管理信息化建设。首先从行政事务管理、组织机构管理、薪酬福利管理入手，提高人力资源管理工作的效率。其次是从人员招聘管理、绩效管理、培训管理三个方面规范人力资源管理的业务流程。最后从职业生涯规划、人力资源成本评估、人力资源战略决策等方面入手，开展战略性人力资源管理与开发。

6.5.5　后勤服务信息化建设

后勤服务信息化建设内容很多，主要包括两方面内容：一是加强后勤资产数据库及管理信息系统建设；二是扩大网络服务的范围和内容。

6.5.6　林业信息获取基础设施

根据林业应用的需要，逐步构建多层次、多时空尺度、多途径的天—空—地一体化信息获取基础设施体系。

（1）林业遥感应用平台建设

根据林业发展的需要，发射我国林业资源监测专用遥感卫星，发展林业飞机机载和无人机遥感系统建设，结合国外遥感卫星系统，及时获取不同分辨率、不同光谱分辨率的遥感数据。应根据我国林业资源监测、生态工程建设监测、林业灾害监测的实际需要，与地面监测相结合，建立一套卫星遥感林业业务化监测应用平台，提高监测时效性和监测效率，通过综合应用多种空间分辨率的遥感数据，针对不同业务的需求，实现多级遥感监测。

快速宏观监测。利用低分辨率遥感数据覆盖范围广、回访周期短的优势，实现林业资源的快速监测和应急监测，即时发现较大面积森林资源的骤变，提出预警信息，建立森林火灾、病虫害、沙尘暴等林业灾害预警监测平台。

定期宏观监测。利用中等分辨率遥感数据反映森林植被光谱特征信息丰富、覆盖相对较容易的优势，实现省级范围等区域尺度的森林资源类型宏观监测，定期监测森林资源分布及其变化，实现森林资源、荒漠化土地资源、湿地资源遥感监测。

定期详细监测。利用高分辨率遥感数据分辨率高、可以编程接收的优势，实现对森林资源、林地资源和林业生态工程地块的详细监测，直接为林业生产经营单位提供落实到山头地块的森林资源经营管理的信息。

典型监测。利用超高分辨率的遥感数据反映地物细节的优势，可对典型的森林植被类型或林业重点工程地块实施成效进行直观监测，可部分代替地面调查。

多级遥感监测中，每一级较高分辨率的遥感监测，是对上一级较低分辨率遥感监测的重点、典型或变化区域的放大倍数监测，类似于应用了放大镜的监测，既弥补了单一遥感数据源的不足，实现了从整体到局部、从全面到细节的森林资源及变化状况的多层次监测，又可以提高监测工作效率，提高监测时效性。

(2)林业北斗卫星导航定位基础设施

针对林业资源监管、综合营造林管理、林业灾害监控与应急管理和社会公共服务四大业务中对卫星导航定位的需求，结合北斗二代导航定位技术，建立北斗导航应用模式，开发北斗林业信息采集系列产品，突破森林环境下北斗终端高精度单点定位、终端小型化低功耗、北斗导航与林业业务融合等关键技术，建立北斗林业应用标准，选择典型示范区和核心业务，搭建基于北斗二代导航系统的林业综合管理应用平台，实现北斗与林业业务应用系统的融合，实现 GPS 与北斗共存并最终实现导航定位技术的国产自主知识产权。建立北斗林业应用体系，结构具有天—空—地一体化、星地信息传输链路融合、分级分布式应用服务等主要特点。

天—空—地一体化体现在该体系结构总体上可以划分为天基系统、空基系统、地面示范应用系统三个大的层次。天基系统包括北斗卫星网、GPS 卫星和相关遥感应用卫星，为地面示范应用系统提供卫星资源支持；空基系统包括具有北斗导航装备的空中巡护、有人或无人航空遥感、林业空中作业等机载系统；地面示范应用系统包括北斗卫星导航系统在森林资源监测、森林防火、综合营造林管理、林地林权管理和野生动植物保护 5 个具体业务领域示范应用系统。天基系统、空基系统、地面示范应用系统三者协同运转形成有机整体。

星地信息传输链路融合体现在充分利用北斗短报文通讯、地面有线(国家林业专网、政务网、Internet 等)、无线通讯(GSM/CDMA/3G)进行综合信息传输，有效支持野外北斗采集终端之间、北斗采集终端与内部业务应用系统之间、内部业务应用系统之间的信息传输和协同工作，并重点解决林区大范围通讯盲区、林区现场与现有“国家—省—市—县”林业业务系统之间的信息交互问题。

分级分布式应用服务特点体现在本示范应用系统、服务平台将在国家、省、市、县、林区现场各层次部署和应用，基于北斗卫星导航系统在森林资源监测、森林防火、综合营造林管理、林地林权管理和野生动植物保护 5 个具体的业务领域开展典型、综合性的示范应用，充分体现林业森林资源监管、生态工程建设、林业灾害应急和林业公众服务四大业务的北斗系统应用特色，各层次的应用服务功能与规模将结合各示范区、各级林业业务的特点进行相应的配置。

(3)视频瞭望基础设施

森林防火视频监控系统是一个多专业、多学科的复杂的系统工程，是一个集通信、视频处理、电子技术、计算机技术、信息处理、能源建设、系统防护、气象预报、野外供电、铁塔的设计、安全防范、钢结构及基础等综合技术的工程。主要包括前端基站建设，网络传输建设，国家、省、市、县监控指挥中心建设，系统安全建设及系统软件建设。

运用地理信息、遥感、GPS、网络、通讯及数据库等高科技、现代化技术，建立国家、省、市、县四级立体森林防火视频监控、应急指挥系统。以数字设备取代人工巡视、高山瞭望等传统监控方式，通过网络将采集的图像信息和记录的数据传到指挥中心，并利用GIS(地理信息系统)迅速对发生火情、火警区域实现定位，提高森林防火应急反应速度和应对能力，在与国家、省、市、县森林防火工作及灾害应急通讯、指挥系统互动的基础上，实现与森林防火监测系统和应急指挥系统的对接，实现应急资源信息共享和协同调配。

视频监控体系主体架构主要有几个部门组成：周边智能化监控、林业基础数据库、通信网络、监控指挥中心、森林公安移动现场系统联动。实现省、市、县三级联动监控；实现监控系统与业务管理系统互动；实现监控网、业务运行网、视频会议网共享(图 6-2)。

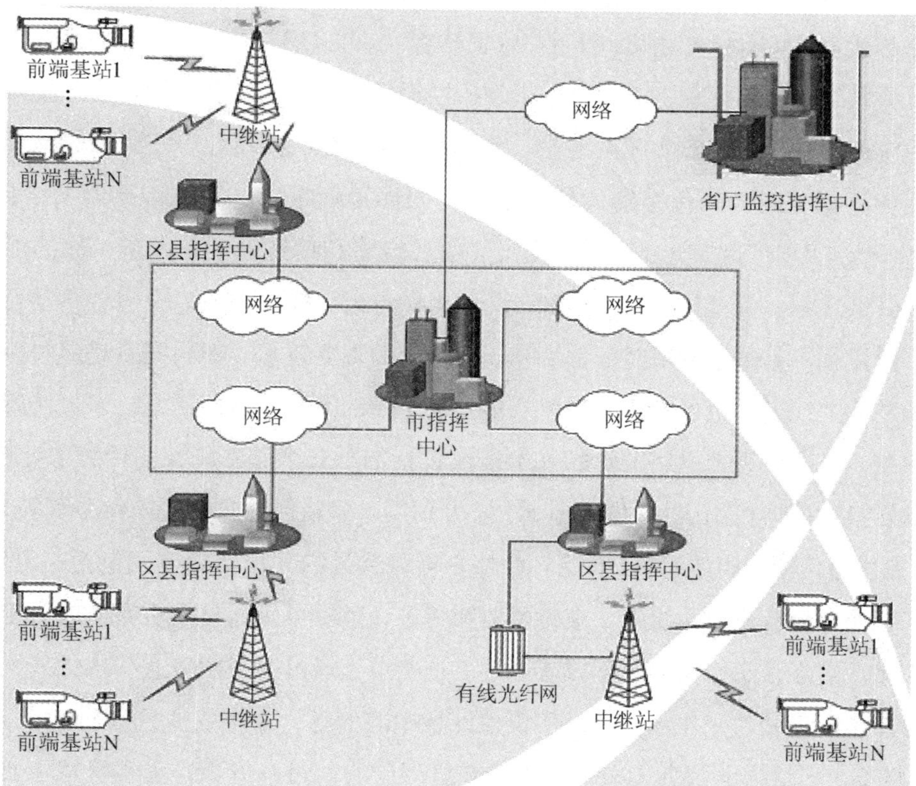

图 6-2　视频监控总体架构图

(4)林业物联网传感器基础设施

RFID(radio frequency identification)射频识别是一种非接触式的自动识别技术，它通过射频信号自动识别目标对象并获取相关数据，识别过程无须人工干预，可工作于各种恶劣环境。RFID 技术可识别高速运动物体并可同时识别多个标签，操作快捷方便。RFID 技术与互联网、通讯等技术相结合，可实现全球范围内物品跟踪与信息共享。RFID 电子标签是一种把天线和 Ic 封装到塑料基片上的新型无源电子卡片，具有数据存储量大、无线无源、小巧轻便、使用寿命长、防水、防磁和安全防伪等特点，是未来几年代替条形码走进“物联网”时代的关键技术之一。阅读器(即 PCE 机)和电子标签(即 PICC 卡)之间通过电磁场感应进行能量、时序和数据的无线传输。在 PCD 机天线的可识别范围内，可能会同时出现多张 PICC 卡。如何准确识别每张卡，是 A 型 PICC 卡的防碰撞(即 anticollision，也叫防冲突)技术要解决的关键问题。将在野生动植物监测、木材运输监管、林业资源调查、林业种子、苗木、花卉、林业物流、森林旅游、古树名木等方面进行建设。

林业传感器是机器感知物质世界的“感觉器官”，可以感知热、力、光、电、声、位移等信号，为网络系统的处理、传输、分析和反馈提供最原始的信息。随着科学技术的不断发展，传统的传感器正逐步实现微型化、智能化、信息化、网络化，正经历着从传统传感器到智能传感器、嵌入式传感器的转变过程，内涵不断丰富。无线传感器网络(wireless sensor network，WSN)是集分布式信息采集、信息传输和信息处理技术于一体的网络信息系统，以其低成本、微型化、低功耗和灵活的组网方式、铺设方式以及适合移动目标等特点受到广泛重视，是关系国民经济发展和国家安全的重要技术。物联网正是通过遍布在各个角落和物体上的形形色色的传感器以及由它们组成的无线传感器网络，来最终感知整个物质世界的。林业传感器网络节点的基本组成包括如下几个基本单元：传感单元(由传感器和模数转换功能模块组成)、处理单元(包括 CPU、存储器、嵌入式操作系统等)、通信单元(由无线通信模块组成)以及电源。此外，可以选择的其他功能单元包括：定位系统、移动系统以及电源自供电系统等。在传感器网络中，节点可以通过飞机布撒或人工布置等方式，大量部署在被感知对象内部或者附近。这些节点通过自组织方式构成无线网络，以协作的方式实时感知、采集和处理网络覆盖区域中的信息，并将数据经由 Sink 节点(接收发送器)将整个区域内的信息传送到远程控制管理中心。另一方面，远程管理中心也可以对网络节点进行实时控制和操纵。将来，面向林业物联网的传感器设施包括：森林环境传感器、森林土肥传感器、林业灾害监控传感器、苗圃、花卉经营自动化控制传感器等几个方面。

6.5.7　网络基础设施

进行统一的网络地址规划，建设和整合全国林业电子政务传输网络。全国林业电子政务传输网络是全国林业信息化的主要网络环境，由政务内网和政务外网组成。内网建设原则上在国家林业局电子政务骨干传输网络的基础上，将节点扩展至国家林业局直属单位、各省级林业主管部门和四大森工集团。政务外网与国际互联网逻辑隔离，原则上以国家电子政务外网通道为基础来建立。在国家电子政务外网尚未达到的地方，充分利用已建网络和国家公共通信资源，进一步扩充完善，形成连接国家林业局、省、市、县四级统一的外网通道。在国家和地方的电子政务外网建成后，将外网通道及应用迁移到国家电子政务外网系统。加快建设和整合外网，消除林业信息化发展的“最后一公里”瓶颈，满足各级林业主管部门内部办公、管理、协调、监督、应急以及决策需要。按照统一标准规范、统一地址和域名，推进林业电子政务网络建设，逐级实现互联互通。已经建成的网络要有针对性地制定出能够互联互通的解决方案，抓紧调整完善，实现原有系统分别与内外网平台的互联互通。网络基础设施建设包含林业政务外网、林业政务内网两个部分。它们的关系如图 6-3。

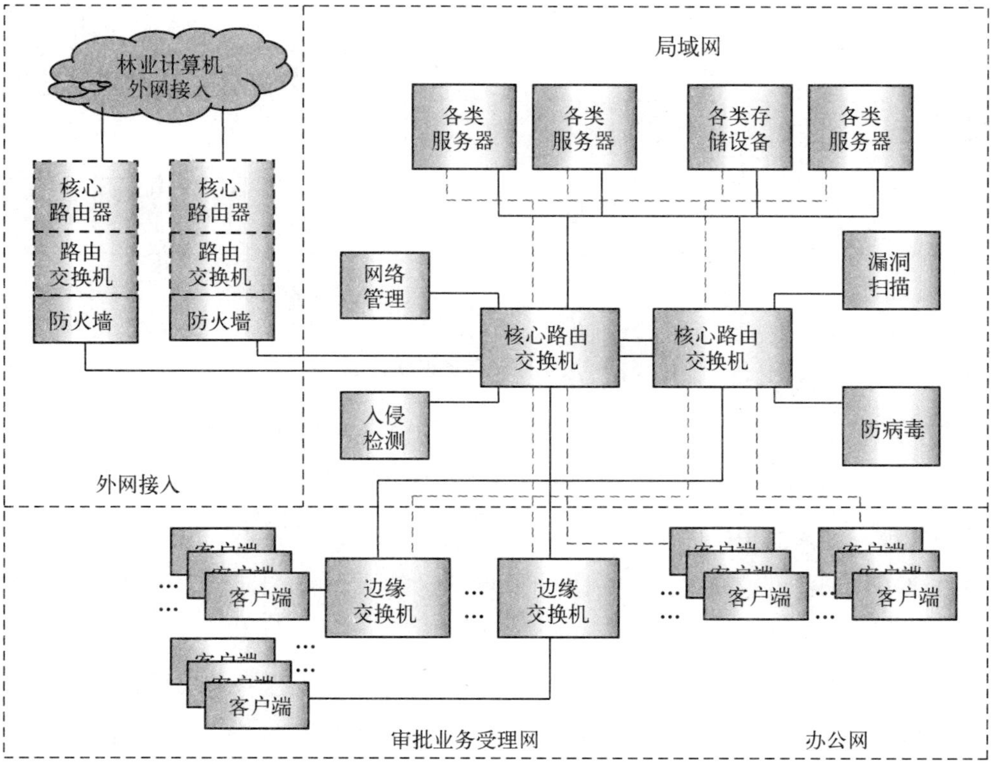

图 6-3　林业政务外网和局域网连接的示例拓扑图

林业政务外网。林业政务外网贯通国家林业局及其直属单位、各级林业主管部门，由国家林业局至其直属单位、国家林业局至各省(区、市)的专用网络和各省(区、市)至其下属地市、县的网络两个部分组成。国家林业局负责由国家林业局至直属单位、国家林业局至各省(区、市)的林业政务外网建设，各直属单位负责其连接外网的局域网络建设；各省(区、市)负责建设由本省(区、市)至其所辖地市、县外网建设及其连接林业政务外网的局域网络建设；各地市负责其连接林业政务外网的局域网络建设。

林业政务内网。林业政务内网是与国际互联网和林业政务外网物理隔离的政府内部办公网，可以用来处理涉密信息。全国林业政务内网由国家林业局至其直属单位、国家林业局至各省(区、市)内网以及各省(区、市)至其所辖地市、县的内网及各单位的内网三个部分组成。国家林业局负责建设由国家林业局至直属单位、国家林业局至各省(区、市)的林业电子政务内网建设，国家林业局各直属单位负责其单位内部局域网建设；各省(区、市)负责本省(区、市)至各市、县林业电子政务内网建设。国家级政务网络与省级政务内网物理隔离，通过在两网各自的前置机进行数据交换(图6-4)。

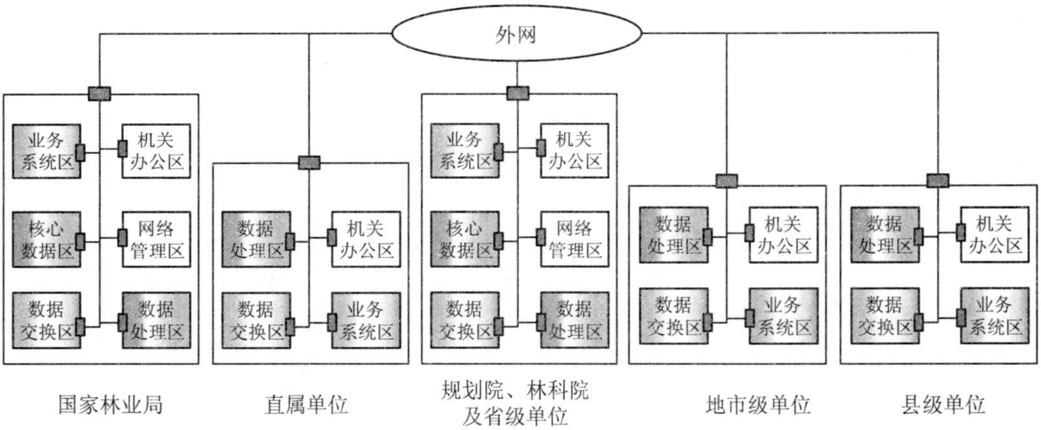

图6-4　林业政务内网结构图

物联网基础设施建设。随着信息技术的发展，物联网技术将在林业逐步应用，到2020年，多种网络架构并存，为终端提供接近于无处不在的宽带语音、文字、图形、数据以及多媒体通信能力，无线传感器网络WSN将成为通信系统的重要组成部分。网络将成为与交通、水电一样的基础设施，实现了任何时间、任何地点、任何对象(物、机器、人)互相通讯的泛在网。林业物联网构架如图6-5。

我国林业资源监管、生态环境建设、林业灾害预警及公共服务将需要建立林业物联网体系，需要构建林业物联网分层结构模型，制定林业物联网标准规范和应用协议，建设林业物联网平台、进行林业应用传感器、传感网建设，建设内容包括：林业传感器设施建

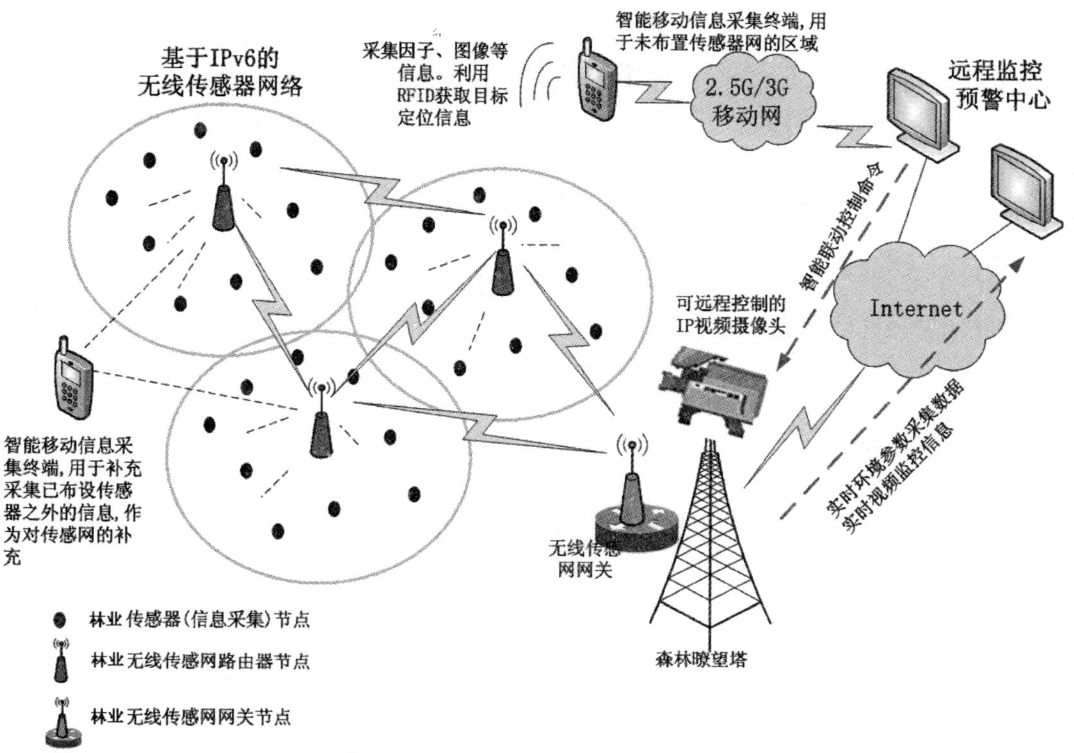

图 6-5　林业物联网架构图

设、林业 FRID 设施建设、传感网网络体系建设。

6.5.8　林业信息服务平台

林业信息服务平台为林业行业的政务管理、其他相关行业、社会公众将提供广泛的信息服务，提供森林资源、荒漠化、湿地及生物多样性资源等信息服务。建设内容包括基础设施、数据库、应用支撑、应用系统等多个层次。在基础设施层，通过网络汇接为各级林业网络建设提供统一的网络接入、汇聚等功能，实现全国林业系统网络基础设施互联互通，形成国家和地方整体的网络体系。在数据库层，以地理空间信息为主要依托，为各类林业数据库提供统一的存储架构环境以及统一数据库访问基础。在应用支撑层，通过面向服务体系架构的服务组件、业务流程定义以及信息交换，为应用系统建设提供一个快速搭建和运行的支撑平台，同时为应用系统之间的无缝集成提供信息交换和业务协同。在应用系统层，构建统一的门户系统，以信息资源共享、业务协同、辅助决策和公众服务的模式，为政府、企业、社会公众提供服务。

林业信息服务平台提供面向应用系统和面向用户的两类服务。依托各级统一的平台，各级林业部门各自负责建设其专题数据库和业务应用系统，这样既充分体现了基础性、公用性功能，为所有的信息资源和应用提供服务，又充分体现各级林业主管部门的专有和个性化应用系统的建设自主权；既符合国家信息化建设的要求，又符合信息化建设的发展趋势。通过各级林业信息化基础平台建设，为林业内网、外网建设提供统一、稳定、先进、高效的运行环境。

依据统一的技术标准、规范、协议和接口，遵循“面向服务和集成创新”的设计思想，建设林业信息化基础平台，为林业信息化总体框架提供公共性、基础性的技术支撑，达到信息资源整合的目的。

(1)林业数据服务

实现多层次间林业资源数据管理的交互性与共享性；研究林业资源数据时态尺度下的分类存储、高效检索、并发访问技术，提高时空数据库的响应速度，实现数据时态管理的对接和交换。

数据采集服务。开发数据采集服务中间件，从数据采集阶段开始，规范各种途径提交的林业资源数据，并实现检查、汇集、传输、入库，实现全国、省、县、乡各级林业资源数据的整合与衔接。

数据交换服务。实现各省(区、市)分布式异构数据库的连接、通讯传输和数据同步。为统一全国和各省(区、市)林业资源数据的同步规则提供传输保障，为实现全国林业资源数据库到省级林业资源数据库的数据链路、数据安全和数据同步提供保障。

数据统计服务。实现国家、省、市等各级林业资源数据的统计功能。基于此中间件技术提取、统计全国和各省(区、市)林业资源数据库中的相关内容，实现全国、省、市级别的异构、多源、多库的实时统计功能，为各个级别的部门利用提供便利和数据保障。

数据可视化服务。实现林业资源的二三维可视化，更新分布式异构数据源的数据传输和存储方式，提高显示效率；基于时空数据库，更新数据展示方式，提升多层次时空信息展示效果，提供二三维多层次时空数据对比服务。

(2)林业分析与评价服务

针对森林资源、荒漠化沙化、湿地、野生动植物等林业资源变化的规律，构建生长枯损、收获预测、生长动态、生物量、碳汇、业务应用等一系列模型，构建林业资源模型库，实现模型资源的统一规范表达和模型资源的重复利用；提供基于模型库的预测分析实现方法，实现模型扩展、解译解析和动态更新，实现单一模型和多模型协同预测分析服务。针对不同林业资源的经营及利用目标，从信息技术角度出发，建立一种通用的林业资源评价指标体系的数字化方法，建立林业资源的评价方法库，实现林业资源碳汇收益、生长收获、资源状况、时空结构变化的预测分析与资源现状、森林健康、生态碳汇、分布结构的综合分析与评价，为各级林业管理决策科学地提供评价服务。构建面向管理、林业经营、林农等的林业资源预测分析与评价服务平台，实现预测分析模型和评价方法从数学表示到服务功能的动态转化，实现独立预测分析和评价功能的高效协同服务。

(3)林业知识服务

针对海量的林业资源信息，以林业资源的多层次时空信息服务为目标，建立林业资源知识集成、知识表达、知识结构，建立基于本体的林业资源知识表达模型；建立知识可信度评价模型，实现知识准确性的定量化检验，提高获取知识的质量；建立具有动态更新功能的森林培育、经营管理、病虫害诊治、森林健康、生态环境保护等林业资源知识库。实现知识语义检索、知识适配与转换、知识协同推理等技术，实现“知识孤岛”的融合与集成；研究基于短信息和网络视频的互动技术，建立林业灾害远程诊断预警信息服务技术支撑平台和系统，实现专家与林农的面对面交流互动；在构建林业资源知识库的基础上，分析不同层次森林经营管理者的知识服务需求、林农的知识信息获取和认知方式，研究建立用户个性化信息需求模型，研制方便、快捷、廉价的林业信息个性化推送系统，提高森林经营管理者信息获取质量与数量，尽早实现“信息找人”的信息服务体系，使林业资源知识为各层次林业经营管理部门以及其他相关行业服务。

第 7 章　中国林业信息化的战略重点

根据林业信息化战略相关研究确定的林业信息化战略目标、总体结构、战略任务和内容，采取分解和协调的方法，开展林业信息化战略重点及其优先项目的研究，是林业信息化战略研究的关键课题之一。它的基本过程是：根据战略内容提出的各种类型选择重点项目，又在各个重点项目中确定优先项目，进行研究，经过分析、归纳，形成本章研究结果。

7.1　战略重点及优先项目的选择

7.1.1　选择原则

林业信息化任务重、内容多，空间上涉及各个部门，时间上是一个长期运行的过程，选择和安排重点项目和优先项目，遵循的总的准则是全面、协调、可持续发展，具体是：

(1)统筹规划，分步实施的原则

林业信息化关系到各个部门的各个领域和环节，各有各的任务和内容，既要保证林业信息化发展的整体性，又要根据不同条件与需求有一定的灵活性，所以必须遵循统筹安排下的分类、分层、分级、分期，稳步推进的原则。即在国家信息化战略指导下，对林业信息化战略设计和内容进行分解：在时间上，按 2015 年、2020 年、2030 年等阶段分期；层次上，纵向分国家、省、县、基层等层，横向按决策、管理、执行等分上、中、下层；根据林业信息化战略内容，按林业生产、管理、服务等职能，进行重组和林业信息化项目分类；在每一类中，分别依生产和管理等领域需要和林业信息化基础条件确定重点项目，在重点项目中，按优先级确定优先项目。既有面又有点，既有上层又有基层，既有生产又有管理，既有基础又有应用的信息化建设方略，积极稳步地推进信息化进程。

(2)内外兼顾，协调发展的原则

各级、各层林业信息化存在于一定的社会环境之中，横向它是该层次区域信息化的一个组成，纵向是林业系统整体信息化的一个部分，纵横交错、内外关系复杂。既要解决与环境相适应，相互协调，又要在系统内协同发展等问题，这就需要执行内外兼顾、各层各级各项之间的协调发展的原则。林业系统一个地区和领域的信息化，必须接受区域信息化和行业信息化双重约束与指导，实现信息资源共享，符合相关的标准、规范、建设目标和原则；林业内部，各层各级子系统之间，通过精心设计，组成有机整体，实施协调管理，共享信息资源，发挥整体效益。因此，在选择重点与优先项目时，必须和国家、地区的发展与信息化战略，林业和林业信息化的发展与战略保持相对一致，相互促进，协调发展。同时，在林业信息化开发的各类应用系统中，需要一个整体安排，统一标准，稳步推进，但是，各个地区和领域存在的各种差异，还应该考虑实际的条件与需要，协调运作。

(3)应用为先，持续发展的原则

林业信息化是促进林业发展的战略举措，因此，它应该立足未来，面向实际，重在应用，所有项目应该科学、可靠、可行、可持续。因此，需要遵循夯实基础、应用为先、安全可靠、持续发展的原则。基础设施建设是林业信息化的基础，它包括公共的硬软件、公共数据、方法、知识库、数字化工具和信息化标准、规范。只有这样，才能实现资源共享，才能开发和运行应用系统，才能满足林业发展需要的一切服务。这是信息化最根本，是建设初期的首要任务，后期也需要不断完善和优化。由于国家和地区都把它作为重点工程，因此凡是可以利用公用设施，应该尽量利用。林业信息化基础设施，主要指林业专用部分。林业信息化重点在应用，注重的是效果与效益统一，使用与安全、可靠统一，对于基础研究、应用基础研究与项目建设、研究与实践应区别对待，不能把实践项目作为研究项目，前者的失败意味着投资的失败，而后者即便失败也是一种结果。信息化建设应该面向生产、管理，服务、操作简便，有效地服务于广大林业工作者和群众。信息化是一个不断完善、发展的过程，所有项目在研建初期应该注意可扩充性，避免同一项目不断重新开始、高投入低产出地重复开发。

(4)继承与创新相结合的原则

林业信息化已经经历了从起步到发展、提升，现在进入了全面推进的阶段，各个阶段都是在原有基础上，完善、优化、新建和发展的过程。因此，也必须遵循继承与整合、综合与创新的原则。我国林业信息化，经过前一阶段的努力，许多地区和领域已有一定基础，开发了一批项目，不仅提供了行之有效的系统，而且积累了开发应用经验，未来信息化应该继承这些成果，尽量避免推倒重来，但是，由于过去缺少统一、协调，相同功能的系统众多，有选择地整合与改造是继承现有系统十分重要的工作。同时，林业信息化需要根据信息技术的发展，不断引进、消化、综合和创新。根据需要开发新系统，是加速林业信息化的最重要任务。林业系统对信息化的需求已经从数据发展到信息需求，进一步提出了知识需求，从单项目、局部需要发展到全面、整体需要，要求信息化向一体化、集成化、综合化、网络化、智能化、虚拟化等方向发展，这就需要不断引进新技术，通过自主创新，特别是新颖、实用、可行、可操作的有用自主创新，建设符合我国国情、林情的各种系统。

7.1.2 选择依据

(1)国家赋予林业的地位、部署和林业发展战略是选择的战略依据

在国家实施可持续发展战略、生态建设、西部开发、应对全球气候变化中，多次赋予林业相当高的地位，并对林业发展目标、任务、政策等进行了一系列部署，林业系统根据国家的部署，提出了林业发展战略的目标、方针、任务。林业信息化是推动林业发展方式、方法的转变、实施质量、效益、可持续发展模式、带动林业现代化过程中的关键技术支撑，所以在执行可持续发展战略、生态建设、西部开发、应对全球气候变化中，全面应用信息技术，在质量、数量上促进林业发展，是林业信息化的首要任务。本书的林业信息化发展战略设计和战略内容的研究，确定了林业信息化基本结构和内容，因此，林业信息化重点项目和优先项目的选择，应该在它们的整体把握下进行分解，再根据各地区、各个领域和环节的需求以及条件、基础，选择、安排重点项目和优先项目。

(2)国家信息化发展战略和林业信息化总体部署是选择的专业依据

信息化作为一个战略举措，有其特有的内涵、特点和规律，带有专业性。国家信息化发展战略部署、规划、举措和林业系统有关信息化部署、规划，是林业信息化专业依据。在选择林业信息化重点项目和优先项目中，应该注意到：第一，国家信息化发展中确立的信息化与工业化、现代化融合的道路。以改革开放和科技创新为动力，大力推进信息化，充分发挥信息化在促进经济、政治、文化、社会和军事等领域发展的重要作用等。第二，到2020年国家信息化总目标。综合信息基础设施基本普及，信息技术自主创新能力显著增强，信息产业结构全面优化，国家信息安全保障水平大幅提高，国民经济和社会信息化取得明显成效，新型工业化发展模式初步确立，国家信息化发展的制度环境和政策体系基本完善，国民信息技术应用能力显著提高，为迈向信息社会奠定坚实基础。第三，全国林业系统"加快林业信息化，带动林业现代化"的总体部署。第四，到2020年林业信息化建设的总体目标。建立起覆盖全国林业系统的信息化体系，建成国内领先的信息化平台，基础设施明显改善，信息安全保障能力大幅增强，林业信息化发展制度、标准体系基本形成，资源共享和应用水平全面提升，实现林业决策科学化、办公电子化、服务便捷化，为建设现代林业提供强大支撑。第五，按照林业信息化建设的总体框架，针对林业资源监管系统、营造林管理系统、林业灾害监控与应急系统、林业综合办公系统、林业信息化基础平台、林业产业发展与林业经济运行系统、生态文化与教育培训系统、林业信息技术自主创新等八大行动计划，进行重点项目的选择和安排。

(3)林业生产、管理、服务需求和流程是选择的业务依据

世界已经进入信息时代，在了解和控制林业运行中，所关注的中心，已经从"物"向"信息和知识"转移，林业信息化作为林业生产、管理、服务等支持技术，着力于以信息描述林业状态，以信息流描述林业运行过程，以知识和信息控制林业发展方向。当前，林业生产经营、管理模式正在变革之中，特别是信息等高新技术的应用，林业将面临一次重大变革。所以在安排项目和优先项目时，必须注意到，林业信息化不是现行系统简单的信息技术的应用，更不是手工系统计算机化，需要从实现林业现代化出发，在林业生产、管理、服务领域进行全方位的变革，以现代化的生产、管理、服务模式的需求和流程，作为重点项目与优先项目选择和安排的业务基础。只有这样，才能进行具有先进性、科学性、实用性、可行性项目的实施。

(4)国内外信息技术和信息化的发展趋势是选择的技术依据

实现林业现代化是林业发展的战略目标，信息化状态反映了现代化的程度和水平。林业信息化在长期目标上，必须根据世界信息化发展趋势，确定信息化的项目与目标，项目覆盖林业各个部门与领域，以便逐步赶上世界信息化水平。当前，我国林业信息化已经起步，并取得了成效，积累了一定经验。在今后一定时间内，应该根据世界信息化发展的一体化、网络化、智能化、综合化、集成化、虚拟化等的趋势，从生产、管理、服务等方面安排优先项目。同时，林业信息化的实质是林业各个部门、领域和环节利用信息技术，开发和利用信息资源，推动林业生产的发展。信息化讲究实效，应该有较高的性价比。关键在根据需要和可能，面向实际，突出应用。这就需要不断选择可靠、可行、有效等成熟的技术，应用到林业信息化之中。同时，需要不断引进、消化特别是自主创新，产生适合林业信息化的新的方法和技术，通过验证，积极、稳妥地将这些新技术应用到信息化建设中。避免不加选择地应用，或者是边研究边应用，避免失败或者增加成本。

(5)林业信息化发展基础和条件是选择的环境依据

信息化是生产力、科技发展的一个阶段，信息技术的应用需要有一定的社会、经济、科技、人力资源等条件和已具备的信息技术应用基础。信息技术等高新技术的应用，可以取得高效益，但是需要有一定投入，并存在较大的风险。我国东北国有林区、西南国有和集体林区、南方集体林区、西北少林地区，在社会和经济发展水平、信息素养、信息化基础等方面存在明显差异，也有不同的需求，所以在选择和安排项目时，无论在空间和时间上都应该考虑当地当时的条件和基础。

7.2　林业资源监管信息化建设

建设林业资源监管系统，改变我国林业资源监管工作中传统落后的人工监管方式，实现对3亿公顷林地、1.7亿公顷沙地和0.7亿公顷湿地等林业资源的实时有效监管，为提高宏观决策的科学性和有效性提供技术保障。

7.2.1　森林资源监管系统

根据国家、省、市、县4个不同层次的应用要求，应用地理信息系统和数据库技术建立森林资源监管信息系统。该系统由森林资源监测子系统、森林资源利用管理子系统、林地林权管理子系统、国家级生态公益林管理子系统、森林资源监管辅助决策支持子系统和境外森林资源信息管理子系统组成。做好对已有建设成果的升级完善和推广应用。

森林资源监测子系统　该系统由森林资源基础数据管理子系统、森林资源数据加工处理子系统、森林资源数据应用子系统和森林资源数据交换子系统4个子系统组成。

森林资源利用管理子系统　该系统包括森林经营方案编制子系统、森林采伐管理子系统、木材运输管理子系统3个子系统。

林地林权管理子系统　该系统包括林权登记管理子系统和林地征占用管理子系统两个子系统。

国家级生态公益林管理子系统　该系统旨在实现国家级公益林资源管理、护林员管理、管护成效评价。功能模块包括数据录入、逻辑检查、系统设置、数据库维护、生态公益林调整审核、数据更新、成效评价、统计分析、信息查询、统计报表输出。

森林资源监管辅助决策支持子系统　该系统以森林资源各级监测现状数据为基础，以林地林权和采伐利用管理过程中产生的森林资源动态变化数据为更新依据，实现对森林资源现状和动态变化信息综合管理，并利用数据仓库和数据挖掘技术，对森林资源结构与变化、森林利用规划、森林资源保护以及相关人口、社会与宏观经济等数据进行集成、统计与数据挖掘，完成森林资源专题信息提取和加工分析，为森林资源管理政策研究等提供决策支持，实现对全国森林资源的有效监管。

境外森林资源信息管理子系统　基于境外森林资源合作数据库，提供对境外森林资源信息的管理、查询、分析和信息发布功能。

7.2.2　湿地资源监管系统

该系统以提高湿地资源监测、管理、保护和利用水平为宗旨，在湿地资源数据库建设基础上，建立基于遥感、GPS 和 GIS 技术的湿地资源监管应用系统，确保全面及时掌握全国湿地资源现状及湿地征占、变迁等动态变化情况，为湿地保护和可持续利用提供技术支撑和决策支持，实现对湿地资源的有力监管和保护。

湿地资源调查和监测信息管理子系统　该系统以历次全国湿地调查数据为基础，以国际重要湿地监测、国家重点湿地监测、湿地专项调查、湿地工程管理、湿地自然保护区为重点，对全国湿地信息进行管理，提供完整的全国资源分布和特征信息，为湿地资源管理、工程评估、保护和可持续利用工作提供基础信息。系统以 GIS 空间信息管理和遥感技术为基础，提供湿地资源综合数据的更新、维护、编辑、修改、查询、空间分析、统计报表、成图制图等功能，实现湿地资源综合数据的集成统一管理。

湿地资源保护恢复工程评估子系统　该系统以各种国家湿地保护恢复工程为对象，实现工程资金管理、项目建设进度管理、档案管理、设备管理、成果管理的信息化作业，同时应用 GIS、遥感技术实现工程湿地数据信息查询、空间分析、历史和现状数据的对比、辅助工程效益和生态质量评估。

湿地资源管理预测、预警子系统　该系统应用“3S”技术开发湿地资源预测、预警模拟子系统，对国际和国家重要湿地进行湿地动态变化预测，利用空间统计学和空间统计预测模型，结合湿地资源类型、数量、空间分布等动态变化数据和历史统计资料，建立湿地信息快速提取、湿地变化预测、湿地演变趋势动态模拟等功能模块，实现湿地资源预测和预警管理。

湿地资源综合分析评价子系统 该系统旨在对国际和国家重要湿地资源信息进行提炼加工、综合分析，对湿地演化过程进行动态模拟，实现湿地资源动态变化分析、湿地退化分析、湿地恢复评价以及相关生物多样性保护评价，为湿地资源保护管理和宏观决策提供信息支持。

7.2.3 荒漠化和沙化土地监管系统

该系统基于遥感、GPS 和 GIS 技术以及地面调查，全面掌握荒漠化、沙化现状及动态变化情况，建立荒漠化和沙化土地监测数据库和管理信息库，旨在提高荒漠化和沙化土地监测、防治和管理水平，为防沙治沙、改善沙区生态环境，履行《联合国防治荒漠化公约》提供科学决策依据。系统包括以下 4 个子系统：

荒漠化和沙化土地调查和监测信息管理子系统 该系统以地面调查数据为主，利用 GIS 空间信息管理和遥感技术，提供荒漠化和沙化土地数据更新、维护、编辑、修改、查询、空间分析、统计报表、成图制图等功能，实现数据的集成统一管理，为防沙治沙决策提供科学依据。

荒漠化和沙化治理重点工程管理子系统 该系统主要实现荒漠化和沙化治理工程活动的动态辅助管理，实施工程规划、计划、作业设计、进度管理、检查验收等全过程的一体化管理；同时，结合工程项目投资，进行项目的投入产出效益和生态效益评价。

营利性治沙管理子系统 该系统主要包括营利性治沙登记、治沙方案的制定、检查验收、发证等过程。

沙区和封禁保护区建设活动管理子系统 该系统主要对沙区开发建设活动及划定的沙化土地封禁保护区内修建公路、铁路等进行管理和审批。

7.2.4 生物多样性监管系统

该系统以提高野生动植物资源、自然保护区等监测、管理、保护和利用水平为宗旨，基于生物多样性数据库，建立基于遥感、GPS 和 GIS 技术的生物多样性监管系统，及时掌握生物多样性现状及动态变化情况，为加强野生动植物保护、管理，履行国际公约或协定、合理开发利用野生动植物资源提供决策依据。

生物多样性调查和监测信息管理子系统 该系统以历次野生动植物调查、监测数据为基础，实现全国野生动植物调查、大熊猫调查以及自然保护区调查、日常巡护监测、设施建设和管理等信息的动态管理，为野生动植物资源保护和自然保护区管理、开发利用及濒危野生动植物拯救和保护工作提供依据。系统以 GIS 空间信息管理和遥感技术为基础，提供数据更新、维护、编辑、修改、查询、空间分析、统计报表、成图制图等功能，实现数据的集成统一管理。

野生动植物和自然保护区网上审批子系统　在线实现野生动植物证件审批办理，管理陆生野生动植物资源保护和开发利用，管理濒危物种进出口和野生动物、珍稀野生植物及其产品出口、驯养、繁殖、猎捕、采集的审批和报批，指导森林、野生动物和湿地类型自然保护区建设和管理。其中国家级审批系统实现国家一级重点保护野生动物特许猎捕证核发、国家重点保护陆生野生动物出口、国家一级重点保护野生动物驯养繁殖许可等 17 项行政审批业务。

7.3　营造林监管信息化建设

利用系统建设，对重点生态工程进行核查和监督，及时获取林地真实情况，减少重复造林现象的出现，为掌握生态状况、正确评估生态建设效益提供科学方法，为实施生态工程精细化管理、提高管理效率提供有效手段。

7.3.1　林木种苗管理系统

林木种苗是林业建设的基础和保障，林木种苗的优劣直接影响到造林绿化的质量。因此，林木种苗管理要以有效保障林业建设和国土绿化种苗供应为中心，以推进林木种苗良种化进程和提高林木种苗质量为根本，着力构建林木种苗选育推广体系、林木种苗生产供应体系、林木种苗行政执法体系和林木种苗社会化服务体系。该系统包括林木良种选育推广子系统、林木种苗生产供应子系统、林木种苗行政执法子系统和林木种苗社会化服务子系统。

林木良种选育推广子系统　该系统的设计目标是对林木良种选育和林木种苗科技创新实行科学管理，构建国家重点林木良种基地与省级林木良种基地相结合、科研与生产相结合的林木良种繁育推广体系，促进科技成果向现实生产力转化。系统主要功能包括林木种质资源调查、保存、评价和利用数据的存储、查询、监测以及信息发布，分树种的林木良种选育全过程监控、林木良种品种鉴别与质量检测结果的公布，林木良种审定申请、评审和结果公布以及林业重点工程造林和社会造林良种的使用情况调查数据汇总、分析及信息发布。

林木种苗生产供应子系统　该系统的设计目标是动态掌握林木种苗生产供应情况，根据林业生产力布局，建立健全规范化、法治化的林木种苗生产供应体系，逐步做到品种对路、质量优良、数据充足、价格合理、供需平衡。系统主要功能包括林木种子生产供应品种、数量和质量监测，种子生产基地运行状态监测以及林木种子贮备品种、数量及质量监测；苗木生产供应品种、数量、质量监测，苗木生产单位类型、数量监测以及苗木交易品种、数量、价格监测。

林木种苗行政执法子系统 该系统的设计目标是全面掌握林木种苗法律、法规和标准，开展林木种苗法制宣传教育，提高种苗管理机构依法行政能力。系统主要功能包括法律法规和标准文本查询及修订情况统计，林木种苗质量抽查、案件处理过程监测及结果公布，林木种苗行政执法和质量检验机构、执法及检验人员、档案等查询和统计。

林木种苗社会化服务子系统 该系统的设计目标是把社会化服务形成网络，覆盖国家、省、市和县，在信息引导、技术支持、市场开拓、人才培训等方面为林木种苗生产、经营者提供全方位服务。系统主要功能包括种苗供求信息收集、整理、分析和发布，种苗信息采集点分布查询与管理，区域性种苗交易市场分布查询与管理，种苗社团组织分布查询与统计。

7.3.2 重点生态工程营造林管理系统

通过建立一套覆盖国家、省、市、县级的重点生态工程营造林管理系统，实现重点工程等营造林的规划、计划、作业设计、进度控制、检查验收和统计上报等各环节的一体化管理，及时掌握营造林建设现状和发展动态，从根本上解决好“林子造在哪里”的问题。系统可将地理信息系统、数据库、计算机网络等信息技术成果高度集成，建设营造林工程调查规划管理子系统、营造林工程计划管理子系统、营造林工程作业设计管理子系统、营造林工程进度管理子系统、营造林工程检查验收管理子系统5个子系统，实现营造林工程综合信息网上查询和发布，为营造林工程小班地理位置核查、营造林工程质量核查和营造林成果分析及决策提供依据。

营造林工程调查规划管理子系统 该系统旨在通过外业调查，了解各造林地块的立地条件，为林业基层单位编制造林规划、计划、设计、申请造林工程项目及指导造林施工提供基础数据。通过编制国家级、省级、市县级植树造林规划，设计最佳造林技术措施方案，提供准确、及时更新的基本信息，做到本底清楚，为国家林业生态工程建设提供科学依据。主要功能包括营造林地小班调查空间数据和属性数据的录入、修改、查询、存储；造林地立地条件类型表、造林类型表和经营措施类型表等综合表格的生成、修改、查询、存储和输出；调查规划图件的制作、修改、查询、存储和输出；形成国家、省、市、县生产工程规划统计数据，并管理历史工程规划图件和文本数据，实现营造林调查规划数据导入、导出、备份、恢复、上报、接收等功能。

营造林工程计划管理子系统　该系统旨在对营造林计划进行全面管理，解决重复投资问题。系统主要功能包括编制和下达各级年度营造林生产任务计划、资金计划、种苗供应计划、营造林成本计划和作业计划；根据实际需要和计划审批管理权限，调整或变更造林计划；编制年度计划表；汇总统计各地营造林生产任务计划完成情况、资金安排和使用情况、苗木生产和应用情况；分析营造林成本构成，为国家重点生态工程营造林投资提供决策支撑；维护和管理年度营造林工程计划历史数据。

营造林工程作业设计管理子系统　该系统旨在对每个作业区提出具体技术规定，指导营造林施工。系统以地理信息系统为核心，以批准的造林规划设计、工程实施方案和上级下达的年度造林计划为依据，将营造林作业设计的空间数据和属性数据录入、存储到管理系统，以营造林小班为作业设计单元，把先进适用的营造林技术安排到山头地块，实行科学造林，达到保证营造林质量、提高造林成活率和林木生产力的目的。系统主要功能包括营造林地基本情况、设计原则与依据、范围与布局、营造林技术设计、种苗设计、森林保护及配套基础设施施工设计、工作量与投资预算、效益评价、管理措施等信息的录入、修改、查询、存储和输出等；编制营造林地基本情况表、营造林作业设计一览表及汇总表、分树种种苗需求量表、森林保护及配套基础设施年度作业设计表、投资预算表等；绘制以地形图为底图的营造林小班设计图和位置图、营造林模式示意图、森林保护及配套基础设施施工设计图等；完成营造林作业设计的逐级上报、审批、备案；统计汇总各类作业设计数据；管理作业设计图件历史数据和文本历史数据，为指导营造林工程实施提供技术性文件。通过营造林作业数据和森林资源数据的叠加分析，综合比较，落实每个营造林地块的空间位置，并利用森林规划数据和遥感影像数据进行评价，核实营造林成果。

营造林工程进度管理子系统　该系统旨在通过对各地营造林工程建设进度进行监管，确保营造林工程按作业设计进行施工；强化营造林作业工序管理，保证每个营造林环节的施工质量符合设计要求。推行营造林工程项目招投标制度或技术承包责任制度、造林目标管理责任制、营造林工程项目合同制、营造林工程项目监理制、营造林工程资金报账制管理，保证营造林生产任务能够按计划完成，同时通过监管和管理造林工程建设质量，为下年度营造林规划和计划的管理提供基本信息和决策支持。系统主要功能包括登记各地营造林工程建设进度，统计汇总各地的营造林工程完成情况。通过对各地营造林工程建设完成情况进行分析，制作进度图，对营造林作业全过程实行质量管理与控制，并对营造林工程项目的招投标、合同、监理等信息进行管理，控制营造林资金的使用。

营造林工程检查验收管理子系统　该系统旨在加强营造林质量管理，提高营造林质量和成效。内容包括营造林经费的使用、营造林质量及经营管理等方面。按营造林工程时段划分，分为年度检查、阶段验收和竣工验收。按营造林工程管理层次划分，分为县级自查、省级复查和国家级核查。通过对营造林规划、计划、设计、施工、成果检查验收等过程的数据进行核实和检查，汇总全国造林工程建设检查验收数据，生成各种营造林更新统计分析图表。准确掌握营造林建设现状和发展动态，及时发现营造林工作中存在的各种形式重复虚报成果问题。系统主要功能包括各种检查验收调查数据的录入、修改、查询、存储和打印等；各种检查验收的数据汇总和统计分析；各种检查验收图件和文档的历史信息的管理和统计分析；结合实地考核验收，实现在计算机上辅助验收。

7.3.3　林业重点工程建设成效评估系统

全面评估林业重点工程建设成效对掌握工程建设现状，改进工程建设管理，提高建设质量和效益十分重要。评估内容为工程建设前期准备、工程管理、工程进展、任务完成、目标实现、综合效益及可持续性等。该系统要管理评估的对象信息、评估的主体、评估的方法及抽样信息、自评估报告、成效评估调查统计表、专题调研报告、工程建设成效典型图片等内容。

7.3.4　林业应对气候变化管理系统

该系统旨在加强林业应对气候变化信息管理，在公共基础信息、林业基础信息、营造林管理等林业专题信息基础上，与林业碳汇专题监测信息相结合，针对林业碳汇管理的功能要求，建立碳汇计量和分析模型库和碳汇监测计量空间数据库，分析林业各种经营管理活动、灾害、林地征占用引起的二氧化碳变化情况，提供林业碳汇现状、分布和变化数据，为科学制定生态建设决策提供支持。系统主要功能包括各种公共基础信息、林业基础信息、林业专题信息的一体化综合管理；各类数据的空间综合分析；模型库和数据库的建立，应用林业碳汇计量和评价模型分析碳的空间和时间变化信息。

7.4　林业灾害监控与应急管理信息化建设

7.4.1　森林防火监控和应急指挥系统

该系统在计算机网络技术和地理空间技术支持下，及时、准确掌握森林火情，实现森林防火动态管理；对林火监测、林火预测预报、扑火指挥和火灾损失评估等各环节实行全过程管理，全面提高国家森林防火管理现代化水平，为科学决策提供依据，提高防火公众参与度，为降低火灾发生率、降低火灾损失提供技术支撑。该系统综合应用遥感、GIS、GPS、网络与决策支持系统等技术，在各级公共基础数据库、林业基础数据库和防火数据库的支持下，集森林火险预警预报、森林火灾监测、扑火指挥和损失评估为一体。在体系结构上由国家、省级和市县级系统构成，可实现森林防火相关信息上报和指令下达，各级防火数据库之间基于应用支撑平台的交换系统可实现数据交换与汇集。

森林火险预警预报子系统　加快全国森林火险预警系统监测站和火险因子采集站建设，升级、完善国家级和省级森林火险预警中心业务应用平台和预测预报系统，建立森林火险预警基础、专题数据库以及科学、安全、稳定的数据传输系统。利用森林火险要素监测站、可燃物因子采集站采集的数据及气象部门提供的天气预报和实况信息，结合林区物候和可燃物状况等基本信息，根据各类森林火险预测预报模型，及时准确地进行多时间尺度森林火险等级预报，生成森林火险等级预报图和各类专题图。根据火险等级预测结果，结合林火地理空间信息、可燃物蔓延模型，进行林火行为预报。遇到高度和极度危险天气或在高等级火险地区，通过电视台、网络以及手机短信等新闻媒体和通讯手段，及时发布高森林火险警报和预警信号，为森林火险预警提供科学依据，以提示危机、化解风险、规范用火行为、防范火灾发生。

监控图像传输子系统　全国各省级森林防火管理部门布设了数量不等的视频监控平台，这些视频监控平台上的图像采集设备采集视频后通过通讯设施传输到省级防火管理部门，在防火监控和火灾应急工作中，能直观地表现出防火关注区域或火场的实时状况，及时发现火灾，为林火指挥提供重要的参考依据。目前，这些视频监控平台的应用主要集中于地方防火业务中，国家森林防火指挥中心尚无法获得各地的实时图像信息，需要建立视频图像传输子系统，实现各地森林防火视频监控平台资源共享，国家森林防火指挥中心可以通过网络访问和调用各地视频监控平台的实时图像和历史纪录，为国家级森林防火监控和应急指挥提供地面基础数据。进一步提高卫星林火监测能力，升级现有卫星林火监测系统，确保能够自主接受和处理新卫星数据。充分发挥三个分中心林火监测的能力，建设自主接收卫星林火监测系统和数据传输系统。在有条件的省区，结合森林防火指挥中心的建设可自主建设林火卫星接收系统，提高各省(区、市)火情监测的时效性。

火灾应急辅助决策子系统　主要功能包括林火热点信息查询、火情标绘和三维电子沙盘防火指挥等。林火热点信息通过瞭望塔观察的方位和距离定位火点位置。热点信息除了地理位置外，还包括距离、方位、林火大小、有无烟雾等信息。热点信息可以林火图标方式叠加到火场的地理信息矢量图上，制作林火态势图显示。系统可以提供热点信息的选择、检索和查询。根据林火情况，可以利用不同的符号类型在数字地图上表示林火情况，生成林火扑救图或方案图。同时可以模拟扑火过程，以符号的显示、闪烁、移动等动态方式和文字说明，模拟整个的扑火过程，并输出过程图进行汇报总结。森林火灾发生的突发性和地区的不确定性，对防火指挥的决策造成很大难度，仅仅在二维地图上无法了解实际地区的情况，很难制定合适的扑救方案。利用 DEM 可以生成三维电子沙盘，叠加数字地图如林相图等，可进行漫游、飞行以立体动态方式直观为防火指挥进行服务。通过电脑与投影仪进行连接，能直观反映火场情况，为森林火灾扑救指挥员提供更加快捷、准确、及时、有效的话音和数据、图像、影像等信息，确保森林火灾预防、监测和扑救工作的顺利开展，在最短时间内做到组织领导到位、技术指导到位、资金物资到位、扑救人员到位，提高灭火作战综合能力，确保“打早、打小、打了”。

火灾损失评估子系统 以森林资源二类小班数据为基础，对火灾发生后的各项数据进行统计和分析，达到灾后决策科学化的目的。利用高分辨率的遥感卫星、地理信息系统等高新技术手段，开展对灾后森林资源损失、生态环境影响评估，并建立森林植被恢复模拟和森林火灾损失档案系统。以林业二类小班数据为基础，通过处理气象卫星图像数据、TM 图像、地理信息系统数据和火场实况图，结合 GPS 技术等勘测手段，测算火场面积、受害森林面积、受害积蓄等，评估火灾损失，生成各种火灾损失统计图表。

信息发布子系统 通过网络向公众发布高森林火险的地区名单和地图，为公众提供防火相关信息查询，接受群众网络举报火情和提供火灾发生原因线索，提高公众森林防火意识和参与度。

7.4.2 林业有害生物防治管理系统

该系统主要用于国家和地方多级林业有害生物管理，包括林业有害生物调查、监测预报与预警、预防与除治、灾害监测与评估、检疫及追溯信息、数据管理等。通过建设林业有害生物防治、检疫管理与信息发布系统及国家林业有害生物信息处理中心系统，实现国家、省、地、县等 4 级林业有害生物管理部门的数据共享，实现跨省的检疫管理和有关信息发布。在此基础上，研制形成实用的林业有害生物航空航天监测系统、预测预报与决策支持系统、应急管理和应急指挥系统，实现全国范围内的林业有害生物多尺度监测与管理，实时监测与评估国家林业有害生物的整体发生发展情况，形成全国突发林业有害生物应急管理和应急指挥体系。该系统是多级多层次的智能网络应用系统，可实现各省级和国家级测报点(县)的例行数据上报；各区域监测预警系统分别实现本区域范围内的林业有害生物的实时、有效、多尺度监测，对病虫害信息进行处理、传输和上报；国家林业有害生物信息处理系统接收各区域监测预警系统提供的上报数据，进行必要的综合与处理并进行发布，为林业有害生物防治提供决策支持。

林业有害生物监测子系统　林业有害生物监测子系统从林业有害生物监测管理业务流程上可具体划分为：数据采集、数据传输、数据处理、分析决策、预警发布等内容。以全国林业有害生物基础数据库为基础，利用航空、航天、远程等遥感监测技术手段，分别建立面向东北、华北、西北、华东、华中、西南等不同地区的区域监测预警系统，及时对重点灾害易发地区进行监测跟踪，实现地面、航空、航天的多尺度立体监测评价，以便及时发现早期灾害点，达到防患于未然的目的。对于已经发生的灾害，也可利用遥感优势，从大范围内监测其发展及蔓延情况，对损失情况进行评估。航空遥感主要借助其上的数字录像系统及 GPS 导航系统，发现枯死的单株树并确定其分布位置。航天遥感主要依据危害林分的光谱特征来确定灾害范围和危害程度。

林业有害生物防治子系统　包括三部分内容：一是实现对防治队伍、设备、技术的管理，可对防治设计、目标指标、绩效考核、建设项目进行管理；二是对各类林业有害生物灾害防治的辅助决策，提供面向生产的林业生物灾害防治决策与服务；三是实现应急管理功能。系统在林业生物灾害监测、预测、预警、分析、决策等外围系统的基础上，针对可能或已发生的灾害，按有关规定及防治实施方案、防治应急预案的要求，实现对各类防治资源调配、指挥、效果检查评估的管理。

植物检疫管理子系统　包括林业植物检疫管理、林业植物检疫执法监管和林业植物检疫追溯等三部分。通过使客户端和网络端相结合，实现高效的一体化网络服务，保证现场检疫工作的高效性和检疫信息的完整性。通过本系统使林业植物检疫工作更加规范化、流程化，大大提高检疫执法工作效率。

林业有害生物公共服务子系统　建立该系统，实现林业有害生物防治技术网络共享，通过网络培训基层技术人员，提高森林保护人才素质。建设基本预测信息数据库、预测模型方法库、种群动态和危害知识库、林业病虫害专家库等林业有害生物数据库和林业病虫害网络远程诊断的技术体系，实现林业虫情采集、虫情网络传输、远程专家诊断和处方等功能。

林业有害生物灾害评估子系统　在建立林业有害生物分布、危害、发生情况的基础信息数据库，分层次配备信息传输硬件设备的基础上，建立有害生物遥感多尺度监测技术体系，实现灾害的实时、宏观、准确监测与评估，实现空中监测数据自动更新林业有害生物灾害数据管理。利用高分辨率的遥感卫星、地理信息系统等高新技术手段，开展对灾后森林资源损失、生态环境影响评估，并建立森林植被恢复模拟和损失档案系统。以林业二类小班数据为基础，通过遥感影像和地理信息系统数据，结合 GPS 技术等勘测手段，测算灾害发生面积、受害森林面积、受害蓄积等，评估灾害损失，生成各种灾害损失统计图表。

7.4.3 野生动物疫源疫病监测管理系统

野生动物疫源疫病监控的主要工作包括：在监测野生动物种群中发现行为异常或不正常死亡时，记录信息、科学取样、检验检测、报告结果、应急处理、发布疫情。监测的主要任务是，对野生动物疫源疫病进行严密监测，及时准确掌握野生动物疫源疫病发生及流行动态。野生动物疫源疫病监测管理系统主要用于国家和地方多级野生动物疫源疫病监测管理和应急管理，包括野生动物疫源疫病监测、监测信息网络管理和野生动物疫情预警等。野生动物疫源疫病监测管理系统实现国家级监测站、省级监测站和市县级监测站(点)的例行数据上报；实现本区域范围内的野生动物疫源疫病的实时、有效、多尺度监测，对疫源疫病信息进行处理、传输和上报；国家系统接收各区域监测预警系统提供的上报数据，进行必要的综合与处理，然后进行发布。

疫源疫病监测站管理子系统 功能主要包括：监测站点管理、监测区域管理、监测采取巡查线路和观测点辅助设置、采集样品工具等功能。监测站点管理用于监测站点辅助布设、站点设备管理，以监测结果数据向各级监测业务部门传递；监测区域管理用于管理和设定监测物种的集中分布区域、监测物种与人和饲养动物密切接触的重点区域、曾经发生过重大疫病的区域及周边地区；监测采取巡查线路和观测点辅助设置用于日常巡查路线或定点观测点辅助设置，重点路线和重点区域辅助设置，以及紧急情况下监控路线和区域的辅助设置；采集样品工具提供记录样品的相关信息采集。

疫源疫病监测信息采集和报告子系统 系统实现 PDA 信息采集上报和网络报告功能。疫源疫病信息上报主要实现发生陆生野生动物疫情的地区所在地县级林业主管部门会同动物防疫部门向当地人民政府报告，并将情况逐级报至国家林业局野生动物疫源疫病监测总站，国家林业局野生动物疫源疫病监测总站同时将情况报国家林业局。

野生动物疫源疫病空间分析子系统 实现疫情时间、空间分布属性的查询、显示，制作专题地图，进行时空分析、统计，对局部地区风险进行预警。

疫源疫病预防和应急响应子系统 疫源疫病预防子系统的功能包括：陆生野生动物分布及活动规律调查工具，预防物资管理等。疫源疫病应急响应子系统的功能主要包括：疫源疫病信息分级监控，疫源疫病应急控制措施下达等。

7.4.4　沙尘暴监测防控系统

沙尘暴监测防控系统包括沙尘暴灾害监测预警、灾情评估、信息传输、应急处置等功能，目的是初步建成以沙尘暴灾害信息实时监测为基础、以灾情结果准确评估为重点、以监测信息快速传输为保障、以应急指挥及时处置为目标的沙尘暴灾害应急信息系统。

该系统主要用于对沙尘暴监测、预警和应急响应。包括沙尘暴预警预报子系统、监控图像传输子系统、应急辅助决策子系统、灾害损失评估子系统、信息发布子系统建设等。

7.4.5　重大生态破坏事件应急系统

该系统包括预警系统和应急系统两部分。预警系统是以森林安全监控集成系统和相关环境保护系统收集的数据为基础，利用多种方法、模型和技术，进行综合分析和判断生态破坏的状态和运动方式、发展趋势，为早期报警、提出解决方案的人机一体化系统。已经研建与实施的相关信息系统，例如森林火灾、水土流失、乱砍滥伐等应急系统，利用遥感图像数据进行宏观灾情监测和有些地区建立的地面微观监测系统相结合，具有部分预警功能。但是，由于没有按综合预警系统分析与设计，系统存在着一些明显的问题：第一是简单的监测；第二是没有包括预警的明确警义、寻找警源、分析警兆、预报警度和排除警患的完整功能；第三是选用的信息技术不能满足实时、快速和全面的要求等。预警系统简要的概念模型如图 7-1 所示。

根据预警系统简要模型，由航天、航空遥感、物联网等数据采集系统收集灾害监测预警数据、环境背景数据、灾害历史数据和成灾体数据、警兆，由空间信息系统结合自然灾害模型、抗灾性能模型和灾害评价模型进行灾害时空分析，判断是否成灾、灾害等级、影响范围和持续时间。一方面做出灾情早期报警，另一方面结合监测预警模型做出发展趋势预警，并快速把信息发布到用户及其服务网络，确保信息的全面、综合、实时、准确，支持各级、各层的科学、精细化管理。

应急系统是在预警系统的基础上的事中与事后管理，当突发破坏性事件发生报警后，确定并启动突发破坏性事件应急系统。即对紧急情况做出一系列正确处理措施，以避免和降低损失。突发事件的应急是一个从事前到事中再到事后处理的一个完整的联动行为。事前制定各种应急预案，与监测与预警系统结合，尽快掌握各种险情；事中充分利用应急系统，快速高效地做出应急决策，进行合理迅捷的资源调动来平息紧急情况；事后进行损失评估、损失补偿等各种补救措施。突发破坏性事件应急的流程如图 7-2。

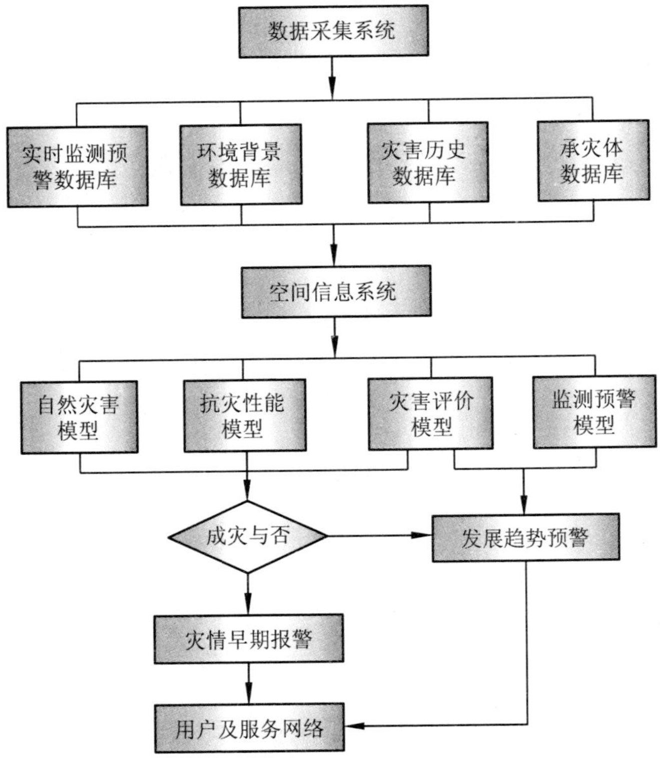

图 7-1　突发破坏性事件预警系统简要模型

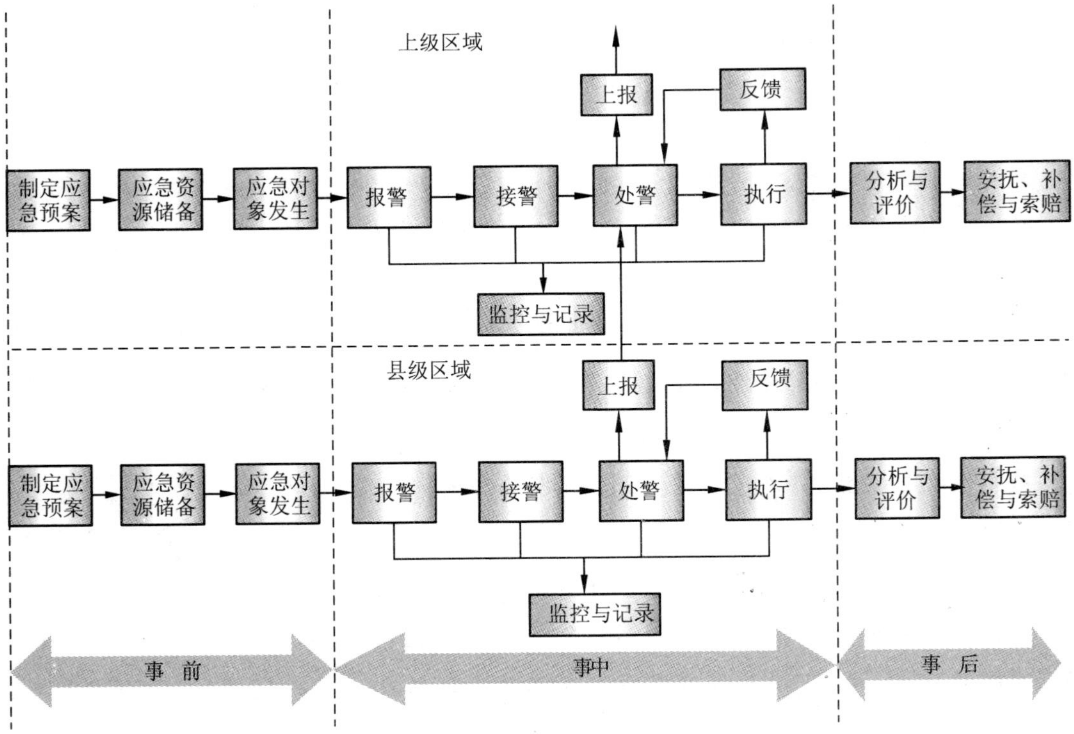

图 7-2　突发破坏性事件应急流程

林业系统对突发破坏性事件应急组织、预案、启动等已有一定基础，取得一定成效与经验。今后的任务是实现单项向综合应急方向转变，手工应急系统为主向人—机系统转变，一般模型数据处理向智能化知识处理转变，单向技术应用向多种技术应用转变等。

突发破坏性事件应急系统的概念模型如图 7-3 所示。应急系统是由应急机构体系、应急的物资运输体系、应急人力运输体系、应急的通信网络反馈体系和扑救现场等构成。

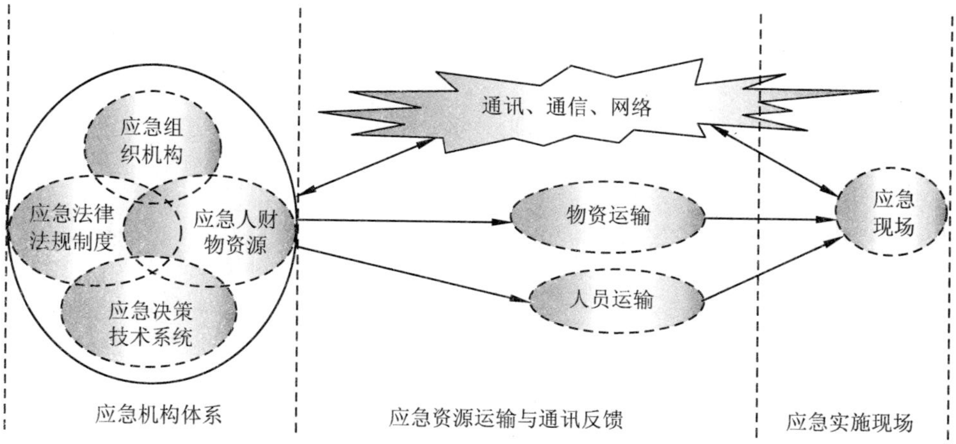

图 7-3　突发破坏性事件应急系统的概念模型

建设突发破坏性事件应急系统要分阶段、按计划完成应急的组织机构建设、法律法规建设、人财物资源储备、应急决策技术系统开发、应急运输保障和通讯系统的建设、应急现场指挥与反馈系统的研发等内容。

突发破坏性事件应急系统的建设要与森林资源安全监控系统和突发破坏性事件预警系统建设同步、相互协调。到 2015 年完成突发破坏性事件应急系统的需求分析，建立针对可能出现的不同区域粒度上的各种突发破坏性事件应急预案库、基础模型库、方法库、知识库；与全国应急联动组织体系相协调，初步建立突发破坏性事件应急的组织体系；完善规章制度、健全法律法规；做好各种应急所需的人财物计划；初步搭建全国范围内突发破坏性事件应急信息系统平台。2015～2020 年初步搭建全国统一的突发破坏性事件应急系统主体框架，并在重点区域或省份进行试点，形成功能完善的、信息通畅的、应急人财物储备充分的、技术先进和手段多样的突发应急系统模式。从 2020 年到 2030 年，通过推广利用和全方位开发，重点以重大和特大森林火灾、森林危险病虫害、沙尘暴、重特大森林气象灾害、森林地质灾害、盗采、乱砍滥伐林木事件、有害外来物种入侵、森林病害检疫检验、木材非法运输、非法盗猎珍稀濒危野生动植物等为对象，对突发破坏性事件应急系统进行全方位建设。到 2030 年，在全国范围建立一整套响应迅速、应急科学、效果明显、有机联动的突发破坏性事件应急系统，为避免和减少我国林业资源数量和质量损失提供强有力的技术支持。

7.5 林业经济运行监测与决策信息化建设

建立公平、透明、开放的林业产业信息系统，提供丰富的网站交互功能，全面提高林业产业发展预测、预警、重点林产品监测分析、林业行业重点企业、市场动态监控和林产品市场产销存预警预报能力。建立全国林业产业基础数据库，制定数据采集规程和标准，规范产业基础信息的采集和应用，全面掌握林业产业发展情况。

7.5.1 林业产业发展与林业经济运行系统建设

该系统具体包括木材经营加工管理子系统、重点企业运行监测子系统、林产品市场动态监测子系统、林产品国际贸易监测子系统、林业产业分析评价子系统、林业产业应急调控管理子系统、林业产业公共服务子系统和林业安全生产管理子系统。通过该系统建设，提高林业产业发展预测、预警能力，做好重点林产品的监测分析、林业行业重点企业、市场的动态监控、林产品市场产销存预警和预报等工作，为政策制定提供决策依据。建立全国林业产业基础数据库，制定数据采集规程和标准，规范产业基础信息采集和应用，全面掌握全国林业产业发展的新情况，为林业产业管理提供信息支持。通过建立公平、透明、开放的林业产业信息交流平台，提供丰富的网站交互功能，为林农、林产品供应商、林产品销售商等提供林产品流通相关信息服务。建立林产品市场信息连通机制，为形成全国林产品流通市场，实现交易集约化和市场规模化，保证市场高度的透明性和公平性提供信息服务。

7.5.2 林业生产综合监管系统建设

一个区域林业生产具有整体性的特点，各种生产联系紧密、息息相关，相互影响、制约、促进，对它们的管理应该充分体现这个特点。林业生产综合监管系统是根据现代林业生产及其特点，用现代管理思想、方法和技术组装的系统。首先是改变分割管理模式，打破部门界线，按林业生产管理职能进行功能、结构重组；其次是根据管理过程和信息需求，实现林业生产管理相关理论、方法与信息技术有机结合，以新的管理方式、方法对林业生产进行综合管理；第三是这个系统实现纵横向结合，依据社会、经济、自然环境和林业生产状态，支持各级各层的单项和综合决策、组织、执行、控制和协调活动；第四是实现数据管理向知识管理转变、单项技术应用向多项技术综合应用、引进应用向自主创新等转变；第五是所建系统随科技发展、环境变化而变化，体现适应性发展方式。

7.6　林权改革信息化建设

明晰产权、承包到户为目标的集体林权制度改革是实现资源增长、农民增收、生态良好、林区和谐的基础。集体林权制度改革形成的新的林木采伐管理机制，林地、林木流转机制，支持集体林业发展的公共财政制度，林业投融资制度都需要林权权属数据库、林改业务管理信息系统及林农服务平台等信息化工作的支撑。林改推进到哪里，信息化就要跟进到哪里；林改影响到哪里，信息化就要覆盖到哪里。

7.6.1　林权权属数据库

林权管理是集体林权制度改革的基础性工作，要在二类森林资源成果库的基础上，通过林权小班数据库数字化、矢量化，以人、地、证相符，图、表、册一致为要求，以勘界调查、评估建库，建立扎实的林权权属数据库。林权权属数据库不仅是林权电子办证系统的基础，还通过“数字档案”形式记录到山头地块林权的各种信息，给出森林资源资产评估的数字化处理，规范农村山林地籍档案管理，有效破解林权抵押贷款工作中的评估难、耗时长等问题。

7.6.2　林改业务管理信息系统

林改业务管理信息系统随着林改的推进和落实将形成一系列的业务系统，包括林权电子办证系统、集体林地采伐管理系统、林权抵押评估贷款管理系统、林地、林木流转管理信息系统、集体林地公益林财政补助信息管理系统等。林改业务管理信息系统是林权管理服务中心、林权交易中心以及资源评估中心和收储中心等业务机构运行的中枢。这些系统要有统一的对外接口，有助于信息的及时互连，有的要与银行等金融机构有接口，有的要与其他政府部门有接口，有的要与农村专业合作组织有接口，有的要与林业电子商务平台有接口。

7.6.3 林农信息服务平台

林农信息服务平台面对林农居住分散、获得信息成本高、不能有效聚合各种社会资源发展林业生产的特点，提供一站式的造林、林木采伐、公益林管护以及森林防火等林业生产管理信息工具、木材及林下经济的技术信息、供求关系信息、生产利用加工物流信息，以及林地和林木流转等服务信息、林业投融资信息、财政补助信息。林农信息服务平台具有公益的性质，是林业电子社区的重要组成部分，有利于解决集体林权制度改革的后续问题。

7.7 林业综合办公信息化建设

林业综合办公系统是各级林业主管部门完成管理职能的技术支持平台。它利用统一的通信网络，以共享信息资源为基础，以可靠、适时、快速、精确、协同、综合办公为目标，实现林业政务科学化，提高在线办事的比例。优先发展以下两个项目。

7.7.1 现有系统的整合、优化和提升

现有系统的整合、优化和提升指对原有系统的继承与发展，是林业信息化建设的一个过程、必然的选择。林业系统经过硬软件、数据库建设和应用系统的开发，电子政务已有较大发展，国家林业局和林业信息化建设发展较快的省、市和县，正在向无纸办公、信息资源共享方向发展，提高了办公效率和质量。今后一个时期，应该解决发展不平衡和全面提升的问题。发展不平衡主要表现在空间上的地区、单位、部门之间发展不平衡，时间上的各领域发展阶段不平衡。全面提升的问题主要指就当前形势的发展、环境和条件，林业政务信息化应该在各个地区、部门和领域积极稳妥地推进，在现有基础上，有一个新的发展。拟通过现有系统的整合、优化和提升，解决以上两方面的问题。

7.7.2 林业政务综合分析系统和决策支持系统建设

林业政府部门承担各种各类的生产、业务管理，林业信息化建设也建有如森林资源、营造林、林产品、科教等生产、管理等系统，这些系统主要面向自身需求，进行数据、信息或者知识管理活动。但是，林业政府部门需要进行综合的分析和决策，需要综合分析系

统和决策支持信息系统提供支持。

7.8　林业生产管理信息化建设

7.8.1　林业基本生产装备数字化建设

林业生产正在实现着手工作业向机械作业的转变，林业生产机械化是生产现代化的基础，也是林业发展水平的一个标志。发展不平衡是机械化过程中一个主要问题，农村集体林区机械化水平落后于国有林区、国有林区落后于城市，林业种植业落后于采伐、加工业。现代林业发展水平，不仅看造了多少林、出了什么产品，更重要的是以什么方式生产的。信息时代依靠科技推动，全面实现机械化，进而实现数字化，以信息技术装备林业基本生产，提高自动化水平，是林业信息化必须解决的课题。为了实现生产自动化，实现全面自动化控制，需要在森林培育和利用各个环节改造旧工艺、引进设备、研究新产品，首先在整地、造林、抚育、采伐、造材、运输、加工等主要环节，采取引进通用机械，开发专用机械的方式，提高机械化水平，在这个基础上，引进、开发数字化装备，为林业生产自动化奠定基础。

7.8.2　林业基本地面资源调查等工具数字化建设

林业生产与管理活动中需要各种工具。例如，在实现网络化管理过程中，地面数据采集成为首要问题，实现调查工具全面数字化，自动采集、记录、预处理和传输，将是地面调查工具改革的重要课题。20 世纪 60 年代，我国林业系统曾研制、推广、应用了林分速测镜，可以量测林分平均高、直径、断面积、蓄积量等因子，但是至今没有进一步提高，而国外已产生了许多数字化的调查工具。我国的地面资源调查工具应该实现全面数字化，它不仅应该包括平均高、直径、断面积、蓄积量等林分因子，还应该能够量测树木与林分生物量、木材材积等因子，不仅是简单的量测，还应该具有存储、处理、传输等功能。

7.8.3　一体化森林经营信息系统建设

一体化森林经营信息系统是为林业基层单位管理生产活动服务的技术支持系统。它的指导思想是森林资源可持续经营，它的主体是基层森林资源经营决策、管理者，它的客体是森林资源与经营执行者，它的功能是在合适的时候、合适的地点，为森林资源经营者与相关部门提供合适的信息，它的结构是根据经营者的需要、职能、过程选用多种信息技术有机地组成。根据森林资源管理体制，分为国有林区一体化森林经营系统和集体林区一体化森林经营系统两个优先项目。

7.8.4 人工林培育、利用与监管信息系统建设

为了调整森林分布结构、增加森林面积，提高林分质量，科学造林、管护是关键举措之一，人工林培育、利用与监管信息化是重要支撑技术。一是主要树种基因图谱数据库与模式识别系统的建设。生物基因图谱的提取、存储和使用是正在兴起与发展中的新领域，利用相关信息技术，建立主要造林树种基因图谱数据库，并通过模式识别等技术，可以为育种、引种、适地适树、病虫害防治、跟踪利用等提供有效的技术支持。二是特殊苗木、花卉设施培育系统建设。指利用数字化设备和现代苗木、花卉培育技术，以全程自动化工艺过程，高质量、快速度、低能、高效培育特殊需求的苗木、花卉。它是信息技术与生物技术，特别是苗木、花卉培育技术的有机结合，产生的新工艺、方法和技术。三是重点林木智能化人工用材林培育系统开发。根据现有条件和基础，我国人工用材林不可能全部采用智能化人工用材林培育系统，对于大多数营造林由相关的技术服务系统指导，有选择地进行重点林木智能化人工用材林培育系统建设是科学、可行的途径。所谓重点林木是指已确定的速生丰产林、占我国主要用材消耗的纤维林和奇缺的大径材林。在这些重点类型中选择主要树种为突破口，以世界用材林年平均生长量和平均蓄积量，以及同类树种的年平均生长量和平均蓄积量为最低目标，进行配套培育技术研究，同时根据现有基础，研建重点林木智能化人工用材林培育系统，采取两者逐步综合和优化的策略建设系统。

7.8.5 采伐运输数字化装备与过程信息化系统建设

该系统是指从集体林地区业主经营和业务单位服务需要出发，以县域为单位，以信息技术装备采伐运输和生产经营的过程。它的目标与任务是：利用数字化设备武装集体林地区采伐运输活动，提高机械化、自动化水平；按生产过程建设信息系统，为业主提供适时、科学、可行、可操纵的采伐运输方案，同时为业主和管理部门提供采伐运输直到加工的状态信息，实现适时的管理与协调、控制。

7.8.6　林产品生产自动化控制系统开发

长期以来，集体林区林产品生产规模小而分散，集聚竞争能力低；生产主要依靠低成本的劳动力；许多产品是原材料或者初加工的半成品，产品科技含量低；劳动生产力与原材料利用率低，资源浪费严重。急需更新设备，改进工艺过程，发展生产力。研建林产品生产自动化控制系统，是改变现有状态的重要措施之一。林产品生产自动化控制系统是以新设备、新工艺改造旧设备、旧工艺的过程，它是在跨地域、跨业主建立规模化生产基础上，选择合适的设备，逐步实现机械化、数字化水平的过程。

7.8.7　生产过程自动化控制系统建设

生产自动化、数字化、智能化是当前世界生产领域在机械化的基础上，向更高水平发展的方向。它们是生产力发展水平的不同阶段，息息相关，前者是后者的基础，后者是前者的发展。目前，在中国众多的林业工业企业中，除少部分采用成套引进设备的厂家外，大部分企业采用的生产工艺和设备，仅相当于发达国家 20 世纪 60 ~ 70 年代的水平，有些小厂的水平甚至还要低。近 10 年来，随着现代电子技术、传感器技术、计算机控制技术等高新技术的发展，发达国家的林业系统已发生了根本的变化。它不仅规模大、效益高，而且生产技术实现自动化，产品精益求精，成本降低，大大冲击了我国的林业产业市场。我国科技人员虽然在林业产业生产自动化领域进行了有益的探索，也取得了一些进展。但是，基本上还处于初级探索阶段，未对整个林业产生决定性影响。因此，必须加快探索步伐，对于已经有一定基础和规模的林业企业，以世界先进水平为目标，通过技术改造，改进与优化工艺流程，自主实现自动化方向改造和发展。对小型或者个体企业，应该通过重组，形成规模化生产，在选择设备的工艺流程时，执行跨越式发展战略，向自动化、数字化、智能化方向发展。

7.8.8　一体化管理系统优化和建设

林业企业主要有生产活动和伴随生产活动的管理活动，以物流和信息流，反映它们的状态和运动方式。生产、管理单位内部各部门之间，需要利用互联网技术，建立生产、单位内部信息交换的通用平台——一体化管理系统建设，支持生产、经营活动。一个服务于企业的系统，应该是一个各相关系统组成的有机整体，一般应该有下列子系统：经理支持系统。支持最高层领导人制定大政方针、长期计划的系统。系统多处理一些综合分析结果，用于高级主管战略决策、制定企事业长久发展计划；决策支持系统。利用计算机分析和模型能力，对管理决策进行支持的系统。在林业领域有林业管理综合分析、评价、决策支持系统。知识支持系统。对管理人员提供知识支持，包括科学和工程设计的工作站系统(CAD/CAM)、办公自动化系统(OA)、管理信息系统(MIS)、企业资源计划(ERP)、MES(Manufacturing Execution System，制造执行系统)等。信息管理系统。统一规划，集中信息资源，完成数据的组织、输入、存取等工作，为各种用户所共享。业务信息系统。属日常业务层，支持单位运行层日常操作，进行日常业务的记录、汇总、综合、分类的系统。此系统按部门和内容，还可以再划分为市场营销、生产制造、财务管理、人事和组织管理等主要子系统，以及森林资源管理中的各类信息系统。市场营销子系统：包括定价报价系统、销售订货管理系统、出货管理系统、销售分析系统、市场研究系统等；生产制造子系统：包括主生产计划、物料需求计划、资源能力计划、采购管理、生产管理、库存管理等等，针对林业主管部门主要包括苗木培育专家系统、重要树种森林培育专家系统以及各种林产品加工自动化系统；财务管理子系统：包括总账系统，应收、应付管理系统，预算、基金管理、财务分析等其他各个专门业务的管理子系统；人力资源管理子系统：包括工资、档案、业绩、职业经历、人事计划等子系统。以上各系统之间还存在着相互支持、相互影响的关系。

7.8.9 林业企业一体化——知识-效益型模型即ERP推广应用

20世纪90年代，国外机器制造业产生了ERP(Enterprise Resource Planning；企业资源计划)软件，它是针对物资资源管理(物流)、人力资源管理(人流)、财务资源管理(财流)、信息资源管理(信息流)等，利用信息技术的集成，是管理者支持企业管理的有力工具。它使企业全面、系统、科学地管理生产和经营过程，最大限度地协调企业内外部资源、技术和人员，大幅度提高企业的经济效益和市场竞争力。它主要面向企业的计划层，管理的对象是企业的全部资源。ERP的功能模块涉及销售管理、主生产计划、物料需求计划、能力需求计划、采购管理、库存管理、车间管理、财务管理、固定资产管理、成本管理、设备管理、质量管理、分销资源计划、人力资源管理、供应链管理、客户关系管理等等。我国相关企业也引进并研建了适合自身需要、条件的ERP系统，支持管理活动。但是由于ERP系统的服务对象是企业管理的上层，一般对车间层的管理流程不提供直接和详细的支持。ERP系统和现场自动化系统之间出现了管理信息方面的“断层”，对于用户车间层面的调度和管理要求，往往显得束手无策或功能薄弱。因此，20世纪末，又产生了定位于计划层和现场自动化系统之间的执行层的 MES(Manufacturing Execution System, 工厂制造执行系统)。它主要负责车间生产管理和调度执行的管理，是企业信息集成的纽带，实施企业敏捷制造战略和实现车间生产敏捷化的基本技术手段。ERP 与 MES 两者结合，比较好地解决企业多层、多级需求的问题，是全面提升生产、管理水平的技术支撑。我国工业系统正作为企业信息化的重点进行建设。林业企业虽然与工业制造有共同点又有差别，尽管它们所生产的产品和具体的方法、技术不一，但是它们具有共同的属性是：生产与管理流程以及组成要素、环节基本一致，各个环节都应该采取相应的方法和技术。林业企业也具有这些属性，所以可以根据 ERP 与 MES 一体化思路和基本流程，在生产、管理单位内部各部门中，应用 ERP 系统和 MES 系统等手段，实现企业生产过程与管理过程融合，并在各个环节应用相关技术，建立生产、管理有机结合的一体化——知识—效益型模型。林业系统应用这一模型，可以提高产品的设计、生产和管理过程的自动化程度，降低产品的研发成本，加快产品的更新换代，真正实现产品质量的提高。根据林业系统需要，在生产自动化与管理网络化基础上，作为林业企业信息化优先项目予以启动，推进 ERP 与 MES 应用。

7.9　林业电子商务平台建设

林业是典型的传统行业，具有地域性强、产品的标准化程度低、生产者分散且素质较低等特点，具有较大的自然风险和市场风险。林业电子商务能够消除信息传递与交流的时空障碍，发展林业电子商务，将有效推动林业产业化的步伐，促进农村经济发展。林业政府信息管理部门按职能分工、鼓励支持、指导引导、管理林业电子商务平台的建设，但不适宜亲自参与建设。

7.9.1　林权交易网

建立区域性的林权交易网，实现林地、林木、股权、债权、项目工程和林业技术等项目统一挂牌，交易会员、经纪会员和中介会员统一在线服务，形成林权交易信息统一发布和聚集平台；开发统一的网上交易系统，实现林权等的网上拍卖、招标、议价和网络报价等交易方式，提供公开、公正、全程监管的林权交易平台。

7.9.2 林产品网上商城

为广大林农和中小林业企业提供一个网上市场，实现林产品交易的电子商务化，使生产、管理单位与合作伙伴、相关单位、客户之间共享信息并相互服务。主要应由电子商务企业与林业企业合作建设，主要类型是 B2B、B2C，并以林业企业维护使用为主。在此基础上重点培育几家大型综合性林业电子商务平台，形成有特色有信誉的在线交易市场。积极帮助、引导林业企业、林农利用已有的电子商务平台开展电子商务活动。

7.9.3 区域行业电子商务工程

为了适应林业企业产品有区域性的特点，又根据林业企业小、中型为主的特点，同时为了提高对外竞争力、资源共享、降低成本、提高效益，把建设区域行业电子商务作为优先项目启动，它的重点是 B2B 的形式。区域 B2B 主要适应于供应链中的企业基本局限于本区域内的情况，在原有企业电子化发展的基础上，将供应链上的本区域企业通过建立电子平台相互联系起来，优化原有的交易流程，在区域 B2B 电子商务的各种便利性和安全性的保证下，配合物流配送、外包解决方案、内容管理、网络商务等基础设施基础，改进原有企业间的业务流程、促进企业间的物流、信息流和资金流的顺畅。

7.9.4 个体经营者电子商务通用平台开发与推广

林业系统有众多的个体经营者和小型的集体企业、联合体，特点是规模小且分散，产品相对单一，上述两个工程项目不适合他们的需要。利用网络等电子设备进行商务活动，可以增加贸易机会，降低贸易成本，简化贸易流程，提高贸易效率。为这些数量庞大的个体经营者创造一个电子商务的环境，是林业信息化必须重视的课题。解决的办法是，研建适应林产品个体经营者需要的电子商务通用平台，有计划地推广应用。这类系统如果个体经营者有相应环境与条件，可以自建网站实施；对于大多数个体经营者，通过个人所有的移动或者固定的网络访问设备(例如电话、电视、手机、电视等)，在租用的服务器上完成商务活动。鼓励支持成熟有资质的第三方支付平台参与个体林业电子商务的建设。

7.10　林业信息资源整合与开发利用

7.10.1　中国林业云建设

深化云计算技术的行业应用，促进林业各级各类信息资源整合和共享。在国家林业局建设中国林业云主中心，在西北(西安)、中南(长沙)、华东(杭州)建设中国林业云 3 个分中心。

7.10.2　中国林业物联网建设

在原有工作基础上，编制中国林业物联网发展专项规划，明确林业物联网建设的顶层设计。以森林防火、森林病虫害防治、森林旅游等物联网应用为示范，逐步将物联网应用扩大到林业资源监管、林产品生产加工及流通、林产品质量监管、野生动物疫源疫病防控等各个领域。

7.10.3　互动型林业门户网站优化与建设

经过前阶段的建设，国家林业局和省级林业主管部门均建立了门户网站，形成了以国家林业局门户网站为龙头，以省、市、县级林业门户网站为支撑的全国林业门户网站体系。国家林业局和一些省市林业门户网站连续多次被评为国家部委或者地方优秀政府网站。国家林业局网站拥有行政许可、政务公开、计划与资金、湿地保护、公安防火、绿色摄影、退耕还林、应急管理、竹藤花卉、林木种苗等 10 大优秀栏目。河南省林业厅门户网站连续 4 年位列河南省省直机关门户网站前 6 名，连续 3 年入选全国农业网站百强榜。北京、山西、辽宁、吉林、安徽、江西、河南、湖北、湖南、四川等省(市)林业厅(局)的门户网站内容丰富，特色鲜明，享有良好的声誉。

综合分析林业门户网站，有成果也有问题，问题的解决将使林业门户网站在空间与时间、数量与质量、内容与功能、引导与服务等方面进一步提升和发展。现有林业门户网站存在不平衡现象，许多地区特别是县级网站，只是在形式上建有网站，但就其内容和服务等功能分析，只是一个不完整的网站；时间上的问题是现有许多网站内容更新不及时，时效性差；内容上的问题是，数量、质量上不够全面，国家林业局网站有 10 大优秀栏目，但是作为林业及其管理、服务的主体，例如森林资源、森林生态、森林文化、林业产业等内容短缺或者没有达到优秀栏目标准；功能上的问题是，许多门户网站侧重在某些状态和新闻的发布，进一步的分析、引导功能薄弱，特别是互动性差，推行林业参与社会，社会参与林业的理念不能体现。所有这些问题，有待于数量、质量上的提高，因此，林业门户网站有较大的发展空间。建立真正意义上的林业门户网站体系，是地区和林业信息化长久任务，这个任务随着省、市、县信息化推进，将逐步完成。林业系统主要围绕互动型林业门户网站优化与建设，推动林业政务信息化。

互动型林业门户网站优化与建设是在原有基础上的发展与提高，主要是以增加功能、扩大范围、提高服务质量为目标，以林业参与社会、社会参与林业即互动型为重点，优化现有系统。优化主要有业务、技术两个方面，业务是在实现政府职能转变、改革基础上，为互动型提供需求与依据，技术上引进和应用云技术、物联网、第三代通讯技术。这一项目重要的是以国家和重点省、县林业门户网站为龙头，率先优化，并起示范作用，2011 年启动，2015 年前普及到各省(区、市)，2020 年前全面覆盖。

7.10.4　整合型林业门户网站建设

当前政府门户网站的整合已经启动，出现了全国各省(区、市)政府集合在一起的网站群，进入这个网站可以联系到各省(区、市)政府门户网站，提高了检索效率，方便了用户。林业系统应该利用这个思路与实践经验，在互动型林业门户网站优化与建设的同时，启动整合型林业门户网站建设项目。

整合型林业门户网站，主要通过所建立关联关系取得服务，一种是简单的空间关联，这种形式上的关联，是把各个地区的林业门户网站集中成为一个“门户网站群”，按需要进入任何地区的林业门户网站，取得服务，它主要表现为效率的提高。另一类型是在这个基础上，根据林业政务一些环节或者内容、需求的逻辑关系，建立各林业门户网站的关联关系，不仅实现空间关联的服务，更重要的可以实现同一需求或者类型的互联、互通、互用，促进各地包括数据、硬软件在内信息资源的进一步共享、开发和利用，取得更好的服务。如果将它进一步发展，对所取得的结果进行组织和处理，可以提供一定区域、一定内容的分析、评价、监测，为了解现状、支持决策和控制提供依据，使“门户网站群”发挥更大的作用，取得林业门户网站群的整体效益。

7.10.5 公众事务服务平台建设

随着林业事业的发展，越来越多的群众直接参与林业生产和经营活动，有许多商务需要与政府部门沟通和处理。随着计算机的普及，各地普遍建立了“一站式服务大厅”，为广大群众提供方便、快捷、透明的办证活动，许多地区还配备了用户一卡通，储存相关信息，更方便了群众，提高了办证效率和服务质量。随着互联网建设的推进与使用，公众事务在线服务形式正在兴起，在线植物医院、主要树木培育咨询系统已经出现，更多的是在线办证系统迅速发展，有的如成都市围绕公众需求，推进系统互联、网络互通和服务功能扩展，逐步形成“门户网站采集信息、后台分发调度、部门业务系统办理、门户网站结果发布+行政效能电子监察”的电子政务“U”字形网上服务模型架构，初步构建起城乡统筹、共享利用和普遍服务的电子政务建设与发展机制。

公众事务服务平台是直接为民服务的窗口，“一站式服务大厅”和在线服务是面向公众的两个重要形式，虽然今后随着网络建设的发展和公众信息素质的提高，最终将全面实现网络化服务的形式，但是，在一个时期内，很多地区只能采用“一站式服务大厅”的形式。因此，公众事务服务平台建设，应该以优质服务公众为目标，以公众需要为依据，以网络化服务为方向，进行多形式、多内容的系统开发与应用，建设“一站式网络服务大厅”。

这个项目的关键在于公众事务服务建设，不仅仅是为提高办事效率，而应该提到关系“三农”、“民生”、“新农村(林区)”建设的高度，启动公众事务服务工程。主要任务是，通过现有系统的评价、公众的多方面需求，深入、细致的设计，全面、精心的实施，把现有的办证(例如林权、采伐、运输、加工证等)整合，增加和发展新功能，实现每一林业生产、经营者能够通过合适的形式和途径，知道自己有什么、应该做什么、如何做、生产与经营状态，并取得办事服务。

7.11 林业信息化标准规范体系建设

标准规范体系是林业信息化建设的基础。有计划地加快制定一批林业信息分类、采集、存储、处理、交换、服务等标准规范，并根据情况的变化，适时做出修订，对规范建设、深化融合、优化服务、促进共享、保障安全等是十分必要的。标准规范建设要通盘考虑整个林业信息化建设大局，做到高起点、高标准，并与国际、国内相关标准相衔接，形成较为科学、较为合理的林业信息化标准规范体系，用于规范和指导林业信息化建设工作。林业信息化标准体系框架由总体指导类、基础设施类、信息资源类、应用服务类、管

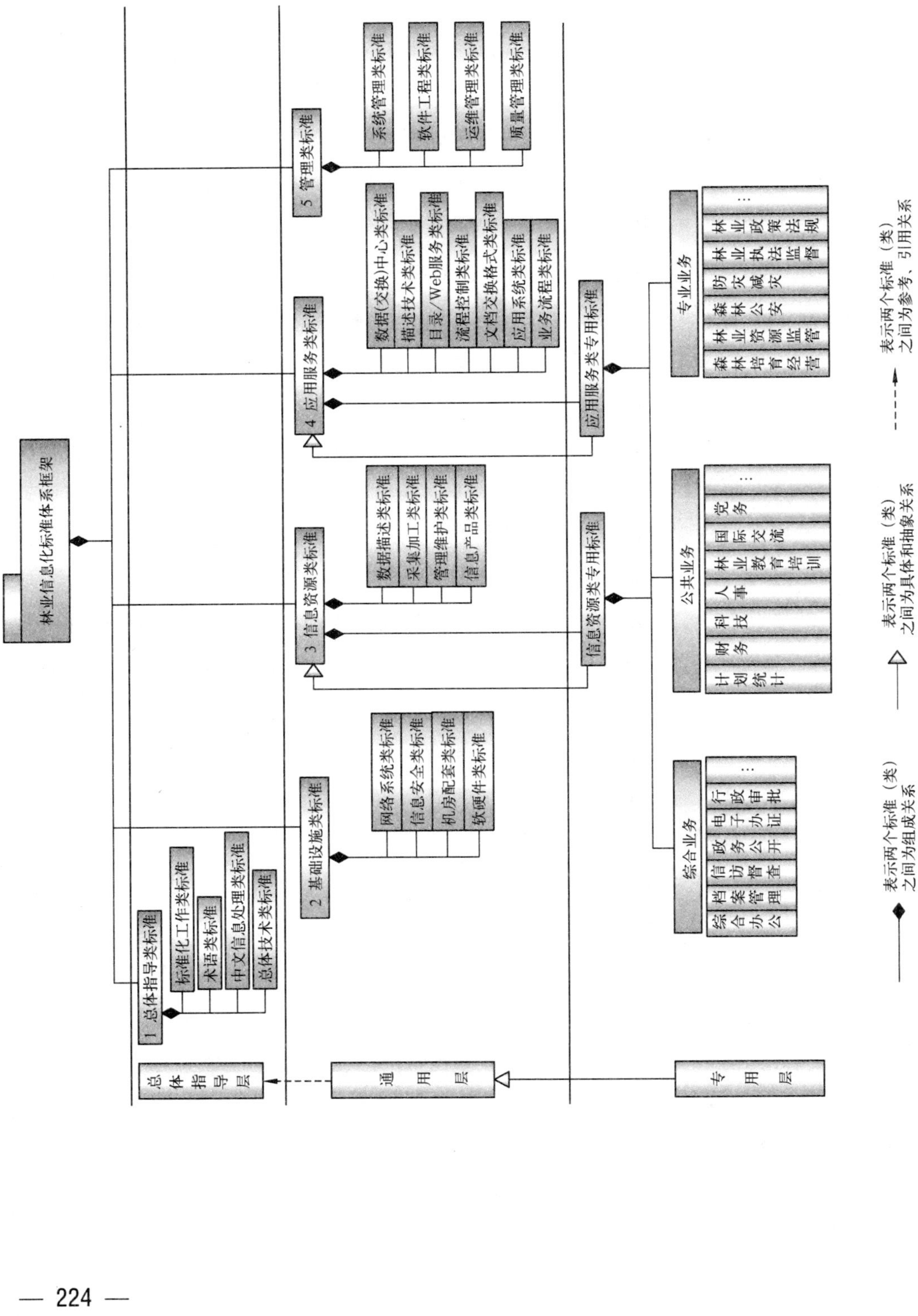

图 7-4 林业信息化标准体系框架

理类等五大类标准组成，每个大类根据不同的属性分为若干小类，每个小类下为具体标准（图 7-4）。

7.11.1　总体指导类标准

此类标准包括林业信息化和标准化建设总体性、框架性、指导性方面的标准，是指导整个林业信息化标准制定的标准。该类标准主要阐述林业信息化标准化的概念、术语、标准的组成及相互关系，规定标准制定与使用的基本原则，主要包括林业信息标准化指南、林业信息术语、林业信息文本图形符号以及其他综合性标准。

林业信息标准化指南。概括描述林业信息化标准体系及标准化机制，介绍林业信息化工程管理必须遵循或参考的标准和管理规定，提出网络建设、信息共享、支撑技术和信息安全等 4 个方面建设必须遵循或参考的技术要求、标准和管理规定，为林业信息化提供标准编制和应用指导。

林业信息术语。是林业信息标准化和其他标准制定的基础，覆盖林业信息化建设涉及的各类术语，主要包括森林资源、荒漠化土地、湿地资源、野生动植物资源、营造林、森林防火、林业有害生物、野生动物疫源疫病、沙尘暴、林业产业等方面的信息术语标准。

林业信息文本图形符号。用以规范林业信息文本图形符号，促进林业信息资源共享和交流，是林业信息产品共享的基础。林业信息文本图形符号覆盖林业信息化建设所涉及的文本图形符号，主要包括森林资源、荒漠化土地、湿地资源、野生动植物资源、营造林、森林防火、林业有害生物、野生动物疫源疫病、沙尘暴等方面的文本图形符号标准。

其他综合性标准。主要包括其他基础性、总体性和综合性等标准。

7.11.2　基础设施类标准

该类标准包括信息安全基础设施，网络基础设施，计算机及存储系统、机房及配套等方面的标准，该类标准是林业信息化建设需要遵循的通用标准。

信息安全基础设施标准。是确保林业信息系统安全运行，确保信息和系统的保密性、完整性和可用性的标准和规范。主要包括信息安全体系、网络安全、系统安全、应用安全、物理安全和安全管理等 6 个方面的标准。

网络基础设施标准。适用于林业信息化网络基础设施的规划、设计、建设、验收、测试、运行与维护等工作，主要规范身份认证、网络信任、应急与灾备等方面的基础设施建设。包括网络总体标准、SDH(同步数字体系)传送网、IP 网、卫星通信网以及接入、网络管理、视频会议和综合布线等方面的标准。

计算机及存储系统、机房及配套标准。直接采用国家相关标准。

7.11.3 信息资源类标准

信息资源的开发和利用是林业信息化建设的核心内容。信息资源开发主要包括信息采集、处理、存储等环节以及对传统信息资源的数字化、网络化过程和信息挖掘过程。信息资源利用主要包括信息交换、共享、服务和应用，它主要是利用信息资源开发的成果来提供产品和服务，有时也对信息资源进行更深度的加工，以满足用户的需要。信息资源类标准主要包括信息资源开发各环节所需的标准规范，具体划分为数据描述、采集加工、管理维护、信息产品等方面的标准与规范。信息资源利用各环节所需的标准规范适当地归类到应用服务标准类。

数据描述标准提供了在数据结构(语法)和含义(语义)方面达成一致的方法，可以为数据发现、数据重用、数据共享、数据实体一致化、语义互操作提供支持，是实现跨行业(林业行业与其他行业)、跨业务(林业部门各业务领域)、跨级别(国家、省、市、县各级林业部门)的信息集成、共享的重要标准，主要包括数据元、元数据、信息分类及编码、数据字典、数据模型等标准、规范；采集加工是一组描述数据采集、数字化、标准化整合改造等方面的标准、规范；管理维护标准是一组描述数据库规划、设计、建设、更新和管理等方面的标准规范；信息产品标准是一组描述产品性能和基本特征以及与生产过程有关的通用标准。

7.11.4 应用服务类标准

该类标准包括各种林业信息资源应用方面的标准(图 7-5)。

林业信息资源业务应用流程控制规范。对业务应用系统各业务流程进行规范。

林业资源成果文档格式。对专题制图产品、各种文件、报表等的名称、代号、格式、内容、记录方法、书写要求等做出统一的规定。

林业资源业务功能建模。针对业务流程中各个职能及应用系统建设的功能，规范各个业务功能模块。

林业资源业务流程建模。一个业务流程包含若干个节点，每个节点对应一项操作，各

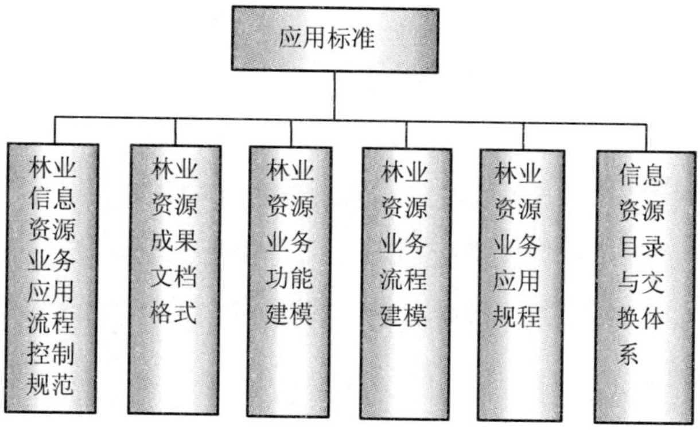

图 7-5　应用服务类标准结构

个节点以及节点之间的相互关联构成业务流程。通过提供流程建模和设计工具，对业务流程规则和过程进行规范。

林业资源业务应用规程。针对林业各业务范围，制定各类业务应用技术规程，规范业务应用系统建设。

信息资源目录与交换体系。目录体系为信息提供者提供公共资源和交换服务的特征信息，为信息使用者提供信息资源目录查询。交换体系依托网络和信息安全基础设施，采用技术标准，实现跨部门、跨地域等应用系统之间的信息资源交换与共享。

7.11.5　管理类标准

此类标准用于规范林业信息化建设中的数据库、应用系统、基础设施建设和运行等工作，主要包括系统管理、软件工程、项目与运行维护管理、质量管理等方面的标准规范。

系统管理标准。包括与林业信息化管理相关的标准、规范、规章制度和管理文件。

软件工程标准。包括软件文档编制、软件生存周期、软件维护及软件评价等方面的相关标准。

项目与运行维护管理标准。包括项目管理和运行维护管理两个部分，其中项目管理标准主要指与项目的规划、立项、审批、监理、验收以及技术培训等相关的标准规范和规章制度，运行维护管理标准主要包括信息技术服务管理和林业信息化运行维护相关的标准、规范。

质量管理标准。指与在确定质量方针、目标和职责时所涉及的诸如质量管理体系要求、质量策划、质量控制、质量保证和质量改进及其实施的全部管理职能相关的标准和文件等。

7.12 林业信息安全体系建设

参照国家信息安全方面的有关要求，在对各级林业内外网的安全域划分的基础上，对不同安全域按照等级保护有关要求进行相应的安全保护。安全体系内容包括：物理安全、网络安全、系统安全、应用安全、数据安全、制度保障等6个部分，其中物理安全和网络安全属于安全基础设施。

7.12.1 物理安全

主要包括机房内相同类型资产的安全域划分；机房IC卡门禁、空调、消防、动力、防雷、接地、关键屏蔽线路建设，目的是有效保障林业信息化系统的物理载体安全。

7.12.2 网络安全

保护林业基础网络传输和网络边界安全。在内部和外部网络的边界配置加密机、防火墙，上下级网络边界部署安全网关，核心交换配置入侵防御系统，实现网络的安全访问控制、数据的保密传输。

7.12.3 系统安全

通过建设覆盖林业全网的分级管理、统一监管的病毒防治、终端管理系统，第三方安全接入系统，漏洞扫描和自动补丁分发系统，提高系统对网络攻击、病毒入侵的防范能力和网络失泄密的检查发现能力，保障系统的高可用性。

7.12.4 应用安全

在国家林业局内外网建立林业数字证书认证中心，并与国家电子政务认证体系相互认证，各省级林业主管部门内外网建立数字证书发证、在线证书查询等证书服务分中心，并逐步解决先期建设的省级单位认证体系与国家林业局认证体系的相互认证，信任体系可以有效实现数据的保密性、完整性。基于信任服务体系搭建统一身份认证、授权管理系统，实现用户访问应用系统行为的责任认定、不可抵赖性。外网门户平台采用网页防篡改技术，防止恶意攻击修改网站。通过应用安全措施的实施，实现应用系统的访问控制、行为认定、门户平台的有效公众服务。

7.12.5　数据安全

解决林业资源数据丢失、数据访问权限控制。要求数据库管理系统增设复杂管理密码、专人专管。国家和省级单位要统筹规划，利用存储备份恢复软件进行重要数据和系统的本地多种方式备份、逐步实现异地数据备份，并具有完全恢复功能，建设电子政务应急响应与灾难备份恢复预案。

7.12.6　制度保障

各级林业主管部门按照“谁主管谁负责，谁运行谁负责”的要求，建立信息安全组织体系，确定组织机构及岗位职责，定期对管理及技术人员进行安全知识、安全管理技能培训。建立健全信息安全的法规及管理制度。按照信息安全等级保护要求确定内外网络的安全域，并根据信息技术的发展情况进行网络安全的调整和改造。

7.13　林业信息化基础平台建设

7.13.1　基础平台建设内容

林业信息化基础平台是包括计算机系统、网络基础设施、数据库资源、应用支撑、应用系统等在内的多个层次体系，是林业内网、外网统一、稳定、先进、高效运行环境的基础。基础设施建设要与林业数据中心建设相结合。林业数据中心包括国家林业数据中心和省级林业数据分中心。通过数据中心建设，实现国家与地方数据资源的共享和交换，实现各级业务应用的上下联动。平台中包括网络安全与综合管理体系建设和灾备中心、云存储中心以及林业信息化网络及运行维护体系，从而提高信息安全保障能力和水平。国家和省级林业主管部门要逐步建立起统一的支持数据库服务、数据加工、数据交换、业务应用、数据存储的高效、稳定的主机及存储系统，作为本级及以下各级林业主管部门共用的数据中心，避免重复建设及设备低效率使用。

7.13.2 加快新一代信息技术应用

在林业信息化基础平台建设中要加快推进物联网、云计算、IPV6 等新一代信息技术的应用。林业信息化基础平台主要体现在国家、省、市、县四级互联互通的全国林业电子政务传输网络。林业电子政务传输网络是全国林业信息化的主要网络环境，由政务内网、政务外网组成。已经建成的网络要有针对性地制定出能够互联互通的解决方案，抓紧调整完善，实现原有系统分别与内外网平台的互联互通。

7.13.3 加强卫星应用平台建设

林业信息化基础平台包含国家卫星林业遥感应用平台和北斗卫星导航林业应用系统。国家卫星林业遥感应用平台包含遥感数据接入、业务运行管理、数据管理、林业数据标准化处理、林业遥感应用处理、林业产品共享、林业产品服务、数据产品质量评价等分系统。北斗卫星导航林业应用系统提供林业专用的信息产品，服务于林业遥感应用和监测。

7.14 林业信息化能力建设

林业行业人员的信息化素质是林业信息化能力的重要标志，是完成各项林业信息化任务的决定性因素。务林人的信息化素质，就是对信息化理念、方式和装备等掌握的程度以及林业工作中信息处理能力。林业信息化能力体现在一个个自成体系、日常运转的信息化系统中，系统能否有效运转，取决于每一个信息处理人员的作用能否正常发挥。实际情况是林业行业人员的信息化素质亟待提高。因此，林业信息化能力建设主要是人员培训。

7.14.1 现代林业远程教育培训系统建设

面向林业领导干部、林业专业技术人员、林业企业经营管理人员、林业工人和林农开展大规模的远程培训，面向公众开展在线生态文化教育，构建一个开放型、多功能、广覆盖、高质量的现代林业远程教育培训系统。整个系统按开放性框架体系构筑系统主体，全面支持 B/S 模式，普通用户通过浏览器来使用培训系统，可通过数据交换实现跨地域、跨部门协同培训；该系统主要包括网络教学平台子系统、教学资源子系统和信息管理子系统。数字化已有的教学资源，建立内容培训的课件库；组织制作新的培训课件，可以推出系列的培训课程。充分利用内网、外网，支持网上讲授、答疑解惑、小组讨论等多种形式。

7.14.2　行业教育培训信息管理与应用系统建设

面向全国林业系统，构建行业教育培训信息管理与应用系统。该系统主要用于国家和地方多级林业教育培训工作的管理与实施，包括林业队伍及教育培训管理信息子系统、林业教育培训资源信息子系统。涵盖了林业队伍建设基本情况，各类岗位能力标准和培训需求，林业教育培训规模与质量，林业师资库、教材库和项目库等数据。通过建设该系统，实现国家、省、地、县四级林业教育培训管理部门的数据共享、跨地区林业教育培训有关信息的发布和各林业培训机构之间的资源与信息共享。

7.14.3　林业信息化科技创新与推广应用

面向全国林业科研单位和科技推广部门，选择若干个有实力的单位，开展林业信息化科技创新基地建设和信息技术推广应用示范基地建设，带动整个行业的创新和成果推广。

林业信息技术创新基地与创新体系能力建设。加大各级林业主管部门在林业信息技术创新基地建设方面资金的投入，落实《林业科学技术发展中长期规划(2006～2020 年)》，集中力量组织实施林业信息化科技工程，依托国家和地方科技力量，建立一批国家和区域林业信息技术科学中心或科技创新基地，加强林业信息技术创新的条件设施建设，形成全国林业信息技术创新体系。

实施林业信息化关键技术创新工程。配合林业信息化建设工程的需要，在林业生物—环境信息获取、森林生长过程数学模型与系统仿真、基于生长模型和“3S”技术耦合的森林资源预测预警、森林生态环境定量化评价、多源异构分布式林业信息资源整合、林业知识挖掘与辅助决策、基于网络的应用与服务系统等涉及林业信息化自主发展能力的关键技术领域，瞄准国际创新前沿，加大投入，突出自主创新，突破关键技术。

开展林业信息技术产品研发与应用推广。在林业信息化关键技术创新的基础上，积极鼓励和推动林业信息技术领域的产学研结合，加快林业信息化技术成果转化和信息产品研发，通过政策引导和资金扶持，加快信息技术产品的推广应用，促进林业信息化建设。

7.14.4 林业信息化示范基地建设

继续推进林业信息化示范省建设，为其他省(区、市)探索道路、提供经验。在此基础上，有计划地推进示范市、示范县建设，以点带面，促进全国林业信息化水平的提高。在有条件的地方，开展林业信息化产业园和创新基地建设，促进林业信息产业发展。

7.15 林区网络文化建设

林区网络文化建设是林业电子社区建设的重要内容，主要是利用国家公共专业的网络资源，服务于偏远落后的林区和山区，使那里的人们也能通过网络享受生态文化和丰富的文明成果。

7.15.1 数字图书馆

依托林业行业图书信息资源，建立传递快捷、管理高效、服务多元化、面向全行业的数字图书馆系统。该系统包括行业数字图书馆资源子系统和行业数字图书馆管理子系统，主要涉及林业电子图书资源和林业电子图书的存储、交换、流通两个方面内容，能通过知识概念引导的方式，突破信息存储和地域限制，将林业行业相关的数字化信息进行网络传输，达到资源共享，实现任何时间、任何地点的使用，为林业行业和社会公众提供良好的文化服务。

7.15.2 网络电视系统

在三网融合的基础上，通过网络视频点播系统，加大对生态文化的传播力度。收集整理生态文明的专题片，制作各种形式的宣传生态文明的视频，依托中国林业网生态文化创作传播平台。借助全新的电视观看方法，改变以往被动的电视观看模式，实现按需观看、随看随停、个性化互动的便捷方式，使生态文明建设和网络和谐文化传播达到新层次。

7.15.3 林业网络博物馆

通过虚拟现实技术和网上展览技术融合，构造栩栩如生的网上博物馆，将逼真的现场效果，推送至每一位参观者，参观者可在各个专业领域的展厅任意漫游，也可由“虚拟导游”带领按特定路线浏览。穿梭于一个个林业资源的专题展台前，观赏琳琅满目、五光十色的各种林业资源，并可以通过虚拟互动技术，与展品实时互动，了解展品的生产加工过程，了解林业资源对低碳经济的重要作用，参观者仿佛置身于一个真实的林业资源博物馆世界里。中国林业网络博物馆的建立为企业、网友、客户提供了一座沟通与交流的桥梁。建设统一的林业信息库，按照树木、花卉、湿地、野生动物、野生植物进行分类，各分类分别以不同的博览园进行展示。博物馆包括森林馆、花卉馆、野生动物馆、野生植物馆、湿地馆、荒漠馆等博物馆，充分展示林业生态文化产品。

7.15.4　林业网络博览会

建设中国林业网络博览会，既是网络文化的营造，又是林业行业B2B电子商务平台。目前各种物理形式的博览会，无法跨越时空的约束，发挥的效益相对有限。建设中国林业网上博览会，可以不受时空限制，免费参观，全年运营，提供多种林产品信息，开启互动营销模式，发挥网络营销的优势。

中国林业网络博览会基于产品管理系统运行，实现五类信息的发布浏览检索：新闻资讯、供应商、产品、工程项目、客户；网站信息采用系统自动采集和网络采编人员结合的方式，实现信息的连续获取，保证信息的及时性、有效性，以及数量和质量；提供整合的B2B站内即时通讯系统，实现网站用户和客服人员或者供应商之间的即时沟通，商机洽谈，实现交易；主要栏目设置：行业资讯、供求信息、产品(三维产品展示，结合虚拟展览)、公司、招投标、展会(虚拟展览)、技术、人才、会员，栏目设置可在后期做适当调整，产品管理系统提供了网站全部资讯的发布、编辑等管理；为VIP用户提供工程项目、产品、客户资料方面的消息推送。

第 8 章　中国林业信息化的战略保障

8.1　完善政策法规

林业信息化的应用和发展离不开国家法律、法规、政策体系的支持。在严格贯彻国家有关信息化建设的法律、法规与条例的前提下，要逐步研究和完善信息技术人才政策、信息设备采购政策、行业信息应用软件开发和技术服务等方面的政策。与此同时，要加强和完善林业信息化法律、法规和制度建设，加强以规范电子政务、电子商务、信息安全、个人信息、商业秘密保护、信息资源开发利用和管理等方面信息化的建章立制工作，适时出台有关政府信息公开、电子商务安全交易、网上知识产权保护、个人信息和商业秘密保护等条例。建立适应信息化发展需要的行政管理规范，保障信息化健康有序发展。

8.1.1　认真贯彻国家信息化法律法规

近年来，国家相继颁布了《行政许可法》、《电子签名法》、《关于维护互联网安全的决定》、《政府信息公开条例》、《计算机信息系统安全保护条例》、《互联网信息服务管理办法》、《互联网上网服务营业场所管理条例》等相关法律法规和规章，这些法律法规和规章涉及互联网安全、保密、基础设施建设、融资、经营许可、新闻发布等诸多领域。同时，各省(自治区、直辖市)也制定了一些配套法规，它们共同构成了我国信息化建设的法制保障。这些法律法规也是林业信息化发展的有力保障。今后，国家还要陆续制定《电子政务法》等信息化法律法规，为包括林业行业的信息化发展提供更好的法制保障。

8.1.2 制定和完善林业信息化政策制度

近年来，国家高度重视信息化建设，中共中央办公厅、国务院办公厅先后下发了《关于我国电子政务建设指导意见》、《关于加强信息安全保障工作的意见》、《关于加强信息资源开发利用工作的若干意见》、《关于加快电子商务发展的若干意见》、《关于进一步加强全国文化信息资源共享工程建设的意见》、《2006~2020 年国家信息化发展战略》等文件，为我国信息化发展提供了重要指导和保障，这些政策也为林业信息化建设提供了政策保障。各级林业主管部门要贯彻和执行好国家信息化相关政策，同时结合本地区、本部门实际，制定出台一些有针对性的政策，包括投融资政策、数据共享政策、服务外包政策等，为林业信息化发展构建强有力的政策保障。

为保障国家信息化的健康、稳定和可持续发展，国家多部门先后出台了一系列的制度，包括《互联网电子公告服务管理规定》、《国家电子政务工程建设项目管理暂行办法》、《中国互联网域名管理办法》、《电子认证服务管理办法》、《计算机信息网络国际联网安全保护管理办法》、《电子认证服务密码管理办法》等。国家林业局先后制定出台了《全国林业信息化工作管理办法》、《中国林业网管理办法》、《国家林业局办公网管理办法》、《全国林业专网管理办法》、《国家林业局网络信息安全应急处置预案》等制度。地方各级林业主管部门也制定出台了一些信息化管理制度。它们为林业信息化建设与应用提供了较好的制度保障。

依据国家有关政策法规，结合林业行业实际，制修订投融资政策、数据共享政策、服务外包政策等林业信息化发展政策、制度。

面对新机遇和新挑战，当前林业信息化发展仍然面临各种结构性、深层次的矛盾和问题，要完善林业信息化发展战略、规划、计划等，为全国林业信息化持续稳定健康发展提供科学指导。

开展林业信息化战略研究，需要着眼于林业事业长远发展的前瞻性、全局性、综合性和战略性问题，发挥战略研究的决策支撑作用。进一步从战略的高度研究宏观指导和管理办法，进一步完善林业信息化发展规划、项目管理、信息安全、数据保护、资源利用和标准体系等方面的战略研究工作，探索各种资本投入林业信息化建设的渠道和办法，把握战略研究的整体性、综合性和科学性，着力探索研究解决林业信息化发展中重大问题的战略和政策措施，保障并促进林业信息化可持续健康稳定发展。

8.2 健全体制机制

8.2.1 理顺管理体制

信息化工作是涉及面广、涉及环节多、技术含量高的综合性工作，因此林业信息化管理部门不是一个简单的业务部门，而是一个需要具有较强组织协调能力的综合性和保障性的部门。所以，发展林业信息化必须同深化林业体制改革结合起来。

健全管理机构，加强组织领导。要在国家、省、市级林业主管部门建立专门的林业信息化管理机构，在县级林业主管部门设林业信息化专干，加强对林业信息化工作的组织领导。要理顺管理体制，强化对信息化工作的组织协调、统筹规划和监督管理。各级机构需要理顺信息化与行政体制改革之间的关系，完善信息化管理机构建设，切实形成自上而下、比较完善的信息化管理体制。

研究建立具有中国特色的林业 CIO 制度。按照林业信息化建设“统一规划、统一标准、统一制式、统一平台、统一管理”的基本原则，成立具有综合协调职能的独立信息化管理部门，具体承担信息化总体规划、重大工程项目的立项审核、组织管理和协调，组织项目验收和绩效评估与考核，组织全局性的信息安全管理工作和标准规范审核管理工作，确保信息化建设“五个统一”。目前，有信息化管理办公室的机构要发挥好信息化综合管理协调职能，要赋予行政管理职能，并尽快过渡到行政管理单位，以提高其权威性和组织协调能力。

完善信息化管理体制。信息化建设涉及面广，环节多，包括项目的立项管理、建设管理、资金管理、监督管理、验收评价管理和运行管理等很多内容，所以，必须结合林业实际，严格项目管理。在统筹安排的前提下，进一步完善项目管理体制、合同管理体制、绩效考核管理体制、安全运维管理体制等，实行全方位系统性的管理体制。

8.2.2 健全推进机制

体制决定机制，只有体制创新才能从根本上解决运行机制问题。林业信息化体制改革是一项系统工程，要增强政治意识、大局意识、责任意识，充分估计全面深化体制改革的艰巨性和复杂性，调动各方积极性，做好推进与落实工作。

坚持按照决策、执行、监督分开的原则，细化分工、明确责任。林业系统内，信息化领导小组及其办公室要承担决策作用，发挥其在顶层设计、集中管理、组织协调、绩效考评等方面的组织领导作用；执行层面，发挥信息中心、规划设计院及其相关业务单位在信息化建设执行中的作用，涵盖项目实施、运维维护、信息安全、网站建设、对外合作等多方面的支撑和保障作用；监督层面，对内发挥林业纪检监察部门的职能作用，对外发挥公民监督、舆论监督、社会团体监督等社会监督的作用，同时利用好第三方监理机构在项目建设、实施等环节的监督作用。

充分发挥市场机制在资源配置中的基础性作用。对于林业信息化建设中的非核心业务系统项目建设，要按照国家相关法律法规的要求，充分发挥市场化作用，采用服务外包和招投标的方式进行，切实完成由“养人办事”向“办事养人”的根本性转变。

8.2.3　加强人才队伍建设

充实和优化人才队伍。把整体规划和稳步推进结合起来，着力建立健全林业信息化人才队伍建设的保障机制，没有信息化专职机构的各省(自治区、直辖市)林业厅(局)，要争取尽快设立。有条件的地方，也应设立独立的信息化机构。要加大人才引进和培养的力度，通过内部调控、社会招聘、公开招考等多种方式，努力造就一支“精技术、懂业务、善管理”的信息化复合型人才。

加强人员教育培训工作。对林业信息化培训需求进行充分调研和系统分析，制定总体规划和年度培训计划；加强知识更新培训，开展包括高级研修班、信息化管理培训、信息化技术培训、业务系统培训和信息化知识基础培训等多种层次、多种内容的培训活动，全面提高人员素质。同时，将信息化培训经费列入年度预算。

建立健全人才交流机制。林业信息化人才交流机制主要包括纵向和横向两种交流互动和培养模式。其中，纵向是指在林业系统内，中央与地方，省与市县，市县与工作站之间的人才交流，充分调动先进地区工作人员到上级机构进行经验交流和案例推广，提升宏观决策水平；鼓励上级机构工作人员到下级机构进行人才交流，切实了解基层工作需求和动态。横向是指省、市、县等同级林业机构工作人员之间进行人才交流和培养，做到相互学习、相互补充、经验共享、共同进步。

8.3 加强资金保障

8.3.1 拓宽林业信息化发展投融资渠道

信息化行业是个知识密集型行业，软硬件产品的市场附加值很高。因此，无论是信息化基础设施建设，还是软硬件建设，都需要大量的资金投入。同时，信息化建成项目的运行维护也需要持续稳定的经费做保障。没有资金的有效投入做保障，就谈不上建设，谈不上运维，谈不上应用。当前，国家和众多行业在信息化资金匹配方面存在重建设、轻运维的现象，随着信息化建设的不断深入，以及应用系统的不断增加，加强国家信息化建设资金投入，开拓多种方式的投融资渠道，特别是加强运维资金投入，是信息化发展的必然趋势。林业行业应切实加强林业信息化建设和运维的资金保障，加快建立政府投资为主、社会力量广泛参与的资金保障机制。

林业信息化发展必然对于资金有较大的要求，所以要积极拓宽融资渠道，包括引导成立民间产业基金，技术担保及股权融资，引进战略投资者等多种融资方式。一是加强政策研究，引导致力于林业事业的信息化企业组建民间产业基金，积极与各级政府沟通汇报，确保为林业信息化持续发展提供资金支持；二是充分利用中小企业担保机构为中小信息化企业发展提供融资信用担保，包括技术担保、股权融资等多种方式；而且，有条件的省、市、县可视财力状况，为开展林业信息化建设的企业贷款融资的担保机构提供一定的风险补偿；三是搭建金融机构和企业开展多种方式的业务合作，探索开发适合林业信息化发展需要的融资模式。

林业信息化发展还有赖于加大政府投入。各级政府要加大财政资金投入力度，建立林业信息化发展专项资金。同时，积极开展多种融资模式的研究工作，探索出一条符合林业信息化发展实际的“政府主导、社会力量积极参与”的多元化、多模式的资金保障体系。

8.3.2 加强林业信息化建设资金监管

建立健全资金监管制度。对每一项资金，严格按照国家及相应的规章制度执行，有制度的按制度监督管理，没有制度的会同有关部门迅速制定制度，并及时发布，接受社会各界的监督。

建立监督机制。会同财务机构和纪检部门对资金的使用情况进行监督检查，同时探索积极的社会监督模式。

进行全程跟踪问效。根据项目需求及要求，按照科学化、精细化管理的要求，主动跟踪问效，进行事前、事中、事后的全程监督，确保资金的安全、规范、有效运行，努力提高资金的使用效益。

完善问责机制。按照分级负责的办法进行资金监管，细化分工，责任到人，系统内把监管业绩考核纳入综合考核目标，系统外把资金监管体系作为完善的财务制度之一纳入市场准入门槛。

8.4　统一标准规范

8.4.1　建立标准数据库，加强标准宣贯工作，用好现有的相关标准

信息化标准是解决“信息孤岛”的根本途径，也是不同信息管理系统之间数据交换和互操作的基础。近年来，我国的信息化和电子政务标准体系建设取得了明显的进展，国家有关部门先后发布了《电子政务信息共享互联互通平台总体框架技术指南(试行)》、《电子信息安全等级保护实施指南(试行)》、《国家电子政务总体框架》、《电子政务主题词表编制规则》、《电子政务业务流程设计方法通用规范》、《XML 在电子政务中的应用指南》等等，目前还有一系列的国家标准正在抓紧制定中。这些标准的出台为我国信息化和电子政务建设提供了技术依据，也是林业信息化应当遵循或参考的标准。要不断收集、梳理国内、国际相关标准，建立林业信息化标准数据库，利用政务内网、互联网等渠道，加强标准宣贯，促进标准应用工作。

8.4.2　建立标准项目储备库，加快标准制修订工作

紧密结合林业信息化建设、应用、服务、安全保障等的现实需求，研究建立标准项目储备库，提高林业信息化标准建设工作的前瞻性，确保急需的标准能够尽快出台。

8.4.3　加强全局性、基础性、关键性标准的预研究工作

林业信息化专业性很强，为了促进互联互通和有效共享，必须要有一系列的标准规

范，包括总体指导类标准、基础设施类标准、信息资源类标准、应用服务类标准、管理类标准等。要围绕林业信息化建设各阶段的需求，确立重大标准预研究项目，超前开展研究和试点应用工作，提高标准的编写质量。例如林业信息资源目录体系和交换体系标准建设、林业元数据标准建设等，由于涉及整个林业行业，同时又是一项十分复杂的工作，因此必须下大力气进行研究，在此基础上制定标准。

8.5　强化科技支撑

8.5.1　建立健全林业信息化科技研发创新体系

充分借鉴先进行业信息化发展优秀经验，依托中国林业科学研究院、北京林业大学等林业科研院所、高等院校的智力优势和技术优势，紧紧围绕现代林业发展的目标，瞄准世界信息化科技发展前沿，集中优势力量，大力开展原始创新和引进消化吸收再创新。一是要以科研院所、高等院校为依托，集中力量建设一批重点研究中心和实验室；二是培养或引进一批学术带头人，建立开放、流动、竞争、协作机制，为林业信息化科研创造和谐创新环境；三是加大与先进行业信息化科研机构的对接工作，充分利用先进行业信息化科研专家、技术和经验，拓宽林业信息化科研渠道。

8.5.2　完善林业信息化科技推广体系

一是加强林业信息化科技推广应用教育培训工作，提高科技推广应用意识；二是加强林业信息化科技推广应用经费支持，整合推广机构，提高科技推广效率和应用能力；三是完善推广和应用机制，充分发挥市场化作用，引导各种社会力量参与到林业信息化科技推广和应用工作中；四是建立健全林业信息化科技推广长效机制，鼓励服务主体与模式的多元化、服务内容与样式的多样化，切实加强县乡级林业工作站信息化科技推广应用协调和指导工作。

8.5.3　加强林业信息化科技队伍建设

一是依托林业科研院所、高等院校，加快国家林业信息化高级研发人才培养机构建设；二是建立科研人才管理和激励机制，培养一批能够把握世界林业信息化科技发展潮流，在关键技术方面具有开拓创新能力的科研队伍；三是培育一批具有自主知识产权并致力于林业信息化发展的信息化企业，带动林业信息化全面、协调发展；四是以公众服务为中心，加强基层从业人员和林农信息化水平教育培训工作，提高林农信息化整体水平。

8.5.4　加快建立开放性、多元化的林业信息化科研资金投入体系

加快建立以政府为主导，社会力量广泛参与的多元化林业信息化科研投入体系，形成稳定的投入增长机制；建立林业信息化科研资金的有效使用和科学监管机制，逐步实行资金管理的制度化、规范化、精确化，形成科研经费收支良性循环机制；积极吸纳社会资金加强林业细信息化科研资金的投入。

8.5.5　建立林业信息化科技服务体系

大力发展多种形式的林业信息化服务组织，以政府为主导，各种社会力量广泛参与，允许并建立多种林业信息化服务组织，鼓励建立多种形式的专业技术协会组织，充分利用网络、电视广播、平面媒体等多种形式的科技服务渠道，扩大科技服务影响力，切实提高林业信息化科技服务的影响力。

8.6　深化交流合作

目前，我国林业信息化发展水平与国际先进水平相比较，仍存在较大差距，需要密切关注发达国家信息化发展动向，建立和完善信息化国际交流合作机制。坚持平等合作、互利共赢的原则，积极参与多边组织，大力促进双边合作，切实加强信息技术、信息资源、人才培养等领域的交流与合作，借鉴国外信息化建设和管理的经验。

8.6.1　引导和组织产学研相结合

以国际、国内两种资源、两个市场为基础，充分利用高等院校、科研院所在国际合作方面的优势，做到产业结合，协同攻关，优势互补；争取与国际上实力雄厚的大公司合作。

8.6.2 着力搭建交流合作平台

吸引一批国内外有较大影响的专家，参与国际信息技术论坛、学术会议等活动，开展多层面交流与合作，吸收国外先进技术和管理经验，增强林业信息化的创新研发能力、系统集成能力、综合服务能力等。通过举办林业信息化论坛，凝聚国内外相关领域的专家学者，密切相互交流与合作，促进我国林业信息化建设，提高我国林业信息化乃至林业在国际上的影响力和话语权。

8.6.3 建立战略合作机制

加强与国内外政府部门、科研机构、高等院校、知名 IT 企业间的交流合作。与有关教学科研机构和知名 IT 企业建立战略合作关系，加强在人才培训、科研、项目申请、项目实施、运行维护等方面的深度合作，实现互利共赢。

第9章 中国林业信息化的发展评测

信息化评测是信息化建设中一个重要的组成部分，也是对信息化成果检验的最好方式。为了适应信息化时代国家对信息化发展的战略要求，不断加大信息化评测力度，深化绩效考核工作已成为提升信息化水平的重要举措。林业信息化是现代林业建设的核心内容之一，没有林业信息化，就不会有林业现代化。因此，如何科学开展林业信息化发展评测工作，做到以评促建、以评促用、以评促管，不仅仅是一个具体的操作问题，也是关系到林业现代化发展的重要战略问题。本章从总结借鉴国内外信息化评测实践入手，研究林业信息化发展评测的思路与方法，提出林业信息化评测指标体系，以期为深化林业信息化评测提供有益参考。

9.1 国内外信息化发展评测概况

从范畴上说，林业信息化发展评测是信息化评测理论和方法在林业行业领域的应用，信息化评测的基本原理和相关方法可以为林业信息化评测提供借鉴。

9.1.1 国外信息化发展评测的历程回顾

国外信息化水平评测研究始于20世纪60年代，早期关于信息化评测的理论源于美国学者对信息经济领域的研究。1961年经济学家斯蒂格勒(Stigler)在美国政治经济学杂志(Journal of Political Economy)上最早发表了《信息经济学》一文，标志着信息经济学的诞生。而最早提出信息化评测体系的是美国学者马克卢普(Machlup)，他于1962年出版了《美国的知识生产与分配》一书，其中设计了一套评测信息产业的指标体系与方法。1977年，波拉特在其9卷巨著《信息经济：定义和测量》中，提出第四次产业的论点，并在马克卢普开创的有关知识产业的理论基础上提出了信息经济评测模型，又叫信息经济模型或波拉特模型。与从信息经济角度评测相区别的是，日本经济学家小松畸清介于1965年首次提出了信息化指数法，信息化指数法又称信息化指数模型，这一方法问世以后，引起了世人的极大关注，也备受各国的青睐。由此，国际上关于信息化评测研究和实践，大致可以划分为两类：一类是从经济学范畴出发的以信息经济为对象的宏观计量，以波拉特创立的方法最为著名；第二类是通过反映社会的信息流量和信息设备等方面的综合统计数字，来衡量社会的信息化程度，具代表性的是日本提出的信息化指数模型。此后，许多国际组织和国家也开始重视对信息化水平评测方法的研究，但大多都是在以上两个模式下作修改和改进。

从1996年开始，美国国际数据公司（IDC）每年都利用计算机基础设施、网络基础设施、通信基础设施、社会基础设施4要素2层次评测体系，对全球55个国家（地区）参与信息社会的能力进行综合评测，并以"信息社会指数"的形式公布评测结果。被评测的55个国家（地区）占人口总数的96%、全球GDP的96%和信息技术投入总额的99%。根据这些国家的ISI，将参评国家的发展状况分为漫步型、小跑型、快跑型、速滑型4个发展等级，并从全球角度对信息化社会建设进行了分析，为处于不同发展阶段的国家提出了相关发展建议。

从1998年起，经济合作与发展组织（OECD）研究提出一系列信息社会评测指标，如2002年提出的信息经济评测体系、2005年和2009年提出的信息社会评测指南等。

2002年，哈佛大学国际发展中心与世界经济论坛合作，在基于各国信息与通信技术的应用现状和发展潜力基础上，利用网络应用指数和网络支撑因素指数两要素4层次评测体系，首次对世界上75个国家（地区）（占全球80%的人口和90%的产出）的网络化准备情况进行了综合评测和对比分析，并于2002年2月4日发表了题为《全球信息技术报告2001~2002：准备进入网络世界》的研究报告。报告以"网络化准备指数"的形式公布了评测结果，为商业行动和政府政策制定提供参考。

2006年ITU首次发布《信息社会报告》，主要通过数字机会指数（DOI）考察全球ICT发展状况，反映各国在建设信息社会过程中所做的努力，指出其领先的和需要改进的方面，从而为各国（尤其是发展中国家）政府建设信息社会提供指导。2007年，应各方要求，ITU又将上述两个指数合并，形成一个单一指数——"ICT发展指数（IDI）"。2009年的《信息社会报告》中开始用"ICT发展指数（IDI）"取代"数字机遇指数（DOI）"，以跟踪反映全球数字鸿沟状况，并评测各国信息社会建设方面取得的进展。

从1995年起，韩国电算院利用计算机、广播、因特网、电信4要素2层次评测体系，开始对世界上50个国家（地区）的信息化程度进行评测和比较分析，并每年以"信息化指数"的方式公布其评测结果。

澳大利亚国家信息经济办公室分别于2002年4月和2003年8月，根据各国信息经济的规模、发展状况和发展潜力的相关数据，利用由23个具体要素构成的评测体系对14个和12个国家分别进行了综合评测和对比分析，并以澳大利亚“国家信息经济办公室指数”的形式公布了评测结果，为各国信息经济建设投资提供参考。

2002年3月，应英国信息时代联盟的邀请，美国咨询顾问公司驻伦敦办事处与英国电子专员办公室和INSEAD商学院合作，制定了应用、影响、环境、准备度4要素4层次电子经济评测体系，对七国集团成员国(美、英、法、德、意、日、加)及澳大利亚和瑞典电子经济的发展情况进行了综合评测和对比分析，并于2002年11月在《国际电子经济对比：世界最有效的电子经济政策》报告中公布了评测结果。

俄罗斯联邦各地区信息化建设评测指标体系。2002年9月，俄罗斯联邦政府利用信息通信技术、信息通信技术应用、业务环境、人力资源、政府支持5要素3层次评测体系，开始对全国89个联邦主体的信息化建设进行评测，由信息技术领域的龙头企业康萨基格商务控股公司具体负责承办。

从总体上看，以上诸评测体系除韩国电算院把评测体系主要建立在信息化硬件基础环境上外，其他都兼顾了信息化的基础环境和社会环境，这说明多数国际组织和国家已认识到要实现社会信息化，就必须在加强信息基础建设的同时，注意相应的人才培养和政策法规建设。但这些评测体系也不同程度地存在一些问题：如没能处理好信息化系统与传统经济、社会、资源、环境等系统的关系，偏重信息经济发展，缺少信息环境的考虑；数量指标较多、使用效果的指标较少；注重信息化水平评价，忽略信息化质量、潜力评价；忽视信息化阶段性、空间性等。

9.1.2 国外信息化发展评测的典型实践

目前，许多国家政府、国际组织以及研究机构都在进行信息化或电子政务发展水平的评测工作，他们的实践经验对我们建立林业信息化发展评测体系具有积极的借鉴意义。

(1)美国：波拉特信息经济评测体系

波拉特理论和方法的核心内容是将信息部门从国民经济各部门中逐一识别出来，并将其划分为第一和第二信息部门，形成自己独特的分类体系，即建立一套可以量化的信息经济测度体系(图9-1)。

第一信息部门是指向市场提供信息产品和服务的企业，第二信息部门是指政府和非信息企业为了内部消费而创造的一切信息服务。在他的研究中，信息经济的规模是用信息部

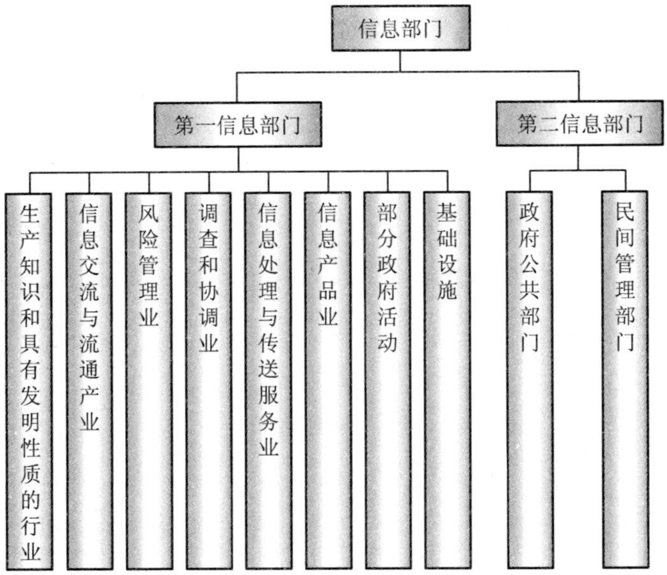

图 9-1　波拉特信息经济评测体系

门增加值占国民生产总值(GNP)的比重和信息部门就业人数占总就业人数的比重这两个评测指标来反映的。其中：第一信息部门的评测方法是：根据美国“国家产业划分标准”(SIG)，将第一信息部门划分为知识的生产与发明业、信息的分配与传递业等 8 大类 116 个小类。在此基础上，对第一信息部门增加产值进行评测。第二信息部门的评测方法是：把不向市场出售的信息服务的价值看作是由提供这种服务所消耗的劳动力以及资本这两种资源的价值所构成的。即第二信息部门的增加值由非信息行业就业的信息劳动者的收入和非信息行业购入信息资本的折旧两个可评测的投入量构成。信息部门就业人数评测方法是：从美国 442 种职业中归纳出五大类属于信息劳动和信息服务的职业，并根据典型调查将 28 种混合职业按百分比划分出信息工作者，在此基础上统计出信息部门的就业人数。

波拉特模型的优点是：首次从国民经济各部门中识别出信息行业，并开拓性地以定量方式反映出信息行业或信息劳动力在整个经济部门中的比重及其变化。特别是对二级信息部门的明确划分和评测更具创造性。它对于研究信息产业与国民经济结构及其他产业部门间的内在联系等问题具有重大意义。不足是：它对信息活动、信息行业和信息职业等的划分尚缺乏统一的科学标准，评测中所采用的某些方法和某些数据欠合理。如二级信息部门信息劳动者创造的价值在时间和空间上都存在不小的差异，因而使评测结果的可比性受到影响。信息产业外延太广，将第二产业中部分部门也包括在内。此外，该模型运算非常繁复，对统计资料的要求较高，难以经常进行。模型评测值可用于表示经济信息化程度，而并不能全面准确地描述社会信息化水平。

(2)日本：信息化指数模型

1965 年，日本经济学家小松畸清介首次提出了信息化指数法(Index of Informatization)，又称信息化指数模型，这一方法问世以后，引起了世人的极大关注，也备受各国的青睐。信息化指数法主要是从邮电、广播、电视新闻等行业中选取信息量、信息装备率、通信主体水平、信息系数 4 个要素来体现社会的信息化程度，4 个要素具体又细分为 n 个变量，将这些指标与某一标准年相比，得到的就是信息化指数。信息化模型结构见图 9-2。

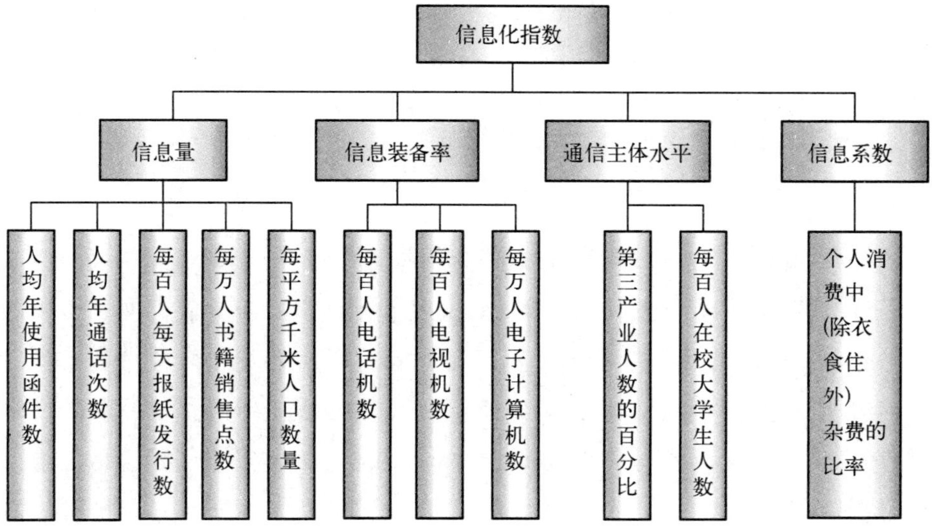

图 9-2　信息化指数模型框架

模型有两种计算信息化水平的方法：一是将基年各项指标的值指数定为 100，然后分别将评测年度的同类指标值除以基年指标值，求得评测年度的各项指标值的指数，再将各项指标值指数相加除以项数，就可得到最终的信息化指数；二是先分别计算出 4 个组的指数平均值，即对每一组的变量指数值求平均值，再对分组的指数平均值求算术平均值得出最终的信息化指数。前者是一步算术平均法，即 11 个变量对最终信息化指数的贡献是等价的；后者是二步算术平均法，4 个因子对最终信息化指数的贡献是等价的，但各变量对最终信息化指数的贡献是不等价的。

信息化指数模型的优点是：这种方法既可以从时间序列角度研究发展趋势，也可从截面上考察不同国家信息化发展的程度差别。与波拉特法相比，信息化指数法具有统计数据易于获取，统计结果直观、换算简便的特点，因而，易于衡量各国信息化水平、发展速度及比较各国信息化发展程度的差异。同时它将信息化发展进程的相对阶段和相对差距用量化的方式反映出来，在有较完整的时间序列数据的情况下还可对今后的信息化发展趋势做出预测，而且通过细致的数据处理和对比分析，也可发现一些信息化过程中的结构性失衡或缺陷。缺点是：从理论上分析，模型显得过于简单，不够全面。在信息环境评测的完整意义上，它只反映了某几个方面的信息环境状况(主要是社会信息流量、社会信息能力等)。而信息活动的有些重要方面(如信息需求满足程度等)未能充分体现和包括在模型之中。此外，该模型采用算术平均得出综合的评测结果(信息化指数)，未能适当区分出不同参数或不同因子的贡献大小，简单平均的算法其结果可能掩盖实质上的差异。同时，该模型没能反映人均生产方面的指标，因而没有准确反映信息产业发展状况及其在国民经济中的比例。模型割裂了社会信息化和经济信息化的关系，较多考虑了社会信息化方面的指标，几乎没有涉及经济方面的指标。模型是在 20 世纪 70 年代提出的，模型中的指标内容和结构已经不能全面和准确反映当今社会信息化水平。

(3)联合国：电子政务准备度指数

联合国公共经济与公共管理署(United Nations Division for Public Economics and Public Administration，下文简称联合国)从 2002 年度就开始推出以联合国成员国家和地区为对象的电子政务评测报告，其目的是通过树立标杆的办法引导全球电子政务发展。

2002 年 5 月，联合国与美国行政学会公布了 2001 年度全球电子政务发展状况的研究报告《电子政务评测：全球视角》，对联合国 190 个成员国的电子政务建设情况进行调查研究与比较分析。该报告从三个方面评测世界各国电子政务发展水平：一是分析各国政府网站提供的内容和一般公众最经常使用的在线服务情况；二是对各国 IT 基础设施建设水平进行评价；三是评价人力资源能力。根据这些指标最后加权平均得出电子政务指数，从而对各国的电子政务环境(制度、人力、基础设施等各方面)进行一个较为全面的衡量。2003 年 8 月份联合国公布了 2003 年度全球电子政务发展状况研究报告《处在十字路口的电子政务》，主要有两大指标：电子政务准备度指数(E－government Readiness Index)以及电子参与指数(E-participation Index)(表 9-1)。

表 9-1　联合国 2003 年评测报告的指标体系

一级指标	二级指标
电子政务准备度指数	政府网站评测指数
	通信基础设施指数
	人力资本指数
电子参与指数	电子信息、电子咨询、电子决策

其中，对各国政府网站建设又划分为 5 个阶段：起步阶段(Emerging Presence)、提升

阶段（Enhanced Presence）、交互阶段（Interactive Presence）、在线事务处理阶段（Transactional Presence）、无缝整合阶段（Seamless or Fully Integrated）。每个阶段又根据差异情况划分为 4 档，每档间隔 0.25。具体数据来自于评测者对有关国家网站的调查分析。信息基础设施建设状况包括 6 个二级指标：互联网用户普及率指标（Internet Users Index）、互联网主机数量（Online Pop Index）、计算机拥有率指标（PC Index）、电话普及率指标（Tel lines Index）、移动电话普及率指标（Mobile Subs Index）、电视机普及率指标（TV Sets Index）。人力资本的状况指标包括 3 项关键指标：UNDP 的人力发展指数（Human Development Index）；信息获取指数（Information Access Index）；城市人数占总体人数的百分比（Urban as % of Total Population）。

2004 年 11 月，联合国经济与社会理事会与联合国公共管理与社会发展署共同公布了第三份《2004 全球电子政务准备度报告：迈向机会之路》。报告共分两部分，第一部分为“2004 联合国全球电子政务调查”，运用电子政务成熟度和电子参与这两项指标对联合国 191 个国家的电子政务发展情况进行了评测。第二部分为“机会之路（access for opportunity）”，该部分描述了全球各个国家发展信息通讯技术（ICT）方面的现状，指出 ICT 技术的充分发展和应用会给一个国家和它的人民带来极大的发展机会。2004 年的评测特点是针对数字鸿沟以及国家之间差异的扩大，联合国提出如何缩小这种差异、共同面向机遇的途径和方法。

2005 年的调查报告为《2005 全球电子政务准备度报告：从电子政务到电子包容》，基本上是 2004 年的延续，指标结构、权重配置，评测方式和结果处理也与 2003 年基本相同，只是根据评测的结果对电子政务的发展做出了不同的判断和发展指引。

2008 年的调查报告为《从电子政务到整合治理》，该报告的目的是对于政府在通过加强公共服务的提供，改进工作流程和制度的效率中的新角色进行评测。报告分为两个部分：一是对联合国成员国电子政务情况进行了综合评测和对比，二是研究了国际电子政务建设从电子政务到整体治理的发展趋势。在这份报告中，联合国使用的电子政务绩效评测指标体系与往年基本相同，包含：电子政务完备度指数和电子参与度指数两大一级指标。电子政务完备度指数主要评测电子政务本身可以提供服务的范围和内容，包含政府网站评测指数、通信基础设施指数和人力资本指数三大二级指标。电子参与度指数则考察政府的工作流程和政策的制定、执行在多大程度上能够与公众互动，包含电子信息（E-information）、电子咨询（E-consultation）和电子决策（E-decision-making）三个二级指标。电子信息指标用来评测国家门户网站及站点，考察政府是否为市民参与提供了必要的基本信息。电子咨询指标用来评测那些收集公众观点、公众录入及反馈信息的互动方式，比如在线渠道，包括非正式的投票、BBS 系统、聊天室、即时通讯、博客（Blog），当然还有正式的在线咨询服务。电子决策指标则用来考察政府在决策的时候，在多大程度上遵守了电子参与的承诺。

2010 年的评测主题是《金融危机时期电子政务的利用》，评测指标体系依然是包括电子政务准备度和电子化参与度两大部分，指标结构、权重配置，评测方式和结果处理也与 2008 年基本相同。2012 年的评测主题是《面向公众的电子政务》。调查报告对联合国 193 个成员国政府近两年的电子政务发展进行了评测。成员国的评选名次是以电子政务发展总指标为依据，该总指标包括 4 个方面：在线服务的范围和质量、电信基础设施的发展状况、人力资源开发以及电子公众参与。在这些系列指数中，每个指标都是一种综合衡量尺度，都可以对其独立进行提取和分析。总体而言，2012 年的调查表明，各国已经从分散的单一用途电子政务模式向方便公众使用的“一体化”政府模式过渡。

总体来说，联合国电子政务评测指标体系把社会信息化水平指数和政务网站建设放在同样重要的位置上来考虑，这与联合国评测体系面向覆盖包括发展中国家在内的全球所有国家电子政务评价的目标是一致的，社会信息化是电子政务发展与普及的基础，对于发展中国家，电子政务的推进速度与社会信息化的发展水平是密切相关的，社会信息化水平的评测对于其电子政务评价体系是不可缺少的，而对于已经进入信息化社会的发达国家，继续提高社会信息化水平对电子政务的贡献作用明显下降，信息化水平指数对电子政务的影响可以分散到网站政务的各个评测栏目之中。从这一点来讲，在考虑我国电子政务评测指标体系的时候，应该按照发展中国家的水平来确定社会信息化水平在整个评价体系中的权重。联合国的报告将各国电子政务的网站建设划分为起步、提高、交互、在线事务处理以及无缝整合等 5 个阶段，并且用数字 1，2，3，4，5 代表上述不同阶段的发展水平，从而对各国的政府网站建设现状进行量化，为评价政府网站的发展水平提供了一个参考标准。这个评价体系的优点在于其所有指标都能从公开出版物上找到数据，大多数可以通过政府网站或分析报告得到，但是对于文化差异、宗教差异和国家性质差异考虑较少。

(4) 埃森哲：电子政务“总体成熟度”指数

作为世界最知名的咨询公司之一，埃森哲(Accenture)公司也针对电子政务发展水平提出了自己的评价体系，并从 2000 年开始，用该体系对发达国家的电子政务进行评测并发布年度报告。迄今例行发布了 7 份电子政务年度评测报告。

2000 年，埃森哲第一次发布了全球电子政务年度评测报告，报告主题为“电子政务：梦想与现实”，该报告第一次提出了“想得要大、起步要小、扩展要快”(Think Big，Start Small，Scale Fast)的电子政务发展理念。由于当时电子政务建设仍处于起步阶段，埃森哲公司只提出了一套粗略的评测框架。

2001 年 4 月，埃森哲发布了第二份全球电子政务年度评测报告，报告的主题为“梦想与现实——消除鸿沟”。报告认为，该年度最大的变化就是各国正在采取“Think Big, Start Small, Scale Fast”的电子政务建设策略，通过清晰远景，快速确定具体目标，由此驱动政府向电子政务前进。该报告提供了该公司的第一套电子政务评测指标体系。该体系的特点是以“公共服务成熟度”为核心，并引入了客户关系管理（CRM）的思想，与国际电子政务发展的主流趋势，即注重改善用户体验，强调以用户为中心提供政府服务，以及“用户导向、结果导向和市场基础”的三大电子政务发展战略原则的要求相一致。

埃森哲体系的最终评价结果为被调查者电子政务的总体成熟度，而总体成熟度又分为公共服务成熟度和客户关系管理两个指标。其中，服务成熟度又包括服务成熟广度和服务成熟深度两个方面。服务成熟广度是指政府负责提供的服务中已经在网上实现的比例，服务成熟深度是指政府服务的完备水平。具体来说，是把政府服务分成发布、互动和交易三个层面，以反映某一项服务所能达到的最高成熟度。客户关系管理（CRM）测量政府将服务提供给用户时达到的精致程度。对于 CRM，又分为 5 个下级指标，分别是判断力、整合力、组织性能、客户服务和网络。政府服务在这两个指标上分别的得分进行加权平均后的分数为总体成熟度。其具体指标安排如表 9-2 所示。

表 9-2　Accenture 2003 年的评测体系

一级指标	二级指标
服务成熟度（70%）	服务广度
	服务深度
客户关系管理（CRM）（30%）	判断力
	整合力
	组织性能
	客户服务
	网络

2002 年 4 月，埃森哲发布了第三份全球电子政务年度评测报告，报告的主题为“电子政务领衔——实现梦想”，其指标体系和 2001 年相比做了部分调整。2003 年 4 月，埃森哲发布了第四份全球电子政务年度评测报告，报告的主题为“电子政务领衔——相约客户”。在本报告中，埃森哲强调电子政务应该围绕客户需求，重组政务流程，提供优质服务，从而构建政府与公众、企业和社会之间的新型关系。CRM 要求摒弃传统的政府不同部门之间各自为战的零散服务方式，代之以系统的全方位、多渠道地为客户提供协同化、集成化服务。

2004 年 5 月，埃森哲发布了公司的第五份全球电子政务年度评测报告，报告的主题为

“电子政务领衔——高绩效，价值最大化”，第一次正式将客户端的调查纳入到电子政务的评测体系当中，埃森哲评测自此摆脱了单纯研究政府服务提供端的局限。

2005 年，埃森哲的全球电子政务年度评测报告主题为“客户服务领导力——新期望，新体验”。该报告重点评价了政府在客户服务方面的进展如何，为此对前几年一直沿用的评测框架进行了较大修改，从以往的电子政务领导力转变为聚焦客户服务的领衔程度。埃森哲公司 2005 评测报告中提供的电子政务评测指标体系和 2004 年相比，有了较大的改进：一是将“客户关系成熟度”这一指标改为“客户服务成熟度”，在调查方法上还增添了一项新的内容——征询客户的主观看法；二是首次将服务成熟度和 CRM 成熟度 7∶3 的加权比例调整为 1∶1。

2006 年的报告是《客户服务领导力——建立信任》，也明显反映了这种评测的导向和偏重，其指标体系与 2005 年的基本一致。但 2006 年的评测不仅继续关注客户的需求，而且要尽力满足客户的需求。

2007 年的报告是《客户服务的领导力——兑现承诺》进一步将对客户端调查的结果作为总体排名的依据。2007 年，埃森哲对评测体系的指标类型、权重分配及计算公式进行了结构性调整，共设三个一级指标，分别是：第一，服务成熟度(Service Maturity)，其权重仅占 10%，较往年相比下调了 40 个百分点；第二，客户服务成熟度(Customer Service Maturity)，权重为 50%；第三，公民声音(Citizen Voice)，该指标为 2007 年新增内容，被赋予高达 40% 的权重，标志着开始将公众评议结果以量化方式纳入评测体系，格外引人注目。根据上述变化，计算各国电子政务总体成熟度得分的公式调整为：

$$总体成熟度 = 服务成熟度 \times 10\% + 客户服务成熟度 \times 50\% + 公民声音 \times 40\%$$

2000～2007 年，埃森哲公司连续 8 年跟踪评测全球电子政务发展动态，并连续发布了 8 份国际权威性的年度评测报告。回顾埃森哲公司的 8 份报告及其跟踪评价全球电子政务发展的轨迹，可以发现，埃森哲的电子政务评测指标体系是在对案例的不断研究和评测中逐渐完善起来的。埃森哲公司评测电子政务的标准是：信息公开与通讯程度是一种公共服务，信息公开化程度越高，通讯越发达，就表明公共服务成熟度越高。埃森哲公司的电子政务评测指标体系比较简洁直观，指标结构布局在传统评测目标的基础上，突出了客户关系管理(CRM)的评测，2005 年突出了客户服务成熟度的评价。这是埃森哲公司与众不同的特征。但埃森哲公司的评测指标体系中“抽象或定性化”指标较多，特别是 CRM 系列指标，在具体评测过程中，具体量化的指标较少，与联合国的运用公开发表的数据评测相比，人为主观性因素较强，这将影响评价结果的客观性。我们认为，埃森哲指标体系中引入 CRM 评测的思想值得借鉴，体现了以用户为中心的电子政务建设理念。该体系的缺点在于结构过于简单，测量表中区间选取有很大的随意性，没有说明原因，也没有描述清楚同级中各指标之间的内在关系。虽然是进行了定量分析，但是还缺乏客观性和透明度。

9.1.3　国内信息化发展评测的历程回顾

国内信息化水平评测工作始于 20 世纪 80 年代，主要借鉴的是波拉特的评测方法和日本的信息化指数法。波拉特法由于信息产业范畴界定问题在学术界莫衷一是，现有统计数据口径相异，因而应用较少。后者因为方法简便，数据易得，因而在我国成为信息化评测的主流范式。据统计，我国大多数的信息化评测案例都是以信息化指数法来进行的。

1986 年 12 月 20～22 日，国家科委中国科技促进发展研究中心等 14 个单位在北京联合发起召开了首届中国信息化问题学术讨论会。与会者多角度、多层次地探讨了中国信息化的发展道路、模式、进程、中国信息产业、信息技术、信息科学的发展战略等问题。此外，这一时期我国的一些有关信息经济学方面的译著开始介绍国外的某些宏观信息化评测方法。在借鉴国外信息化宏观评测的理论和方法基础上，中国科技促进发展研究中心等有关部门及北京、上海、湖北、广东等省(市)作了一些案例研究。至 1991 年，我国进行了约 10 个信息化宏观评测的具体案例。

1993 年，在信息化评测方法上，吉林大学靖继鹏教授等人应用动态观点分析了信息产业的含义、结构及信息产业应遵循的 4 个定律，除全面对马克卢普与波拉特方法进行比较外，还对日本的信息化指数法进行评价并对其作了全面修改，在定性分析和定量分析的基础上，建立起一套新的信息产业综合评测方法，即综合信息产业力度法。该法从信息产业发展的潜在力、信息产品开发力、信息产业生产力、信息资源流通力、信息资源利用力等方面反映信息产业在整个国民经济中所占比例的信息产业平衡力，以此评测信息产业的发展状况。

1997 年，国务院信息化工作领导小组在全国信息化工作会议上，提出了国家信息化的定义。同时根据这一定义确定了信息化体系框架，包括信息资源、国家信息网络、信息技术应用、信息技术与产业、信息化人才、信息化政策法规和标准等 6 个方面。

1998 年，钟义信等在广泛学习马克卢普法、波拉特法和日本信息化指数法的基础上，从整体性、综合性角度出发，创设了一种评测信息化水平的方法，即“信息化的综合指数法(CIIC)”。

中国社会信息化进程评测课题组经过调研，在日本 RITE 模型基础上，吸取有关案例的积极成果，构建了社会信息化指数模型，评测了中国、北京、上海、广州、南京 1995～1998 年的社会信息化水平。

2001 年，宋玲出版了《信息化水平评测的理论与方法》，总结了国民经济信息化水平评测理论及方法。进入21世纪以来，国内许多学者在继续对信息化评测理论进行研究的基础上，开展了一些具体区域的信息化评价指标体系的研究并进行了实证应用，取得了一定的成果。

2001年7月29日，国家计委、国家经贸委、国家统计局、国家质监局、国家广电总局、信息产业部、国务院新闻办等部门联合发布《国家信息化指标构成方案》。国家信息化指标的研究制定历时8年，凝聚6000多篇文献的研究成果，是全球第一个由国家制定的信息化评测标准。

2002年3月19日，国家信息化评测中心公布了国家信息化水平报告，对1998~2000年的国家信息化指数(NIQ)进行了权威描述。

国家统计信息中心2004年发表了1999~2001年中国各地区信息化水平评测与比较研究，对1995~1998年中国各地区信息化水平的评测指标作了改进和完善，改进的信息化指标体系包括五要素：信息资源、信息基础设施、信息化人力资源、信息技术普及与应用和信息产业发展。

中国电子信息产业发展研究院从2003年开始至今，针对中央部委、省、地市、县级政府网站连续开展全国性绩效评测，是国内知名度较高的电子政务评测之一。

2011年，国家信息中心出版《中国信息社会评测报告》，对2000~2010年中国各省(区、市)信息社会发展情况进行综合评测。

总之，在国外广泛开展电子政务评测体系研究和实践的背景下，目前，我国许多机构和不同级别的政府部门也对信息化和电子政务评测进行了有益探索。但从总体上看，我国现有信息化水平评测指标体系存在一些明显的不足，主要表现在：一是我国的信息化评测目前尚缺乏一个统一的框架。国家信息化、区域信息化、产业信息化、企业信息化、教育信息化的评测都有各自的指标和评测方法，没有明确的逻辑线索。缺乏评测框架的直接后果是评测工作没有积累性，难以体现出是在一个领域中的持续进步。二是在电子政务评测方面，目前国内的电子政务评测研究多是针对政府网站展开的。选择网站作为评测对象主要是基于三个因素。一是主体性，政府网站是电子政务服务的主要载体，是基本的政务工具，政府网站质量好坏能在一定程度上反映电子政务综合水平；二是公开性，目前，尤其是在国内，只有政府网站是公开且相对客观的，比较容易得到相关数据；三是可测性，作为客观的实体，政府网站本身有可测量的标准，也给评价工作带来了便利。以政府网站作为电子政务评价的主要对象，是基于现实的选择，这种评测方式对于提高我国政府网站普及水平、促进政务信息公开、提升服务能力和决策水平都起到了促进作用，成绩应当肯定，但是该评测方法本身也存在重要缺陷。随着电子政务的发展和人们认识的深入，这种评测模式已经远远不能适应电子政务建设的需要。一方面，政府网站只是电子政务的一部分，网站绩效不能代表电子政务的整体绩效；另一方面，当前对政府网站的评测主要是针对“产出”的评测，而不能对投入效率和应用效果进行评测，从而使得评测结果的可信度大打折扣。

9.1.4　国内信息化发展评测的典型实践

为了适应信息化时代国家对信息化评测的需要，我国开展了一系列信息化水平评测研究工作。

(1)国家信息化指标体系

为了科学评价国家及地区信息化水平，正确指导各地信息化发展，建立全国统一的信息化指标体系。2001 年，信息产业部会同有关部委共同研究提出了《国家信息化指标构成方案》，作为当前进行国家和地区信息化水平量化分析和管理的依据和手段，《国家信息化指标构成方案》中设置的信息化指标体系是根据国家信息化的体系结构，从信息资源开发利用、信息网络建设、信息技术应用、信息技术与产业发展、信息化人才、信息政策法规和标准 6 个方面概括反映了国家信息化水平，共 20 项指标，具体见表 9-3。

表 9-3　国家信息化指标构成方案

序号	指标名称	指标解释	单位	指标出处
1	每千人广播电视播出时间	目前，传统声、视信息资源仍占较大比重，用此指标评测传统声、视频信息资源	小时/千人（总人口）	根据广电总局资料统计
2	人均带宽拥有量	带宽是光缆长度基础上通信基础设施实际通信能力的体现，用此指标评测通信能力	千比特/人（总人口）	根据信息产业部资料统计
3	人均电话通话次数	话音业务是信息服务的一部分，通过这个指标评测电话主线使用率，反映信息应用程度	通话总次数/人(总人口)	根据信息产业部、统计局资料统计
4	长途光缆长度	用来评测光缆长度，是通信基础设施规模最通常使用的指标	芯长公里	根据信息产业部、统计局资料统计
5	微波占有信道数	目前微波通信已经呈明显下降趋势，用这个指标反映传统通信资源	波道公里	根据信息产业部、统计局资料统计
6	卫星站点数	由于我国幅员广阔，卫星通信占有一定地位	个	根据广电总局、信息产业部、统计局资料统计
7	每百人拥有电话主线数	目前，固定通信网络规模决定了话音业务规模，用这个指标反映主线普及率(含移动电话数)	主线总数/百人(总人口)	根据广电总局、信息产业部、统计局资料统计

（续）

序号	指标名称	指标解释	单位	指标出处
8	每千人有线电视用户数	有线电视网络可以用作综合信息传输，用这个指标测试有线电视的普及率	有线电视用户数/千人（总人口）	根据广电总局、统计局资料统计
9	每百万人互联网用户数	用来评测互联网的使用人数，反映互联网的发展状况	互联网用户人数/百万人（总人口）	根据 CNNIC、统计局资料统计
10	每千人拥有计算机数	反映计算机普及程度，计算机指全社会拥有的全部计算机，包括单位和个人拥有的大型机、中型机、小型机、PC 机	计算机拥有数/千人(总人口)	根据统计局住户抽样数据资料统计
11	每百户拥有电视机数	包括彩色电视和黑白电视，反映传统信息设施状况	电视机数/百户(总家庭数)	根据统计局住户抽样资料统计
12	网络资源数据库总容量	各地区网络数据库总量及总纪录数、各类内容(学科)网络数据库及总纪录数构成，反映信息资源状况	吉(G)	在线填报
13	电子商务交易额	指通过计算机网络所进行的所有交易活动(包括 B2B、B2C、B2G 等交易)的总成交额，反映信息技术应用水平	亿元	抽样调查
14	企业信息技术类固定投资占同期固定资产投资的比重	企业信息技术类投资指企业软件、硬件、网络建设、维护与升级及其他相关投资，反映信息技术应用水平	百分比	抽样调查
15	信息产业增加值占 GDP 比重	信息产业增加值主要指电子、邮电、广电、信息服务业等产业的增加值反映信息产业的地位和作用	百分比	根据统计局资料统计
16	信息产业对 GDP 增长的直接贡献率	该指标的计算为：信息产业增加值中，当年新增部分与 GDP 中当年新增部分之比，反映信息产业对国家整体经济的贡献	百分比	根据统计局资料统计
17	信息产业研究与开发经费支出占全国研究与开发经费支出总额的比重	全国基础设施投资指能源、交通、邮电、水利等国家基础设施的全部投资，从国家对信息产业基础设施建设投资的支持程序反映国家发展信息产业的政策力度	百分比	根据信息产业部、广电总局、统计局资料统计
18	信息产业基础设施建设投资占全国基础设施建设投资比重	全国基础设施投资指能源、交通、邮电、水乎等国家基础设施的全部投资，从国家对信息产业基础设施建设投资的支持程序反映国家发展信息产业的政策力度	百分比	根据信息产业部、广电总局、统计局资料统计
19	每千人中大学毕业生比重	反映信息主体水平	拥有大专毕业文凭数/千人（总人口）	根据统计局资料统计
20	信息指数	指个人消费中除去衣食住外信息产品消费的水平	百分比	根据统计局资料

随着我国信息化建设的日益深入和信息化水平的不断提高，建立既适合中国国情，又能够与国际接轨的信息化水平评价与统计指标体系已经变得十分重要。通过对信息化指标的统计与分析，可以定量地衡量国家、地区或者城市的信息化程度，提高推进信息化建设决策的科学性和准确性，对于有效地指导和促进信息化建设，特别是为研究制定信息化经济和社会发展计划提供科学的、量化的依据，进而推动国家和地区的经济和社会发展，具有十分重要的战略意义和现实意义。《国家信息化指标构成方案》借鉴了世界上各种信息化评测方法的长处，结合我国具体国情，在国家信息化的6个要素（信息资源，信息网络，信息技术应用，信息技术和产业，信息化人才，信息化政策、法规和标准）中，选择反映信息化体系各个要素水平的指标，通过国家、部门和地区已有和新增的统计报表，以及有关单位抽样统计获取的数据进行统计分析。国家信息化指标的建立，采取政府主导的方式，突出了权威性、连续性和实用性，被业内人士誉为“中国新的现代化标准”，也是全球第一个由国家制定的国家信息化指标体系。

（2）企业信息化评测体系

2002年10月9日国家信息化评测中心正式推出了中国第一个面向效益的信息化指标体系——《企业信息化基本指标构成方案（试行）》，以全面评测中国境内各企业的信息化发展和应用水平，该信息化指标体系由基本指标、效能指标和评议指标3部分组成。基本指标包括6个一级指标（战略地位、基础建设、应用情况、人力资源、安全、效益指数）和

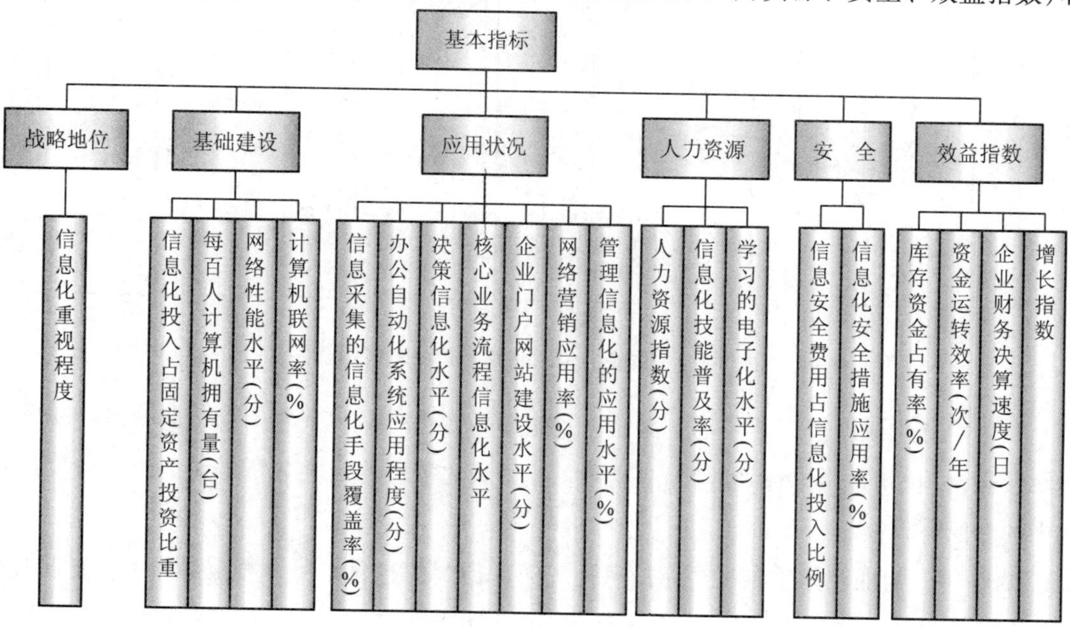

图9-3　中国企业信息化评测指标体系基本指标

21个二级指标。基本指标适用于对企业信息化状况的客观描述，主要用于社会统计调查和政府普测、监测。企业自测时，可有助于了解自身信息化基本状况，进行初步的横向行为对比分析(图9-3)。

效能指标是测量、评价信息化所达到的实际效果的评价系统，它分为适宜度、灵敏度两部分。适宜度指标分为战略适宜度、应用适宜度、投资适宜度、资源匹配适宜度、组织和文化适宜度5类。灵敏度指标分为信息灵敏度、管理运行灵敏度、对外反应灵敏度、创新灵敏度4类。在企业信息化评价中，国家信息化评测中心还通过选取有代表性的标杆企业，从中获得反映不同行业、规模和发展阶段特点的企业信息化基准值，用来补充校正指标数据(图9-4)。

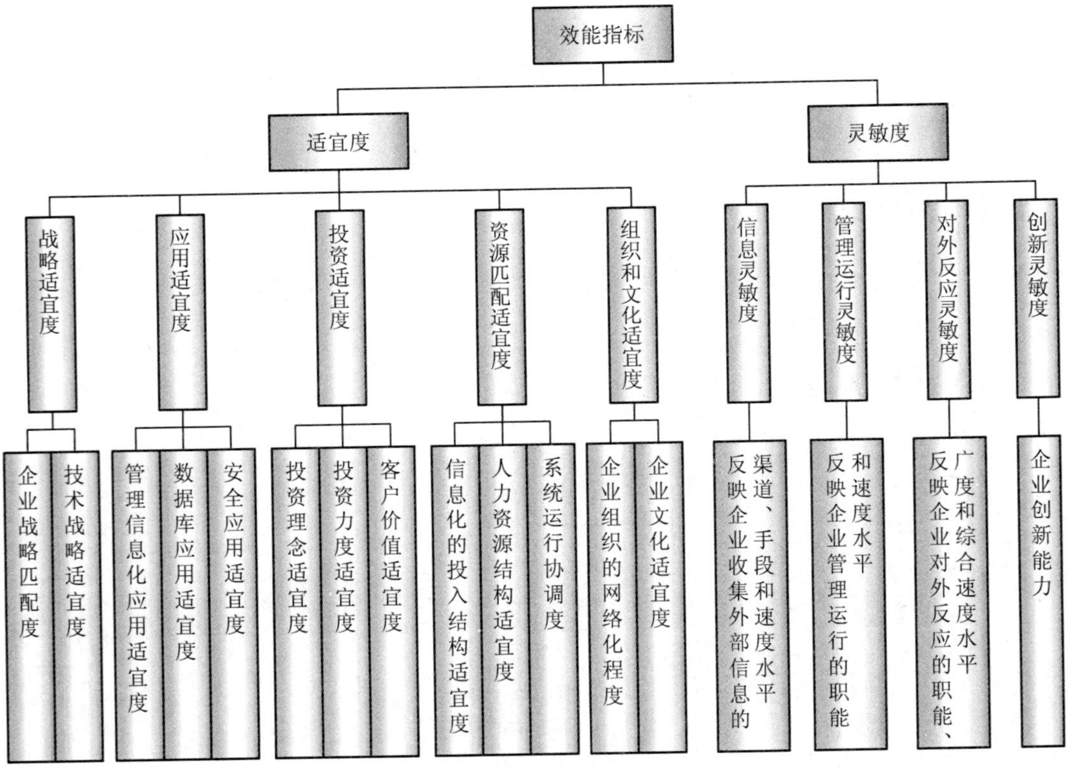

图9-4　中国企业信息化指标体系效能指标

企业信息化评议指标配合基本指标、效能指标，是对影响企业信息化实效的特殊非定量因素进行判断的评价指标，以此形成对企业信息化评价的定性分析结论。由评价实施机构中的专家咨询组进行评价。

2008年，为加快推进中央企业信息化工作，提高信息化水平，根据国资委《关于加强中央企业信息化工作的指导意见》(国资发〔2007〕8号)，国资委制定了《中央企业信息化水平评价暂行办法》，要求各中央国有大型企业认真执行。暂行办法中提出了要素指标和要素分项指标，确定了主要指标的权重体系，明确了数据采集方式、计算公式、等级定义和评价组织程序，是一个可操作性较强的企业信息化等级评价管理办法。

企业信息化指标体系中每一要素(二级指标)对企业信息化评价的影响都不一样，可以聘请在这一领域比较权威的一些专家，然后根据各个指标在企业信息化中的重要程度，采用层次分析法(AHP)确定各指标的权重。企业信息化基本指标是反映信息化基本情况的统计调查指标，可以形成对企业信息化基本发展状况的标准化客观定量分析结论，主要用于社会统计调查和政府监测。该指标第一次将"建设有效益的信息化"要求以评价指标的形式落到实处，并第一次提出从效能角度、适宜度、灵敏度等多个方面，全面评测企业信息化水平并提供解决方案的咨询。

(3)教育行业信息化评测体系

教育行业信息化水平评测研究与评测实施开展得比较早。复旦大学的张成洪在"高校信息化评价指标体系思路探讨"一文中介绍了新的指标体系，包括 5 个一级指标、18 个二级指标和 72 个三级指标。一级指标包括信息化基础设施、信息化基础应用、教学科研信息化、管理信息化以及信息化保障体系 5 个方面。安宝生教授则在"我国高校信息化体系的四大支柱"一文中强调高校信息化应该从组织体系、政策体系、技术体系及培训体系四大方面来开展评测。姜辉、徐国立等在"高校信息化评价体系若干问题研究"中，将高校信息化评价指标分为 3 个等级，包括基础设施、信息资源、人才资源和信息服务等 7 个一级指标和 21 个二级指标，以及若干三级指标。

2005 年 2 月，由复旦大学主研，联合北京大学、清华大学、南京大学、中山大学等 17 所高校共同参加的《中国高校信息化指标体系研究》项目，正式被中国高等教育学会列为 2005 年度中国高等教育信息化研究课题。2005 年 8 月，综合《广东省高校信息化建设参考标准》等资料的《全国高校信息化评价指标体系初稿》完成，在这一版本中，将高校信息划分为三个部分考察：建设情况、应用情况、保障体系，其下包括 7 个一级指标，22 个二级指标。一级指标为：建设情况包括基础设施、应用系统与资源建设 2 个一级指标；应用情况分为基本应用情况、教学和科研应用情况、管理应用情况共 3 个一级指标；保障体系则从战略地位、组织机构与管理 2 个一级指标进行考察。2007 年 12 月，课题组完成《中国高校信息化评价指标体系 v3. 0》，与 v2. 0 版本相比较，指标三级结构未做改变，一级指标调整为 5 个，分别为：信息化基础设施、信息化基础应用、教学科研信息化、管理信息化、信息化保障体系；二级指标为 18 个，三级指标为 66 个，对一些存在争议且当前环境下学校无法操作的考察因素删除(图 9-5)。

指标体系从第一版到第三版围绕两条主线进行了改进。第一，结构的转变。经历了从

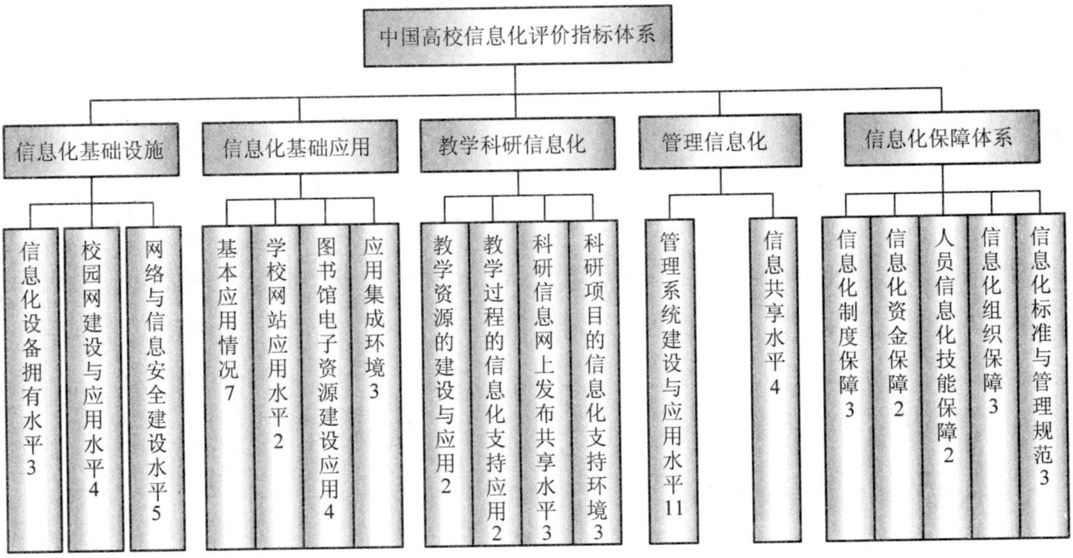

图 9-5　中国高校信息化评价指标体系框架

（注：二级指标后的数字为相应的三级指标数量）

简单到复杂再到精简的过程，从最初的 3 个一级指标，7 个二级指标和 22 个三级指标，后修改为 6 个一级指标，20 个二级指标和 76 个三级指标，并设置了详细的考察细目，后又最终删减、调整为 5 个一级指标，18 个二级指标和 71 个三级指标。最后形成的指标更加合理，具有更好的可操作性和考察性。第二，导向的转变。从重点考察建设情况向考察信息化应用转变，并突出考察资源建设和信息化保障体系建设情况。

（4）政府信息化评测体系

政府信息化评测始于 2000 年之后，随着我国电子政务建设的加快，围绕电子政务的评测工作陆续展开。自 2002 年以来，原信息产业部与国务院信息化工作办公室连续多年委托第三方机构开展政府网站绩效评测工作，经过多年的探索与实践，绩效评测正在成为各地区各部门电子政务和政府网站建设的常规性工作，评测指标已成为我国各级政府网站建设和运营的风向标，评测结果也逐渐成为各级政府电子政务的年度绩效考核内容之一。2009 年 4 月 22 日，工业和信息化部印发《政府网站发展评测核心指标体系（试行）》。这一核心指标体系为进一步引导和促进政府网站健康发展，深化电子政务应用起到积极作用。为各地、相关机构开展政府网站建设和评测提供了基本的参考指标集。从 2009 年起，工业和信息化部不再委托评测机构开展全国性政府网站综合评测工作，按照"谁评测、谁公布、谁解释"的原则，鼓励有经验、有实力、有信用的评测机构开展政府网站发展评测，向社会公开发布评测结果，并负责对发布结果的解释。各地区、各部门可以根据实际工作需要，围绕提高政府网站信息公开质量、增强办事服务能力、注重政民互动实效等要求，以核心指标为基础进行扩展、细化、裁剪，建立和完善本地区、本部门政府网站发展评测指标体系，做好政府网站发展评测工作(表 9-4)。

表 9-4　工业和信息化部政府网站发展评测核心指标体系

一级指标	二级指标	评测要点
政府信息公开	主动公开信息量	政府网站实际主动公开政府信息的总数量
	依申请公开量	全年公众通过政府网站申请公开信息的数量
	年度新增量	全年政府网站实际主动公开政府信息的新增数量
网上办事	网上办事量	政府网站实际提供的各类网上办事服务事项的数量
	网上办事度	公众通过政府网站办理相关服务事项中，政府网站提供网上办事服务的办理程度
	网上办事率	全年通过网站办理的服务事项的件数，占该事项全年通过各类办事渠道办理的总件数的比例
政民互动	公众参与量	全年公众通过政府网站参与各类互动活动的总事件(人次)数
	参与答复量	全年对公众通过政府网站参与建议的各类互动活动，给予答复的总件(条)数
	参与便捷度	政府网站为公众提供参与互动的渠道种类和数目，互动服务便捷程度满意的人数占使用政民互动服务总人数的比例

中国软件评测中心从 2003 年开始至今，针对中央部委、省、地市、县级政府网站连续开展全国性绩效评测，是国内知名度较高的电子政务评测之一。2011 年 12 月发布了《2011 年中国政府网站绩效评测总报告》，这是其连续第十年开展政府网站绩效评测工作。该机构认为：政务公开与公共服务构成政府门户核心绩效。政府门户网站绩效主要是指通过政府门户网站实现电子政务功能的程度，基于以人为本精神，电子政务功能实现程度主要是指电子政务服务对象的受益程度。评测范围包括国务院部委及相关单位网站(简称部委网站)，省级政府网站(包括省、自治区、直辖市政府网站和新疆生产建设兵团网站)，地市级政府网站(包括计划单列市、省会城市和地级市政府网站)，以及县级政府网站(以 20% 的抽样概率评测 402 家县级政府网站)。指标体系按照政府网站主办方的行政层级设定，由部委、省级、地市级和县级政府网站的评测指标构成。2011 年中国政府网站绩效评测工作重点从 4 个方面进行优化调整：一是结合保障民生和企业合法权益的服务需求，完善服务型政府网站绩效评测指标，细化了教育、社保、就业、医疗、企业开办、资质认定等 11 个领域服务能力的评测细则，并拓展了对婚育收养、公用事业、经营纳税 3 个领域的评测；二是更加强调政府自身建设，深化政务公开，加强政务服务，以推动网站内容建

设从根源上得到保障；三是开展新技术应用调查工作，了解政府网站应用互联网新技术，面向用户提供移动应用、无障碍服务的情况；四是更加重视扩展基层服务，将国家级经济技术开发区、国家级高新技术开发区网站纳入评测范围，推动网站建设更加有效地支撑开发区发展（表9-5）。

表9-5　中国软件评测中心的政府网站绩效评估指标体系

<table>
<tr><th>一级指标</th><th>二级指标</th><th>三级指标</th></tr>
<tr><td rowspan="19">信息公开(36)</td><td rowspan="9">主动公开(23)</td><td>概况信息</td></tr>
<tr><td>法规文件及解读</td></tr>
<tr><td>财政资金</td></tr>
<tr><td>人事及招考信息</td></tr>
<tr><td>规划计划</td></tr>
<tr><td>统计信息</td></tr>
<tr><td>政府采购</td></tr>
<tr><td>工作动态</td></tr>
<tr><td>公开专题</td></tr>
<tr><td rowspan="3">依申请公开(2)</td><td>渠道建设</td></tr>
<tr><td>依申请公开指南</td></tr>
<tr><td>答复效果</td></tr>
<tr><td rowspan="4">政府信息公开目录(9)</td><td>目录保障</td></tr>
<tr><td>目录框架</td></tr>
<tr><td>目录规范性</td></tr>
<tr><td>目录功能</td></tr>
<tr><td rowspan="3">公开保障(2)</td><td>信息公开规定</td></tr>
<tr><td>信息公开指南</td></tr>
<tr><td>信息公开年报</td></tr>
<tr><td rowspan="8">在线办事(20)</td><td rowspan="2">服务导航(6)</td><td>服务框架</td></tr>
<tr><td>场景式导航</td></tr>
<tr><td rowspan="4">服务功能(7)</td><td>服务指南</td></tr>
<tr><td>表格下载</td></tr>
<tr><td>在线查询</td></tr>
<tr><td>在线申报</td></tr>
<tr><td rowspan="2">特色服务(7)</td><td>特色服务</td></tr>
<tr><td>资源整合程度</td></tr>
<tr><td rowspan="3">公众参与(24)</td><td rowspan="3">政务咨询(6)</td><td>渠道功能</td></tr>
<tr><td>公开数量</td></tr>
<tr><td>答复质量</td></tr>
</table>

（续）

一级指标	二级指标	三级指标
公众参与(24)	投诉举报(6)	渠道功能
		答复质量
	实时交流(6)	渠道功能
		互动数量
		内容质量
	民意征集(6)	渠道功能
		参与数量
		内容质量
用户调查和日常保障(20)		

注：括号中数字为该指标所占分数(权重)。

地方服务型政府网站绩效评测模型围绕公众最为关注的民生领域和公共服务领域，以建设服务型政府、透明政府、民主政府为目标，覆盖了公众、企业在教育、社保、就业、医疗、住房、交通、证件办理、企业开办、资质认定、信息公开、互动交流等 14 个领域的需求。该模型从评测角度，描绘了地方服务型政府网站在未来 3 ~ 5 年时间内的建设蓝图框架，是各级政府网站在行政管理体制改革和服务型政府网站建设思路下的工作重点。

国脉互联自 2009 年开始组织全国政府网站绩效评测。国脉互联的网站评测是以外评测为主，指标体系的设计思路是以用户为中心，明确政府网站功能定位和发展重点，突出政府网站服务导向和应用绩效。评测范围包括：中央部委、省级政府、省会城市及计划单列市和地市级政府。由于各级政府在面向公共服务方面侧重点不同，因此，国脉互联的指标体系分为三类，分别针对部委、省级政府和地市政府设置了不同的考核指标。2011 年国脉互联公布了最新的网站评测指标体系，其中，部委级的网站评测指标体系如表 9-6。

表 9-6　国脉互联的政府网站绩效评估指标体系

一级指标	二级指标	评测要点	评测方式
信息公开(40)	主动公开信息	目录完整性(3)	人工对比
		编制规范性(5)	人工对比：标杆法
		关键信息公开度(12)	人工对比
		专题时效性(7)	人工对比
		政策易用性(5)	人工对比：标杆法、倒扣法
	依申请公开	渠道便捷性(3)	模拟用户：标杆法
		信息有效性(5)	模拟用户：通过模拟用户看答复是否及时有效

（续）

一级指标	二级指标	评测要点	评测方式
在线服务(25)	基本服务	服务多样性(7)	用户体验
		服务准确性(5)	用户体验
		服务深度(8)	用户体验
		服务便捷性(5)	用户体验
公众参与(20)	互动渠道	参与便捷度(8)	用户体验：标杆法
		参与答复率(6)	人工统计：同一时间段内的网站公示的投递信件总量。人工对比：排队法
		信箱监测(6)	模拟用户
用户体验(15)	规范性(6)		用户体验
	可用性(7)		用户体验
	引导性(2)		用户体验：标杆法

注：括号中数字为该指标所占分数(权重)。

(5)林业信息化评测体系

国家林业局信息化管理办公室成立之后，非常重视林业信息化发展水平评测工作，为从整体上把握全国各地林业信息化发展变化情况，实现以评促建和以评促用，推动林业信息化快速协调发展，支撑现代林业建设，国家林业局2010年组织开展了首次全国林业信息化发展水平评测工作，对2008年和2009年各地林业信息化发展水平进行了综合评测，经过各地申报、数据审核、综合评定等环节，形成了《全国林业信息化发展水平评测报告》，并于2011年5月9日正式公布。全国林业信息化发展水平评测指标体系包括“林业信息化建设水平”、“林业信息化应用水平”和“林业信息化保障水平”3个方面的内容，具体包括3个一级指标，16个二级指标，46个三级指标。此次评测范围涉及31个省(自治区、直辖市)、4个森工(林业)集团、新疆生产建设兵团和5个计划单列市，共计41个单位。后又对2010年、2011年各地林业信息化发展水平进行了评测。这对于林业系统各单位结合实际，进一步采取有效措施，提高林业信息化水平，推动全国林业信息化快速协调发展，为发展现代林业、建设生态文明、推动科学发展做出新贡献，起到了较大的推动作用。

9.2 中国林业信息化评测的思路方法

在林业系统各层级、各领域开展信息化发展评测，在我国林业发展史上尚属首次，中国林业信息化发展评测对于评测林业信息化建设成效，及时发现和纠正林业信息化发展中的不足，总结引导林业信息化良性发展具有较强的实践指导意义。

9.2.1　指导思想

以邓小平理论和“三个代表”重要思想为指导，深入贯彻落实科学发展观，按照国家信息化总体战略，紧紧围绕林业信息化总目标，以林业信息化发展评测为主题，以林业电子政务评测为重心，初步形成一套验证完善、契合实际、导向明确的中国林业信息化评测指标体系，建立一套行之有效、符合中国特色的林业信息化评测工作管理体系和相关的制度机制，形成一套目标清晰、过程规范、结果客观、效果显著的林业信息化评测的规范方式和程序，通过评测基本摸清中国林业信息化的发展现状和问题，进一步引导我国林业信息化向健康、有序、高效的方向发展，为国家林业信息化主管部门出台相关政策提供实践支撑。

9.2.2　评测目标

(1)摸清林业信息化现状

通过开展中国林业信息化发展测评工作，全面摸清我国各地区、各部门林业信息化发展现状，为林业信息化发展战略制定和领导科学决策提供基础支撑。

(2)引导林业信息化健康有序发展

通过林业信息化评测，根据林业信息化发展战略，提出未来林业信息化发展的改进建议、工作重点和努力方向，引导各级林业信息化工作向更深层次、更高水平发展，切实提高林业信息化建设的实际成效，从而引领全国林业信息化沿着科学的轨道持续快速发展。

(3)促进与国外同行比较交流

通过开展中国林业信息化发展评测，在了解发展现状的同时，可与国际、国内、行业间进行对比分析，判断林业信息化发展的水平，为进一步引导中国林业信息化健康和可持续发展提供科学依据。

(4)形成推进林业信息化发展的长效机制

探索建立林业系统各级各领域信息化发展水平标准，通过横向和纵向的评测对比，有利于在林业行业的不同领域建立信息化约束和动力机制，充分调动信息化工作中领导层、管理层、执行层、保障层的重视和认识程度，形成信息化建设的外部驱动力，建立跟踪评价中国林业信息化发展实际状况的长效机制。

9.2.3 评测原则

林业信息化评测需要在不同组织层次间操作，需要将各类人群的工作和其所在的组织职责连在一起，评测必须切实可行。为顺利执行评测，应该在评测过程中遵守以下几个准则：

(1)客观性原则

评测是事物价值在人的意识之中的反映，因此具有主观性。对事物价值的评测会因人、因时、因环境而异，评测中的差异性是无法排除的，只能尽量缩小。在评测时，要尽量减弱或消除主观因素的影响，使获得的评测信息具有可靠性。评测结果既是林业信息化发展水平的有力佐证，更是引导林业信息化建设的指挥棒。好的评测可以引导信息化发展，纠正林业信息化建设中存在的问题。不客观的评测不仅本身失去评测的价值，而且还可能给林业信息化建设带来误导。因此，客观性是评测活动的首要原则。

(2)科学性原则

一是指标体系的科学性。它包括三个方面的含义：其一，注重指标的明确性。每个指标的选取都要有明确的含义和目标导向，能直接或间接地反映出林业信息化建设的客观情况。其二，注重指标的全面性。建立指标体系时，应筛选具有高度代表性和概括性的指标，注重指标的全面性、主导性，各个指标之间要相互联系、相互作用，静态指标和动态指标相结合，力求全面反映林业信息化建设的现状。其三，注重指标的实用性。实用性指的是指标要易于理解，操作简单，定量指标和定性指标相结合，并且定性指标要尽可能转化为定量指标。二是评测方法的科学性。包括评测模型的建立、评测指标的选取、指标权重的设计以及评测流程都需要进行科学论证，才能保证评测结果的客观有效。

(3)公平、公正、公开原则

评测结果在不同政府部门之间必须具有可比较性，在一定程度上促成一种竞争机制的形成，这样有利于进行比较，找出问题，促进发展。但最终结果是希望各政府部门电子政务绩效都能得到进一步提升，既不希望挫伤积极性，也不希望产生恶性竞争，因此评测工作需要做到竞争平衡和协同发展。同时，要保证绩效评测达到预期效果，评测工作必须在评测对象范围内做好宣传和指导工作，评测结果要适度公开，并接受被评测单位的申诉与咨询，保证评测工作的公平、公正与公开。

9.2.4　组织管理

目前在我国政府绩效评测中，组织主体往往有下列形式：一是政府自我评测。这是一种管理评测和程序评测的途径，是政府围绕绩效评测标准，对政府的目标、组织、实施、程序运行及效果进行自评并打分。二是有关职能部门的评测。这是政治评测途径，由人大牵头，人大、政协、纪检、人事、信访、发改、财政、统计、审计等有关部门共同参与、分线负责、联合评测的主体体系，在政府述职、调查核实、听取意见的基础上进行打分，对政府的绩效做出裁决。三是社会各界代表和知名人士评价。由人大代表、政协委员、特邀监督员、知名企业家、下属单位人员代表、公共服务对象和基层公众代表等对政府绩效进行综合评价。四是上级考核组的综合考评。上级考核组根据个别谈话、调查核实、听取意见的情况，进行考核打分。五是权威性中介专业机构的评测。运用专业调查方法(如随机抽样调查)，客观中立公正地对政府绩效进行科学分析评价，最后将考评分数进行综合相加，即为政府绩效考核的分数。

无论组织主体是谁，为了做好评测工作，合适的组织体系设计是很重要的，这也是评测工作的一个关键环节。一个好的评测组织结构应如图 9-6 所示。在这个组织体系结构中，体现了决策—执行—操作三层之间的关系。

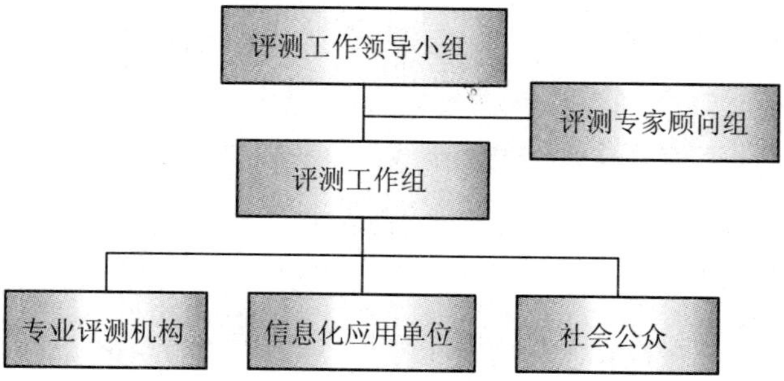

图 9-6　评测组织结构图

(1)最上层是决策层

信息化评测工作对于业务战略的支撑作用如此重要，以致于许多单位都把信息化作为基础性和支撑性工作来抓，单位主要领导甚至一把手亲自主管信息化工作。而信息化能力评测工作不仅是信息化工作的一项具体任务，它同时也是考核信息化战略对业务战略支撑服务能力的一种重要手段，是规划今后信息化发展的战略重点和建设项目的主要依据。

作为评测决策层的评测工作领导小组，是组织评测工作的核心角色，承担着制定评测工作目标、批准评测方案等主要任务。一般来说，作为评测工作领导小组的成员，应该是组织内部的最高领导层。以国家林业局来说，主要成员应由局领导班子构成，其主要职责包括：确立林业信息化评测的目标、层次和范围；审批林业信息化评测的组织方案和工作计划；安排必要的经费支持；确认林业信息化评测结果并与绩效考评挂钩；批准林业信息化评测的相关制度和规范。

(2)中间层是执行层

决策层的任何决策必须由执行层去贯彻执行，评测工作组就是要把评测工作领导小组做出的开展信息化评测的决策落实到具体工作中，包括建立制度和规范、落实计划、审查程序和方法、组织实施、评审结果，并把评测结果反馈到日常管理中，进一步落实信息化责任等。作为负责具体组织和落实工作的评测工作组，主要成员应该包括 IT 部门的领导和主要技术工程师，以及相关业务部门、财务审计部门、监察部门等主要领导和业务骨干。其主要职责包括：制定评测组织方案和工作计划；组织专家研讨、评审；组织制定评测工作相关制度、规范；组织设计评测指标体系并批准；组织数据采集工作，包括确定第三方机构、培训、调研等；组织信息化评测的总结工作。

考虑到信息化工作和评测工作两个方面的专业性都很强，执行层往往需要依靠专家顾问在这方面的专业经验提供支持，因此，建立一个专家顾问组是合适的。专家顾问组依靠专业的知识、经验提供相关的意见建议。专家顾问组的专家应涵盖不同专业领域的代表，包括林业行业专家、IT 技术专家、IT 审计专家、评测管理专家等。专家顾问组的主要工作包括：帮助设计和评审信息化评测指标体系；审核数据采集方案并提供指导；在评测制度和规范建设方面提供咨询意见；提供对评测工作的专家验收意见。

(3)第三层是操作层

在评测工作组的领导下，具体操作层将负责具体任务的实施。考虑到林业信息化的特点，具体操作层主要涉及三方面的机构和人员：一个是林业信息化应用单位，即内部各业务部门；一个是社会公众；还有一个是第三方专业机构。前两个主要是从林业信息化受众角度来说的，林业信息化的服务对象不外乎两个：一个是内部各个业务部门，另一个是面向社会的企业和公众。要做信息化评测，最好的也是最权威的操作人员就是直接受众。无论是信息化应用单位还是社会公众，他们在林业信息化评测工作中的主要职责是：接受评测工作组或其委托的第三方机构的调查和访问；提供信息化评测中的相关评测指标数据；提出信息化工作的相关意见和建议。信息化评测工作无论从技术要求还是评测方法都具有相当的专业性，因此委托第三方专业机构开展信息化评测工作是必要的。作为第三方专业机构，它在评测工作中的主要职责可以包括：通过对评测目标的理解，提出修正优化评测指标方案；对数据采集方法进行科学设计，确保数据采集的客观和准确；直接组织实施指标数据的采集工作；对数据进行无量纲化处理和加权分析等，计算出信息化发展能力指数，并编撰信息化评测研究和分析报告。

9.2.5　评测方法

(1)原始数据的采集方法

数据采集是指通过各种方式获取所需要的原始评测数据。数据采集是评测实施的第一步，也是关键的一步。数据采集工作的好坏，将直接关系到整个评测工作的水平和效果。与政府网站评测相比，林业信息化评测更为全面，这也就决定了不可能像网站评测那样做到完全由第三方独立采集数据，特别是涉及内部信息化方面，还需要得到相关部门的配合。

鉴于此，评测指标的数据采集需要综合采取如下几种方式：①调查问卷法：对于一些尚未列入现有统计体系、指标含义明确的指标，可以使用调查问卷的方式获取数据。调查问卷通常由评测工作人员组成专门的调查小组，向调查对象发放问卷来采取指标数据。②远程核实法：是一种人工方法，主要由评测工作人员通过网上调查、统计，考察政府网站建设情况和网上服务水平。③技术检测法：一些指标数据的获取需要利用专业的分析工具进行实时网上监控或者数据综合运算。采用网站技术检测的指标一般是人工难以获取，或者人工采集效率很低的指标。

(2)基础指标量化方法

基础指标是指标体系中不能再进一步分解的指标，也可以称底层指标。评测对象发展水平评测需要对基础指标进行量化评分。基础指标包括定量指标和定性指标两类，其量化的确定方法也各不相同。

①定量指标的无量纲化方法。正指标是指其对总目标的贡献率随着评测结果的增大而增大，即数据取值越高，说明绩效水平越高。其量化公式如下：

$$R_j(x)=\begin{cases}\dfrac{x_j-x_{j\min}}{x_{j\max}-x_{j\min}}\times 100 & x_{j\min}<x_j<x_{j\max}\\ 0 & x_j\leqslant x_{j\min}\\ 100 & x_j\geqslant x_{j\max}\end{cases}$$

逆指标是指对总目标的贡献率越接近某一中间值，说明绩效水平越好。其量化公式如下：

$$R_j(x)=\begin{cases}\dfrac{x_{j\max}-x_j}{x_{j\max}-x_{j\min}}\times 100 & x_{j\min}<x_j<x_{j\max}\\ 100 & x_j\leqslant x_{j\min}\\ 0 & x_j\geqslant x_{j\max}\end{cases}$$

②定性指标的量化方法。定性指标量化方法有如下三种：

一是直接评分法。对于 m 个评价指标，请 n 个专家按某定性指标的标准对其直接打分，打分方法可以根据需要采取十分制或者百分制。如果第 j 位专家对第 i 个评价指标的分值为 r_{ij}，则第 i 个评测对象的最后得分为：

$$R_i = \frac{1}{n}\sum_{j=1}^{n} r_{ij}$$

直接评分法中的专家评分的区分度较高，因此要求专家对评价涉及的领域和评测对象有较全面和深入的了解。在应用中，也可以根据专家对评价问题的熟悉程度给予不同的权重进行加权求和，或者使用德尔菲法进行多轮专家打分。

二是栅格法。又称分档打分法，在一般情况下，至少需要5个标度点来区分事物之间质的差别或重要性程度的不同，每个标度对应一个分数档，然后通过各属性对各指标的实现程度进行判断打分，得到完整的栅格（表9-7）。

表9-7 "1～5档"标度分布

最小 最少 最差 最低	较小 较少 较差 较低	中等 中等 中等 中等	较大 较多 较好 较高	最大 最多 最好 最高
1档	2档	3档	4档	5档

三是列举法。定性指标评测标准不像定量指标评测标准那样具有较强的客观性，评测时容易受评测主体的知识、经验、判断能力、对评测标准把握程度和价值取向等因素的主观影响。对定性指标的评测，较多地是依靠评测人员的个人判断或问卷调查的方式进行。

每列举一项，对应相应的分数。该指标的得分将由各列举项得分累加。

(3)指标权重确定方法

指标体系反映的是被评价对象的属性和特征，而每项评测指标对信息化评测体系而言，其重要程度是不尽相同的。这种反映评测指标在指标体系中的重要性或绩效评测指标在总分中所占比重的尺度就是权重。权重也称加权，它表示对某指标重要程度的定量分配。权重的确定与分配是绩效评测指标设计中非常关键的一个步骤，对于能否科学、合理地评测起着至关重要的作用。

权重设置是一项较为复杂的工作，它涉及定权方法的选择以及极为繁琐的数学运算。目前国内许多评测实践要么干脆将所有的指标都赋予同等的权重，要么采取人为主观定权的方式，权重设置具有极大的随意性和盲目性。因此，要保证评测结果的科学与客观，改变以往人为地、简单机械地指定各个指标权重的传统方式，就必须采用科学的定权方法。权重研究是社会科学领域中重点关注的问题之一，先后出现了多种理论和算法。根据计算权数时原始数据的来源不同，大致可归为两类：一类是主观赋权法，其原始数据主要由专家根据经验判断得到，如德尔菲法、层次分析法、因素成对比较法、模糊综合评价法等。另一类为客观赋权法，其原始数据由各指标在评价中的实际数据形成，如主成分分析法、因子分析法、数据包络分析法等。前者的优点是专家可根据实际问题，合理确定各指标权系数之间的排序，应该说有客观的基础，但不可避免地会受到主观性的影响；后者不需征求专家的意见，切断了权重系数主观性的来源，使系数具有绝对的客观性，但其缺陷是确定的权数有时与指标的实际重要程度相悖。其他一些评测方法中权重确定基本上都离不开这两种思路。

(4)综合指数计算方法

综合评分包括数据采集阶段、指标量化阶段和分级评分阶段(图 9-7)。

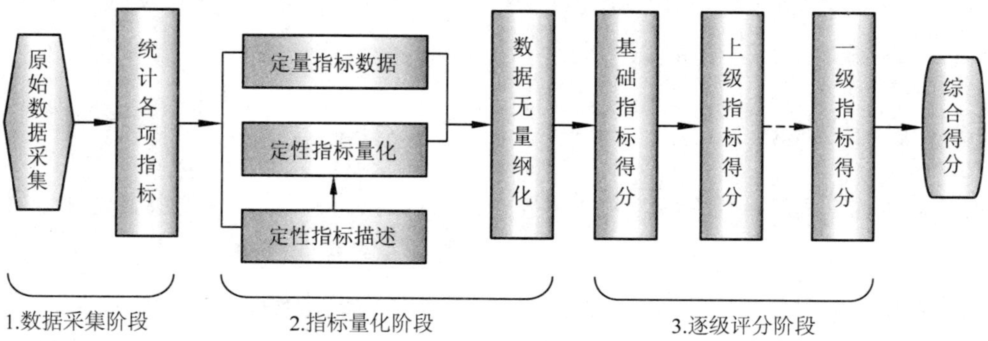

图 9-7　综合评分流程

在多指标综合评测方法的应用中，大多数情况下应用线性加权加法评分法计算评测对象的综合得分，这也是最为简单常用的指标合成模型。通过将多个指标通过不同权重合并成为一个综合指标，使无法排序的对象成为可排序的对象。具体方法是：假定有 m 个评测对象，评价指标体系有 n 个基础指标，第 j 个指标的权重为 Wj，若第 i 个评测对象在第 j 个指标上的评价得分为 R_{ij}，则第 i 个评测对象的综合评价得分为：

$$S_i = \sum_{j=1}^{n} W_j R_{ij} \qquad (i=1, 2, \cdots, m)$$

9.2.6 评测流程

信息化评测工作必须遵循相应的流程。根据评测和绩效评测的领域、目标和内容的不同，评测的具体程序也会有所差别。中国林业信息化评测主要流程如下：

(1)制定评测规划和计划

在评测之初，对评测工作有一个完整的规划，包括评测的目标设计、组织设计、内容设计、方法和流程设计等。一个好的规划方案是评测工作取得成功的基础。在总体规划下，具体安排好评测工作计划，包括工作任务的分配、评测指标体系设计与审查安排、动员与培训组织管理、数据的采集方法和要求、评测结果的评审评测、评测结果的发布等细节。只有做好人员落实、经费落实、任务落实，才能确保工作高效有序进行。

(2)设计评测指标体系

评测指标体系设计是评测中一项重要的和基础性的工作。评测目的不同，设计的指标体系也会不同。如果事先已经有一套评测指标体系，在不同的时期开展评测，也会由于评测的关注重点不同，评测指标体系可能会需要一些修订。这个环节通常需要评测专家或专业机构的参与。支持指标数据收集的基础数据采集工作，必须建立科学、实用的采集方法，确保数据采集的真实性、有效性。

(3)动员与培训

信息化评测工作是一项系统工程，需要各个部门的共同参与，因此组织动员是很重要的一个环节，领导干部必须带头，做好组织动员工作。首先必须提高对信息化评测工作的认识，从思想上重视起来，从人员上落实责任，从制度上配套管理。同时，还要对信息化评测指标体系、程序和方法、数据采集等进行有针对性的培训，以便大家熟练掌握，按计划顺利推进评测过程。

(4)基础数据的采集和加工整理

建立与指标体系相配套的基础数据采集表，根据事先明确的数据采集方法，对数据项进行采集和核实。无论是第三方客观采集，还是被评测者自行采集填报，都存在着对数据进行加工、整理和分析的工作，去除错误的数据，确保数据的正确性、完整性和可比性等。

(5)根据模型计算水平指数

依据统计方法、权重设计和指数模型等，对基础数据进行无量纲化处理后，计算出信息化水平(能力)指数，得出每个评测单位的能力水平定量值。

(6)对评测结果进行评测和修正

对上述计算得出的信息化水平指数进行评测，通过统计法或者专家评议法等，确定评测结果数据的可信度和有效度，对计算过程和结果进行必要的纠错和修正，必要的时候进行过程回溯，重复数据采集等步骤。

(7)发布评测结果

评测结果经过评测工作领导小组的批准后，对评测单位发布，同时还必须发布关于评测估算结果的说明，详细说明数据采集、加工、整理、计算的过程，减少被评测者对评测结果的疑虑，确保评测结果的接受度和公正性。

(8)评测结果应用

评测结果的发布不是最终目的，促进工作才是目的。要让每个成员单位对自身的信息化能力有一个清醒的认识，发现同行中的标杆，找到努力的方向。同时，在评测前期规划的各种绩效考核办法和措施，也必须具体落实到评测后的绩效工作中去。

9.3　中国林业信息化评测指标体系

世界各国信息化水平评测方法包括经济评测模式和指标评测模式，林业信息化评测方法应该集中两种模型的优点，以指标评测模式作为主要方法。

9.3.1 评测指标体系设计的原则

林业信息化评测是一个全新的复杂领域，选取的评价指标集既要能保证服从评价目标、达到评价目的，又要有助于简化评价程序、降低评价成本。因此本书在设计指标时对指标选择做出了如下考虑：

(1)指标集规模适度

指标体系的规模大小直接影响评价工作开展的难易程度以及评价结果的准确性。从国内外的一些评测工作实践看，指标数量过少虽然使得评价过程简单，但是会影响评价结果的合理性，造成较大争议，失去评测工作的意义。反之，盲目扩大指标的数量，虽然体系完备性增强，但是会造成指标采集困难，测评成本难以控制，显然也是不可行的。因此评测指标体系设计必须对指标规模、评价结果准确性以及评价实施难易程度等方面进行综合权衡。

(2)指标要有导向性

指标体系将体现林业信息化各方面的具体标准，指示出各级政府林业信息化建设状况的差别，甚至发出预警信息。如此，政府就能清楚认识自身建设的情况，与其他部门的差距，以及未来发展的目标。可见，评测指标体系的设计，将对林业信息化实施起到导向作用。为了推动林业信息化的发展，指标体系应建立在科学、可靠和可行的基础之上，建立在促进中国林业信息化水平的快速提高、尽快缩小与国际间林业信息化发展差距的基础之上，引导我国林业信息化建设健康、有序地前行。

(3)指标要有代表性

指标选取的主要目的是为了从不同的角度对林业信息化建设的“表现”进行测定与评价。所以应该选取那些观测值与评价结果相关性强、贡献大、最能代表林业信息化绩效中不同侧面特征的指标，才能更为准确地反映测评对象的客观状况。因此，在进行指标设计或选取的过程中，对测评指标的特征性要给予充分考虑，尽可能选取那些特征性明显的代表性指标。

(4)数据可获得性强

在设计指标时应尽量选取较少的指标反映较全面的情况，有些指标虽然对于评价工作具有一定意义，但是采集难度过大，会影响评价工作的可操作性与评价工作效率，不宜选入。另外，由于像意识、能力、满意度等现象难以计量，因此，在设计林业信息化评测指标时，可采用定性和定量两种指标，尽量做到在定性的基础上用定量的方式来获取指标数据。

(5)指标具备可比性

现有评测体系中，选取指标时对指标的普遍意义予以充分考虑，把那些在对各个评测对象都具有普遍意义、具有描述共同特征能力的指标优先选入评测体系，以保证所采集指标的相互可比性。

(6)指标体系具有可延续性

我国经济和社会都处在发展之中，社会主义市场经济体制仍然在完善，有关国家治理、公共管理和政府绩效的理论在积极探索中，政府组织结构和业务流程体系不断在优化，经济和产业结构也还在调整，当前我国经济和社会发展中存在太多的不确定因素。由此决定我国林业信息化建设思路和建设内容还在不断调整和理顺过程中，自然带来林业信息化建设目标也会发生变化。因此，指标体系制定时要充分考虑到林业信息化建设过程中存在的多种不确定因素，体现动态性和适应性。除选择反映传统、现实的林业信息化水平的指标外，还应选择一些能反映未来林业信息化发展趋势的指标，以保证指标体系在使用上有可持续性。当然，还应尽量使所设计的指标体系不仅在时间上可延续，而且在内容上还可拓展。

9.3.2　林业信息化发展水平评测指标体系

林业信息化综合评测指标体系是全面评测某区域林业信息化的综合性指标体系，包括 4 个一级指标，10 个二级指标(表 9-8)。

表 9-8　林业信息化综合评测指标体系

一级指标	二级指标	指标解释
林业信息化基础设施建设情况	基础设施投资比例	区域内林业信息化基础设施投入占该地区信息化投入总比重
	林业网络覆盖率	区域内林业网络覆盖比例

（续）

一级指标	二级指标	指标解释
林业信息化应用成效	林业核心业务信息化覆盖率	区域内林业主管部门核心业务信息系统支撑比例
	林业数据库完备率	区域内林业数据库建设情况，包括基础库、专题库、综合库、产品库等
	信息化对林业经济效益贡献率	信息化对增加林业经济收益的贡献程度
	信息化对林业生态效益贡献率	信息化对林业生态保护和生态建设的贡献程度
林业信息化人才队伍建设	信息化人力资源指数	区域内本科及以上林业工作人员占总工作人员的比例
	信息技术培训覆盖率	区域内年度信息化参训人员占全部工作人员的比例
林业信息安全保障情况	信息安全措施完备情况	安全制度、标准、规范建设情况；安全设施建设情况
	信息安全发生率	年度发生安全事故情况，实行一票否决，发生一次本指标即不得分

9.3.3 林业电子政务评测核心指标体系

林业电子政务评测指标体系是针对林业主管部门的信息化发展水平的测评。包括3个一级指标，6个二级指标和22个三级指标(表9-9)。

表9-9 林业电子政务评测核心指标体系

一级	二级	三级	指标说明
林业信息化建设水平	核心业务系统建设	业务系统覆盖广度	单位核心业务中，已实现业务系统支撑的比例 业务系统覆盖广度=已实现系统支撑运行的核心业务数/单位核心业务总数
		业务系统支撑深度	在有系统支撑运行的核心业务中，全流程实现系统化办理(全流程非手工录入)的比例 业务系统支撑深度=实现全流程系统化运行的核心业务数/已实现系统支撑运行的核心业务数
		业务系统整合度	在统一平台上运行的核心业务系统的比例 系统整合度=统一平台上运行的核心业务系统数/核心业务系统总数
	信息资源建设	林业基础数据库完成率	与规划相比，已建基础数据库的完成比例 基础数据库完成率=已建基础库数量/规划建设的基础数据库数量

（续）

一级	二级	三级	指标说明
林业信息化建设水平	信息资源建设	林业专题数据库完成率	与规划相比，已建专题数据库的完成比例 基础数据库完成率＝已建专题库数量/规划建设的专题数据库数量
		核心业务数据库覆盖率	已建核心业务数据库能够支撑的核心业务的比例 数据库覆盖率＝已经有数据库支撑的核心业务数/核心业务总数
	系统应用成效	行政效率	实现信息化之后对行政效率的提高程度，定性指标，分级量化
		信息共享水平	共享信息提供率＝部门提供共享信息覆盖本部门核心业务的项数/本部门核心业务总数
		业务协同水平	协同业务实现率＝部门通过获取共享信息实现协同的核心业务项数/本部门核心业务总项数
		经济效益	经济效益目标的实现程度，定性指标，分级量化
		社会效益	社会效益目标的实现程度，定性指标，分级量化
	网上服务成效	网上办事率	全年通过网站办理的服务事项的件数，占该事项全年通过各类办事渠道办理的总件数的比例 网上办事率＝（年度通过网站办理的服务事项的总件数）÷（年度通过各类办事渠道为公众办理的服务事项的总件数）
		网上办事度	政府网站网上办事服务全流程覆盖的实现程度 网上办事度＝全流程网上办理（五项覆盖）的事项数/网上办事总数
		网上答复率	全年对公众通过政府网站参与的各类互动活动，给予答复的比例 网上答复率＝已经答复的件数/公众通过网站参与互动的总件数
		公众满意度	满意度调查结果 满意度＝回答满意的人数/参与满意度调查的总人数
林业信息化综合保障水平	基础设施	公务员电脑普及率	公务人员的人均电脑拥有率 公务人员的人均电脑拥有率＝部门电脑总台数/部门公务人员总数
		网络覆盖率	网络（包括内网或外网、互联网）接入情况 网络接入率＝已实现网络接入的电脑数/统计电脑总数
		信息安全保障	通过年度安全事故发生频率来反映，定性指标，分级量化
	基础保障	组织领导体制	明确的信息化主管领导、专门的信息化机构、职责明确，定性指标，分级量化
		制度标准规范建设	相关标准制度的建设与执行情况，定性指标，分级量化
		信息化投入保障	有无稳定的信息化投入机制，投入结构是否合理，定性指标，分级量化
		信息化人才队伍建设	考察信息化人员年度接受培训的人次 年度培训比例＝年度参加培训的信息技术人员数/单位信息技术人员总数

9.3.4 林业电子商务评测核心指标体系

林业电子商务评测指标体系是对林业企业信息化发展水平进行测评的指标体系，包括3个一级指标，5个二级指标(表9-10)。

表9-10 林业电子政务评测核心指标体系

一级指标	二级指标	指标说明
电子商务准备度	商务功能完备度	商务功能覆盖率是指功能涵盖前台和后台功能的程度，它反映电子商务在核心业务(主营业务)中应用的比例，电子化商务占商务总业务量的比例等。前台功能主要包括：商品目录及分类搜索、商品展示、会员(消费者与商家)注册、购物导航、订单流程、支付流程、认证功能、客户信息反馈与沟通渠道(社区)等；后台功能主要包括：商品管理、订单处理(业务流程处理)、账户管理、模板管理、内容管理、送货管理、商务同盟管理、客户资料管理等。
电子商务应用度	电子商务应用广度	电子商务销售量占总销售量的比例(%)，或电子商务销售额占销售总额的比例。
	电子商务应用深度	指网上信息流、资金流、物流集成化的程度。 (1)初级应用：网上仅有信息流，发布商品信息、洽谈、促销，开展非支付型电子商务； (2)中级应用：网上有信息流、资金流，实现网上交易与网上支付，开展支付型电子商务； (3)高级应用：网上有信息流、资金流、物流，上下游企业应用集成，开展协同电子商务。
社会效益与经济效益	社会效益	对上下游商务伙伴开展电子商务的带动作用及其网站运行一个年度内上下游企业用户及个体客户满意度提升率。
	经济效益	(1)对比一个会计年度，商务网站实施前后对比，商务活动成本所需费用降低之比例情况； (2)对比一个会计年度，商务网站实施后比实施前相应的商务活动所创收入增长之比例情况； (3)对比一个会计年度，商务网站实施后比实施前每年资金周转次数增长之比例情况； (4)对应的一个会计年度内，商务网站总投入的收益率情况。

9.3.5 林业网站评测核心指标体系

林业网站评测指标体系是对林业网站发展水平进行测评的指标体系，包括 3 个一级指标，14 个二级指标，36 个三级指标(表 9-11)。

表 9-11 中国林业系统网站评测指标体系

一级指标	二级指标	三级指标	指标说明
信息公开	政府信息公开	信息公开目录	公开范围覆盖机构职能类、规范性文件类、行政许可类、工作动态类、其他(突发事件及处理情况，其他应该公开的内容)等，并对各类信息表明了公开形式、公开时限，更新频率较高
		信息公开年报	本单位信息公开年报
		信息公开规定	提供完整的信息公开规定
		信息公开指南	能够详细介绍本厅(局)信息公开指南，包括政府信息的分类、编排体系、获取方式，政府信息公开工作机构的名称、办公地址、办公时间、联系电话、传真号码、电子邮箱等内容
		依申请公开	能够为公众提供政务信息依申请公开渠道，且应用效果较好，反馈及时
		信息公开意见箱	能够为公众提供政务信息意见箱，且应用效果较好，反馈及时
	政务公开	领导信息	详细介绍本厅(局)主要领导的简历、照片等，信息有效
		机构概况	详细介绍本厅(局)的职能，内设处室、直属(下属)机构的职责、负责人、联系方式(包括信箱)等基本信息介绍详细、完整
		林业动态	具有本行业的新闻动态，每条信息都具备完整的新闻要素，且时效性要强
		人事信息	能够提供干部任免情况、机关干部交流及考核；机关公务员录用及干部资格认定等信息，且及时有效
		统计数据	详细介绍与厅(局)职能相关的统计数据或公众关注度高的行业数据分析
		规划计划	详细介绍厅(局)的重要林业规划、计划信息等
	政策法规	政策文件	提供政策法律、行政法规、地方法规、部门规章、地方规章及最新文件等，分类合理
		政策解读	最新林业政策、文件的解读
	专题专栏	热点专题	围绕林业重大事项或林业相关人员所关注的热点问题开设专题专栏
		应急管理	提供林业应急预案、防灾应急措施等

（续）

一级指标	二级指标	三级指标	指标说明
信息公开	生态建设	建设标准	提供林业建设标准、准则等信息
		造林绿化、湿地保护、防沙治沙	提供本厅(局)特殊和重点生态公益林区及相关信息、湿地保护信息、造林绿化信息等
		资源保护	提供林业资源保护方面的信息
	产业经济	产业政策	提供产业政策信息
		龙头企业	提供林产龙头企业名称、电话等
		林业资讯	提供林业产业资讯
		市场行情	提供价格行情、供求信息、市场信息、会展信息等
	林业科技	科研成果	提供林业科研成果信息
		专家在线	提供可供查询的专家名单及网上服务
		实用技术	提供实用的林业技术，包括技术推广
		标准规程	提供林业科学技术方面的信息，如林业百科
	林业百科	林业知识	提供林业小知识、常识等信息
		森林文化	提供与森林有关的物质财富和精神财富的总和
在线办事	办事事项	事项完整性	本林业厅(局)所承担的办事事项是否提供完整
	办事指南	办事要素完整性	所提供的办事指南要素是否完整，包括项目名称、办理依据、所需材料、办理时限、办理费用等
	办事服务	一体化	网站提供办事表格下载、在线申报、在线查询、结果公示等办事一体化服务
互动交流	领导信箱	信箱设置	网站设有明确的领导信箱，能够受理任何范围的在线咨询、投诉或建议，同时提供该信件是否可以公开的选择，分类明确、操作便捷以及提供信箱说明
		结果反馈	对于公众提交的信息能在本站承诺的时间内给予反馈，并保证信息反馈质量(对于公众选择不公开的信件，则不能在网站上公布)
	林业论坛	林业论坛	开设本厅(局)林业论坛，主题内容围绕民生热点开展，交流便捷
	其他互动	其他互动方式	提供网上调查、意见征集、留言板、访谈类栏目等其他互动方式，方便公众通过两种以上途径实现在线交流与沟通，且主题更新及时

此外，还可以就某一个专项进行评测，比如，网站设计评测，评测指标包括网站美观度、新颖度、合理性；网站信息发布评测，评测指标是每天平均更新的信息条目数量；网站在线服务评测，评测指标包括服务项目是否齐全、服务是否及时、公众对服务的满意度；网站互动交流评测，评测指标包括网站每年举办的在线访谈、在线直播数量、公众留言回复率；网站访问评测；网站影响评测；网站效能管理评测；网站数据整合评测等。

第 10 章　主要研究结论

10.1　中国林业信息化概述

10.1.1　基本概念

林业信息化是现代林业建设的核心组成部分，是关系林业发展全局的战略举措和当务之急，是促进林业科学发展的重要支撑和保障。参考国内外对信息化的诠释，可将林业信息化定义为：林业信息化是指在林业各个领域应用信息技术，采集、开发和利用信息资源，促进生态建设、林业产业、生态文化和林业管理科学发展，带动林业实现现代化的过程。它是国家信息化的重要组成部分，是衡量林业生产力发展水平的重要标志。

林业信息化的内涵十分丰富，主要体现在：从范围上看，林业信息化涉及林业的各个领域；从手段上看，林业信息化是利用现代信息技术；从内容上看，林业信息化是采集、开发和利用信息资源；从目的上看，林业信息化是促进生态建设、林业产业、生态文化和林业管理的科学发展；从本质上看，林业信息化是带动林业实现现代化的过程。

10.1.2　发展历程

我国林业信息化起步于 20 世纪 80 年代初期，是在改革开放春风的沐浴下，伴随着国家信息化建设的起步而起步的。与其他行业相比，属于信息化起步较早的行业。迄今为止，林业信息化已走过了 30 多年的发展历程，根据不同时期主要建设内容和应用水平的不同，可以划分为三个阶段。

(1)起步探索阶段

此阶段在20世纪80年代初至90年代中期。这一时期以单机应用为特征，主要应用于森林资源清查、专项调查、各类业务数据的存储与汇总等方面，应用范围和规模都比较小。

(2)拓展应用阶段

此阶段为20世纪90年代中至2008年。以局域网技术、互联网技术、空间技术、遥感技术等在林业部门的应用为特征，林业系统采取了系列措施，逐步将信息技术应用于林业六大重点工程建设中，积极推进“政府上网工程”和林业“三网一库”建设等信息化工作。

(3)全面加快发展阶段

此阶段以2009年初《全国林业信息化建设纲要(2008~2020年)》和《全国林业信息化建设技术指南(2008~2020年)》的正式发布以及首届全国林业信息化工作会议的召开为标志，林业信息化建设进入了统一规划、统一标准、统一管理、分工负责的全面加快发展的新阶段，“加快林业信息化，带动林业现代化”成为林业行业的时代强音和推动林业科学发展的战略举措。

10.1.3 发展现状

经过30多年的努力，我国林业信息化建设取得了明显进展，为现代林业建设提供了较好的支撑和保障。特别是2009年以来，国家林业局大力推进林业信息化建设，开创了多个林业发展史上的第一，为全面实现林业信息化奠定了坚实基础。主要表现在：一是强化顶层设计，信息化发展思路日益明确；二是基础建设稳步推进，林业信息化发展架构初步形成；三是网站建设快速发展，建成了全国林业信息高速公路；四是应用领域不断拓展，林业信息化支撑能力明显提高；五是开发利用日益加强，林业信息化服务水平逐渐提升；六是安全保障日受重视，林业信息安全防护水平不断提高。

10.1.4 地位作用

林业信息化是国家信息化的有机组成部分，是现代林业建设的核心内容。其战略地位可以用三句话来概括：一是在贯彻国家信息化发展战略中具有重要地位；二是在推进现代林业建设中具有支柱地位；三是在提高林业社会化服务水平中具有特殊地位。

林业信息化建设是覆盖我国现代林业建设全局的重大战略举措，在林业改革发展中具有基础性、支柱性、先导性的作用，主要表现在：一是促进林业产业结构调整和优化升级，推动林业发展方式转变；二是支撑林业业务稳定高效运行，提高行业监管效能；三是促进林业转变政府职能，提升公共服务水平；四是促进资源优化配置，提高资源利用效率；五是催生新兴业务领域，建立和支撑新的产业体系；六是促进林业企业改革创新，提高核心竞争力。

10.1.5 战略需求

经过多年的不懈努力，林业信息化已成为现代林业建设的三大支柱之一，正发挥着愈来愈大的作用。立足当前，展望未来，林业信息化的战略需求主要表现在：一是应对全球气候变化对林业信息化有重大战略需求；二是履行有关国际公约对林业信息化有重大战略需求；三是国家生态建设对林业信息化有重大战略需求；四是林业产业发展对林业信息化有重大战略需求；五是生态文化体系建设对林业信息化有重大战略需求；六是林业政务管理对林业信息化有重大战略需求。

10.1.6 发展机遇

当前，全球经济社会发展的格局正在发生深刻变化，低碳经济、绿色发展正成为世界各国的共识。我国也正在加快转变发展方式，这些为林业信息化发展提供了重大机遇，我国林业信息化正迎来前有未有的重要战略机遇期。主要表现在：一是信息化已成为全球经济社会发展的显著特征，加快推进信息化已成为带动一个国家经济社会进步、一个民族文明发展的重要途径，已成为世界各国的共同选择和长远发展的战略制高点；二是国家对信息化的重视达到了一个新的历史高度，既有党的十七大报告、“十二五”规划等方针政策上的重大决策，又有明确具体的工作部署；三是林业行业的信息化意识和综合素质不断提高，新需求、新应用不断涌现，各级林业主管部门对林业信息化建设日益重视；四是新技术革命和经济全球化为林业信息化发展提供了可靠的技术基础和强大的动力。

10.1.7 面临挑战

我国林业信息化建设面临的挑战主要有：一是机构不健全、体制机制不顺所产生的机构队伍挑战；二是行业特点和发展不平衡所产生的“数字鸿沟”挑战；三是缺乏持续有效的资金投入所产生的资金瓶颈挑战；四是安全防范能力弱所产生的信息安全挑战。

10.1.8 发展趋势

我国高度重视信息化工作，把推进信息化作为建设创新型国家的重大战略任务，并进行了统筹规划和总体部署。总的来看，我国信息化呈现出六大发展趋势：一是信息产业从规模扩张转向创新驱动；二是信息化应用领域呈现“多元多层”的格局；三是信息技术朝着智能化、虚拟化、集成化和绿色化方向发展；四是“网络应用”安全将成为信息安全的核心；五是电子政务应用日益深化；六是信息化发展环境日趋规范。

我国林业信息化将随着全球信息化和国家信息化的发展而发展，总的趋势是数字化程度更高、应用范围更广、技术与业务融合更紧密、应用和服务更加智慧。当前，各级林业主管部门正在大力开展数字林业建设，未来的趋势是应用物联网、云计算、下一代互联网、新一代移动通信等信息技术，提高融合、共享的水平，建设智慧林业、泛在林业。

10.2 中国林业信息化的战略设计

10.2.1 总体思路

高举中国特色社会主义理论伟大旗帜，按照现代林业建设和国家信息化发展的总体要求，以解放和发展林业生产力为核心，以加快转变林业发展方式为主线，以兴林富民为出发点和落脚点，以深化改革和扩大开放为动力，着力加强电子政务建设，着力推进信息资源开发利用，着力提高社会服务能力，着力构建信息化发展长效机制，着力构筑强大人才支撑体系，着力推进信息安全保障体系建设，不断提升林业信息化建设与应用水平，为发展现代林业、建设生态文明、推动科学发展做出新的更大的贡献。概括为一句话，就是“整合共享，协同融合——加快林业信息化，带动林业现代化”。

10.2.2 基本原则

林业信息化建设的基本原则为统一规划、统一标准、统一制式、统一平台、统一管理，即“五个统一”。统一规划是林业信息化科学发展的前提。统一标准是林业信息化科学发展的关键。统一制式是林业信息化科学发展的体现。统一平台是林业信息化科学发展的基础。统一管理是林业信息化科学发展的核心。

落实好林业信息化建设的指导思想和基本原则，必须正确处理六大关系：正确处理统与分的关系；正确处理建与用的关系；正确处理技术与业务的关系；正确处理自身与公众的关系；正确处理应用与安全的关系；正确处理"硬技术"与"软环境"的关系。

实现林业信息化科学发展，需要努力实现六大转变：从各自为政向集中统一管理转变；从技术驱动向技术和内容融合转变；从重建设轻应用向注重深化应用转变；从偏重自我服务向自我服务和公共服务并重转变；从政府自建自管向政府主导、社会力量积极参与转变；从重硬环境轻软环境向软硬环境建设并重转变。

"六大关系"和"六大转变"，其核心思想体现为八个字：整合共享、协同融合。其中，整合共享是林业信息化的出发点，协同融合是林业信息化的总要求，提高办事效能是总目标。

10.2.3 战略目标

到2030年，建立起完善的林业综合信息基础设施，形成以电子政务、电子商务、电子社区为核心组成的覆盖林业全业务的信息化体系，信息技术集成应用和再创新能力显著增强，信息资源开发利用和综合服务水平显著提高，林业信息化发展政策体系和制度环境显著改善，为我国加快实现林业现代化做出重要贡献。

10.2.4 总体框架

林业信息化主要由林业电子政务、电子商务和电子社区构成。

其中，林业电子政务处于战略主导地位，对电子商务、电子社区进行引导、鼓励和环境支持，并给予必要的调整和约束。电子商务在林业产业信息化中处于核心地位，对涉林企业、单位和个人开拓国内外市场，提高市场竞争力发挥着重要作用。电子社区对林业行业来说，主要指我国东北、西南等森林重点分布区的电子林区，他们在林业信息化应用中处于基础地位，是促进管理创新、服务创新和夯实信息化发展基础的重要力量。简而言之，电子政务对电子商务和电子社区具有引导和拉动作用，电子商务对电子政务和电子社区具有支撑和驱动作用，电子社区对电子政务和电子商务具有基础和延伸作用。

中国林业电子政务总体框架为"三层两体系"结构。"三层"为信息资源与基础环境层、业务应用与支撑层、展示与服务层；"两体系"是为"三层"提供支撑和保障的法律法规及标准规范体系、安全保障及运维管理体系。

10.2.5　战略布局

(1)中国林业云战略布局

中国林业云由一个总中心和36个分中心共同组成。总中心位于北京的国家林业局内，存储全国林业各种信息资源，促进行业内外林业信息资源的共建共享。在31个省、自治区、直辖市林业厅(局)，内蒙古、吉林、龙江、大兴安岭森工(林业)集团公司，新疆生产建设兵团林业局建设分中心，各自储存本辖区林业的各种信息资源，并促进行业内外林业信息资源的共建共享。总中心对各分中心进行业务指导和归口管理，各分中心按照统一的制度要求开展工作，真正形成全国一盘棋。

(2)中国林业电子政务战略布局

在全国建立1个主中心和3个分中心。其中主中心位于国家林业局内，3个分中心分别在西北(西安)、中南(长沙)、华东(杭州)进行建设。

(3)中国林业电子商务战略布局

在全国建立1个主中心和2个分中心。主中心位于国家林业局内，统揽全国的林业电子商务工作。分中心分别位于吉林长春和江西南昌。

(4)中国林业电子社区战略布局

在北京建设1个主中心，在东北、西南两个地区各建设1个分中心。

(5)林业数据灾备中心布局

在西安建设1个国家林业数据灾备中心。同时，中国林业云、电子政务、电子商务、电子社区主中心与各分中心之间也起到相互灾备的作用。

10.2.6　战略步骤

(1)数字林业建设阶段(2011~2015年)

本阶段以提高林业资源监管、综合营造林管理、林业灾害监控与应急响应、林业产业发展与林业经济运行的监测与调控能力为重点，通过加强移动采集终端、网络基础设施、基础数据库和应用系统建设等，实现林业各种信息的数字化采集、传输、存储、处理和应用。

(2)智慧林业建设阶段(2016～2020 年)

本阶段以提高信息资源共享、业务协同和公共服务能力为主线，不断拓展新一代移动通信网、下一代互联网、物联网、云计算等前沿信息技术在林业重点业务中的应用，通过感知化、物联化、智能化的方式，建设具有中国特色的“智慧林业”。主要体现在 6 个方面：智慧的流程、智慧的结构、智慧的感知、智慧的管理、智慧的应用、智慧的服务。

(3)泛在林业建设阶段(2021～2030 年)

本阶段以深化信息化与林业现代化的高度融合，全面提高林业的生态、经济、社会服务功能为主线，通过大力加强信息基础设施建设和信息技术应用，建设具有中国特色的“泛在林业”，让林业系统和广大林区实现在任何时间、任何地点、任何人、任何物都能顺畅地通信，全国务林人可以高效地工作、方便地学习和快乐地生活。

10.3　中国林业信息化的战略内容

10.3.1　电子政务与生态领域信息化

(1)电子政务信息资源中心建设

主要开展公共基础数据库、林业基础数据库、林业专题数据库、林业综合数据库、林业信息产品库、数据库服务平台等建设。

(2)电子政务应用系统建设

主要开展政府间电子政务应用系统(G2G)、政府对企业电子政务应用系统(G2B)、政府对公民电子政务应用系统(G2C)三个方面的建设。

10.3.2 电子商务与产业领域信息化

(1)电子商务系统建设

建设内容主要有：一是建立林业商务信息服务体系；二是促进林业企业信息化；三是建立林产品电子商务；四是促进林产品流通信息化；五是建立林产品电子商务标准。

(2)林业企业管理系统建设

建设内容主要包括两个方面：一是林业生产过程信息化建设；二是生产业务系统和市场监控系统建设。

10.3.3 网络文化与生态文化领域信息化

(1)积极营造先进的网络文化

通过多层次、多主体、多主题的网络文化创新生态文化发展机制，加强生态文化的创作与宣传，引导全社会牢固树立生态道德观、生态价值观、生态政绩观、生态消费观等生态文明观念。借助网络、移动终端等载体，利用国家"文化信息资源共享工程"，加大森林生态文化网络体系建设。

(2)林业网络博物馆建设

通过虚拟现实技术和网上展览技术融合，构造栩栩如生的网上博物馆，将逼真的现场效果推送至每一位参观者。博物馆包括森林馆、花卉馆、野生动物馆、野生植物馆、湿地馆、荒漠馆等，充分展示林业博大精深的生态文化产品。

(3)林业网络博览会建设

中国林业网络博览会既是网络文化的营造，又是林业行业电子商务平台。中国林业网络博览会不仅可以反映林业生态文化属性，又可反映林业产品的商业属性，成为永不落幕的林业博览会。建设内容主要包括：产品管理系统、B2B电子商务系统、虚拟展览系统、广告管理系统、网络洽谈系统、站内搜索引擎系统、林业资讯(电子)杂志。

(4)森林公园等专业网站群建设

森林公园等专业网站群是国家林业局外网门户内容保障的重要组成部分，主要包括森林公园网站群、自然保护区网站群、国有林场网站群、种苗基地网站群、湿地公园网站群等。

(5)生态文化视频点播系统建设

建立视频点播中心，在各单位子网站建立视频点播栏目，提供多个独立的管理权限和功能，对视频进行本地上传、存储、编目、发布。

10.3.4　电子社区与新林区建设信息化

建设内容主要包括：加快制定全国统一的标准规范；统筹城乡ICT基础设施建设；把握好社区信息化的主体需求；找准社区信息化推进的切入点；扩大电子社区的覆盖范围；实现社区信息化与新林区建设的有机结合；探索促进城乡统筹的建设模式。

10.3.5　信息安全与支撑保障领域信息化

(1)信息安全建设

一是建立系统病毒防范体系，实现网络内部平台的安全性；二是建立漏洞扫描、入侵检测等主动防御体系，提升网络系统的自我防护能力；三是保证各资源数据库安全，对各应用系统数据库资源进行安全保护；四是加强应用系统安全防护建设；五是建立健全信息安全标准和制度建设。

(2)科技信息化建设

根据林业科技支撑单位的建设现状和科技推广工作的需要，加强林业科技信息化建设。一是开展科研宽带网络建设，为科研工作提供良好的网络基础条件；二是建设和完善林业科学数据中心，促进数据共享与服务；三是建设林业信息工程研究中心，促进实用信息技术成果推广转化；四是加强科技推广人员信息化培训，促进林业科技成果推广转化。

(3)教育信息化建设

发挥教育主管部门和林业学校的积极性、创造性，提高林业教育信息化水平。一是加强数字图书馆建设，促进知识管理和共享；二是充分利用国家宽带基础设施，发展网络远程教育。

(4)人力资源管理信息化建设

按照先急后缓、先易后难、稳步推进的原则，开展林业行业人力资源管理信息化建设。首先从行政事务管理、组织机构管理、薪酬福利管理入手，提高人力资源管理工作的效率；其次是从人员招聘管理、绩效管理、培训管理三个方面规范人力资源管理的业务流程；最后从职业生涯规划、人力资源成本评估、人力资源战略决策等方面入手，开展战略性人力资源管理与开发。

(5)后勤服务信息化建设

一是加强后勤资产数据库及管理信息系统建设；二是扩大网络服务的范围和内容。

(6)林业信息获取基础设施建设

根据林业应用的需要，逐步构建多层次、多时空尺度、多途径的天—空—地一体化信息获取基础设施体系，主要包括：林业遥感应用平台建设；林业北斗卫星导航定位基础设施建设；视频瞭望基础设施建设；林业物联网基础设施建设。

(7)网络基础设施建设

进行统一的网络地址规划，建设和整合全国林业电子政务传输网络。建设内容主要包括林业电子政务外网、林业电子政务内网两个方面。

(8)林业信息服务平台建设

林业信息服务平台为林业行业的政务管理、其他相关行业、社会公众提供广泛的信息服务，如林业数据服务、林业分析与评价服务、林业知识服务等。建设内容包括基础设施、数据库、应用支撑等多个层次。

10.4　中国林业信息化的战略重点

10.4.1　林业资源监管信息化

(1) 森林资源监管系统建设

根据国家、省、市、县 4 个不同层次的应用需求，应用地理信息系统和数据库技术等建立森林资源监管信息系统。该系统由森林资源监测子系统、森林资源利用管理子系统、林地林权管理子系统、国家级生态公益林管理子系统、森林资源监管辅助决策支持子系统和境外森林资源信息管理子系统等组成。

(2) 湿地资源监管系统建设

该系统以提高湿地资源监测、管理、保护和利用水平为宗旨，在湿地资源数据库建设基础上，建立湿地资源监管应用系统。该系统由湿地资源调查与监测信息管理子系统、湿地资源保护恢复工程评估子系统、湿地资源管理预测预警子系统、湿地资源综合分析评价子系统等组成。

(3) 荒漠化和沙化土地监管系统建设

该系统基于现代信息技术和地面调查，全面掌握荒漠化、沙化现状及动态变化情况，建立荒漠化和沙化土地监测数据库和管理信息系统，旨在提高我国荒漠化和沙化土地监测、防治和管理水平。该系统由荒漠化和沙化土地调查和监测信息管理子系统、荒漠化和沙化治理重点工程管理子系统、营利性治沙管理子系统、沙区和封禁保护区建设活动管理子系统等组成。

(4) 生物多样性监管系统建设

该系统以提高野生动植物资源、自然保护区等监测、管理、保护和利用水平为宗旨，基于生物多样性数据库，建立基于现代信息技术的生物多样性监管系统。系统由生物多样性调查和监测信息管理子系统、野生动植物和自然保护区网上审批子系统等组成。

10.4.2 营造林监管信息化

(1)林木种苗管理系统建设

该系统由林木良种选育推广子系统、林木种苗生产供应子系统、林木种苗行政执法子系统和林木种苗社会化服务子系统等组成。

(2)重点生态工程营造林管理系统建设

该系统由营造林工程调查规划管理子系统、营造林工程计划管理子系统、营造林工程作业设计管理子系统、营造林工程进度管理子系统、营造林工程检查验收管理子系统等组成。

(3)林业重点工程建设成效评估系统建设

该系统以加强林业重点工程绩效管理为目标，通过调查监测获取的数据和一定的模型分析，评估工程建设成效。

(4)林业应对气候变化管理系统建设

该系统旨在加强林业应对气候变化信息管理，在公共基础信息、林业基础信息、营造林管理等林业专题信息基础上，与林业碳汇专题监测信息相结合，针对林业碳汇管理的功能要求，建立碳汇计量和分析模型库以及碳汇监测计量空间数据库，分析林业各种经营管理活动、灾害、林地征占用引起的二氧化碳变化情况，提供林业碳汇现状、分布和变化数据，为科学制定生态建设决策提供支持。系统主要功能包括各种公共基础信息、林业基础信息、林业专题信息的一体化综合管理；各类数据的空间综合分析；模型库和数据库的建立；应用林业碳汇计量和评价模型分析碳的空间和时间变化信息等。

10.4.3 林业灾害监控与应急管理信息化

(1)森林防火监控和应急指挥系统建设

该系统在计算机、网络、地理空间等信息技术支持下，实现森林防火的全过程动态管理，全面提高国家森林防火管理现代化水平。系统在体系结构上由国家、省级和市县级系统构成，实现森林防火相关信息上报和指令下达，各级防火数据库之间可实现数据交换与汇集。系统由森林火险预警预报子系统、监控图像传输子系统、火灾应急辅助决策子系统、火灾损失评估子系统、信息发布子系统等组成。

(2)林业有害生物防治管理系统建设

该系统主要用于国家和地方多级林业有害生物管理，包括林业有害生物调查、监测预报与预警、预防与除治、灾害监测与评估、检疫及追溯信息、数据管理等。系统由林业有害生物监测子系统、林业有害生物公共服务子系统、林业有害生物灾害评估子系统等组成。

(3)野生动物疫源疫病监测管理系统建设

该系统主要用于国家和地方多级野生动物疫源疫病监测管理和应急管理，包括野生动物疫源疫病监测、监测信息网络管理和野生动物疫情预警等。系统由疫源疫病监测站管理子系统、疫源疫病监测信息采集和报告子系统、野生动物疫源疫病空间分析子系统、野生动物疫源疫病预防和应急响应子系统等组成。

(4)沙尘暴监测防控系统建设

该系统主要用于对沙尘暴监测、预警和应急响应。包括沙尘暴预警预报子系统、监控图像传输子系统、应急辅助决策子系统、灾害损失评估子系统、信息发布子系统建设等。

(5)重大生态破坏事件应急系统建设

该系统是在森林资源突发破坏性事件预警系统的基础上，对重大生态破坏事件进行事中与事后的信息化管理。应急系统由应急机构体系、应急物资运输体系、应急人力运输体系、应急通信网络反馈体系和扑救现场等构成。

10.4.4　林业经济运行监测与决策信息化

(1)林业产业发展与林业经济运行系统建设

建设该系统旨在提高林业产业发展预测、预警能力，做好重点林产品的监测分析、林业行业重点企业和市场的动态监控、林产品市场产销存预警预报等工作，为政策制定提供决策依据。系统由木材经营加工管理子系统、重点企业运行监测子系统、林产品市场动态监测子系统、林产品国际贸易监测子系统、林业产业分析评价子系统、产业管理应急调控管理子系统、林业产业公共服务子系统和林业安全生产管理子系统等组成。

(2)林业生产综合监管系统建设

该系统是根据现代林业生产特点，用现代管理思想、方法和技术建设的系统。系统支持各级各层的单项和综合决策、组织、执行、控制与协调活动，能够实现从数据管理向知识管理转变。

10.4.5 林权改革信息化建设

(1)林权权属数据库

在二类森林资源成果库的基础上，通过林权小班数据库数字化、矢量化，以人、地、证相符，图、表、册一致为要求，以勘界调查、评估建库，建立扎实的林权权属数据库。

(2)林改业务管理信息系统

林改业务管理信息系统随着林改的推进和落实将形成一系列的业务系统，包括林权电子办证系统、集体林地采伐管理系统、林权抵押评估贷款管理系统、林地林木流转管理信息系统、集体林地公益林财政补助信息管理系统等。

(3)林农信息服务平台

林农信息服务平台面对林农居住分散、获得信息成本高、不能有效聚合各种社会资源发展林业生产的特点，提供一站式的造林、林木采伐、公益林管护以及森林防火等林业生产管理信息工具、木材及林下经济的技术信息、供求关系信息、生产利用加工物流信息，以及林地和林木流转等服务信息、林业投融资信息、财政补助信息。

10.4.6 林业综合办公信息化

建设内容主要包括：现有系统的整合、优化和提升；林业政务综合分析系统和决策支持系统建设。

10.4.7　林业生产管理信息化建设

(1)林业基本生产装备数字化建设

首先在整地、造林、抚育、采伐、造材、运输、加工等主要环节，采取引进通用机械、开发专用机械的方式，提高机械化水平。在这个基础上，引进、开发数字化装备，为林业生产自动化奠定基础。

(2)林业基本地面资源调查等工具数字化建设

逐步使我国的地面资源调查工具实现全面数字化，它不仅包括平均高、直径、断面积、蓄积量等林分因子，还量测树木与林分生物量、木材材积等因子；不仅是简单的量测，还应该具有存储、处理、传输等功能。

(3)人工林培育、利用与监管信息系统建设

一是主要树种基因图谱数据库与模式识别系统建设；二是特殊苗木、花卉设施培育系统建设；三是重点林木智能化人工用材林培育系统开发。

(4)一体化森林经营信息系统建设

一体化森林经营信息系统是为林业基层单位管理生产活动服务的技术支持系统。根据森林资源管理体制，分为国有林区一体化森林经营系统和集体林区一体化森林经营系统两个优先项目。

(5)采伐运输数字化装备与过程信息化系统建设

一是利用数字化设备武装集体林地区采伐运输活动，提高机械化、自动化水平；二是按生产过程建设信息系统，实现适时的管理与协调、控制。

(6)林产品生产自动化控制系统开发

林产品生产自动化控制系统是以新设备、新工艺改造旧设备、旧工艺的过程，它是在跨地域、跨业主建立规模化生产基础上，选择合适的设备，逐步实现机械化、数字化水平的过程。对于已经有一定基础和规模的林业企业，以世界先进水平为目标，通过技术改造，改进与优化工艺流程，自主实现自动化方向改造和发展。对小型或者个体企业，通过重组，形成规模化生产，向自动化、数字化、智能化方向发展。

(7)一体化管理系统优化和建设

在生产、管理单位内部各部门之间，利用互联网技术，建立信息交换通用平台——一体化管理信息系统，支持生产、经营活动。主要包括：经理支持系统、决策支持系统、知识支持系统、信息管理系统等。在生产、管理单位内部各部门中，应用ERP系统和MES系统等手段，实现企业生产过程与管理过程融合，并在各个环节应用相关技术，建立生产、管理有机结合的一体化——知识—效益型模型。

10.4.8 林业电子商务平台建设

(1)林权交易网

建立区域性的林权交易网，实现林地、林木、股权、债权、项目工程和林业技术等项目统一挂牌，交易会员、经纪会员和中介会员统一在线服务，形成林权交易信息统一发布和聚集平台；开发统一的网上交易系统，实现林权等的网上拍卖、招标、议价和网络报价等交易方式，提供公开、公正、全程监管的林权交易平台。

(2)林产品网上商城

应由电子商务企业与林业企业合作建设，主要类型是B2B、B2C，并以林业企业维护使用为主。在此基础上重点培育几家大型综合性林业电子商务平台，形成有特色有信誉的在线交易市场。积极帮助、引导林业企业、林农利用已有的电子商务平台开展电子商务活动。

(3)区域行业电子商务工程

把建设区域行业电子商务作为优先项目启动，建设重点是B2B的形式。

(4)个体经营者电子商务通用平台开发与推广

研建适应林产品个体经营者需要的电子商务通用平台，有计划地推广应用。

10.4.9　林业信息资源整合与开发利用

(1)中国林业云建设

深化云计算技术的行业应用，促进林业信息资源整合和共享。在国家林业局建设中国林业云主中心，在西北(西安)、中南(长沙)、华东(杭州)建设 3 个分中心。

(2)中国林业物联网建设

在原有工作基础上，编制中国林业物联网发展专项规划，明确林业物联网建设的顶层设计。以森林防火、森林病虫害防治、森林旅游等物联网应用为示范，逐步将物联网应用扩大到林业资源监管、林产品生产加工及流通、林产品质量监管、野生动物疫源疫病防控等各个领域。

(3)互动型林业门户网站优化与建设

在原有网站基础上发展与提高，主要是增加功能、扩大范围、提高服务质量。优化主要有业务、技术两个方面，其中技术上要引进和应用云计算技术、物联网技术、新一代移动通信技术等。

(4)整合型林业门户网站建设

通过整合平台或建立关联关系，建设整合型林业门户网站，使“门户网站群”发挥更大的作用。

(5)公众事务服务平台建设

平台建设以向公众提供优质服务为目标，以公众现实需要为依据，以网络化服务方式为方向，进行多形式、多内容的系统开发与应用，建设“一站式网络服务大厅”。

10.4.10　林业信息化标准规范建设

(1)总体指导类标准建设

该类标准主要阐述林业信息化标准化的概念、术语、标准的组成及相互关系，规定标准制定与使用的基本原则。主要包括林业信息标准化指南、林业信息术语、林业信息文本图形符号以及其他综合性标准。

(2)基础设施类标准

包括信息安全基础设施、网络基础设施、计算机及存储系统、机房及配套等方面的标准，该类标准是林业信息化建设需要遵循的通用标准。

(3)信息资源类标准

该类标准主要包括信息资源开发各环节所需的标准规范，具体划分为数据描述、采集加工、管理维护、信息产品等方面的标准与规范。信息资源利用各环节所需的标准规范适当地归类到应用服务标准类。

(4)应用服务类标准

包括林业信息资源业务应用流程控制规范、林业资源成果文档格式、林业资源业务功能建模、林业资源业务流程建模、林业资源业务应用规程、信息资源目录和交换体系等各种信息资源应用服务方面的标准。

(5)管理类标准

用于规范林业信息化建设中的数据库、应用系统、基础设施建设和运行等工作，主要包括系统管理、软件工程、项目与运行维护管理、质量管理等方面的标准规范。

10.4.11　林业信息安全体系建设

安全体系建设内容包括物理安全、网络安全、系统安全、应用安全、数据安全、制度保障等6个部分，其中物理安全和网络安全属于安全基础设施。

10.4.12　林业信息化基础平台建设

建设内容包括计算机系统、网络基础设施、机房及配套、数据采集设备、安全基础设施等。基础设施建设与林业数据中心建设相结合。林业数据中心包括国家林业数据中心和省级林业数据分中心。

10.4.13　林业信息化能力建设

(1)现代林业远程教育培训系统建设

面向林业领导干部、林业专业技术人员、林业企业经营管理人员、林业工人和林农开展大规模的远程培训，面向公众开展在线生态文化教育，构建一个开放型、多功能、广覆盖、高质量的现代林业远程教育培训系统。该系统主要包括网络教学平台子系统、教学资源子系统和信息管理子系统。

(2)行业教育培训信息管理与应用系统建设

面向全国林业系统，构建行业教育培训信息管理与应用系统。该系统主要用于国家和地方多级林业教育培训工作的管理与实施，包括林业队伍及教育培训管理信息子系统、林业教育培训资源信息子系统。通过建设该系统，实现国家、省、市、县等四级林业教育培训管理部门的数据共享、跨地区林业教育培训有关信息的发布和各林业培训机构之间的资源与信息共享。

(3)林业信息化科技创新与推广应用

面向全国林业科研单位和科技推广部门，选择若干个有实力的单位，开展林业信息化科技创新基地建设和信息技术推广应用示范基地建设，带动整个行业的创新和成果推广。

(4)林业信息化示范基地建设

继续推进林业信息化示范省建设，为其他省探索道路、提供经验。在此基础上，有计划地推进示范市、示范县建设，以点带面，促进全国林业信息化水平的提高。在有条件的地方，开展林业信息化产业园建设，促进林业信息产业发展。

10.4.14　林区网络文化建设

(1)数字图书馆

依托林业行业图书信息资源，建立传递快捷、管理高效、服务多元化、面向全行业的数字图书馆系统。该系统包括行业数字图书馆资源子系统和行业数字图书馆管理子系统，主要涉及林业电子图书资源和林业电子图书的存储、交换、流通两个方面内容。

(2)网络电视系统

在三网融合的基础上，通过网络视频点播系统，加大对生态文化的传播力度。收集整理生态文明的专题片，制作各种形式的宣传生态文明的视频，依托中国林业网生态文化创作传播平台。借助全新的电视观看方法，改变以往被动的电视观看模式，实现按需观看、随看随停、个性化互动的便捷方式，使生态文明建设和网络和谐文化传播达到新层次。

(3)网络博物馆

通过虚拟现实技术和网上展览技术融合，构造栩栩如生的网上博物馆，将逼真的现场效果推送至每一位参观者。博物馆包括森林馆、花卉馆、野生动物馆、野生植物馆、湿地馆、荒漠馆等，充分展示林业博大精深的生态文化产品。

(4)网络博览会

网络博览会既是网络文化的营造，又是林业行业电子商务平台。中国林业网络博览会不仅可以反映林业生态文化属性，又可反映林业产品的商业属性，成为永不落幕的林业博览会。

10.5 中国林业信息化的战略保障

10.5.1 完善政策法规

依据国家有关政策法规，结合林业行业实际，制修订投融资政策、数据共享政策、服务外包政策等林业信息化发展政策、制度；完善林业信息化发展战略、规划、计划等，为全国林业信息化持续稳定健康发展提供科学指导。

10.5.2 健全体制机制

健全各级林业信息化管理机构，加强组织领导；研究建立具有中国特色的林业 CIO 制度，理顺管理体制；研究建立长效管理机制，充分发挥市场机制在资源配置中的基础性作用；充实和优化人才队伍，加强人员教育培训工作，建立健全人才交流机制。

10.5.3　加强资金保障

建立政府投资为主、社会力量广泛参与的资金保障机制；加强资金监管，切实提高资金使用效益。

10.5.4　统一标准规范

建立标准数据库，加强标准宣贯工作，用好现有的相关标准；建立标准项目储备库，提高标准建设工作的前瞻性，加快标准制修订工作；加强全局性、基础性、关键性标准的预研究工作，努力提高标准编写的质量。

10.5.5　强化科技支撑

建立健全林业信息化科技研发创新体系；完善林业信息化科技推广体系；加强林业信息化科技队伍建设；加快建立开放性、多元化的林业信息化科研资金投入体系；建立林业信息化科技服务体系。

10.5.6　深化交流合作

引导和组织产、学、研相结合，充分利用国际、国内两种资源；着力搭建林业信息化高峰论坛、林业信息化沙龙等交流合作平台；建立战略合作机制，加强与国内外政府部门、科研机构、高等院校、知名 IT 企业间的交流合作。

10.5.7　完善发展评测

评测目标。主要是以评促建、以评促管、以评促用。具体包括：反映中国林业信息化发展现状；评估中国林业信息化发展水平；发现中国林业信息化发展特色；建立中国林业信息化动力机制；引领中国林业信息化发展方向。

评测内容。一是综合评测，包括林业信息化发展水平评测、林业电子政务发展水平评测、林业电子商务发展水平评测；二是政府网站绩效评估，包括网站单项评测，如网站设计评测、网站信息更新评测、网站在线服务评测、网站影响评测、网站互动交流评测等。

参考文献

《CII 电子商务指数研究与测算》课题组. 关于电子商务水平测度的研究[J]. 统计研究, 2001(12): 26 - 31.

《电子商务统计及其应用研究》课题组. 中国电子商务统计及其应用[J]. 中国统计, 2002(12): 16 - 18.

《中国林业信息化发展报告》编纂委员会. 中国林业信息化发展报告(2010)[M]. 北京: 中国林业出版社, 2010.

《中国林业信息化发展报告》编纂委员会. 中国林业信息化发展报告(2011)[M]. 北京: 中国林业出版社, 2011.

埃布尔森著(李卉译). 数字迷城: 信息爆炸改变你的生活[M]. 北京: 人民邮电出版社, 2011.

安宝生, 樊秀萍. 我国高校信息化体系的四大支柱[J]. 教育研究, 2004(02).

曹善寿. 云南林业信息化建设和森林资源管理[J]. 云南林业科技, 2003(3): 59 - 63.

曾鸿. 中美电子商务统计比较研究[J]. 中国管理信息化, 2006, 9(4): 49 - 51.

陈江岚, 李农, 丁波涛, 等. 上海城市信息化发展战略研究[M]. 上海: 上海交通大学出版社, 2011.

陈玮. 基于 SAP 的国有林区区域信息化模式研究[M]. 北京: 中国林业出版社, 2011.

陈星, 肖胜. 福建省数字林业工程建设模式及应用研究[J]. 地球信息科学, 2007, 9(5): 1 - 6.

邓波. 以信息化推动"再造秀美山川"的伟大工程——访全国绿化委员会副主任、国家林业局局长周生贤[J]. 信息化建设, 2003(9): 4 - 6.

邓玉亮. 电子商务测评系统的设计与实现[J]. 计算机应用与软件, 2009, 26(2): 165 - 169, 174.

窦含章, 李未柠. 政府如何开微博[M]. 北京: 中共中央党校出版社, 2011.

杜栋. 信息管理学[M]. 北京: 清华大学出版社, 2004.

杜治洲. 电子政务与政府管理模式的互动[M]. 北京: 中国经济出版社, 2006.

范爱军. 各国信息产业发展战略比较研究[M]. 北京: 经济科学出版社, 2008.

方陆明, 陈勤娟, 周友法. 中国数字林业的构建与展望[J]. 浙江林学院学报, 2002, 19(2): 222 - 226.

冯琰. 辽宁省林业信息化建设探讨[J]. 农业科技与装备, 2008(3): 115 - 116.

冯仲科, 张晓勤. 发展我国的数字林业体系[J]. 北京林业大学学报, 2000, 22(5): 102 - 103.

高彦. 辽宁省林业信息化建设的现状与思考[J]. 绿色科技, 2010(5): 85 - 87.

工业和信息化部电子科学技术情报研究所. 2011 世界信息化发展年度报告. 2011.

工业和信息化部信息化推进司. 跨越与融合——中国信息化发展报告[M]. 北京: 电子工业出版社, 2009.

关百钧. 计算机在林业中的应用现状与展望[J]. 世界林业研究, 1990, 3(2): 38 - 45.

郭诚忠. 中国信息化发展历程和基本思路[EB/OL]. http: //www. niec. org. cn, 2002 - 07 - 31/2011 - 05 - 06.

郭春侠，谢阳群. 美国信息产业发展机制和模式研究[J]. 现代情报，2005，25(7)：216－219.

郭作玉. 中国农业网站发展报告(2009)[M]. 北京：农业出版社，2009.

国家技术前瞻研究组. 中国技术前瞻报告[M]. 北京：科学技术文献出版社，2008.

国家科技基础条件平台中心，财政部科教文司，科技部发展计划司. 整合共享创新[M]. 北京：中国科学技术出版社，2009.

国家林业局. 发展现代林业 促进绿色增长——学习胡锦涛主席在首届APEC林业部长级会议上讲话体会文集[M]. 北京：中国林业出版社，2011.

国家林业局. 林业发展"十二五"规划. 2011.

国家林业局. 全国林业信息化发展"十二五"规划. 2011.

国家林业局. 全国林业信息化建设纲要(2008～2020年). 2008.

国家林业局. 全国林业信息化建设技术指南(2008～2020年). 2008.

国家林业局科技司. 我国的"数字林业"建设与规划[J]. 林业科技管理，2001(2)：26－30，33.

国家信息化领导小组. 国家电子政务总体框架[EB/OL]. http://www.miit.gov.cn/n11293472/n11295327/n11297127/11741734.html，2008－11－12/2011－10－08.

国脉物联网技术研究中心. 物联网100问[M]. 北京：北京邮电大学出版社，2010.

国务院. 国务院关于加快培育和发展战略性新兴产业的决定[EB/OL]. http://www.gov.cn/zwgk/2010－10/18/content_1724848.htm，2010－10－18/2011－10－08.

国务院信息化工作办公室政策规划组. 国家信息化发展战略学习读本[M]. 北京：电子工业出版社，2007.

韩霜. 赛迪顾问《物联网产业地图白皮书》与《中国集团企业信息化战略研究》在京发布[J]. 世界电子元器件，2011(11)：70.

洪毅，王长胜. 中国电子政务发展报告(2011)[M]. 北京：社会科学文献出版社，2011.

贾治邦. 生态文明建设的基石——三个系统一个多样性[M]. 北京：中国林业出版社，2011.

贾治邦. 新中国成立60周年重要林业文献选编[M]. 北京：光明日报出版社，2009.

江源富，赵经纬，程德林. 电子政务[M]. 北京：国家行政学院出版社，2005.

江泽慧. 中国现代林业[M]. 北京：中国林业出版社，2000.

江泽民. 论中国信息技术产业发展[M]. 北京：中央文献出版社，2009.

姜辉，徐国立，许鑫. 高校信息化评价体系若干问题研究[J]. 徐州师范大学学报，2004(6).

柯平，高洁. 信息管理概念[M]. 北京：科学出版社，2002.

郎奎健等. IBM-PC系列程序集[M]. 北京：中国林业出版社，1989.

李斌，高田和彦. 计算机在林业中的应用[J]. 世界林业研究，1988，1(4)：48－53.

李道亮. 中国农村信息化发展报告(2009)[M]. 北京：电子工业出版社，2009

李德毅，林润华. 云计算技术发展报告(2011)[M]. 北京：科学出版社，2011

李琨. 安徽省林业信息化建设综述[J]. 安徽农学通报，2011，17(16)：32－33.

李留瑜. 林业遥感应用现状与遥感技术发展浅议[J]. 环境遥感，1991，6(3)：191－194.

李世东，陈幸良，马凡强，等. 新中国生态演变60年[M]. 北京：科学出版社，2010.

李世东，樊宝敏，林震，等. 现代林业与生态文明[M]. 北京：科学出版社，2011.

李世东. 中国林业电子政务[M]. 北京：中国林业出版社，2007.

李希菲. 多元统计分析方法在林业中应用及IBM－PC系列程序集编制的研究[J]. 林业科学研究，1990，3(3)：286－289.

李增元，张怀清，陆元昌. 数字林业建设与进展[J]. 中国农业科技导报，2003，5(2)：7－9.

李芝喜. 林业遥感的回顾与展望[J]. 云南林业调查规划，1990(2)：35－36.

联合国经济和社会事务部. 2012年联合国电子政务调查报告. 2012.

林根石. 全球定位系统(GPS)及其在林业方面应用[J]. 林业科技开发，1991(2)：13－14.

林业科学数据中心. 林业科学数据库和数据共享技术标准与规范(第二辑)[M]. 北京：中国林业出版社，2006.

林业科学数据中心. 林业科学数据库和数据共享技术标准与规范(第一辑)[M]. 北京：中国林业出版社，2004.

刘红军. 信息管理基础[M]. 北京：高等教育出版社，2004.

刘惠军. 青岛市电子政务"十一五"成果和"十二五"规划设想[J]. 行政管理改革，2011(电子政务增刊)：47－50.

刘世洪. 农业信息技术与农村信息化[M]. 北京：中国农业科学技术出版社，2005.

刘新胜，韩朝新，罗刚. 湖北数字林业体系建设途径探讨[J]. 湖北林业科技，2002(4)：13－17.

刘子良. 论林业统计信息化建设[J]. 吉林林学院学报，1998，14(4)：246－248.

卢卫东. 金融业信息化战略规划展望[J]. 金融电子化，2011(1)：38－39.

陆元昌，雷相东，李增元. 数字林业信息分类体系与编码研究[J]. 林业科技管理，2002(2)：22－27.

罗雳. 贵州省林业信息化建设探讨[J]. 贵州林业科技，2010，38(2)：62－64.

马费成. 信息资源开发与管理[M]. 北京：电子工业出版社，2004.

穆勇. 欧美政府信息资源再利用及相关产业发展[J]. 信息化建设，2010(3)：48－50.

倪光南. 新技术发展环境下的电子政务建设趋势[J]. 行政管理改革，2011(电子政务增刊)：25－30.

宁家骏. 关于"十二五"电子政务规划与建设的刍议[J]. 行政管理改革，2011(电子政务增刊)：35－39.

钱海燕. 从以政府为主导到以公民为中心的公共服务[J]. 行政管理改革，2011(电子政务增刊)：71－76.

任锦华. 新一代电子政务系统规划与建设初探[J]. 行政管理改革，2011(电子政务增刊)：40－46.

商务部. 商务部"十二五"电子商务发展指导意见[EB/OL]. http：//www.mofcom.gov.cn/aarticle/b/d/201110/20111007788024.html，2011－10－07/2012－03－08.

商务部电子商务和信息化司. 中国政府网站实践者丛书·商务部卷[M]. 北京：人民出版社，2011.

上海市经济和信息化委员会. 2010上海产业和信息化发展报告[M]. 上海：科学技术文献出版社，2010.

尚敬敏，王向军，薛莉. 吉林省林业信息化建设与展望[J]. 吉林林业科技，2011，40(1)：37－41.

沈大风，周民，沈解伍. 电子政务发展前沿(2011)[M]. 北京：社会科学文献出版社，2011.

石军南，唐小明. 湖南数字林业浅论[J]. 中南林业调查规划，2003，22(2)：21－23.

宋玲. 信息化水平测度的理论与方法[M]. 北京：经济科学出版社，2001.

孙文生，王玉山. 电子计算机与林业现代化[J]. 情报知识，1990(6)：41－43.

谭运德. 河南省林业信息化发展现状与对策研究[J]. 安徽农业科学，2007，35(27)：8761－8762.

田景熙. 物联网概论[M]. 南京：东南大学出版社，2010.

汪玉凯，李金兆. 中国电子政府模式与选择——基于U型政府门户网站的探索[M]. 北京：国家行政学院出版社，2010.

汪玉凯. 电子政务在中国——理念、战略、过程[M]. 北京：国家行政学院出版社，2006.

王教育，李元科，全志杰. 空间信息技术及其与林业信息化管理工程[J]. 陕西林业科技，1997(4)：47－48，55.

王景光. 信息资源组织与管理[M]. 北京：清华大学出版社，2002.

王静，张百顺. “数字林业”建设的现状与思考[J]. 长春大学学报，2003，13(2)：25－28.

王鹏. 云计算：中国未来的IT战略[M]. 北京：人民邮电出版社，2010.

王庆杰，靳爱仙，杨新民. 林业政务信息化发展与研究[J]. 林业资源管理，2006(2)：40－45.

王长胜，许晓平. 中国电子政务发展报告(2009)[M]. 北京：社会科学文献出版社，2009.

王长胜，许晓平. 中国电子政务发展报告(2010)[M]. 北京：社会科学文献出版社，2010.

王长胜，张新红，于施洋. 中国电子政务发展报告(2008)[M]. 北京：社会科学文献出版社，2008.

韦维，陈海林，蓝肖等. 关于林业科技信息化应用的思考[J]. 广西林业科学，2008，37(3)：172－174.

巫莉莉，章潜才，张波等. 试论云计算在林业信息化建设中的应用[J]. 热带林业，2011，39(2)：10－13.

吴发云，吴保国，张旸. 数字首都林业建设现状与基本框架的探讨[J]. 农业网络信息，2005(3)：22－24.

吴艺辉，李昀，翁卫松等. 浙江林业信息网络建设的探讨[J]. 农业网络信息，2006(5)：71－73.

肖化顺，徐国祯，张贵. 广州市林业信息化建设初探[J]. 林业调查规划，2004，29(2)：19－22.

肖胜. 林业地理信息系统的建立、管理及分析方法[J]. 福建林业科技，1998，25(3)：46－50.

肖文海，张宠平. 信息化、制度创新与转变增长方式的路径选择[M]. 北京：中国言实出版社，2007.

仁周. 德国信息化战略的主要特点及对我国的启示[J]. 通信世界，2005(41)：55－56.

严志业. 区域数字林业绩效评价研究[M]. 北京：农业出版社，2008.

杨宽宽，刘建生. 我国信息及相关产业发展研究——兼与经济合作与发展组织(OECD)比较[M]. 北京：中国统计出版社，2008.

杨学山. 企业信息化建设和管理[M]. 北京：北京出版社，2001.

杨学山. 推进电子政务 促进管理创新 加快服务型政府建设[J]. 行政管理改革，2011(电子政务增刊)：15－19.

杨云飞. 政府服务评价——中国电子政务发展水平测评[M]. 北京：清华大学出版社，2010.

姚国章. 中国电子政务案例[M]. 北京：北京大学出版社，2007.

虞拥国. 中国政府网站实践者丛书·上海卷[M]. 北京：人民出版社，2011.

岳彩荣."3S"集成技术研究现状及其在林业上的应用与展望[J].西南林学院学报,1999,19(1):67-71.

张成洪.高校信息化评价指标体系思路探讨[J].教育信息化,2003(12).

张春华.广东林业信息化现状及对策建议[J].广东林业科技,2005,21(4):94-96.

张德宏.卫星遥感影像在我国林业中的应用[J].世界导弹与航天,1990(8):7-9.

张会儒.天然林资源动态时空分析评价技术[M].北京:中国林业出版社,2006.

张建波,胡启萍,郭建强.美国信息产业发展战略对我国的启示与借鉴[J].生产力研究,2008(4):93-95,98.

张建辉.中国政府网站实践者丛书·综合卷[M].北京:人民出版社,2011.

张明,王连印.现代质检的信息化力量——我国质检信息化建设十年回眸[J].信息化建设,2012(2):30-33.

张维明.信息技术及其应用[M].北京:中国人民大学出版社,2001.

张新红.中国信息社会测评报告[M].北京:经济管理出版社,2011.

张玉伟,刘全来,高明楣.对辽宁林业信息化的思考[J].辽宁林业科技,2004(3):27-28.

赵巍,曾晓宁,裴彩燕等.加快林业信息化建设的思考与建议[J].河北林业科技,2009(2):53-54.

赵宪文,袁凯先.世界林业航天遥感进展[J].世界林业研究,1993,6(4):28-34.

赵祥好,吴斌.关于党校信息化发展战略的研究[J].理论建设,2011(5):96-101.

中共中央,国务院.中共中央 国务院关于全面推进集体林权制度改革的意见[EB/OL].http://news.xinhuanet.com/newscenter/2008-07/14/content_8544121.htm,2008-07-14/2010-04-26.

中共中央办公厅,国务院办公厅.2006-2020年国家信息化发展战略[M].北京:中国法制出版社,2006.

中共中央办公厅,国务院办公厅.中共中央办公厅、国务院办公厅关于转发《国家信息化领导小组关于我国电子政务建设指导意见》的通知[EB/OL].http://www.110.com/fagui/law_79.html,2002-08-05/2011-10-08.

中国产业地图编委会,中国经济景气监测中心.中国IT产业地图(2007-2008)[M].北京:社会科学文献出版社,2007.

中国工程院信息与电子工程学部.中国信息化持续发展战略研究[M].北京:科学技术文献出版社,2005.

中国科学院信息领域战略研究组.中国至2050年信息科技发展路线图[M].北京:科学出版社,2009.

中国可持续发展战略研究项目组.中国可持续发展林业战略研究(战略卷)[M].北京:中国林业出版社,2003.

中国可持续发展战略研究项目组.中国可持续发展林业战略研究(总论)[M].北京:中国林业出版社,2002.

钟凯文,李岩,黄建明.省级"数字林业"系统模型研究[J].热带地理,2004,24(4):311-315.

钟明.浅谈林业信息产业化的建设[J].林业图书情报工作,1999(4):17-19.

周德铭.跟踪业务发展 动态顶层设计 注重审计实效[J].行政管理改革,2011(电子政务增刊):56-59.

周宏仁. 信息革命与信息化[M]. 北京：人民出版社，2001.

周宏仁. 信息化概论[M]. 北京：电子工业出版社，2009.

周宏仁. 信息化论[M]. 北京：人民出版社，2008.

周宏仁. 中国电子政务发展的回顾和展望[J]. 行政管理改革，2011(电子政务增刊)：20－24.

周宏仁. 中国信息化进程(上、下册)[M]. 北京：人民出版社，2009.

周宏仁. 中国信息化形势分析与预测(2010)[M]. 北京：社会科学文献出版社，2010.

周洪波. 物联网技术、应用、标准和商业模式[M]. 北京：电子工业出版社，2010.

周生贤. 大力推进科技进步和创新，为实现林业跨越式发展提供强大支撑——在全国林业科学技术大会上的讲话[J]. 中国林业，2001(7)：3－10.

朱近之. 智慧的云计算物联网平台[M]. 北京：电子工业出版社，2011.

朱炎. 中国政府网站实践者丛书·北京卷[M]. 北京：人民出版社，2011.

Arwar B, Karypis G, Konstan J, et al. Analysis of recommendation algorithms for e-commerce[C]. In: Proceedings of the ACM Conference on Electronic Commerce, ACM Press, New York, 2000: 158－167.

European Commission. Information Society and Media, Internet of Things in 2020-Roadmap for the Future. Version 1.1, 2008.

Hirvonen J, et al. Sensor Networks Roadmap. http://www.vtt.fi/inf/pdf/tiedott-eet/2007/T2381.pdf.

Purdy J G. The next 50 years in mobile and wireless. Mobile Imperative, 2003, 1:

Tschudi W, et al. Roadmap for Public Interest Research for High Performance Data Centers. Lawrence Berkeley National Lab, 2004, March 30.

Accenture, Implementing eGovernment: rhetoric and reality, 2000. http://www.emeraldinsight.com/Insight/ViewContentServlet? Filename = Published/EmeraldFullTextArticle/Pdf/1610180305_ref.html

Accenture, E-Government Leadership: Rhetoric vs Reality-Closing the Gap, 2001.4, http://www.accenture.com/xdoc/en/industries/government/2001FullReport.pdf

Accenture, E-Government Leadership: Realizing the Vision, 2002.4, http://www.accenture.com/Global/Services/By_Industry/Government/EGovernmentVision.htm

Accenture, E-Government Leadership: Engaging the Customer, 2003.4, http://www.taxadmin.org/fta/meet/03am_pres/finnegan.pdf

Accenture, E-Government Leadership: High Performance, Maximum Value, 2004.5, http://www.accenture.com/NR/rdonlyres/65FE6FFB－0778－47FC－B63A－FD16239FA3CD/0/egovernment.pdf

Accenture, Leadership in Customer Service: New Expectations, New Experiences, 2005.5, http://www.accenture.com/NR/rdonlyres/081E84B0－E655－4F9B－95DF－94A3F34B09FA/0/leadership_customerservice.pdf

Accenture, Leadership in Customer Service: Building the Trust. 2006.5, http://www.accenture.com/xdoc/ca/locations/canada/acn_2006_govt_report_FINAL_sm.pdf

附　录

附录1　中国林业信息化发展战略研究大事记

2009 年 6 月

国家林业局办公室印发《关于开展林业重大问题调研工作的通知》，“以林业信息化带动林业现代化工作研究”列入国家林业局 2009 年林业重大问题研究计划。

2009 年 11 月

国家林业局信息化管理办公室在北京组织召开中国林业信息化发展战略研究座谈会，正式启动中国林业信息化发展战略研究工作。

2010 年 5 月

国家林业局信息化管理办公室在北京组织召开第二次中国林业信息化发展战略研究座谈会。

2010 年 7 月

国家林业局将“中国林业信息化发展战略研究”列入林业软科学研究年度重点课题（课题编号：2010 – R08）。

2010 年 10 月

国家林业局信息化管理办公室在北京组织召开第三次中国林业信息化发展战略研究座谈会。

2010 年 12 月

国家林业局信息化管理办公室在北京组织召开第四次中国林业信息化发展战略研究座谈会。在 12 月底召开的首届全国林业信息化示范省建设工作座谈会上，将研究报告初稿印发各地各单位征求意见。

2011 年 5 月

在“第二届全国林业信息化高峰论坛”上，李世东主任代表课题组发布《中国林业信息化发展战略研究》初步成果。

2011 年 10 月

在“首届全国林业信息化学术研讨会”上，李世东主任作《中国林业信息化发展战略探讨》主题报告。

2012 年 1 月

国家林业局办公室印发《关于征求〈中国林业信息化发展战略研究〉(征求意见稿)意见的通知》，向全国各省、自治区、直辖市林业厅(局)及国家林业局各司局、各直属单位广泛征求意见。

2012 年 2 月

经反复修改完善，形成《中国林业信息化发展战略》研究报告。

附录 2　国家林业局信息办关于召开中国林业信息化发展战略座谈会的通知

林信函〔2009〕13 号

为认真贯彻落实《全国林业信息化建设纲要(2008～2020 年)》和首届全国林业信息化工作会议精神，加快推进林业信息化建设进程，经研究，我办决定组织管理、科研、教学及知名 IT 企业的相关专家，开展中国林业信息化发展战略研究，共商林业信息化发展大计。为确保研究工作顺利进行，达到预期的各项目标，定于近期召开中国林业信息化发展战略座谈会，现就有关事项通知如下：

一、会议内容

1. 总结座谈全国林业信息化发展现状、突出问题与建设对策；
2. 分析探讨当前国际国内信息化新技术、新思想、新理念、新趋势；
3. 专题研究中国林业信息化发展战略有关事宜。

二、参会人员

国家林业局有关直属单位，特邀 IT 企业专家，信息办有关人员(见附件)。

三、会议时间

2009 年 11 月 13～14 日，12 日下午报到。

四、会议地点

中央统战部干部培训中心(北京怀柔集贤山庄)。

五、其他事项

1. 围绕信息化和林业信息化发展议题，各参会单位分别准备1个发言材料(PPT文件)，重点介绍国内外信息化发展的新理念、新技术、新方法、新趋势等，发言时间约30分钟。

2. 围绕《中国林业信息化发展战略研究》提纲及研究计划，各参会单位提出意见和建议。

3. 行车路线：从京承高速13出口(北台路宽沟)行至第三个红绿灯右转(怀柔县城方向)，至石厂环岛左转，沿路至第一个红绿灯左转(青春路环岛方向)，至青春北环岛(碧湖宾馆)左转，沿慕田峪长城方向直行约4千米，见西三村大牌子右转，直行200米后，见“集贤山庄”路标右转即到。

4. 联系方式：

国家林业局信息办：010－84238637，84238625

联 系 人：温战强，张会华

北京怀柔集贤山庄：010－60135085(总机) 联系人：沈艳

附件：1. 参会单位及人员名额表(略)

2. 会议议程(略)

国家林业局信息化管理办公室

二〇〇九年十一月十一日

附录3　关于召开中国林业信息化发展战略研究座谈会的通知

国家林业局有关直属单位、各有关单位：

为认真贯彻落实《全国林业信息化建设纲要》和首届全国林业信息化工作会议精神，加快推进林业信息化建设进程，我办于2009年11月启动了中国林业信息化发展战略研究工作。经过各参研单位和人员的共同努力，目前已经形成阶段性研究成果。为确保研究工作保质保量按期完成，经研究，我办定于近期召开中国林业信息化发展战略研究座谈会，现就有关事项通知如下：

一、会议内容

1. 回顾总结研究进展情况，专题研讨《中国林业信息化发展战略研究》(征求意见稿)，提出修改意见和建议；

2. 明确下一步研究工作的任务分工和时间要求。

二、参会人员

中国林业信息化发展战略研究课题组成员，特邀专家，信息办有关人员(见附件)。

三、会议时间

2010年12月1～2日开会，12月1日上午8：30报到，8：40正式开会。

四、会议地点

国林宾馆(北京市东城区和平里北街七区24号楼)。

五、其他事项

1. 战略研究各章负责人要汇报研究报告的核心内容与研究亮点，届时按章节顺序，依次介绍本章的研究结果。

2. 请与会专家提前熟悉研究报告，提出修改意见和建议。

3. 国林宾馆联系方式：010－64298800(总机)。

4. 国家林业局信息办联系方式：

电　话：010－84239222

联系人：温战强，白　莹

附件：参会单位及人员名额表(略)

国家林业局信息化管理办公室

二〇一〇年十一月二十九日

附录4　国家林业局办公室关于征求《中国林业信息化发展战略研究》(征求意见稿)意见的通知

办信字〔2012〕11 号

各省、自治区、直辖市林业厅(局)，内蒙古、吉林、龙江、大兴安岭森工(林业)集团公司，新疆生产建设兵团林业局，国家林业局各司局、各直属单位：

为认真落实全国林业厅局长会议、全国林业信息化工作会议精神，按照全国林业信息化建设总体部署和安排，于2009年底启动实施了中国林业信息化发展战略研究工作，旨在通过深入分析林业信息化发展趋势、存在问题和机遇挑战，提出中长期林业信息化发展战略，推动林业信息化又好又快发展，为发展现代林业、建设生态文明、推动科学发展做出更大的贡献。经过近两年的努力，日前已完成了《中国林业信息化发展战略研究》(征求意见稿，见附件)，现印发给你们，请结合本地本单位实际提出修改意见，于2月15日前以书面形式反馈我局信息办。

联 系 人：国家林业局信息办 温战强

联系电话：010－84239222

电子邮箱：wenzhanqiang@ forestry. gov. cn

附件：中国林业信息化发展战略研究(征求意见稿)(略)

国家林业局办公室

二〇一二年一月三十一日

后　记

林业既是一项重要的基础产业，又是一项重要的公益事业，具有巨大的生态、经济、社会、文化和碳汇功能，在经济社会发展全局中占有十分重要的地位。建设现代林业是当前和今后一个时期林业发展的主题和方向，是林业行业贯彻国家以生态建设为主的林业发展战略、加快转变经济发展方式的集中体现。现代林业是科学发展的林业，是用现代科学技术武装起来的林业。科学化、信息化、机械化是现代林业的三大特征，也是支撑现代林业大厦的三大支柱。没有林业的信息化，就没有林业的现代化。大力推进林业信息化，既是国家信息化的基本要求，也是现代林业建设的迫切需要和必然选择。

近年来，国家林业局高度重视信息化建设，先后采取了一系列重大举措，使林业信息化在较短时间内，实现了从落后行业向先进行业的巨大跨越，成为现代林业建设中的一大亮点。主要表现在：一是基础设施条件得到很大改善，支撑林业业务应用的能力不断提高；二是应用领域得到较大拓展，林业核心业务的信息化水平明显提升；三是内外网网站建设得到显著加强，已成为信息发布和信息资源整合共享的主渠道；四是机构队伍建设得到很大强化，信息化保障体系不断完善；五是示范建设稳步推进，信息化发展亮点频现；六是总体发展思路日趋明确，建设管理开始步入科学化规范化的轨道。这其中，有很多成功的经验和发展模式需要通过研究加以总结、提升和推广。

在看到成绩的同时，我们也清醒地认识到，林业信息化仍然面临着不少艰巨任务和挑战。这些问题有些是由于历史欠账造成的，有些是长期积累的深层次矛盾和问题，有些是随着信息化应用的不断深化而产生的新问题，需要进行深入的调查研究，找到妥善解决的办法。

2009年1月，国家林业局颁布了《全国林业信息化建设纲要(2008～2020年)》及《全国林业信息化建设技术指南(2008～2020年)》，确立了林业信息化“四横两纵”的总体框架和“八大行动计划”的核心内容。2009年3月召开的首届全国林业信息化工作会议，科学总结了改革开放以来林业信息化取得的成绩和存在的问题，创造性地提出了“加快林业信息化，带动林业现代化”的发展思路。为了落实好国家林业局党组的一系列指示精神，进一步理清发展思路，更好地指导全国林业信息化建设，促进林业信息化又好又快发展，国家林业局信息办于2009年底启动了中国林业信息化发展战略研究。该研究先后被列入国家林业局2009年林业重大问题研究计划、2010年林业软科学研究重点课题。

根据战略研究的一般要求，结合林业信息化发展实际，中国林业信息化发展战略研究主要包括8个方面的内容：中国林业信息化发展道路剖析；中国林业信息化的战略地位与作用；中国林业信息化的战略需求和机遇挑战；中国林业信息化的战略设计；中国林业信息化的战略内容；中国林业信息化的战略重点；中国林业信息化的战略保障；中国林业信息化发展测评。

战略研究取得的成果主要有：一是科学论证了林业信息化的概念与内涵。二是科学论证了中国林业信息化的战略地位与作用。三是全面分析了中国林业信息化的战略需求和发展环境。四是首次对中国林业信息化中长期发展进行了战略设计。五是首次论述了中国林业信息化的战略内容。六是深入探讨了中国林业信息化建设的战略重点。七是研究提出了中国林业信息化建设的战略保障措施。八是探讨了中国林业信息化发展测评的思路方法和指标体系。

中国林业信息化发展战略研究课题组由国家林业局信息化管理办公室、中国林业科学研究院、北京林业大学、国家林业局调查规划设计院、国家林业局管理干部学院、国务院发展研究中心、国家信息中心、国脉信息化发展研究中心、工信部电子科学技术情报研究所，以及微软、信城通、东方道尔、神州数码、开普互联、久其软件、西安未来等单位的数十名专家和业务骨干组成。课题组人员广泛查阅了国内外相关资料，同时深入有关部委、省(自治区、直辖市)和企事业单位开展了大量调研工作。在此基础上，撰写了研究报告初稿。此后，又多次征求有关省(自治区、直辖市)、单位和专家的意见，经过全面认真修改，形成了最终研究报告。在研究工作完成之际，谨向所有关心和支持本研究的有关领导、专家、单位表示衷心的感谢。

由于水平所限，不足之处在所难免，敬请不吝指正。

中国林业信息化发展战略研究课题组
2012年2月